湖南省哲学社会科学基金重大委托项目"记住乡愁——湖南十村十记"的阶段性成果

中国传统村落实证研究
——大园村

陈冠伟 著

中南大学出版社 ·长沙·
www.csupress.com.cn

总　序

　　作为湖南省哲学社会科学基金重大委托项目"记住乡愁——湖南十村十记"，本系列图书试图对湖南极具地域与民族特色的传统村落展开极具普遍性又具鲜明的个案特色的研究。这在湖南地方文化研究上也是首次。基于此，经反复研究，遴选了会同县高椅乡高椅村、通道侗族自治县坪坦乡坪坦村、江永县兰溪瑶族乡勾蓝瑶寨、永顺县大坝乡双凤村、绥宁县关峡苗族乡大园村、辰溪县上蒲溪瑶族乡五宝田村、绥宁县黄桑坪苗族乡上堡村、永兴县高亭司镇板梁村、桂阳县莲塘镇大湾村、花垣县排碧乡板栗村作为研究对象，并组建了十个相应的课题组，从事专门的研究。虽然只有十个村寨，但它们散落在三湘四水，颇具地域特色，又涵盖了汉、苗、瑶、侗等湖南主要民族，富有民族历史文化的特质性和代表性。对它们的系统性研究，或许最能体现湖湘传统村落及其文化的特色，立体还原出湖南传统村落文化的多维性与区域文化的特质性及其价值，进而呈现出湖湘文化的特质性和本源性，为保护湖南乃至中国传统村落文化做出贡献。

　　在内容上，我们要求对传统村落文化展开系统性的多维研究。在框架设计、研究思路、主要内容、基本观点等方面，都体现出研究者创新的学术思想、独到的学术见解和可能取得的突破。尤其在研究方法上，我们强调要重"记"重

"研"、"记""研"并举，既要整体兼顾，又要突出重点。"记"重有三：图像记录、文字记述和文化记忆。

第一是"图像记录"。图像记录是指把村落中的固态文化及活态文化，通过影像的方式保留下来，并作为信息传递给外界，强调记录对象的纪实性、直观性和形象性，在绝对真实的前提下，亦追求其唯美性。开始于1839年的摄影术，带给了近代一场视觉意义上的革命。之后，摄影迅猛发展起来，几乎无所不包，并和在它之前发展起来的印刷术相结合，进而拥有了广阔的传播空间。摄影术的出现，于民俗、建筑、文物的记录也同样具有划时代意义。它能够直观地再现事物在拍摄瞬间的真实状况，其记录已经成为今天研究这一时段历史的重要依据。在近代中国，最早拍摄的村落及其文化的照片，多出自涌入国门的外国学者之手，如葛学溥、伊东忠太、关野贞、塚本靖等人。19世纪末20世纪初开始，大批的日本学者考察中华风物，足迹遍布中国的大江南北，研究领域涉及了人类学、考古学、美术学、建筑学等诸多领域，留下了大量的图像记录。他们相机里记录的中国风土人情，为今天的研究者们提供了珍贵的历史信息。在今天这样一个图像时代，数码摄影技术高度发达，普通人几乎不需要接受专业训练就能拿起手机或相机拍照。对于专业的村落文化研究者来说，更需要运用好这一手段，用现代摄像的形式记录下传统村落及其原住民的生产生活状况，于当下这个快速发展的社会，或许尤为有意义因而变得十分重要。因为我们今天用镜头记录的真实场景及场景中的人与事，明天可能就永远地消失不见。通过影像的记录，我们可以为后续的研究者保留今天这些传统村落的文化信息。

第二是"文字记述"。文字记述是人类用之最为久远的记述手段与方法。凭借于此，我们可以察古观今。对传统村落中原住民的内容丰富的各种文化信息进行记述，要求既真实准确又生动感人。在真实客观的文字记述基础上，我们试图对传统村落的文化传统与精神世界、传统村落的堪舆规划、建筑营造与保护、传统村落民俗与非物质文化遗产、传统村落原住民与自然环境关系、传统村落道德教化与乡贤文化、传统村落的经济发展与综合治理、传统村落氏族文献与少数民族研究资料、传统村落与地域文化圈的宗教信仰与遗存等诸多方面，展开多学科交叉的系统性研究，以还原出这些传统村落文化的多维性、复杂性及自成体系性，而不是某一文化的孤立现象。我们从这种文化的多维性和自成体系性中，或许可以找到这些极具地域民族特色与特质的传统村落文化历千年之久而生生不息的深刻内在原因。

第三是"文化记忆"。文化记忆是指对传统村落的文化历史进行追溯，包括村落的建制和变迁、原住民的迁徙经历等内容，尽可能完好地保留这些传统村落的文化记忆。具有悠长久远文明历史的中国，就是由无数个这类传统村落的文化记忆组成的。传统村落是研究中国文化记忆的丰沃土壤。不同于世界其他地区文明断裂或消失的经历，中国是唯一将自身的文明延续至今的国度，这使得其文化记忆研究具有极为难得的样本意义。国家的文化记忆，从某种视角来看，其实就是由不同的社会群体、民族、宗族甚至个人的文化记忆构成的总和。国家、社会、族群，往往也和个人一样，会在发育成长的过程中，养成回忆和记忆的能力。说到底，所谓文化记忆，本质上其实就是一个民族或国家的集体记忆。它所要回答的就是"我们是谁"和"我们从哪里来、要到哪里去"的文化认同性问题。文化记忆的内容通常是一个社会群体共同拥有的过去，其中既包括传说中的神话时代，也包括有据可查的信史。它在文化构成的时间上具有绝对性，往往可以一直回溯到远古，而不局限于三四代之内的世代记忆的限制。在文化的构成内容上，其往往又富有原创性和借鉴融合的相对性，理所当然地具有其文化的特质性。特质性代表的往往是民族文化的个性；借鉴与融合，往往能代表文化的主流共性与文化发展的规律性。在交流形式上，文化记忆所依靠的是有组织的、公共性的集体交流，其传承方式可分为"与仪式相关的"和"与文字相关的"两大类别。文化记忆可以让一种文化得到持续发展，传承不衰；而一旦文化记忆消失了，也就意味着文化主体性消亡了。在传统村落文化的传承中，文化记忆起到了重要的功能。各种材质的书面文献、碑文、乡约、家谱、建筑物、仪式和节日等，构成了文化记忆的一系列制度性表征，它是一套可反复使用的文本系统、意象系统和仪式系统。文化记忆对于传统村落社会的存在价值，不仅在于村落原住民集体性探究过去的成果有了更为牢固和精确的储存与记录方式，更在于它对维护传统村落文化的代代传承具有的重要作用。甚至毫不夸张地说，保护和保存这种记忆，是保护和保存了国家的历史文化记忆，因为这是构成国家历史文化的基石。

以此"三记"为基础，我们借助于交叉学科的视野与手段，对具体的传统村落及其文化，展开有广度和深度的系统研究。我们共形成了十部专著，每本皆包含了30万左右的文字以及100帧以上的图片。从研究手法到记录、记述的形式与内容，可谓各具特色，形态多样。

朱力教授的研究对象是高椅村。他是以广角全息式的视野来审视这个村落的。他不仅对高椅村的建筑、礼仪、信仰、手工艺以及民间艺术等方面有详细描述，更是将高椅村融入中国传统村落研究的大框架中，运用分形的理论，寻找传统与现代的连接点。在研究方法和内容上，他尝试将社会学、文化人类学、民族史学、景观文化分形学、建筑学等诸学科理论结合起来，进行实证叙事和分析，并吸收了传统村落研究的部分研究方法和成果，在更广泛的层面上观照、研究了高椅村，以加深读者对高椅村历史文化现状的认知。最后作者就将来如何运用"村落智慧"来保护中国传统文化这一主题进行了探讨性研究。

刘灿姣教授对勾蓝瑶寨的研究，不仅体现在她长期醉心于这个富有文化特色的古老瑶寨的文化表象上，更反映在她理智严谨的研究中。她融合历史学、文化人类学、宗教学、社会学、民俗学、建筑学、经济学及传播学多个学科的研究方法，以记录、记述、记忆为基础对永州市江永县兰溪瑶族乡勾蓝瑶寨开展了全方位、多视角、深层次的综合研究。她从勾蓝瑶寨的历史沿革、地理环境、迁徙历史、村落布局与建筑、生产与商贸、生活与习俗、组织与治理、文化教育与道德教化、精神信仰、非物质文化遗产和文化遗产遗存等方面，勾勒出了其文化的全景图样。

　　谢旭斌教授以辰溪县上蒲溪瑶族乡五宝田村落为研究对象，从建筑堪舆、氏族文献、建筑营造、地域文化圈的宗教信仰与遗存、文化传统与精神世界、建筑装饰语言、乡贤文化、民风习俗、经济发展与综合治理等方面进行研究。他主要从艺术学、社会学的角度进行探讨，让传统村落留存的历史、文化艺术景观、传统的那些文化景观因子以一种美的方式呈现在人们的面前，让读者懂得传统村落文化具有独特的历史价值、艺术价值和文化价值，它的内部蕴含着大量值得传承的文化因子。

　　李哲副教授从宏观层面(自然与文化背景、族源与语言、宗教信仰与精神世界)、中观层面(道德教化与乡贤文化、民俗文化与非物质文化遗产、堪舆规划与村落空间、建筑形式与装饰艺术)及微观层面(局部建筑形式及营建技术、民族文献)等三个层面，全面研究了永顺县大坝乡双凤村这一民族地区传统村落的文化特征，探寻了土家族文化的核心。

　　王伟副教授以湘西土家族苗族自治州花垣县排碧乡板栗村为调研对象。他及其研究团队对板栗村进行了深入细致的田野调查，在充分掌握第一手材料的基础上，参考和吸收了前人和当代有关村落文化研究的学术著作和研究成果，用科学实证的方法，对板栗村的各个方面进行了比较深入的研究。该书着重论述了板栗村的民俗文化和民俗艺术。在撰写过程中，作者始终强调对板栗村传统村落文化的图像记录、文字记述和文化记忆，并借助交叉学科的视野与手段，对板栗村的传统村落文化展开了有广度和深度的系统研究，兼顾了学术性与可读性的统一。

　　吴灿博士曾长期驻守于他所研究的怀化市通道侗族自治县坪坦村。通过多学科交叉研究的新手段，他将坪坦村放置到民族文化圈中加以审视，在查阅和研读了大量历史文献的基础上，对该村的建村历史、居住、饮食、服饰、节日、娱乐、信仰、乡约、经济、教育、婚育等多角度的社会文化生活进行了客观真实的全面描述及人类学研究，从而勾画出了一个由各相关要素系统组合起来的侗族传统村落。他希望能从坪坦村具有典型地域与民族文化特色的具体事物与事件出发，放眼民族地区村落发展，运用从局部到整体、小中见大的理论扩展方式，勾勒出传统村落活态的文化样貌。该书没有按照通常的学术论著的方法写作，而是注重它的可读性与普及性，深入浅出，以富有文采的语言传递出深厚的人文历史感。

李方博士将上堡村作为实地田野考察的样本和理论论述的具体例证，试图针对"湖湘传统村落文化"这一宏大主题，做一次既有经验和物证支撑，而又不乏理论性的个案研究，并以此为基础，对"湖湘传统村落文化"所涵盖的主要内容进行概要而不失全面性的理论阐述。该书从上堡村的历史沿革、自然环境、建筑规划、民风民俗、精神信仰、文化艺术、传承保护等方面进行研究。作者是在获得了具有典型区域特色又能很好地反映湖湘文化特征的"湘村"田野考察经验及相关物证之后，再进行相关的理论研究的。理论上的研究基于上堡村，但又不囿于这一个村落。作者希望以"小"见"大"，做到有"点"有"面"、"点""面"结合，试图以这种方式窥探"湖湘传统村落文化"的基本构成。

杨帆博士研究的对象是具有湘南地域文化特色的大湾村。他通过对湘南桂阳县大湾村的田野调查，结合历史人类学的相关理论，对大湾村夏氏的来源、发展做了长时间的考察。在论述的过程中，不局限于大湾村这个具体村落，而是以更开阔的视野，将其放在更为宽广的区域历史中，去理解村落的发展和变迁。该书对大湾夏氏的迁徙过程、选址建筑、生产习俗、宗族人物、传说故事、文化发展等内容首次做了全面的梳理，并突显了大湾村村落的典型性和普遍性。

陈冠伟博士对大园村的历史、地理、经济、治理、文化教育、风土人情、民族艺术、宗教信仰和神话传说等方方面面进行了详尽的介绍，既有宏观的概括与分析，也有微观的记录与考究。得益于在大园村较长时期的田野考察，作者遍考文献，从历史学、社会学、文化人类学、建筑学等多角度进行考察，研究过程中注重时间与空间上的层次感，既有村落不同时期状貌的比较性分析，也有村落与周边地区联系的考察。在对大园村文化进行图像与文字记述之外，书中也指出了当下大园村发展过程中存在的一些问题，试图为大园村和其他传统村落的文化传承与发展提供参考意见。

王安安在板梁村的研究中付出了巨大的努力。从荣卿公开派立村始，板梁古村落已有六百多年的历史。在"湖湘传统村落文化"这一宏大的主题下，王安安将这一古村落作为实地田野考察的样本和理论论述的个案，进行深入研究。该书分为三部分：初识板梁、进入板梁、发展板梁。由浅入深、由表及里、由感性发现到理性分析、由宏观到微观地对古村落的地域环境、物象表征、历史沿革、建筑规划、宗族社会、土地制度、民风民俗、商业发展、村落建设、文化教育、保护开发等各个方面进行研究分述，构建整体村落的系统性文化理论框架，并由此出发，突破单一村落"点"的限制，将传统村落文化研究扩展至与其类似的地域性村落范围之内。

由于谢旭斌教授及王伟副教授的专著已经先行出版，因此，此次出版的书单中，未再重复刊出。

湖湘传统村落作为社会最基本的聚落单元，孕育了丰富多彩、博大精深的湖湘文化，见证了湖南历史文化的演绎变迁，记录了农耕时代遗留下来的各类历史记忆和劳动创造，承载了我们的乡愁。

我们认为，湖湘传统村落文化是湖湘传统文化的"根"与"源"，是湖湘地区宝贵的物质文化和非物质文化遗产资源，是世界人类文化遗产极其重要的组成部分。对其进行系统研究，是对湖湘传统文化研究领域的新拓展，是乡土文化研究的新需要，因此具有重要的学术意义。对其进行全面深入的研究，不但可以为湖湘文化研究的可持续发展拓展出新的领域，而且可以为传承发扬中华民族优秀传统文化提供丰富的可供借鉴的经验，使优秀传统文化成为新时代鼓舞人民前进的精神力量，因此更具有深远的历史意义。在现代社会经济高速发展的形势下，特别是湖南省当前处于社会转型期，城镇化建设和社会主义新农村建设进程日益迅猛，对湖湘传统村落文化进行有效保护和深入研究，也是现代城乡规划、旅游规划和开发的需要，因此有着积极的现实意义。

这批以湖湘传统村落为研究对象的著作，都是以扎实的田野考察为基础，首次对湖南的传统村落进行的学术研究，由此构建了一个湖南省传统村落的研究框架及其文化探寻的范式，为今后的深入系统研究奠定了基础。同时，也丰富、完善和拓展了中国传统村落及其文化的保护和实践体系，为当下传统村落保护与发展提供了学术依据；构建了以文字和图像为载体的传播媒介，让社会各界"知爱其土物，乃能爱其乡土、爱其本国"，从而达到唤起社会各界的文化认同以及保护传统村落文化意识的目的。

吾身往之，吾心思之，吾力用之。是为序。

胡彬彬

2018 年 12 月

目　录

序章

大园的概貌

● 大园古苗寨全景图

位于湖南省邵阳市绥宁县的关峡苗族乡大园村，是一个古朴、沧桑、历史文化传统悠久的苗族古村落。大园村的主体部分是古苗寨，占地面积约 6 平方公里，坐南朝北，依山傍水。寨子里古窨子屋遍布成群，铜鼓石巷道交错纵横。

大园村现有人口 1340 人，约 360 户，其中苗寨内 900 多人，280 多户。2008 年 7 月，大园村苗寨被绥宁县政府、县文物局批准为县级文物保护单位，并更名为"大园古苗寨"。2008 年 10 月，大园村又被湖南省人民政府批准为省级历史文化名村。2014 年 3 月，大园村入选第六批中国历史文化名村。

辽阔的中国大地上，乡镇级行政区域数以万计，下辖的村落更是不计其数，而全国历史文化名村目前只有 276 个。因此大园村必有其与众不同之处。它究竟是什么样的传统风貌？有怎样的悠久历史？保存着怎样的建筑遗产？传承着怎样的礼俗文化？如今面临什么样的境况？未来要走向何方？我们可以先用双眼认识大园的轮廓，在此基础上，再从历史、地理、经济、政治、文化、风俗、艺术、宗教等各方面加深对大园的理解。

研究大园文化，不能将之与周边环境割裂。故欲说大园，先说关峡；欲说关峡，先说绥宁。

第一节　绥宁关峡概况

一、神奇的绿洲绥宁

1982 年 5 月，联合国教科文组织通过亚太卫星发现了"一块没有被污染的绿色宝地"，而后通过卫星锁定为中国湖南省邵阳市绥宁县，为此特意去函邀请绥宁县长出席 10 月在意大利罗马召开的世界环境保护会议。从此，绥宁被世人誉为"神奇的绿洲"。

绥宁县自然资源丰富，山高林多，海拔 1000 多米的山峰有 100 多座。沅江的支流巫水由东部入境，横贯中部；资江的重要支流蓼水河贯穿东北。绥宁有着得天独厚的地理气候条件，林业资源居湖南省首位，是国家林业重点县之一，森林覆盖率达 76%，有全国面积最大的金丝楠木林、铁杉群落和穗花杉群落。

绥宁是国家级生态示范区，被评为"中国民间文化艺术之乡""全国双拥模范县""中国最佳文化生态旅游目的地"。新中国成立以来，绥宁县的行政区域多有变动。2015 年，根据绥宁县乡镇行政区划调整方案，绥宁县现辖 9 乡 8 镇 348 个村。17 个乡镇包括：水口乡，以及在市苗族侗族乡、长铺子苗族侗族乡、东山侗族乡、鹅公岭侗族苗族乡、乐安铺苗族侗族乡、关峡苗族乡、麻塘苗族瑶族乡、河口苗族乡8个民族乡，长铺、武阳、李熙桥、红岩、唐家坊、金屋塘、瓦屋塘、黄土矿8个镇。县人民政府驻长铺镇朱砂塘社区。绥宁的少数民族人口占总人口的63%。8个少数民族乡境内居住着苗、侗、瑶等25个少数民族。

近年来，绥宁县结合自身优势，大力推进旅游业发展。县政府紧紧围绕建设生态文明示范区、特色县域先导区、社会和谐稳定模范区目标，深入实施"生态立县、特色发展、旅游优先、城镇带动"战略，保持了县域经济社会平稳较快发展。在此战略引导下，县政府努力改善交通状况，绥宁县通往外界的交通日益便捷。今天的绥宁县位于张家界—湘西—桂林黄金旅游通道上，是大武陵旅游圈的节点和重要生态功能区。包茂高速、洞新高速连接线、武靖高速、省道S221和S319穿境而过，周边接邻正在修建的武冈机场（相距70公里）、枝柳铁路靖州站（相距70公里）。

在这块"神奇的绿洲"上，现有两个全国历史文化名村。其一是湖南省绥宁县黄桑坪苗族乡上堡村（2015年12月2日黄桑坪苗族乡撤并入在市苗族侗族乡）；另一个是关峡苗族乡大园村。

二、关峡苗族乡概况

据《关峡苗族乡志》与绥宁县政府网站的信息，关峡苗族乡位于绥宁县东南部边缘。东南接城步苗族自治县，西邻长铺子苗族侗族乡和县堡子岭林场，北连武阳镇和白玉乡（2015年12月2日撤并入李熙桥镇）。乡政府驻地关峡村，距县城17公里。全乡总面积32.3万亩①，其中耕地面积2.3万亩，森林面积22.69万亩。

作为绥宁县的重要组成部分，关峡乡的自然资源也十分丰富，尤其体现在林业方面。农业和林业为关峡乡支柱产业。2007年工农业总产值2.5亿元，其中农业产值1.14亿元。农业生产以稻谷（制种业）为主，目前全乡杂交制种基地达3500亩。种植业有柑橘、辣椒、香菇、天麻、茯苓、杜仲等，并以柑橘为主。养殖业则以猪、牛、羊为主，大园村等地还养有大量家禽，因为靠水，故以养鸭为多。种植业和养殖业产值合计占农业总产值的45%。

改革开放以来，工商企业有所发展，个体私营经济发展尤为迅速，现有个体工商户近400户，从业人员约1200人。近年来，全乡围绕本地资源，发展农林产品加工企业取得了一定的成绩。现有竹木深加工企业24个，产品主要有古典

---

① 1亩＝666.67平方米。

式家具、新式组合家具、地板条、胶合板等。柑橘生产形成了规模，水产养殖也前景广阔。

关峡苗族乡新中国成立前未通公路，物资运输主要靠水运及人力。1957年修建洞口县经本乡至绥宁县城的公路，途经珠玉、芷田、茶江、岩头、插柳、关峡、兰溪7个村。1977年城（步）绥（宁）公路竣工通车，途经石江坪、岩脚田两村。1984年关（关峡）蒋（城步蒋家坊）公路通车，又连通了鸟塘、凤凰、南庙、四甲、大园5村。茶江、珠玉、芷田、高坪、岩头、插柳、文家、关峡、梅口、大园、四甲、兰溪、石脉等村随后也完成了通村公路水泥路面硬化。在花园阁村通往外界的公路修通后，全乡所有村落均已达成了公路连通。

关峡乡有普通中学2所，其中关峡中学已列入省定点建设的民族寄宿制中学。1996年投资200万元改善教学条件，学校教学和生活设施已逐步齐全。有中心小学1所，村办小学15所，全部通过省、市双基达标。有卫生院1所，病床20张，其中草药治骨伤最具盛名。文化事业发展迅速，有16个村建了卫星电视地面接收站，3个村接上了光缆电视，40余套有线电视节目进入了苗寨千家万户。

关峡苗族保持了许多独具特色的民族风俗和语言。全乡以杨、苏、李三大姓为主，另有少量周姓、龚姓、喻姓等土著姓氏。一个自然村大多是同一姓氏甚至是同一家族居住，少有杂姓。杨姓苗族和汉族过端午节，李姓和苏姓苗族人不过端午节而过"大十日"（意为比端午节的初五数字大十天）或"大十五"，李姓的节日在农历五月十四日，苏姓的节日为五月十五日。杨姓苗族还过"四八"姑娘节，即农历四月初八将已出嫁的姑娘接回娘家团聚，并要一起制作和食用乌饭（用过江龙、枫树等植物叶汁染黑的糯米饭），还要带乌饭回婆家给大家分享。

2015年7月、2015年8月、2016年5月、2016年7月，考察组先后四次来到绥宁县关峡苗族乡大园村，进行了为期近两个月的考察，感受大园村的一切。

第二节　走进关峡

一、关峡的见闻

绥宁县关峡苗族乡距湖南省会长沙约5小时车程。项目考察组于2015年7月15日上午9点从长沙汽车南站出发，首次前往关峡苗族乡大园村。汽车约4小时后抵达邵阳，然后途经红岩、李西、武阳等地，下午2时到达关峡乡人民政府。

● 关峡苗族乡人民政府

关峡乡人民政府位于与大园村相邻的关峡村。作为乡政府所在地，关峡村是全乡的核心，其发展水平也是全乡最高。

考察关峡村街道商业布局可知，当地经济发展状况尚可，马路两侧除农田、养殖栏等，亦有超市、电器商店、酒家、饭店、联通和移动营业厅等，不过总体数量偏少。街上各种商铺与农田似无明显分界线。

关峡乡相对比较正规的旅馆有两间。其一位于乡政府旁边，与乡政府合作，类似招待所；另一间是靠近通往大园村的S319省道路口的"中大酒店"，三层楼的仿古建筑，是当地最大的旅馆。旅馆一楼作饭店，二楼老板自家居住，三楼用作出租。单人间30元每晚，双人间40元每晚，价格低于城市里的小旅馆。

包括中大酒店在内，关峡乡经常营业的饭店只有寥寥四五间，多集中在关峡村。饭店通常由普通民居改建而成，一楼作饭馆，二楼及以上房主自己居住。除中大酒店外，饭馆面积多在10~15平方米，可容3~5张餐桌，旁边还要放置冰箱、灶台等设备。与城市里的大多数饭店不同，乡村饭店往往并无菜单等物，

● 山下的关峡村

也无具体菜名，点菜时顾客直接打开冰箱看菜选菜。普通荤菜市价 15 元，素菜 10 元，价格略低于城市里的普通小饭店。

　　乡里的服务行业，大多集中在乡政府附近。乡政府大门旁有一家小照相馆，经考察组考证，为全乡唯一的照相馆。乡政府对面又有当地唯一的客运中心，来往的长途汽车从此经过，乘客若是先在此预约，便可以免去亲自前往县城买车票之劳。客运中心旁边还有一间小网吧，虽然机器陈旧，但也是关峡全乡唯一的网吧。上网价格为 3.5 元每小时（湖南省会城市长沙的网吧上网价格现多为 3 元每小时，且已维持多年）。

　　乡政府附近有一家复印店，亦为关峡乡唯一的复印店。其营业执照上显示，店里除了提供复印服务，同时也经营一些日常生活所需的小物品。考察组在此复印收集的资料时，采访了店主苏春花女士，得知此店已开业十多年，苏女士是关峡乡插柳村的，年近四十。女儿 15 岁，下学期开始读高二。其丈夫杨文向先生是四甲村的，平日也在店面一起帮忙。大园村以杨姓为主，四甲与大园原来是一个大村，所以也大都姓杨；而苏是插柳村的第一大姓。2016年5月考察组又至关峡时，苏女士的丈夫杨文向先生为贴补家用，已经开始跑长途汽车。

据说过去乡政府穷困，没有复印设备，机关工作人员经常光顾此复印店，双方处于合作状态。但由于政府经常赊账，即俗谓打"白条"，长此以往令复印店入不敷出，苏女士遂结束了与乡政府的合作。如今乡政府已经采购了小型复印设备，只有复印工作量过多时才找复印店。据观察，前来复印材料的顾客，主要是各村村委会的干部，以及有特殊需求的少数村民。比如说大园村现任村支书杨秀松，就曾来店里复印申报"湖南最美古村落"的评选材料；有些村民需要打官司，也来复印店打印相关材料。关于乡政府是否兑现"白条"，苏女士表示，在双方结束合作后，乡政府已经分次还清了欠款。

据观察，店内机器比较落后，似乎已经多年没有更新设备。复印厚本资料时需一页一页手动进出纸张。及至装订时又遇麻烦，因为店中仅有小型钉书机，厚本资料必须分为多份方能钉好。复印店的价格却高达4角每页，远超省会城市的同行，据说因为考察组的复印量大，已经给了优惠价，原价5角每页。

可见关峡乡的物价虽然总体水平低于长沙，然而少数缺少竞争的行业，价格竟高出省城。而若细思之，却并不能简单地将这种情况解释为店主故意抬高物价，这可能也是市场选择的必然结果。虽然某店在当地形成了行业垄断，但受限于当地的发展水平，顾客依旧稀少，店面不抬高物价就不能生存。譬如苏女士的复印店，即使是全乡唯一的存在，但与县城许多复印店相比，生意仍显萧条。究其原因，是周边没有最需要复印资料的顾客群（譬如高等院校的师生们）。但对当地居民的日常生活而言，这些唯一性的店面之存在又有着不可或缺的意义，因此这些店面不会被市场淘汰，而是必然性地抬高价格求生存。

二、关峡人的日常生活

关峡的晴天，日照甚猛。考察组成员白天外出时，虽然天气炎热，为防晒伤也必须穿长袖，于是经常大汗淋漓。乡村空气较城市新鲜，云层较薄，日晒格外强烈也在情理之中。

至夜晚9时许，街边空旷处仍有女居民聚集跳舞，乡政府附近200米内可见两到三处。此大园村所未见。虽相隔不远，关峡村的娱乐生活水平显然较大园村丰富。夜色虽沉，然马路两侧尚有路灯，夜空仅见寥寥数星，与城市并无二致。但若往大园村等与其他远离乡政府的路段行去，则路灯渐少，不久马路竟陷入一片漆黑，遂繁星满天，令人心旷神怡。

乡政府设有食堂，工作人员中午和傍晚可在此用餐。准备在食堂用餐者，通常需提前报餐，便于食堂和财务清点人数。乡政府食堂存在的意义，并不仅仅只是为了方便乡政府工作人员用餐。考察组在采访邵阳市驻大园村扶贫队队长肖卫平先生时，肖队长谈到了关于少数民族地区饮食习惯的问题。原来由于城乡作息习惯的差异，当地居民往往一日只食两餐，分别在 10：30 和 16：30。而乡政府工作人员中有许多来自城市，由于不适应当地饮食习惯，长时期两餐制，甚至影响到了身体健康。因此，乡政府食堂按工作人员上下班时间开餐，中午 12 点左右，傍晚 6 点左右。由此乡政府食堂的存在有了更多的意义，在某方面反映了城乡地区生活习俗习惯的矛盾及初步调和。

据考察组连日观察，乡政府食堂每日饭菜安排多为一荤，常见有"酸菜炒肉""酸菜鱼""青椒炒肉"等；偶尔搭配一素，常见青菜、豆荚等。若是肉类采购出现困难，则当天全素。有时中午用餐者较少，没有吃完，于是晚餐可能吃剩饭剩菜。在用餐时，每人一份菜已事先用小碗装好，并不能添加。若有配菜则共用大盆，可自行添加。食堂连厨房面积 20～25 平方米，餐桌一张，碗筷柜一个，凳椅数把。每逢用餐时候，二三十人同时开餐，先到者数人可能坐在餐桌旁，而大多数人往往站立或蹲着，许多人端着碗在食堂外来回走动，谈笑风生。看得出来，人们基本上都习惯了这样的生活节奏。

关峡人在生活细节上也与县城有区别。考察组曾租用当地某门面的电动车一部，付租金 100 元，为了方便回单位报账而向车主索要身份证号码，然而最终只能放弃。因为车主没带身份证，也不记得自己身份证号码，他说："在自己家（或指关峡）怎么会带身份证？"复问旁边店面的人，几乎无一人携带身份证或记得身份证号码。城市人看重身份证的理念，在这里格格不入。

动物们也有自己的生活节奏。关峡人最常养的动物是狗和鸭。苗族地区多有狗崇拜习俗，关峡也不例外。许多人家养有大狗，这些人类的伙伴早已习惯了家门口的人来人往，少有凶性。它们经常懒洋洋地趴在家门前晒太阳，打瞌睡，而每到主人家的用餐时间，则在饭桌前绕来绕去求食。比狗更懒洋洋的是鸭群。它们经常神气地坐在不宽的马路的中央地带，长时间一动不动，两侧的小车、渣土车卷起尘土呼啸而过，几乎擦着鸭的翅膀，而鸭群依旧纹丝不动，淡定得令人惊奇。这一幕每天都要上演无数次，但从未见过有鸭子因为惊慌乱动而被车碾到。显然，来往的车辆也已经习惯了动物的节奏，人与自然似乎达成了某种默契。

采访当地居民了解到，关峡乡的赶集时间为每月逢三和逢八，县城的赶集时间则为每周日。关峡原先的赶集点在梅口村，现由于乡政府驻关峡村，主要赶集点遂迁至乡政府附近。梅口村至今仍为赶集点，但规模已较小，赶集时间为每月逢一和逢五。集市高潮时间要到上午9时后，因为农民大多要做早工，且摆摊设点亦需要时间。集市时，各村的村民带来自家养殖、种植的闲余之物，以及少量手工艺品，在乡政府附近的丁字路口摆摊设点，沿街道两侧绵延开去。原本略显冷清的路口人来人往，一辆辆货车或三轮载来各种家禽和农作物。有些客车也兼运家禽，鸡鸭放在客车顶上的铁筐里，途经集市时就卸下来。各村的村民主要交流场所就在此，关峡乡此时便如同过小节一样，热闹非凡。

三、关峡之景

关峡乡最著名的景点有三：一是大园古苗寨，二是花园阁景区，三是定远桥。

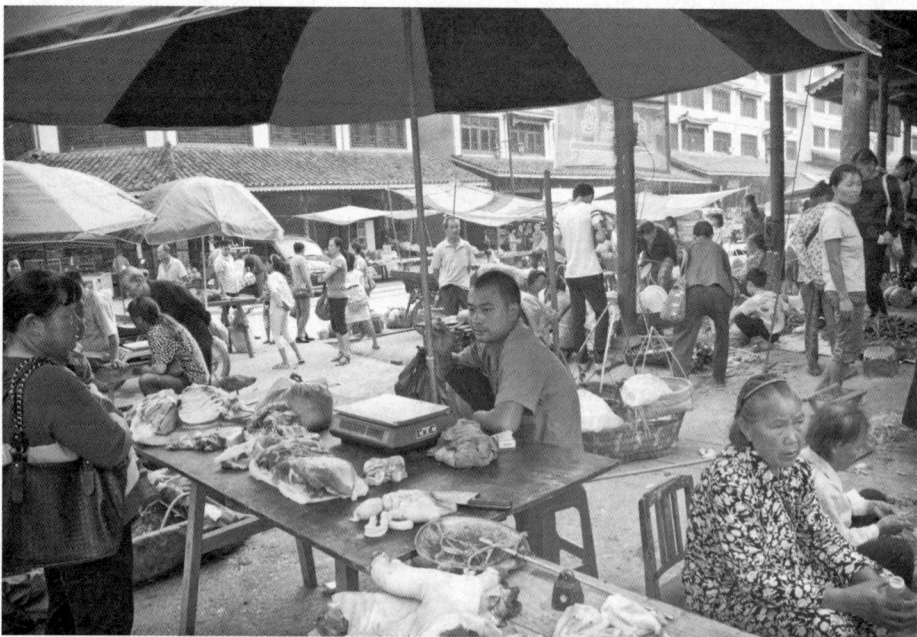

• 关峡的集市

定远桥为清代绥宁知县范成龙倡导，廪生李若梁督工，建于康熙二十三年（1684）。今为湖南省保护文物。定远桥长 12.6 丈①，宽 2.6 丈，高 5.6 丈。桥身以青石筑成，单孔，半圆拱，石板桥面结构紧致，古朴威严。其上原建有廊亭，称"范公亭"。民国初年，定远桥曾因风雨而倾毁。2001 年，绥宁县政府出资 12 万元，依旧例重建定远桥，并于桥旁刻立"定远桥"碑石。

● 定远桥

据"花园阁湿地旅游网"介绍，花园阁原名叫花园角，有一首诗赞曰"山清水秀像花园，巫水环抱似城廓"。在明清以前，当地苗民在码头旁修建了一座望江楼阁，名曰"花园阁"，望江楼阁后来因年久失修，被一场洪水冲塌，但名字却被人们永久记了下来，久而久之人们就习惯称这里为"花园阁"。花园阁现正全力打造苗族风情岛景区旅游服务项目，在景区修建了广场、长廊、戏台、楼阁等设施。

花园阁苗族风情岛景区因独特的山水风光而闻名，号称"风情水乡""诗意

---

① 1 丈 = 3.33 米。

• 花园阁风景区

的家园""养生的福地"。这里山水连绵，湖面波光潋滟，两岸山峰倒影成行，形成了奇特的十里山水画廊。这里有至今保存完好的雪峰山战役梅口抗日战争遗址和湘黔古道，也是"五溪苗疆"的山水后院、原始苗族同胞的居住地、巫傩文化的发源地，红色文化、苗族文化和巫傩文化在这里相互融合，交相辉映。

花园阁景区和大园古苗寨不仅仅是关峡的招牌景点，也分别是花园角村和大园村的主体，代表了相邻但不同的村民群体。因此不难看出，大园和花园阁的关系其实比想象中复杂。一方面，二者是邻居，互相衬托，共同成就着关峡之美；另一方面，二者不是伙伴，至少目前还不能称之为完全意义上的伙伴，而更像是旅游业方面的竞争对手，牵涉复杂的资源竞争。这在后面的记述中还会提到。

第三节　来到大园

一、大园的概况

大园，全国历史文化名村，名闻遐迩，又笼罩着神秘的面纱。大园村位于绥宁县东南部，以古苗寨为中心，西邻关峡村，东邻南庙村，南接凤凰村，北接四甲村、插柳村。大园村古为莳竹县辖属，新中国成立初期为大园小乡，辖四甲、南庙、文家、凤凰等村，1958年属关峡人民公社大园大队，此时仍含四甲村，1982年分村，即今天的大园村与四甲村。

大园古苗寨占地面积约6平方公里。村寨古建筑群坐南朝北，背靠后龙山，前临玉带河，依山傍水，人与自然和谐统一。相较其他许多传统风貌保存较完好的偏远山村，大园村的交通条件算是比较好的。古苗寨距县城约18公里，距乡政府约1公里。包围古苗寨的，是南北方向的山林和东西两侧广阔的田地。省道S319从村前经过，省道S221仅距古苗寨1公里。全村8个村民组连成一片，相对集中。另有少数村民分居在苗寨外的公路旁和其他地方。

据大园村委会2015年6月的统计数据，大园村现有耕地面积954亩，旱地面积513.2亩，水田面积1019亩，山林面积近2000亩（2008年的数据是4242亩，2013年是3000余亩）。现有人口1340人（2009年是1114人，2014年是1229人），360户左右，其中苗寨内900多人，280多户。村民绝大多数为苗族，并以杨姓为主。2014年人均收入约1200元（根据计算方式不同在600~3000元之间波动）。全村分为8个村民小组。村民所居住的房屋以保持传统民族特色风貌的古窨子屋和木结构房屋为主，另有少量新建的现代式建筑。2009年2月，大园村被湖南省人民政府批准为省级历史文化名村，并获评省级民族特色村寨。2011年被湖南省人民政府批准为省级文物保护单位。2014年3月被中央人民政府批准为国家级历史文化名村，并获评国家级民族特色村寨。《那山那人那狗》等许多电影名剧在大园村拍摄。现在的大园村不仅在国内有名号，而且有了初步的国际影响。据村委会统计，自2008年至2015年的近8年时间里，平均每年有卜万名游客来到大园古苗寨。美国、德国、挪威、日本、新加坡、韩国、越南、苏丹、也门等多个国家的游客来到大园古苗寨，并与村民合影留念。中央民委领导、省政府领导、中央民族大学的专家教授也为大园村题过词。研究村落文化的学界也越来越多地将目光投向大园村。

据《中国传统村落档案·大园村》(绥宁县住房和城乡建设局,建档日期2015年3月10日,档案编号430527-006号)的记载,2009年7月,中央民族大学的祁庆富、张海洋、潘守永、贾仲益、赵秀琴等专家、教授来到大园村,对苗寨建筑和民族风情进行了考察,并对大园苗寨古建筑群的价值做出评定,认为大园村苗寨民居建筑时代特征明显,地方特色浓厚,文化内涵丰富,具有较高的历史、艺术、科学以及民族史学价值。其价值主要表现在:

1. 大园苗寨古建筑群时空跨度大,多为明、清时期所建,迄今已六百多年历史,整体建筑布局保留了原有形制,是一本难觅的湘西南少数民族地区鲜活的乡土特色建筑年谱。

2. 大园苗寨古建筑群类型丰富,是一处没有围墙、广为世人游息的自然环境与人文历史实物博物馆。

3. 大园苗寨古建筑群承载的历史信息翔实,是诠释大园苗寨发展史,凸显本土文化内涵的一部百科全书。尤其是颇具苗族风情的"四八"姑娘节已被列入第二批国家级非物质文化遗产名录。散失民间的苗族"师公脸壳戏""草龙舞"等在大园代代传承,永续利用。

4. 大园古苗寨已成为中央民族大学的学生暑期活动实习基地和电影电视拍摄基地。随着《那山那人那狗》《秋收起义》《战火童心》《痴虎》等影视作品的宣传,湖南省绥宁县关峡苗族乡大园村已越来越受到世人瞩目,前来旅游观光的游客亦越来越多,发展前景十分广阔。

在大力推进旅游业发展的背景下,大园村外出务工的年轻人,已经有一些返乡创业,但目前的常住人口仍以老人和留守儿童为主。

大园村过去有私塾。现在的小孩子,通常在大园小学就读幼儿园和一、二年级,然后至关峡苗族乡中心学校就读三至九年级,即完成小学和初中的九年义务教育。大园小学原是大园村自建,现归政府管理。学校仅设一、二年级,加上幼儿园共有100多个小孩,8个老师,其中小学部老师5个。大园小学一年的杂费是600元,扣除餐费后,剩下的期末退返。关峡苗族乡中心学校则有200多学生。学生上县一中和二中等较好的中学要通过入学考试,没考上的便在公办关峡中心学校初中部完成义务教育。另外,也有少数条件较好的家庭,会将小孩送到县城里或关峡其他条件较好的学校就读,如茶江的文峰小学,其重点中学升学率较高。

大园古苗寨现已被湖南省乡村旅游区(点)星级评定委员会评定为三星级

景区。

村内现有的主要旅游景点可分为四类:一是古建筑群,如苗寨里元、明、清时期的古建筑群,盘上、新屋里等建筑群,还有年代久远的土砖屋等。二是文化遗迹和建筑,如苗寨外沿的飞山庙、水口庵、古拱桥、诸葛亮井、惜字塔遗址等;苗寨内的杨氏宗祠遗址、十一台阶、铜鼓石巷道、杨光裕墓、古驿道、古商铺、古驿馆、鼓楼、秀才屋、苗王屋、神秘屋、美德屋、善人屋、军官屋、燕子屋、三鳣堂、四知堂等。三是村民的活动聚会场所,如苗寨牌楼、老大门、凉亭里、后龙山广场等。四是近年新开发的旅游景点,如随着湖南卫视《爸爸去哪儿》剧组入住而更名的一些房屋,有星阙宅、常乐屋、永和楼、中间屋子等。

二、大园的困惑

大园村是一个少数民族传统风貌保存较完好的村落,如今已经成为全国历史文化名村,但正如其他很多传统村落一样,面临着传统文化流失的危机。大园村正经历着重重困境,其中最明显的表征是经济上的困难,并由此导致文化保护过程中的种种问题。这些困难由于一些更深层次的原因,并不是简单的"扶贫"二字可以解决的。

大园村可以说有着较好的旅游资源,在外也有了一定的名气。但实际发展过程并不顺利,甚至可以说困难重重,各种发展措施的效果也并不理想。这首先是因为村子经济基础薄弱,在旅游业开发过程中的资金与理念双重匮乏,前期的扶贫工作又因管理混乱导致恶果。无力发展自身,自然也无力较好地接待来自四海的游客。

村主任杨小聪在接受采访时说:"大园的扶贫工作从 2008 年就开始了,8 年过去了,村民的生活水平几乎没有什么改善,那山还是那山,那人还是那人,那狗还是那狗。"这让每日疲于奔命的他痛苦、无奈,又有些困惑。

大园村经济底子薄弱,是一个不折不扣的贫困村。据村委会的统计数据,2014—2015 年人均收入只有 1200 元左右,这一数值在不同的计算方式下有一定的波动,多的可高至 2000 ~ 3000 元,而绥宁县住房和城乡建设局 2015 年 3 月建立的大园村档案中,大园村的年收入则低至 600 元。但无论实际收入为何,大园村的贫困是有目共睹的。村委会、村党支部委员会也多次向上级领导提交报告,希望上级领导来村里调研,争取扶贫项目,引进外资,力图通过开发旅游业等措施脱贫致富。

多年以来，由于干部工作管理方式上的混乱，大园村的扶贫工作一直收效甚微，村子至今处于赤贫状态。近年来，在村委会的努力下，邵阳市政府的扶贫组在肖卫平队长的率领下进驻苗寨，采取了一系列改革措施，初步取得了一些成绩，但总体效果仍远未达到村民的期望值。

除了经济上的贫困，大园村面临的另一个困境是人才的流失。如同全国各地普遍存在的"空心村""留守村"一样，大园村现在也正在变成，或者说已经是一个以老年人和留守儿童为主的空壳村落。缺失年轻人，大园村也就缺失了发展的希望。与之相反的情况出现在别的一些村落，譬如相邻的花园角村，其旅游业起步相比大园村晚了好几年，但现在发展进程已经赶超大园村，总体发展速度远远快于大园村。个中缘由虽然比较复杂，但据考察组的了解，一个很重要的因素就是乡贤的作用。花园角村的人才致力于回报家园，而大园人在这方面做得还不够。

"大园村没有出人才吗?"考察组在采访一位比较有名望的当地人时，得到的回答是:"怎么可能! 大园村这么多人这么多年，怎么可能没有出几个人才?"材料显示，除去已经过世的，大园村现有国家干部和教师50人以上，级别较高的有中国军事科学院研究员杨日芳，团级干部杨锦华，中学特级教师杨章明，局级干部杨章柏、杨梅臣、杨焕礼、杨文元、杨章信等。但这些国家工作人员并不富裕，没有余力回报家乡，或者并不关心大园村的旅游事业。2000年后毕业的大学生有150多名，几乎都在外地就业。虽然也有发展得较好的，能买房买车，但大多仅能维持自己家庭生活。另有学历较低的100多名外出务工者，同样是大多只能维持基本生活。因此，可以说大园村确实缺少高级人才，特别杰出的人才几乎没有，但一般意义上的人才数量绝不算少。问题是，其中少有愿意回村创业的，少数经济条件较好的，也只有极个别愿意回报家乡。这是值得我们注意的。

大园村虽然也出了一些高级知识分子，但他们几乎都已经离开了苗寨，以致村里的文化水平总体偏低。在大园村申报历史文化名村时，村里能够胜任撰写申请材料的竟然只有杨荣生一人。据杨荣生自述:"我自从2008年5月以来写作大园村申报省级历史文化名村、湖南省少数民族特色村、社会主义新农村、大园村经济调查报告、少数民族傩文化遗产报告等都没有一个字的现成资料可查，于是花费劳作之余的全部时间向村内甚至邻村的老人访问调查，不断搜集整理资料。"而后考察组在采访村主任杨小聪时也听到了类似的说法:"幸好有杨荣生，可以写一些东西，那些都是他写的，（村里）只有他能写点东西。"于是，可以说之后几乎所有大园文化研究者所做的研究，都是在杨荣生的努力成果之基础上进行的。

村民们的精神生活也是令人担忧的。在现代化的浪潮里，大园苗族原本朴素的原始宗教信仰日益淡化，过去的礼俗也不断简化、变色，乃至被遗忘。每年参加祭神、祭祖等活动的村民日益减少，狗崇拜等传统习俗被越来越多的家庭放弃。村落赖以发展文化旅游的传统风貌难以维持。随着城乡贫富差距的日益拉大，年轻人大多向往外界。苗寨里平日的娱乐生活匮乏，老人们在农活之余，主要的休闲活动是打牌，晚上则是看电视。年轻人里，26~45岁的未婚男子有60人以上，其中很多缺乏外出务工的勇气，在村里亦无所事事，只是眼神呆滞地长坐于屋檐下，一日一日地打发着无聊的时间。这也是当前农村空心化的另一种体现，除了原居民大量流失之外，现居民精神世界的空虚也是让人触目惊心的。

第四节　大园之名

绥宁县关峡苗族乡大园村，实际上还有多个名称：大荣枣子园、大园古苗寨、大元村、大圆村等。现官方正式名为大园村。名称本身只是用以识别某一个体、群体或事物的代号，但代号中所蕴含的历史和寓意则是值得我们研究的。

一、大园之名的由来

大园之名的由来，在文献里有各种各样的说法。冯彦明主编、中国经济出版社2010年出版的《大园古苗寨调查》，从历史故事、地理状貌、神话传说三个方面对大园村村名的来由做了比较详细的考证。

首先，大园之名据说来源于杨再思建立"万里天园之国"的宏伟目标。相传，唐末和五代时期，大园人的祖先"飞山太公"杨再思以建立"万里天园之国"为目标，励精图治，设十峒，其势力范围一直延伸到今湘西南、黔东南、桂西北等广大地区。但宋朝统一后，"飞山蛮"在被朝廷征伐的过程中逐渐衰弱，最终纳土归宋，没有完成建立"万里天园之国"的大业，建"天园"国的梦想仅秘传于杨再思的后人中。"大园"名称最初就来源于"天园之国"。到了后晋天福九年（944），杨再思已是75岁高龄，遂将权力交与10个儿子分管。其中，第三子杨正修管辖今绥宁、城步、新宁、武冈等峒寨地区。随后，杨再思之曾孙（杨正修之孙)杨光裕迁居现今关峡苗族乡四甲村后,看到这里山灵水秀、土地肥沃,于是产生了在此建立家园的想法。杨光裕将他居住的周边两个地方,一个取名为"万里",另一个取名为"大园",其寓意是"万里之地在脚下,不争天子家园大"。另一种说法是"去掉头上的一把'刀',族人共享大团圆"。现今大园古苗寨所在地,当时就位于"大园"之地,名为皇家冲。至宋太平兴国年间(976—984),随着通商交往的日趋繁荣,皇家冲一带,尤其是后龙山的村寨建设规模迅速扩展。杨光裕的第七世孙杨光鲜迁居皇家冲后,就正式将皇家冲改名为"大园",其寓意:四方八面,地阔方圆;此地能容天下之人,广纳万物诸事。

另外,传说是三国时期诸葛亮的将士为大园取名。民间流传,诸葛亮曾率大军驻扎在这里,将士们说:"我们像驻守在一座大园子里,有一种安全感。"自此,蜀军便称这地方为"大园",并流传于后世。

就地形而言,大园古苗寨的确像一座大园子。苗寨四周青山环抱,中间是村庄、小河和几百亩良田。村民的生活宁静和谐,民风淳朴。置身其中,恍如来到了陶渊明笔下的桃花源。因此世人将之称为"大园"也名副其实。

关于大园之名的来由,还有一些神话传说。流传较多的,有"天园成大园"的故事。

据传,很久以前文殊菩萨和观音菩萨云游天下,腾云驾雾来到大园上空,发现大园是地界上最稀奇美丽的地方,但还有不足之处。他们想施展法术,让大园变成与天上广寒宫、蟠桃园相媲美的人间天园。

于是文殊和观音分工,观音前往梅口施法将巫水流经石江坪的峡口堵塞起来,引巫水经关峡流向武阳,水归东海后,大园将变天园,成为人间圣地。观音命令大力神夜晚施工,白天休息。大力神用几吨重的大青石岩楔子楔入河边的岩山,当地的土地神被震得头昏脑涨,心里很烦,就半夜学公鸡叫,大力神以为天亮了,就停止了移山填峡,于是洪水猛涨,堵峡失败。

文殊菩萨从大园所在区域的东边赶着一条龙、一只虎、一只燕、两只天鹅、五只羊前往关峡,实际上是赶着几座小山到现在关峡定远桥的地方堵住峡口,让梅口巫水流经关峡过武阳入东海,而且还要增高西部山峰,因为只有这样,才能"水往东流,人物风流;西高东低,豪杰必起"。"左青龙,右白虎;青龙一定要高过白虎",大园西边的山一定要高过东边的山。如果文殊、观音的目的实现了,大园将变成天园。

文殊菩萨在赶山的时候变成了一位穿破烂衣服的白胡子穷老头,他将几座小山赶到大园地界，特意走到古井边问一个正在挑水的男童："小朋友，你看到刚才赶过来的几只羊吗？"男童答："我没看见什么羊，只看见几座小山在移动。我心里还感到特别奇怪呢。您看，那几座山还在移动呢！"男童挥手一指，结果这几座小山立即停止了移动，就各自定在现在的位置。老人眨眼间飘然不见，男童惊呆了。

文殊菩萨很不甘心，决定还要再试一试古时候的大园人。转眼他化身为一贫妇背负一婴儿，手牵小男孩，另外还带一条狗，前往大园村乞求舍饭。不懂事的孩子们围观看热闹，有的人家给半碗剩饭剩菜。到了一户富裕人家，主人一次给她三碗饭，包括两个孩子的饭。贫妇说："狗也给一碗。"富人又给她添了一碗，她说："我腹中还怀有一个孩子，也应该给一碗。"富人发怒了，大声斥责道："你腹中的孩子还没有出生，就要分饭吃，你也太贪心了吧！"那贫妇辩解说："众生平等，腹中胎儿不是人吗？"说完，从袖中抽出一把剪刀，剪下一缕头发放在桌上，口念偈语道："苦根连根苦，甜瓜彻蒂甜，是吾起三界，却被富人嫌。"她边走边摇头叹气地说："你们这地方的人童子真诚善良欠机智，泄露天机；富人行善欠大善，难成大器。"说罢，腾空而起，现出文殊法相，原来那两个孩子是文殊菩萨的随身童子，那条狗也变成了一头卷毛青狮子。当时就在现在的水口庵上空红光万丈，佛光灿烂。因为文殊地位仅次于如来佛，神通广大，所以后来人们在此地修了庵堂，安放如来佛、文殊、普贤、观音等佛像。当时的大园人后悔莫及，跪拜在地上，仰视佛光，久久不敢起身。从此，天园成大园。

此外，还有"天园失横成大园"的神话传说。话说大园原本已经是人间天国。可是王母娘娘在天上开蟠桃会时，偶尔听到了人间有一个"天园"，大怒道："只有天上的蟠桃园才称得上天园，凡间怎能有天园？"遂命神仙去掉天字头上一横做天闩固天庭。从此，"天园"降格成"大园"。

《大园古苗寨调查》记载的这些故事，有的听起来有一些依据，有些则显得荒诞不经，还有些似乎有板有眼但禁不起推敲。"大园"之名的由来其实已无法确证，但即使是神话故事，也不一定与真相毫无关联。传说流传得久了，也就深入人心，其对事实形成的影响或多或少存在也未可知。

二、大荣枣子园与大园古苗寨

大园村的称呼历史上多有变更。如1928年，绥宁县施行保甲制，大园于是改称大园保，设保长；保下分甲，设甲长。现如今大园村内还存有三甲、四甲、八甲、九甲等小地名。

1952年保甲制废除后，大园保改称大园乡，当时的四甲、南庙、文家、凤凰等以杨姓为主的村庄都属大园小乡。至1958年，在人民公社运动中，大园乡划归关峡人民公社。1982年，绥宁县成立关峡苗族公社，大园乡又改称大园大队，下面有9个生产小队。

1984年，实行公社改乡（镇），大队改村，关峡苗族公社遂改为关峡苗族乡，大园大队则改为大园村。同年，大园大队与四甲大队因山林产权归属产生纠纷，正式分村，更名为大荣枣子园，简称"大园"。

"大荣枣子园"之名，虽未见有文献详加诠释，但应该是地理因素与历史因素的结合。可以推知，冠以"大荣"显然是因为背靠大荣山。而"枣子园"三字，并不是因为当地盛产枣子。事实上，大园人种植的作物以粮食作物为主，其次是蔬菜和水果，而水果中又以橘子为主，枣子不但不是当地主要作物，甚至可以忽略不计。不过当地很可能曾经有过盛产枣子的时期。神州大地上以枣子园命名的村落有不少，如云南省楚雄州楚雄市鹿城镇枣子园村，四川省南充市南部县肖家乡枣子园村等，多是这种情况。可见"大荣枣子园"之名可能是时空因素结合的产物。

2008年7月，大园村苗寨被绥宁县政府、县文物局批准为县级文物保护单位，并更名为"大园古苗寨"，随后在旅游宣传中，一直打出"大园古苗寨"的名号。至今天，在全国范围内，"大园古苗寨"的名气已经远远高于"大园村"。

"大园"之名本来并不罕见，全国各地数以十万计的村落里，名为"大园"的不在少数，因此如果在网络上搜索"大园村"，很容易搜到别地的同名村落，除非搜索时在前面加上"绥宁县关峡乡"等限制范围的词汇。但"大园古苗寨"独此一家，无论是在网络上还是文献里搜索时都绝不会弄混。因此一些研究者认为，大园村已经更名为大园古苗寨。有些文献里甚至直接说，大园村就是大园古苗寨。

诚然，名字本来只是用以识别某一个体、群体或事物的代号，"大园古苗寨"在一定程度上取代"大园村"成了识别大园的代号，是顺应形势的一般性结果。但除开这种作为识别代号的功能，大园古苗寨绝不能和大园村画等号。这是因为，首先从地域上讲，苗寨外方圆数百米范围也属于大园村。大园村距关峡乡政府不到1公里，大园古苗寨距乡政府超过1公里。

更为关键的是，苗寨外的大园村，并不是空地，而是确有大园人居住的地带。大园村现有 1340 人，360 户左右，其中苗寨内 900 多人，280 多户。超过 1/5 的家庭、接近 1/3 的人口散布在苗寨外。离开苗寨的理由有多种多样，过去最常见的原因是建房土地不足。随着苗寨里的人口增多，房屋也越来越多，道路则越来越狭小，可供建房的空地越来越少，最终苗寨里的人只能走出寨子，在寨子对面，在后山另一头，在离寨子越来越远的地方安居。也有家庭主动走出相对封闭的寨子，到外面闯荡并定居。近年来，还有一小部分经济条件较宽裕的村民，不愿继续居住在古旧的窨子屋和木结构房屋中，而受限于保护古苗寨传统风貌的政令，不能以钢筋水泥翻修自家房屋，因此走出苗寨，在苗寨对面或更远的地方建楼定居。

苗寨外的大园人与寨内的村民有着相同与不同的地方。一方面，他们也是大园人；另一方面，却游离于如今的"大园古苗寨"之外，被很多人乃至相关部门所遗忘。考察组曾经采访了好几位苗寨外的村民，他们已经形成了与寨内村民不同的生活圈子，有些人已经很少再进苗寨。在古苗寨热火朝天的文化保护与旅游业发展浪潮中，在许多人将他们遗忘的时候，我们认为更加不能将大园古苗寨等同于大园村。大园村要发展，需要借助外力，但更应该团结内部力量。苗寨外的大园人虽是少数，但他们有着走出苗寨的勇气和实践，其能量实际上是超出寻常的。我们要研究的大园文化，也是包括古苗寨内外所有大园人和物的文化。

三、大元村与大圆村

在关峡当地，人们也习惯把"大园"写作"大元"。这种情况十分常见，如村民家居的门牌上，多标明"关峡乡大元村××号"；此外，在与外界的交流中，村委会使用的信笺稿纸上也常印有"大元村"字样。也就是说，不仅仅是在村民的日常生活里，甚至在过去一些比较正式的场合，"大元"之称呼在一定程度也是可以取代"大园"的。

这很好理解。一方面，相对于"园"或"圜"，"元"字结构简单，更方便人们使用。而附近并没有第二个"大元村"，名称作为识别事物的代号之功能基本没有受损。再加上村民的整体文化水平不高，能够简写尽量简写，既方便又好认，也在情理之中。类似的情况还有"关下"苗族乡之称。有些村民的门边悬挂着关峡乡党委政府颁发的"双文明户"或"五好家庭"等荣誉牌，颁发单位则是"关下苗族乡党委政府"。"关峡"写作"关下"，而且还是出自当地政府之手，可见此类简写已成常态。

村民在实际生活中经常把名称混用，如大园村唯一的小学，学校校门正上有"大園小学"四个大字，旁边悬挂的牌匾上却写着"大元村村民委员会"，而建在小学里面的村民活动中心墙上却书有第三种写法："大圆村活动中心"。名称做到词能达意本来已经够了，不过这种情形也反映了过去地名管理上的混乱。

● 关峡、关下、大園、大元、大圆

大圆村，这种写法虽然在村民的日常生活中用得不多，但却用在村民常聚集之地，可见是为当地所有人所接受的。这种用法的出现似乎有些奇怪，因为我们不能解释成为了使用方便而简写，不过从"圆"字的涵义来看，又变得十分明了。

首先，"元"字用作表货币单位时同"圆"。既然可以简称为"大元"，自然也可以写作"大圆"，只是仅凭这点给人感觉没必要特意繁写。

另外，"圆"与"元"一样，都是带有褒义色彩的。元是首，是始，是元气；圆是环，是实现，是圆满。姑且不论名称的混用是否规范，在当地村民的心目中，"大园"写作"大元"或"大圆"是没有一点问题的。甚至可以说，特意繁写为"大圆"，或许表明了村民心中的某些期望。

大园人从何而来，去往何处？从过去的式微到繁华，从今天的衰落到再发展，起起伏伏的轨迹，何时能再次划到圆满的那一点？

第一章
大 园 的 历 史

据《绥宁县志》，大园古苗寨始建于宋太平兴国年间（976—984），明代初具村寨雏形，清代是该村寨发展的鼎盛时期，全寨现存古建筑总面积38200平方米，松树排排挺立，四季常青，显得整个村落生机盎然。考察大园村的起源和演变，可以从远古时期苗族的起源一直追溯到现代。

第一节 春秋战国时期的大园

一、绥宁苗族的起源

按《关峡苗族乡志》（黄忠义、成有道等主编，2012年出版），1986年3月（《大园风物志》中载为1980年），村民杨焕雄在狮子冲（《大园风物志》中载为棚子冲）山坡上开垦橘园，从约20厘米深处的土层中挖掘出石斧2件，第二年又在原地附近挖出石镞1件，经考证系新石器时代的遗物。该地系丘陵类型，原来有石洞（清康熙二十三年（1684）修建定远桥时被毁），山脚有溪流，是人类居住的理想场所。1986年，绥宁县文物部门又相继在盐井、黄土矿、瓦屋塘、李熙桥、关峡等地发现一批新石器时代人类的工具（据《绥宁民族志》，刘柏生、刘宗平、袁公湘主编，中央民族大学出版社2008年出版）。由此可证，早在新石器时代，就有人类在关峡一带聚居生息，其文明发展基本与以河姆渡人为代表的南方农耕文化同步。

苗族自称苗，其起源可以一直追溯到距今5000多年前的黄帝时期，当时有以蚩尤为首的九黎聚居于长江中下游和黄河下游一带，到尧、舜、禹时期，又形成了新的部落联盟，即史书上所记载的三苗，亦称有苗或苗民。很多学者认为，至商周时期，苗族先民在长江中下游建立起了三苗国，被称之"南蛮、荆蛮"。诗经《小雅·采芑》中有"显允方叔，征伐玁狁，蛮荆来威"，指的就是周宣王之大臣方叔南征讨伐荆蛮的事。《后汉书·南蛮传》载："……其（长沙武陵蛮）在唐、虞，与之要质，故曰要服。夏、商之时，渐为边患。逮于周世，党众弥盛。宣王中兴，乃命方叔南伐蛮方。"

《日下旧闻考》卷二说："画本以飞空走险"，是说蚩尤有翼能飞行。《山海经》说三苗首领驩兜也有翼能飞："驩头，人面鸟啄，有翼……杖翼而行"；又说"西北海外黑水之北有人有翼，名曰苗民……驩头生苗民。"蚩尤为首的"九黎"和驩兜时期的"三苗"都被说成有翅，能飞行，表明两者都盛行鸟图腾崇拜。这两大部落联盟，后者是前者的苗裔，他们不但有相似的图腾信奉，而且都居住在我国东部。《周书·吕刑》的"蚩尤对苗民制以刑"，《国语·楚语》的"三苗复九黎之德，三苗，九黎之后也"等记载，即已显示出"九黎"和"三苗"的亲缘关系。

《礼记·衣疏·引甫刑·郑注》有"苗，九黎之后。颛顼代少昊，诛九黎，分流其子孙，骥为居于西裔者三苗"等语，也直接指出"三苗"是九黎的遗裔。至于"南蛮"，从"放骥兜于崇山以变南蛮"，和《帝王世系》关于唐尧时"诸侯有苗氏处南蛮而不服"等记载来看，可知"南蛮"是被驱逐到长江以南地区的部分"三苗"的别称，应该是"三苗"的一个支系。

郭璞《山海经注》中称："昔尧以天下让舜，三苗之君非之，帝杀之。有苗之民叛入南海，为三苗国。"《尔雅·释地》称"九夷、八狄、七戎、六蛮，谓之四海。九夷、八狄、七戎、六蛮又谓之东夷、北狄、西戎、南蛮"。故而所谓南海，指的应是南蛮地区无疑，也就是泛指南方少数民族的居住区域。绥宁位于巫水中游，自然也属于南蛮地区，也属于《山海经注》中所说的"南海"。

《韩非子》中又有："三苗之不服者，衡山在南，岷江在北，左洞庭之波，右彭蠡之水。"《史记·吴起传》中有："三苗氏，左洞庭，右彭蠡。"《史记·五帝本纪》中有："三苗在江淮靖州，数为乱。于是舜归而言于帝。"《山海经·海外南经》中有："三苗国在赤水东，其为人相随。一曰三毛国。"《山海经·大荒南经》中亦有："南海之中，有氾天之山，赤水穷焉。赤水之东，有苍梧之野，舜与叔均之所葬也。"以上所说的洞庭，即今之洞庭湖，彭蠡即今之鄱阳湖，苍梧之野即今之九嶷山区。

综上，湖南是三苗国的腹地无疑，而大园村地处湘西南，推断其在上古时期处于古代三苗国的疆域，应该是说得过去的。

二、苗与楚

按《苗族简史》（该书为国家民委民族问题五种丛书之一，中国少数民族简史丛书，《苗族简史》编写组撰，贵州民族出版社出版，1985 年 10 月第 1 版），认为"商、周时期，三苗的主要部分仍在长江中游地区，与其他各族一起被称为'荆楚'，有时也被称为'南蛮'。后来，荆楚的社会经济日益发展，其中较先进地区的楚人，又被专称为'荆蛮'。其后，荆蛮日渐强盛，发展成为春秋战国时'五霸''七雄'之一的楚国主体居民"。《全国历史文化名村大园》（陶永灿主编，中国戏剧出版社出版，2014 年 1 月第 1 版）里，据此认为"三苗"的部分后裔发展成为楚国的主体民族，这种说法等于是认为，"九黎""三苗""南蛮""荆楚""荆蛮""楚国"之间有着一脉相承的渊源关系。

这种说法显然是值得商榷的。首先，《苗族简史》里模糊了楚族最初的来源。屈原，楚武王熊通之子屈瑕的后代，他在《离骚》中明确地说，自己是"帝高阳之苗裔"。《史记·楚世家》中楚灵王也说过"昔我皇祖伯父昆吾"。高阳是黄帝孙，昆吾为夏伯，楚王室的族源为华夏族，这是有充分证据的。近年对清华简《楚居》的研究成果，认为楚族之起源在中原地区，楚族进入江汉平原，征服群蛮之后，才被称为"荆楚"。所谓荆、扬，都是地名，而蛮、越等，是当时周人对异族的通称，故而有些中原国家以荆代称楚，但是楚称呼自己，都是称"楚"。

历史上，楚国的确曾经被中原文化排斥，我们认为，这正是由于楚国民族成分十分复杂。《国语·郑语》曰："蛮芈，蛮矣。惟荆实有昭德，若周衰，其必兴矣。"又有《左传》成王三年载："楚虽大，非吾族也。"但这并不能说明楚就是由三苗部落发展而来，因为楚国800年来，所征服的部落、小国极多，光是见诸史料明确记载的就有六七十个，而且彼此融合得比较成功，最终才形成了灿烂的楚文化。

唐诗人白居易《晋谥恭世子议》云："周之衰也，楚子以霸王之器，奄有荆蛮，光启土宇，赫赫楚国，由之而兴。"《史记·楚世家》记载："熊渠甚得江汉间民和，乃兴兵伐庸、杨粤，至于鄂……文王二年，伐申过邓，邓人曰'楚王易取'，邓侯不许也。六年，伐蔡，虏蔡哀侯以归，已而释之。楚强，凌江汉间小国，小国皆畏之。十一年，齐桓公始霸，楚亦始大。"

《后汉书·南蛮传》载："……平王东迁，蛮遂侵暴上国。晋文侯辅政，乃率蔡共侯击破之。至楚武王时，蛮与罗子共败楚师，杀其将屈瑕。庄王初立，民饥兵弱，复为所寇。楚师既振。然后乃服，自是遂属于楚。鄢陵之役，蛮与恭王合兵击晋。及吴起相悼王，南并蛮越，遂有洞庭、苍梧。"

《通典·卷一百八十七·边防三》有关于南蛮的叙述，云："南蛮，其在唐虞，与之要质，故曰要服。夏商之时，渐为边患。暨於周代，党众弥盛，故诗曰：'蠢尔蛮荆，大邦为雠'。至楚武王时，蛮与罗子共败楚师，杀其将屈瑕（莫敖不设备，故败绩于荒谷，群帅囚于冶父）。楚师后振，遂属於楚。及吴起相悼王，南并蛮越，遂有洞庭、苍梧之地（今长沙、衡阳等郡地）。"

这两处说得很清楚，"蛮"族与楚国之间发生过战争，被征服后遂属楚，逐渐融入楚国各民族之中。上述被征服的蛮族当中，很可能也包括三苗的后裔，但是不能据此认为楚族由三苗发展而来。

现在也有学者认为，楚国的主体居民是由当地的荆蛮部落以及自北南迁的芈族融合而成。更有学者对楚国的民族融合政策倍加赞扬，认为楚国是"以我为主"，博采精华，推陈出新，吸收了周边少数族群的一些特点，创造出了有别于中原文化的楚文化，到了战国时期，楚国不断地向东向南向北开疆拓土，令人叹为观止的楚文化由此横扫整个长江淮河流域。

尧、舜之时，以武力将三苗中的驩兜部落赶往南方，这部分苗族先民便融入了后来的南蛮之中。到商、周两代仍沿用苗的族称。《苗族简史》里称，周人除以"荆蛮"称呼建立了国家的楚人外，对一般的苗族先民则以髳或髦等苗的同音字记录，如《尚书·牧誓》的庸、蜀、羌、髳、微、卢、彭、濮人，《诗经.小雅·角弓》的如蛮如髦等。这种区别，应该也是刚好显示出了楚人与苗族先民的区别。

三、五溪蛮与楚国

春秋初期（前757—前741），楚厉王熊眴治楚，征服沅水下游地区的少数民族部落。按《苗族简史》，近年来，在溆浦出土铜鼎一对，经考古工作者鉴定是楚王室的用器，从而证明辰、沅一带当时已是楚国的边陲重地。

《史记·楚世家》载："建宁郡南有濮夷，濮夷无君长总统，各以邑落自聚，故称百濮也。"之后的历代楚王也持续对濮夷用兵。《史记·吴起列传》载："楚悼王素闻起贤，至则相楚。明法审令，捐不急之官，废公族疏远者，以抚养战斗之士。要在强兵，破驰说之言从横者。于是南平百越；北并陈蔡，却三晋；西伐秦。诸侯患楚之强。"这讲的是周安王十六年（前386），吴起为楚相，助楚悼王熊疑征伐南方，占领湖南。后来，楚国在湘、资、沅、澧四水流域的交通要道建立据点，并在沅陵设黔中郡。《战国策》载："楚地西有黔中、巫郡。"

但是《春秋大事年表》第四卷有："顾栋高曰：'春秋之世，楚之经营中国，先北向而后东图，其所吞灭诸国，未尝越洞庭湖以南一步。盖其时湖南与闽、广均为荒远之地，惟群蛮、百濮居之，无系于中国之利害，故楚也有所不争也。'湖湘灵气，遂不能发泄于春秋之时；是则地势之当冲要与否，实文化之关键矣。"

《古苗疆绥宁》（吴荣臻、杨章柏、罗晓宁著，四川民族出版社出版，1993年3月第1版）一书据此考证，认为张澍的《续黔书》卷三中记载黔中郡和武陵郡所包括的地区为：秦之黔中即汉之武陵，兼今湖南常德、辰州、沅州、保靖府，并包括今贵州思州、石阡、铜仁、黎平、思南诸郡也。上述地名，并不包括靖州、绥宁、城步、通道等地。由此可见，秦汉时期，绥宁还在当地土著的自行开发之下，属于古荒服之地，未正式列入朝廷的版图之中。

不过，我们认为，顾栋高乃清乾隆时期人士，其所论断，大有可商榷之处。如前所述，楚立国800年来，一路攻城略地，所向披靡，何尝有过"有所不争"的时候？况且大量史料言之凿凿，并非一家之言可以轻易推翻。

《古苗疆绥宁》一书里认为，楚民与五溪蛮（《南史·夷貊传下》载："居武陵者有雄溪、樠溪、辰溪、酉溪、武溪，谓之五溪蛮。"）之间存在密切的关系，并认为这二者可能本属同族，都是三苗后裔。对此，我们仍持前文观点。当然，好战的楚国与五溪蛮之间存在着频繁的斗争，应该是可以肯定的。至于楚国是否征服了五溪蛮，将其纳入自己版图之中，则有待考证。但是，到了秦汉时期，若说绥宁仍然处于土著的完全自治之下，则恐难成立。

第二节　秦汉时期的大园

《苗族简史》中称，苗族分布地区，属内郡的有江夏郡、长沙郡、庐江郡、九江郡、南阳郡等（其地汉人占优势，经济文化发展水平较高），其余大部分属于初郡。初郡人口不多，但地域辽阔，经济文化落后，与内郡差别很大，封建王朝控制力也很弱，除派有少数汉官进行统治、监视和派少数军队驻守外，迫于形势，不得不实行"以其故俗治"（《史记》卷三十）的羁縻政策，即是对少数民族首领进行笼络，在承认他们原有势力范围和地位的基础上，予以封官赐爵，使之"复长其民，世领其地"，达到封建统治者以蛮治蛮的目的。

说到这里，就有一个当时的武陵地区是否独立自治、完全不属中央王朝管辖的问题。

一、武陵蛮与绥宁

《后汉书·南蛮传》有："秦昭王使白起伐楚，略取蛮夷，始置黔中郡。汉兴，改为武陵。"一般认为，黔中郡乃因黔山得名。秦朝时，黔中郡地被并入象郡。《史记·秦始皇本纪》载："三十三年（前214），发诸尝通亡人、赘婿、贾人略取陆梁地，为桂林、象郡、南海，以适遣戍。"唐代《元和郡县志》卷三十一载："秦黔中故郡城在（沅陵）县西二十里。"后汉书载："秦并天下，威服蛮夷，始开领外，置南海、桂林、象郡。"

《宋史卷蛮夷一》中也有："西南溪峒诸蛮皆盘瓠种，唐虞为要服。周世，其众弥盛，宣王命方叔伐之。楚庄既霸，遂服于楚。秦昭使白起伐楚，略取蛮夷，置黔中郡，汉改为武陵。"光绪版《靖州乡土志》在《志沿革》下记载："未置以前，州志云唐虞夏商为荆州西南要服，周成王时封熊绎于楚为黔中地，汉属武陵郡镡成县，三国时隶属晋仍为荆武陵镡成县。"《光绪靖州直隶州志乾隆永顺县志》中亦记载，"靖州其地，春秋战国属楚，秦属黔中郡，汉为武陵郡镡成县地，三国、西晋因之，东晋至隋唐先后属舞阳、龙标、郎溪等县（唐无专属）"。

据以上种种史料，《绥宁县概况》（民族出版社 2010 年出版）在历代行政区设置一节中认为，绥宁县在春秋时属于楚国黔中郡地，在秦朝属于象郡，在西汉为武陵郡镡成县地，在东晋则为武陵郡舞阳县地，在梁为南阳郡龙标县地，在隋为沅陵郡龙标县地。上述看法，亦被写入新编《绥宁县志》（方志出版社 1996 年出版）中。

《水经注·沅水》载："汉高祖二年（前 205），割黔中故治为武陵郡。"至于武陵郡的名字，也有来历。《后汉书·先贤传》载："太守赵厥问主簿潘京：贵郡何以名武陵？潘京答道：鄙郡本名义陵，在辰阳县界，与夷相接，为所攻破。光武时东移出，遂得见全。先识易号，《左传》曰：止戈为武，高平曰陵。于是改名焉。"

至东汉，荆州下辖七郡，即南阳郡、南郡、江夏郡、零陵郡、桂阳郡、武陵郡、长沙郡。一部分苗族先民迁徙至荆襄、江淮流域，但大多数仍然聚居在武陵郡。当时，居住在武陵郡这一带的各少数民族被统称为"武陵蛮"。另外，按照地区不同还有黔中蛮、夜郎说、巴郡南郡蛮、槃瓠蛮（《古苗疆绥宁》一书里认为应该是五溪蛮的先民）、零陵蛮、澧中蛮、溇中蛮等称呼。

《后汉书·南蛮传》载："光武中兴，武陵蛮夷特盛。"《南史·夷貊传下》载："居武陵者有雄溪、樠溪、辰溪、酉溪、武溪，谓之五溪蛮。"郦道元注《水经》云："武陵有五溪，谓雄溪、樠溪、酉溪、潕溪、辰溪，悉是蛮夷所居，故谓五溪蛮。"据此，"武陵蛮"又被称为"五溪蛮"。而所谓"雄溪"，即今天的巫水，发源于城步苗族自治县的巫山，流经绥宁中部，过会同县境而入沅江。其中，绥宁境内的巫水占巫水全长的 1/4，可见绥宁县是古代雄溪流域的腹地，居住在这一带的居民当然应该是"五溪蛮"的重要组成部分。《宝庆府志》称："城步民居十之三，苗居十之七，绥宁民居十之四，苗居十之六。"而今苗族仍然是城步、绥宁二县的主体民族。因此，认为聚居于雄溪（今巫水）中游的蛮民即今绥宁县苗族的先民，应该是可靠的。

二、秦汉绥宁自治权考

据《苗族简史》，秦汉时期僻处山区包括大部分苗人在内的武陵蛮，有了一段休养生息的稳定发展时期。到西汉末年，武陵蛮已形成了一股强大的势力而引起封建王朝的注意。所以东汉王朝建立之后，就对武陵蛮采取了一系列大规模的军事行动。自建武二十三年（47）到中平三年（186）的139年中，对武陵蛮共用兵达12次之多。仅建武二十三年到二十五年的3年内，光武帝刘秀就3次用重兵攻打武陵蛮。

东汉光武帝时期，相单程为五溪少数民族的领袖。《后汉书》有"建武二十三年，精夫相单程等据其险隘，大寇郡县。"《后汉书·马援列传》记载："二十四年（48），武威将军刘尚击武陵五溪蛮夷，深入，军没，援因复请行……遂遣援率中郎将马武、耿舒、刘匡、孙永等，将十二郡募士及弛刑四万余人征五溪。因会暑甚，士卒多疫死，援亦中病，遂困。"马援此次征缴不遂，病死军中。之后监军宋均同蛮军谈判，允许相单程保持对当地的治权，相单程因饥荒缺食，乃降，表示输诚归附。《后汉书·光武帝纪一》有："伏波将军马援等破武陵蛮于临沅。（建武二十四年）冬十月，叛蛮悉降。夫馀王遣使奉献。"

虽然朝廷剿抚并用，但武陵郡一直动荡不断。《后汉书》载：肃宗建初元年（76），武陵澧中蛮陈从等反叛，入零阳蛮界。《后汉书·本纪》记载："孝桓帝元嘉元年（151）秋七月，武陵蛮叛"。当时，武陵蛮詹山集结四千余人反叛，拘执县令，屯聚深山。汉遣窦应明往攻，不能胜。东汉永兴元年（153），太守应奉往招抚詹山，义军散降。

《资治通鉴》载："汉桓帝永寿三年（157）……长沙蛮反，屯益阳，零陵蛮寇长沙。九真余贼屯据日南，众转强盛；诏复拜桂阳太守夏方为交趾刺史。方威惠素著，冬十一月，日南贼二万余人相率诣方降。……夏，四月，长沙贼起，寇桂阳、苍梧……长沙、零陵贼入桂阳、苍梧、南海，交趾刺史及苍梧太守望风逃奔，遣御史中丞盛督州郡募兵讨之，不能克……艾县贼攻长沙郡县，杀益阳令，众至万余人；谒者马睦督荆州刺史刘度击之，军败，睦、度奔走。零陵蛮亦反。冬十月，武陵蛮反，寇江陵，南郡太守李肃奔走。"之后，按《后汉书》记载，朝廷以右校令度尚为荆州刺史，讨长沙贼，平之。又遣车骑将军冯绲讨武陵蛮，并皆降散。军还，贼复寇桂阳，太守廖析奔走。武陵蛮亦更攻其郡，太守陈奉率吏人击破之，斩首三千余级，降者二千余人。至灵帝中平三年（186），"武陵蛮复叛，寇郡界，州郡击破之。"

《通典·卷一百八十七·边防三》里有："秦昭王使将伐楚，略取蛮夷，置黔中郡（今武陵、澧阳及黔中五溪中诸郡地）。汉兴以后，时有寇盗……光武建武中，武陵蛮帅单程大寇郡县（今武陵、澧阳、黔中、宁夷、泸溪等郡，即汉武陵郡），汉将刘尚战败，数岁方平。顺帝时，武陵太守增其租赋，蛮又举种反，杀乡吏。"

由上述记载可见，整个东汉时期，武陵郡都是令朝廷伤脑筋的多事之地。上述史料里，出现"长沙蛮""长沙贼""增其租赋"等关键词，点明了湖南当时不止是在名义上，而是在事实上也都已经属于东汉王朝的管辖之下，已经正式被纳入了东汉王朝的版图，只不过为了统治方便，仍然委任当地首领治理而已。况且以东汉当时之强盛，如果武陵蛮各部落酋长能保住自己的自治权，称霸一方，应该已经知足，何以如此屡屡挑衅，不自量力呢？如此，则《古苗疆绥宁》等书中认为绥宁当地一向独立自治的观点，恐怕就难以成立。

第三节　三国两晋时期的大园

一、蜀军入五溪考

根据《中国古代史地图册》，绥宁县现在的境域在三国时期为吴、蜀交界地带。三国时期，吴、蜀两国经常争夺荆州、武陵地区。先是刘备据有荆州，统治武陵，后来东吴杀了刘备的守将关羽夺取荆州，占领武陵。《苗族简史》里称，武陵人民留恋蜀汉的宽和政策，不满东吴的严苛统治。及至刘备起兵伐吴，武陵各族遂群起支援蜀军，驱逐东吴官吏。尔后刘备在夷陵大败，吴国又复据有武陵，于是武陵人民就于黄龙三年（231）聚集数万人起义。东吴派潘浚领五万大军进行残酷镇压，使各族人民遭到极大的损失，自此族群衰落，武陵归于宁静。

大园人祖辈传说，诸葛亮征南蛮时曾经亲率大军在关峡驻军，在市（今人常写为寨市，系误用）即传为诸葛古城，大园村就是当年诸葛亮排兵布阵的练兵场所，他的骑兵隐藏在人园现在的后龙山山坡下的一条山冲里，这山坡就叫做"养马坡"；他的部队在山冲里训练时，办过学堂学习文化，这条冲因此被叫做"学堂冲"。故此，关峡镇旧称"诸葛城"，还留下了孔明井、点将台、观阵台、古营盘等遗迹。诸葛城因具天然关隘，后来改名为"关峡"。由于这一带为兵家必争之地，历代官兵和蛮族也经常在此练兵演练。现在大园附近还有古代营盘的遗迹，称为"大垞山营盘""沙子坳营盘""黑冲里营盘""燕子岩营盘"，村民们相信它们像四大金刚一样守护着大园。

以上种种，文献方志也多有记载。从这些遗址来看，蜀相孔明曾入五溪招抚苗民或是可信的。

二、晋军伐五溪考

按《苗族简史》，西晋统治时期，荆州刺史陶侃先后于建兴三年(315)、咸和四年(329)，两次出兵骚扰五溪地区，从这里掳走了众多的人口。

西晋政权被北方少数民族部落摧毁之后，武陵郡的一些少数民族部落趁皇权统治衰落之机，沿汉水北上，迁入今湖北、河南、陕西等地与北方各族杂处，这些北迁的民族中就有许多苗族先民。到了刘宋元嘉二年(425)，五溪蛮起义，刘宋王朝派将军沈庆之镇压，将俘掠的人口强行迁于建康(今南京)以为营户。元徽元年(473)，封建王朝对五溪地区施以重赋，规定每户输谷数斛。次年，荆州刺史沈庆之复以讨蛮为名，大发兵力。按《资治通鉴》第一百三十三卷，"……(沈)攸之赈罚群蛮太甚，又禁五溪鱼盐，蛮怨叛。酉溪蛮王田头拟死，弟娄侯篡立，其子田都走入獠中。于是群蛮大乱，掠抄至武陵城下。武陵内史萧嶷遣队主张英儿击破之，诛娄侯，立田都，群蛮乃定。"沉重的赋税，大兵的征剿，迫使五溪蛮流离失所，向西继续深入今贵州，向南进入今广西。其中一部分到了绥宁，成为今天的大园人的祖先，可能性是比较大的。

上文又多次提到了赋税，应该也是历代朝廷对五溪地区实行了有效统治的佐证。

第四节　隋唐时期的大园

一、唐代绥宁"羁縻州"考

隋时，居住在今云南、四川一带的"松外蛮"向今湖南、贵州一带迁徙，与五溪蛮交混杂居，逐渐融合。隋炀帝杨广即位后，统治无方，激起全国各地的反抗。

这里初步探讨一下唐朝时期绥宁一带的行政区划问题。《唐会要》里记载的蛮族数目甚多，有东谢蛮、西赵蛮、牂牁蛮、南平蛮、南诏蛮等，而"松外蛮"，指的就是唐朝时湘西一带的少数民族。唐朝时，社会政治经济进步，文化繁荣昌盛，边疆各族多内附。唐朝统治者在开疆扩土的同时，采取剿抚并用的开明政策，一度出现了民族团结和民族融合的大好局面，100多年间，万国来朝。生活在祖国西南方的各少数民族与汉族之间，经过长期的互相接触、交流，也彼此交汇融合。

当时，唐王朝为了笼络各族首领，在南方各族地区普遍建立了羁縻州，任用各族首领为刺史。根据《苗族简史》，从贞观到开元（627—741）的100多年中，唐王朝在南方各族地区建立的羁縻州，多至856个，其中苗族最多的辰、沅、靖、黔西州就有56个。贞观四年（630）置黔州都督府，并在州以上设道。苗族聚居的湘、黔、川边区于开元二十一年（733）增置黔中道，为全国十五道之一，道治黔州彭水县，黔州都督府为其所属。同时以黔州、清江、泸溪、灵溪（溪州改）等处隶黔中道，辖黔、辰、施、叙、奖、夷、播、思等州，领三十五县。文德元年（888），置武泰军节度使，掌管军政大权，驻节黔州，因黔州控扼险要，特置重兵镇守。

各族首领授官建州以后，按规定必须定期朝贡，以表示归顺的诚意。封建王朝通过蛮首朝贡，优礼有加，示以恩信，使其畏威怀德，以利控制，但在客观上，也加强了中央与地方的经济文化交流。为了加强对羁縻州的控制，中央王朝还在各州驻兵监守。唐代在黔州各地都有驻军，由黔州都督府统率，监视各州。

《贵州通志·石阡严格》中记载："唐贞观五年（631），以废邠州之乐安、宜林、芙蓉、琊川四县属智州。十六年省乐安、宜林（入徽州）。"乐安即今湖南绥宁乐安。这说明在唐贞观年间，绥宁被纳入徽州范围，一度性质为经制州（朝廷直接控制的州）。但是到了贞观二十二年（648）后，因"松外蛮"反抗，朝廷派梁建方率兵讨伐，松外蛮酋长杨剑松、杨同外向王朝归顺，朝廷实行羁縻政策，允许他们自治。《旧唐书·本纪第三·太宗下》记载："贞观二十二年（648）年四月丁巳，右武候将军梁建方击松外蛮，下其部落七十二所。《新唐书》记载：贞观中，巂州都督刘伯英上疏：松外诸蛮，率暂附亟叛，请击之，西洱河天竺道可通也。居数岁，太宗以右武候将军梁建方发蜀十二州兵进讨，酋帅双舍拒战，败走，杀获十余。群蛮震骇，走保山谷。建方谕降者七十余部，户十万九千，署首领蒙、和为县令，余众感悦。"

《资治通鉴》第一百九十九卷记载："唐纪十五。唐太宗贞观二十二年（戊申，648），夏，四月，丁巳，右武候将军梁建方击松外蛮，破之。初，州都督刘伯英上言：松外诸蛮暂降复叛，请出师讨之，以通西洱、天竺之道。敕建方发巴蜀十三州兵讨之。蛮酋双舍帅众拒战，建方击败之，杀获千余人。群蛮震慑，亡窜山谷。建方分遣使者谕以利害，皆来归附，前后至者七十部，户十万九千三百，建方署其酋长蒙、和等为县令，各统所部，莫不感悦。因遣使诣西洱河，其帅杨盛大骇，具船将遁，使者晓谕以威信，盛遂请降。"

《新唐书列传·第一百四十七下·南蛮下》有："西洱河蛮，亦曰河蛮，道繇郎州走三千里，建方遣奇兵自巂州道千五百里掩之，其帅杨盛大骇，欲遁去，使者好语约降，乃遣首领十人纳款军门，建方振旅还。二十二年，西洱河大首领杨同外、东洱河大首领杨敛、松外首领蒙羽皆入朝，授官秩。显庆元年，西洱河大首领杨栋附显、和蛮大首领王罗祁、郎昆梨盘四州大首领王伽冲率部落四千人归附，入朝贡方物。其后茂州西南筑安戎城，绝吐蕃通蛮之道。"

上叙《南蛮卷》里，还有关于西原蛮的记载，原文为："西原蛮，居广、容之南，邕、桂之西。有甯氏者，相承为豪。又有黄氏，居黄橙洞，其隶也。其地西接南诏。天宝初，黄氏强，与韦氏、周氏、侬氏相脣齿，为寇害，据十余州。韦氏、周氏耻不肯附，黄氏攻之，逐于海滨。"

又据南宋郭居仁所撰《蜀鉴》记载："太宗以梁建方发十二州兵进讨。酋大杨同外、杨剑松、蒙羽皆入朝授官秩。"

自梁建方击破松外蛮，朝廷在其地置牢州及松外、寻声、松林三县。道光《宝庆府志·大政纪一》载："武陵蛮詹山等四千余人反叛，拘执县令，遣窦应明伐之，筑城守御。蛮亦屯结深山，有保都梁县山中者，号曰武冈（时城步属武冈）。"

以上记载中出现的杨同外、杨剑松、杨盛，都说明杨姓在当时部落中的影响力。这些杨姓贵族被招安后，朝廷授以官秩，其部属均受皇恩，被赦无罪，于是就地安置，在绥宁一带男耕女织，世代繁衍生息。之后大园村传说中的"飞山圣公"杨再思，或许就与这些杨姓贵族之间存在着某种关系。

到唐代宗广德元年（763），湘西南地区爆发了夏永领导的各族起义，邵州的武冈（今湖南武冈，治所在城步）是起义中心之一，唐军多次进行镇压，终未能将起义扑灭。直到建中元年（780），唐德宗派湖南观察史李皋率兵一万余人进攻，并调荆州、黔州、洪州、桂州兵马助剿，又从各处调兵五万余人进一步施加压力，改剿为抚，对义军各部实行分化瓦解，终于使义军接受了招安。

唐代宗大历年间，诚徽州为西原蛮潘长安所攻占，成为溪峒州（指少数民族仿效朝廷建制自设的州，也就是说脱离了朝廷的控制）。韩云卿《平蛮颂并序》中有大历二十二年（787），西原蛮潘长安伪称安南王，诱胁夷蛮，连跨州邑，南距雕题、交趾，西控昆明、夜郎，北泊黔、巫、衡、湘。元结在《贼退示官吏》里亦有："癸卯岁，西原贼入道州，焚烧杀掠，几尽而去。明年，贼又攻永破邵，不犯此州边鄙而退。"

潘长安自立安南王，一时间势力范围直至昆明、夜郎，北连黔湘。当时绥宁皇家冲一带也在潘长安所率西原蛮的管辖下。《新唐书·南蛮传》卷六十七记载："黄氏、侬氏据州十八，经略使至，遣一人诣治所，稍不得意，辄侵掠诸州。横州当邕江官道，岭南节度使常以兵五百戍守，不能制。"又记载："大和（827—835）中，经略使董昌龄遣子兰讨平峒穴，夷其种党，诸蛮畏服。有违命者，必严罚之。十八州岁输贡赋，道路清平。"是以在唐大和年间，溪峒州被朝廷收复，又复为羁縻州，仍由当地自治。

由以上史料我们可以看到，朝廷与当时西南地区的少数民族首领争夺治权的过程十分激烈。虽然首领们一有机会就起兵反叛，谋求完全独立治权，然而总的来说，中央王朝的力量总是更胜一筹。但是为了息事宁人，王朝往往在讨伐之后，又会予以一定的安抚，允许当地首领拥有一定的自治权。

上述记载里多次出现的"署首领蒙、和为县令""皆入朝授官秩""拘执县令"等关键词，应该可以看作当时中央王朝对少数民族部落拥有一定实际控制权的证据。况且，既然必须定时朝贡，又有中央王朝的驻军在附近随时监控，则若认为这些部落的首领还保留着对本部落的完整治权，恐怕不能成立。

据此，我们认为，虽然在行政上，绥宁一带也曾经成为羁縻州，拥有相当的自治权，然而归根到底还不能算是一个"国中国"。

《通典·卷一百八十七·边防三》有关于南蛮的记载，云："南蛮……东晋时沔中蛮因刘、石乱后，渐徙于陆浑以南，遍满山谷。宋、齐以后，荆、雍二州（今荆南江陵郡，雍州，襄阳郡）各置校尉以抚宁之，群蛮酋帅，互受南、北朝封爵。至后魏末，暴患滋甚，僭称侯王，屯据峡路，断绝行旅。周武帝遣陆腾大破之。其獠初因蜀李势乱，后自蜀汉山谷山，侵扰郡县。至梁时，州郡每岁伐獠以自利。及后周平梁、益（梁，汉川；益，蜀川），自尔遂同华人矣。以其黔中东谢、西赵自古不臣中国，大唐贞观以后，置羁縻州领之。"

北宋苏辙向哲宗所进《论处置渠阳事乖方》称："湖北渠阳与湖南莳竹，本羁縻徽诚州也。”元代所修《宋史》载：“诚徽州，唐溪峒州。”元朝陈敬(1306年任绥宁县主簿)《錾字岩改路记》里有：“绥宁……在西南万山间，去府城百八十里，层峦叠嶂，道路险阻，故宋以前稍置官属，縻之而已。”

由上述记载，我们认为，当时唐朝的羁縻州甚多，而各地的首领究竟能拥有多大的治权，其实是和中央王朝博弈的结果。实力强大的，就“自古不臣中国”，仅仅在迫于朝廷大军压境时，不得不向朝廷输诚纳贡，一有机会就立即反叛。具体到绥宁一带，当时虽然唐朝国势十分强盛，但是绥宁一带过于险峻，驿道不通，统治者有时鞭长莫及，就只好放松管控，让当地峒酋一定程度上掌握大权。但是，即使名为羁縻州，处于中央王朝的雄厚势力包围之下，当地的自治权实际上仍然有限，应该被视为中央王朝版图的一部分。

二、松外蛮的风情

如前述，当时聚居绥宁一带的少数民族，被称为“松外蛮”。《新唐书·列传第一百四十七下·南蛮下》记载：“松外蛮尚数十百部，大者五六百户，小者二三百。凡数十姓，赵、杨、李、董为贵族，皆擅山川，不能相君长。有城郭、文字，颇知阴阳历数。自夜郎、滇池以西，皆庄蹻之裔。有稻、麦、粟、豆、丝、麻、薤、蒜、桃、李。以十二月为岁首。布幅广七寸。正月蚕生，二月熟。男子毡革为帔，女衣迤布裙衫，髻盘如髽。饭用竹筲抟而啖之，乌杯贮羹如鸡彝。徒跣，有舟无车。死则坎地，殡舍左，屋之，三年乃葬，以蠡蚌封棺。父母丧，斩衰布衣不澡者四五年，近者二三年。为人所杀者，子以麻括发，墨面，衣不缉。居丧，昏嫁不废，亦弗避同姓。婿不亲迎。富室娶妻，纳金银牛羊酒，女所赍亦如之。有罪者，树一长木，击鼓集众其下。强盗杀之，富者贳死，烧屋夺其田；盗者倍九而偿赃。奸淫，则强族输金银请和而弃其妻，处女、嫠妇不坐。凡相杀必报，力不能则其部助攻之。祭祀，杀牛马，亲联毕会，助以牛酒，多至数百人。”

上述记载，很可能就是大园苗人的先民们当年生活状况的写照。不过，据一些学者考证，“弗避同姓”可能是当时汉族人对苗族社会不够了解而产生的误解。因为，苗族人避的主要是苗姓而不是汉姓，汉姓相同而苗姓不同的男女之间也可以结婚。

《通典·卷一百八十七·边防三》里又载：“松外诸蛮，大唐贞观末为寇……有城郭、村邑、弓矢、矛鋋，言语虽小讹舛，大略与中夏同。有文字，颇解阴阳历数。自夜郎滇池以西，皆云庄蹻之余种也。其土有稻、麦、粟、豆，种获亦与中夏同，而以十二月为岁首。菜则葱、韭、蒜、菁，果则桃、梅、李、柰。有丝麻，女工蚕织之事。出绨绢丝布，幅广七寸以下。早蚕以正月生，二月熟。畜有牛、马、猪、羊、鸡、犬。饭用竹筲，抟之而啖。羹用象杯，形若鸡彝。有船无车。男子以毡皮为帔，女子绵布为裙衫，仍披毡皮之帔。头髻有发，一盘而成，形如鬘。男女皆跣。至于死丧哭泣，棺椁袭敛，无不毕备。三年之内，穿地为坎，殡于舍侧，上作小屋。三年而后，出而葬之，蠹蚌封棺，令其耐湿。父母死，皆斩衰布衣，远者至四五年，近者二三年，然后即吉。其被人杀者，丧主以麻结发，而黑其面，衣裳不缉。唯服内不废婚嫁。娶妻不避同姓。其俗有盗窃、杀人、淫秽之事，酋长即立一长木，为击鼓警众，共会其下，强盗者众共杀之。若贼家富强，但烧其屋宅，夺其田业而已。"

由上述记载，我们不但可以一窥当年松外蛮的风俗民情，还了解到了杨姓在当时已经是蛮族中的贵族。

唐朝中后期，云南南诏地方奴隶制兴起，不断向外扩展，与中央王朝时战时和。咸通十四年(873)，南诏出兵寇西川，又寇黔南、黔中，所到之处，大量财物和人口都被抢掠，不少苗族随着这场浩劫而流入云南。

唐武德年间(618—626)，各地起兵反唐，天下纷争，民众颠沛流离。为了避免战祸，大批的百姓背井离乡，纷纷向南逃跑。当时的杨氏后裔也一部分就近疏散，一部分向西南迁徙。

第五节　五代十国时期的大园

一、杨姓家族的崛起

至唐末，藩镇割据，天下大乱。按《苗族简史》，唐末，江西的彭玕、彭瑊兄弟乘黄巢大起义(878—884)之机，招兵进入五溪。乾符六年(879)，黄巢大军开进岭南道，途经湖南，当地群蛮响应，叙州(注：关于叙州、溆州之区别，参考闻韶乐《从镡成到洪江——试以黔城之地名分析文化特征》。按该文的说法，符彦通以叙州为根据地，改叙州为溆州，称溆王于溪峒间，建溆州国。为行文方便，本文中一律称为叙州)乱，潘、杨后裔潘金盛和杨承磊乘机掌控飞山，徽诚州成为飞山蛮地。朝廷疲软虚弱，遂以其他地令杨氏统一西南一隅，潘氏居东北一方。

五代时，彭氏在楚王马殷支持下，屡次向五溪之苗、瑶各族进攻，最后占据了五溪地区，自称刺史。一方面彭氏实力日渐壮大，另一方面楚王部属也常乘乱入诸州四界劫掠。楚与彭氏在五溪的统治利益发生冲突，导致天福四年（939）溪州刺史彭士愁起兵反楚，双方争战不休。苗族人民在彭氏的长年骚扰及彭、楚溪州之战的烟火中，一些人又家破人亡，逃离故土。

《新唐书·南蛮传》记载："黄贼更攻邕州，陷左江镇；攻钦州，陷千金镇。刺史杨屿奔石南栅，邕州刺史崔结击破之。明年，又寇钦州，杀将吏。是岁，黄昌瓘遣其党陈少奇二十人归款请降，敬宗纳之。"《资治通鉴》卷二百六十七有："辰州蛮酋宋邺，叙州蛮酋潘金盛，恃其所居深险，数扰楚边。至是，邺寇湘乡，金盛寇武冈，楚王殷遣昭州刺史吕师周将衡山兵五千讨之。"

清朝初年顾祖禹撰《读史方舆纪要》，有："唐乾宁二年（895），蒋勋谋据邵州拒刘建锋，起兵连飞山、梅山蛮寇湘潭。"所谓飞山，在今湖南邵阳、怀化的南部，距湖南省靖州县城西北5公里，海拔720米，古有忽一峰飞至的传说，故得飞山之名，唐宋时期，聚居于此地的居民又称飞山蛮。《中国古今地名大辞典》记载："飞山，在湖南靖县西北十里，一名胜山。五代楚马氏时飞山峒蛮保据于此。"

《十国春秋》（清人吴任臣编撰）卷第六十七记载："武穆王姓马，名殷，字霸图……光化元年（898）三月，命殷知武安留后，未几，进本军节度使。时湖南管内七州，贼帅杨思远据衡州，唐世旻据永州，蔡结据道州，陈彦谦据郴州，鲁景仁据连州，殷所得惟潭、邵二州而已……二年，遣唐攻道州，蔡结聚群蛮，伏兵于隘以邀之，大破我兵。唐曰：蛮所恃者山林耳，若战平地，安能败我！乃命因风燔林，光烛天地，蛮兵惊遁，遂拔道州，斩结。十一月，复遣李琼攻郴州，取陈彦谦，诛之。进攻连州，鲁景仁自杀，湖南悉平。"

关于杨姓家族的崛起，在《苗族简史》里有相关介绍，指唐初建播州，辖今遵义、绥阳等地。唐大中十三年（859），云南南诏奴隶主侵掠播州，唐王朝于次年调安南都护李鄠率兵收复。李部撤出后，播州为瑶族奊、蒋、黄三氏酋长占领，其部属大部分是苗族。其后，泸、叙羁縻州（今川南地区）氏族支系的杨保人首领罗荣侵夺播州，受到苗、瑶、仡佬等族的坚强抵抗，鏖战十余年未能得手。乾符三年（876），罗荣联合氏族另一首领杨端，率七姓、八姓之众从泸州、合江径入白绵（一作白锦，即今遵义县治），诱骗瑶族酋长归附，杨氏从此踞有播州，罗氏则自居副职。此后，杨氏子孙不断扩充地盘，世有其土，成为雄据一方的封建大领主。在前文中，我们也多次列出了杨姓贵族首领，如杨剑松、杨同外、杨思远等人。

后梁开平元年(907)，后梁太祖朱温封马殷为楚王。当时，部分飞山蛮不满马楚政权，率众进攻楚国，但是遭到失败，之后潘金盛联合辰州的宋邺，再次向马楚政权发动进攻，潘又一次失败，只得退守飞山峒。至乾化元年(911)，吕师周率军进攻飞山峒，蛮酋杨承磊战死，潘金盛被俘后也被杀，飞山蛮遭到了沉重的打击。

《资治通鉴·后梁纪二》有："辰州蛮酋宋邺，溆州蛮酋潘金盛，恃其所居深险，数扰楚边。至是，邺寇湘乡，金盛寇武冈。楚王殷遣昭州刺史吕师周将衡山兵五千讨之。"又载："吕师周攀缘崖入飞山峒袭潘金盛，擒送武冈，斩之。"

《读史方舆纪要·湖广八》有："诚州城在州东。五代时蛮酋杨氏所置，亦曰杨氏城。宋熙宁中，亦为诚州治。元丰中，始移治渠阳。《志》云：故城址今名渠水滩头。又故渠阳城，在渠江东岸，与今城对，遗址犹存。""五代梁开平五年(911)，飞山峒酋潘金盛遣其党杨承磊略武冈，马殷遣吕师周讨之，攀藤悬岩，直抵飞山分军布栅，金盛大骇，承磊来战，师周破其军缚降者为向导，袭斩金盛，平其巢穴。"

至此，《大园古苗寨调查》《全国历史文化名村大园》等书都采用地方志的说法，认为之后杨承磊的族人杨再思迫于楚军威势，以其地附楚，归附楚王马殷，被任命为诚徽州刺史，隶叙州。这样，皇家冲一带的杨氏家族得以保全，在此安守故土，建家创业。

二、杨再思

杨再思，据传为唐末诚州刺史，生卒年为公元869—957年，享年88岁。按大园村的《杨氏族谱》和地方志等文献，南唐保大年间(943—957)，楚王马希萼派兵攻占飞山峒的资水流域，设立了武阳砦。为了消除战争创伤，当时朝廷昭告边陲诸蛮戍边垦荒，鉴于杨氏家族的威望和对朝廷的忠诚，南唐授其统领皇家冲一带。《杨氏族谱》上清楚明白地写着："梁高祖开平四年庚午，叙州蛮酋潘金盛等据飞山寇武冈，公擒之就戮，以功授银青光禄大大、辰州刺史。"又称："楚王复割地与公掌管，遂镇渠河飞山之阳"。按《渠阳府志》和《杨氏族谱》所载，杨再思励精图治，设立十峒，即诚州、古州、龙里、洪州、八舟、湖耳、中林、亮寨、欧阳、新化，以部属族姓吴、石、龙、潘各姓为僚属、峒官，并以辈分字派再、政（正）、通、光、昌、胜（晟）、秀（进）七字为等级建立封建领土分封制度，推动各民族的团结融合，从此飞山蛮进入兴盛时期。杨再思被称为"十峒首领"，又被后人尊为"飞山圣公"。

• 大荣飞山庙悬挂的杨再思像

《大园古苗寨调查》采用《杨氏族谱》之说，认为马楚政权时期，叙州蛮首领潘金盛盘踞飞山，扰乱武冈，杨再思擒之就戮，以功被朝廷授予银青光禄大夫、辰州刺史之职。918 年，又以功授左仆射尚书，食邑 12000 户。这篇文章里还说，当时杨再思权倾湘、桂、黔边界，恩泽百姓，被喻为救世主。从此，杨氏家族就世世代代在后龙山附近耕种生息。

如果以上叙述属实，这样一个影响极大的风云人物，历代以来各史书竟不记载，实乃咄咄怪事。历史地理学家谭其骧曾经说："或颇以此说与诸家谱牒所载相左为疑。殊不知谱牒本不可轻信，而此诸姓之自言其所从出，尤属荒谬无稽，断不可信。有识者试稍一复按其说，实不难立验其伪。"既然"飞山圣公"杨再思被公认为大园村人的共祖，则我们以为在这里有必要梳理一下关于杨再思的说法，然后再稍作剖析。

关于杨再思，其人其事在新旧《唐书》、新旧《五代史》以及《宋史》《资治通鉴》等比较权威的史书上都未有过记载，甚至提都不曾提起过。历代以来，各史书、碑刻、笔记小说等多种记录里，对杨再思都一致性地"失载"。只是在清朝后期，杨再思的具体事迹才突然出现在《靖州乡土志》等地方志上，而所依据的，主要是果勇侯杨芳的自述。

许多学者据此怀疑杨再思是否真实存在，并认为以"十峒首领""飞山圣公"和"杨氏嫡祖"形象出现的杨再思只是一个传说中的偶像人物，是宋代以来杨氏群体在家族传说中逐渐创造出来的一位精神领袖兼家族保护神。这一形象的塑造，反映的是一定时期一定群体对某段历史共同的想象和解释，也折射出了群体的一种期待心理。发展到清末，这一原本模糊不清的形象变得具体、生动了起来，但归根到底是虚构出来的。也就说，杨氏的祖先里可能并没有杨再思这个人；或者确实有名为杨再思的人，但是已经无法考证这一点；而即使叫这个名字的人真的存在，他也不会是民间传说中的形象。

杨再思这个名字在历史上到底是怎样出现的，又是怎样成为杨氏族众的共同祖先的呢？

按光绪三十四年(1908)刊刻的《靖州乡土志》记载："杨再思，唐昭宗朝由淮南丞迁辰州长史，结营靖州飞山，与李克用同安昭宗绢诏，徵兵道长梗阻。众奉为诚州刺史，威名日著，称令公焉，奉唐正朔，卒于后周显德四年。宋开宝中追封英惠侯，子十二，受土分镇滇黔(小字：胡长新杨再思墓表)。子正岩于后周时以十峒称诚州刺史(小字：方舆纪要，州志淳化元年杨正岩纳土贡有蜀马锦绸犀角)，靖州，宋初杨氏居之，号十峒首领，以其族姓散掌州峒，太平兴国四年，杨蕴始内附。"

同时期的《靖州志》亦有："再思为宋诚州刺史杨通宝之祖，有功于郡，宋绍兴三十年（1160）追封威远侯，淳熙十五年（1188）封英济侯。"

无疑，正是从这个时期开始，在《靖州志》等地方志上，杨再思开始见诸史料，被视为当地杨姓族众的嫡祖。要知道，在光绪五年（1879）刻本的《靖州直隶州志》里，关于杨再思还只有寥寥数语，其中有价值的不过是一句："威远侯杨再思墓，在州城西十五里下乡。"一晃二三十年，关于杨再思的信息就冒出了这么多，这似乎要归功于五品衔翰林院典簿胡长新。

而胡长新又是从哪儿来的这么多信息呢？据他自己在撰黎平县杨公墓表里所述："考侯（杨再思）事迹正史不详。宋史南蛮传：'诚、徽，唐溪洞州，宋初杨氏居之，号十峒首领。'以其族姓散掌州峒，太平兴国四年，首领杨蕴始来内附，八年杨通宝始入贡，命为诚州刺史，要皆侯之后裔。惟道光间，铜仁杨果勇侯芳自叙家谱，称杨氏系出汉太尉伯起公震，世居关西。""溯伯起公至再思公二十四世。"

《靖州乡土志》里亦有记载："杨果勇侯芳自述家谱……惟未见原谱，仍照谱钞书之而附注于下。"

杨芳，生于乾隆三十五年（1770），卒于道光二十六年（1846）。据《清史稿·列传一百五十五》载，杨芳，"字诚斋，贵州松桃人。少有幹略，读书通大义。应试不售，入伍，充书识。杨遇春一见奇之，荐补把总。从征苗疆，战辄摧锋。洊擢台拱营守备。"乾隆六十年（1795），石柳邓、吴八月领导湘黔苗民起义，他侦察报信，得上司赏识，提为台拱营守备。嘉庆年间，杨芳参与清剿白莲教义军，"从额勒登保剿教匪，败张汉潮于南漳，赐花翎。转战川、陕，常充侦骑，深入得贼情地势，额勒登保连破剧寇，赖其乡导之力。"道光"十三年（1833），四川清溪、越巂、瑲边诸夷叛，提督桂涵卒于军，以芳代之。至则清溪、越巂皆平，进攻瑲边贼巢，斩其酋，十二姓熟夷皆降，山内保夷亦就抚。"杨芳历任直隶、湖南、固原提督，被封为御前侍卫，加太子太保衔，像绘紫光阁，官拜果勇侯。

据此，杨芳可算是颇有名望，况且又是贵州松桃人，故而胡长新说："是虽私家谱牒，然果勇侯当代大人，谈书博恰，能文章，其言当可信。"在《宋追封英惠侯唐末诚州刺史杨公墓表》中，胡长新又说："长新梼昧不学，谨就果勇自叙及夙所闻先生长者之绪论，诠次撰录，以告后世，藉补史传之阙遗。侯在天之灵，其尚许为之言也乎。"

一直以来，都有学者认为杨芳口说无凭，不足为信。譬如《古苗疆绥宁》里，就认为绥宁、靖州一带的《杨氏族谱》，"是在杨芳的策划和干涉之下编修的，其失实之处可想而知。"并且认为"在一般族谱编修时，出于崇祖的至尊至敬之心，后代子孙往往在祖宗脸上贴金，并以此激励后人自强不息，这种心情是可以理解的，但是也不能像杨芳那样'自述家谱'，伪造事实，牵强附会，篡改历史，把少数民族的'十峒首领'说成是中原汉族的'平胡英雄'，把不得已的'纳土归附'说成是匡扶帝业的英雄。"最后的结论是："不管杨芳之流如何舞弄笔墨，《杨氏族谱》仍然是自相矛盾，破绽百出。"廖耀南先生则称："明知其伪者，也只好随声附和如湖南新化人邓显鹤撰文为之捧杨。""名重当时的胡长新氏，也只好屈从。"

似这种全凭转述者的人格做担保的事情，的确是疑点重重。不过，至少"屈从"之说，应该是无从谈起。因为无论是《宝庆府志》和《武冈州志》的编撰者邓显鹤（1777—1851），还是道光年间的进士胡长新（1819—1885），都曾经主动辞官，并非畏惧权势之人。况且胡长新题写《杨公墓表》时，已经是光绪五年（1879），杨芳早已经去世多年。至于编撰《靖州乡土志》的金蓉镜（1855—1929），和杨芳就根本不能算一个时代的人了。

那么，在经过一番证伪后，是否就可以论断杨再思其人实质上并不存在呢？我们认为需要从多个方面来看。

首先，胡长新和邓显鹤为何对杨芳的话如此深信不疑？可以理解为他们与杨芳持有相似的价值观，都希望杨再思就是杨芳描述中的那个形象。而杨芳虽然未出示原谱，但他所说的也并非完全无据，例如杨再思的身世，多少就是能在史料里捕风捉影的。

如《通典·卷一百八十七·边防三》里所载的："松外诸蛮，大唐贞观末为寇。遣兵从西洱河讨之。洱音贰。其西洱河从巂州西千五百里，其地有数十百部落，大者五六百户，小者二三百户。无大君长，有数十姓，以杨、李、赵、董为名家，各据山川，不相役属。自云其先本汉人。"《资治通鉴》第一百九十九卷记载："……因遣使诣西洱河，其帅杨盛大骇，具船将遁，使者晓谕以威信，盛遂请降。其地有杨、李、赵、董等数十姓，各据一州，大者六百，小者二三百户，无大君长，不相统壹，语虽小讹，其生业、风俗，大略与中国同，自云本皆华人，其所异者以十二月为岁首。"按此，杨再思其人或许非真头存住，但杨姓族众的祖先久远以前来自中原，逐渐苗化，虽然听起来有些缥缈，却是可能的。

其次，通过证伪只能说明杨再思真实存在的可能性很小，但并不能完全否定其存在的可能性。历史上有无数的偶然，也许杨再思的故事是基本真实的，只是许多未知的偶然叠加在一起，导致杨再思的事迹没有及时被史书记载，这种可能性即使再小，也是存在的。另一方面，杨姓族众历史久远，其众多首领也都湮没无考，很难说是不是真的出过一位叫"杨再思"的首领。出于这些疑虑，可以认为，从现实的角度出发，"杨再思"也许真有其人，但是流传下来的事迹是经过群体想象和刻意加工的，是古代靖州一带少数民族心目中的嫡祖化身与民间自然崇拜的"飞山神"形象结合的结果。

再者，杨再思已经被尊为大园人乃至全国各地尤其是西南方数以千万计的杨氏族人的祖先，为推进民族融合、共同繁荣做出了事实贡献，因此其存在意义已经不仅仅是姓氏上追根溯源的结果，而是成了一种精神象征，一种文化符号。也就是说，此时杨再思的光环之真实度已经不再那么重要，因为即使杨再思并不是杨姓族人血缘上的祖先，但也已经是精神和文化上的祖先。一定群体的期待心理在历史上创造了神，并为许多人所接受，这样的例子在世界各地的传说故事中并不罕见。所以我们在分析杨再思的传说时，不必为了否定而否定，而是应该一方面以科学的态度，看到杨再思光环下的本原，同时又以积极的态度看待杨再思在历史上留下的痕迹。

第六节　宋代的大园

一、杨光裕与大园

暂不讨论杨再思其人其事。假设杨芳所言有据，地方志所言为真，则按照《杨氏族谱》，杨再思有 10 个（一说 12 个）儿子，其长子杨正隆承袭父爵，数十代镇守武冈一带，其他的子孙也在原来的封地上世代生活，使杨姓更加广泛地散布在靖州各地，他们都被称为"靖州杨"。其中，杨再思的第三子为杨正修（一作杨政修，895—950），授官禄大夫，被分封在赤水峒，故而被称为赤水峒主。归宋后，杨正修被授银青光禄大夫。杨正修之子为杨通昭（924—986），先后在朝廷任检校太子兵师、监察御史、上骑都尉、辰州知事等职，食邑一千户，殁后安葬于今城步苗族自治县杉坊岭杨正修墓右侧。杨通昭又有两个儿子，长子为杨光裕，从赤水分居关峡砦荣山枣子园，封金紫光大夫（在宋代为正二品官职）；次子是杨光斌，从父居赤水，封银青光禄大夫（在宋代为从二品官职）。

按《杨氏族谱》记载，杨再思的后裔们在之后的漫长岁月里辗转迁徙，分别向中国中部和西南各省择地立寨，兴家立业。而大园杨氏一族则系杨再思嫡派玄孙金紫光禄大夫杨光裕之后裔。1000多年前，杨光裕带领家人从城步杉坊来到了莳竹县当时一个偏僻的小山沟——四甲的小大园，从此世世代代，男耕女织，开辟稻田，建设村庄，逐步形成了今天独具特色的苗族民居建筑群。

传说杨光裕有3个儿子，分别是长子杨显隆，次子杨显泰，三子杨显安，其中，主要是第三子杨显安的后裔分布在了四甲、大园一带（据说杨显安为世袭光禄大夫，殁后葬于寺背江象形山）。自此，杨氏子孙以后龙山、玉带河为依托，在二者相间的一片弓形台地上修房盖屋，世代繁衍，形成了现今村落的雏形。杨光裕被认为是大园古苗寨杨姓的嫡祖，他死后葬在大园古苗寨的石山坪，迄今村中仍然保存有杨光裕墓，墓碑上有一幅对联："溯本源都梁赤水，分支派莳竹荣山。"虽然对于杨光裕其人其事，由于时代湮灭已久，其实是无法考据的，但如果地方志和《杨氏族谱》里的叙述属实，那就正是杨光裕带领子孙学习先进的中原文化，才使得大园村的居民后来能逐渐与汉民族融合，成为"熟苗"。

二、宋代绥宁"化外之地"考

在置莳竹县之前，绥宁县是否属于"化外之地"呢？

和唐朝时一样，宋朝时的各羁縻州必须向中央王朝朝贡。朝贡时间一般是几年一次，也有每年一次的。朝贡人数通常数百，有时多到千人以上。如北宋至道元年（995），西南番主晋京朝贡，正式使者数十人，随从人员1000余人。北宋咸平四年（1001），龙汉钱再次入贡，随行人员1600余人。又如北宋大中祥符五年（1012），辰州蛮首张文裔入贡，带有随从800多人。《宋史·蛮夷二》有："绍兴十一年（1141）十二月，成忠郎充武冈军绥宁县管界都巡检兼溪峒首领杨进京率其族三百人，备黄金、朱砂方物求入贡。"

按《苗族简史》所述，宋代在各羁縻州驻有大量的禁军（中央军）和厢军（地方军）。但由于驻军需要庞大军费，而且水土不服，民情不熟，也容易与各族发生冲突，因此更多地注意从少数民族中招募乡兵，以义军、土丁、弓弩手、峒丁等名义，营田驻守。湖南溪峒乡兵最多，大部分是从苗、瑶等民族中招募而来。乡兵分处要害，量给田土，训练以时，耕战合度。到熙宁元年（1068），荆湖南路已有15000兵丁。重和元年（1118），在辰州招到弩于2100人。黔、思、施三州的乡兵，统归黔州都督府巡检司直接管辖。同时，还在辰、沅、靖、锦等州基层中，设置乡社一级机构，由各族乡豪统领。乡社大者数百家，小者二三百家，后来改为大者50家，小者减半。

```
一世     二世     三世     四世
                         ┌ 光斌（居城步）
再思 ── 正修 ── 通昭 ┤
                         └ 光裕

     四世     五世     六世     七世     八世     九世     十世     十一世     十二世
     ┌ 显隆（从大园迁徙杨家三枫香党坪兰家等地）
     ├ 显泰（从大园迁徙芷田丝绿溪口荣江沙坪武阳唐家湾）
     │                    ┌ 进琓 ─┬ 后卿 ─── 享柏
     │          ┌ 继事 ─┤ 进踪 ─┼ 仁卿 ─── 星柏
     │          │        │        └ 佑卿 ─── 伯万 ─── 顶大安
     │          │        │                ├ 朝伯
     │          │        │                └ 和伯
光裕─┤          │                ┌ 志英 ─── 正仲
     │          │                │        ┌ 伯仲
     │          │        ┌ 进昷 ─┼ 志杰 ─┤ 仁仲
     │          │        │        │                        ┌ 通仁 ─── 再业
     │  ┌ 显安 ─┤        │        │        ┌ 福仲 ─── 正昷 ┼ 通义 ─── 再常
     │  │        │        │        └ 志成 ─┤                ├ 通礼 ─── 文榜
     │  │        │        │                │                └ 通信 ─── 光美
     │  │        │        │                └ 寿仲 ─── 再枝 ─── 正朝 ┬ 才高
     │  │        │        │                                          └ 才秀
     │  │        │        │                                        ┌ 光友 ┬ 昌谦
     │  │        │        │                        ┌ 通成 ─┤      └ 昌干
     │  │        │        │                        │        └ 光益 ─── 昌闵
     │  │        │        │                        │                ┌ 昌质
     │  │        │        │        ┌ 奇钟 ─┤                │        ├ 昌喜
     │  │        │        │        │        │        ┌ 光选 ─┼ 昌协
     │  │        │        │        ├ 魏钟 ─┤        │        └ 昌禹
     │  │        │        │        │（迁常   │        └ 光喜
     │  │        │        │        │ 德府   │                ┌ 光儒 ─── 昌清
     │  │        │        │ ┌ 志明 ┤ 城）  ├ 通复 ─┤
     │  │        │        │ │      ├ 汉钟 ─┤        └ 明儒 ─── 昌友
     │  │        │        │ │      │（迁广西）      ┌ 光泽
     │  │        │        │ │      └ 和钟 ─┤        ├ 光德 ─── 昌复
     │  │        │        │ │     （迁通五   └ 通思 ┼ 光道
     │  │        │        │ │      开卫）
     │  └ 继义 ─┤ 进显 ─┤ ├ 志能
     │                    │ ├ 志全（从大园迁武岗）
     │                    │ ├ 志昇
     │                    │ │        ┌ 正飞
     │                    │ └ 志端 ─┼ 正汉                ┌ 光隆 ┬ 昌明
     │                    │          └ 正权 ─── 通和 ─┼ 光禄 ├ 昌秉
     │                    │                              └ 光永 ┼ 昌通
     │                    └ 进贵（从大园迁武岗）                ├ 昌龙
     │                                                          └ 昌俊
```

● 大园杨氏族谱图（杨光裕至十二世）

《宋史》记载："南宋嘉泰三年（1203），前知潭州、湖南安抚赵彦砺上言：湖南九郡皆接溪峒，蛮夷叛服不常，深为边患。制驭之方，岂无其说？臣以为宜择素有知勇为徭人所信服者，立为酋长，借补小官以镇抚之。况其习俗嗜欲悉同徭人，利害情伪莫不习知，故可坐而制服之也。五年之间能立劳效，即与补正。彼既荣显其身，取重乡曲，岂不自爱，尽忠公家哉？所谓捐虚名而收实利，安边之上策也。帝下其议。既而诸司复上言：往时溪峒设首领、峒主、头角官及防遏、指挥等使，皆其长也。比年往往行贿得之，为害滋甚。今宜一新蛮夷耳目，如赵彦砺之请，所谓以蛮夷治蛮夷，策之上也。帝从之。"

据此看来，当时的大小首领为了能谋求官职，屡屡"行贿"，岂不是北宋朝廷对苗疆确有实控力的明证？此时莳竹县虽然尚未建立，但是不能认为绥宁一带就是完全独立于中央的"小王国"。事实上，当时的绥宁各村寨已经深受中央王朝的影响。否则的话，倘若朝廷与苗疆之间当真井水不犯河水，苗疆又何来的动力一再起事？

按《宋史·蛮夷二》有："绍兴三年（1133），臣僚言：武冈军溪峒旧尝集人户为义保，盖其风土、习俗、服食、器械悉同徭人。故可为疆场捍蔽，虽曰籍之于官，然亦未尝远戍。靖康间，调之以勤王，其后湖南盗起，征敛百出，义保无复旧制，困苦不胜，乃举其世业，客依蛮峒，听其驱役。州县犹验旧籍催科，胥隶及门，则挈家远徙，官失其税，蛮獠日强。兼武冈所属三县，悉为徭人所有，远戍之实已无，而乡户弩手之名尚在，岁取其直，人户咨怨。乞择本路监司详议以闻。诏从之。"

"六年（1136），知鼎州张觷言：鼎、澧、辰、沅、靖州与溪峒接壤，祖宗时尝置弓弩手，得其死力，比缘多故，遂皆废阙。万一蛮夷生变，将谁与捍御？今虽各出良田，募人以补其额，率皆豪强遣僮奴窜名籍中，乘时射利，无益公家，所宜汰去。则募溪峒司兵得三百人，俾加习练，足为守御，给田募人开垦，以供军储。诏荆湖北路帅司相度以闻。帅司言：营田四州旧置弓弩手九千一百一十人，练习武事，散居边境，镇抚蛮夷，平居则事耕作，缓急以备战守，深为利便。靖康初，调发应援河东，全军陷没。今辰、沅、澧、靖等州乏兵防守，窃虑蛮夷生变叵测。若将四州弓弩手减元额，定为三千五百人，辰州置千人，沅州置千五百人，澧州、靖州各置五百人，分处要害，量给土田，训练以时，耕战合度，庶可备御。以所余闲田募人耕作，岁收其租，其于边防财赋，两得其便，可为经久之计。诏从之。"

据此可知，当初北宋朝廷为了使蛮民"能有自养之业，以息边衅"，在西南辰、沅、靖、锦、黔、施等地积极招募苗民屯兵，授予田地使其耕作，还给予各种优惠政策，并蠲免赋役。这些乡兵直接隶属于朝廷，也就由此摆脱了领主们的束缚，拥有了完全的人身自由。乡兵营田日久，地主经济自然应运而生。富贵或殷实人家有的雇农民耕种，有的将土地佃出收租。虽然这些田地的实际所有权是国家的，乡兵们只有耕作权，但是随着时间的流逝，一些家道没落的峒丁、土丁、弩手偷偷将土地出卖或典当给富人，汉、苗中的"豪猾大姓"也乘机大肆兼并，于是产生了地主。

很多研究苗史的学者认为，苗族的封建地主制，最早始于宋代各地区的乡兵制中。宋代在辰、沅、靖、锦、黔、施等州实行的乡兵制，对破坏领主制和促进地主经济的发展有着重要的作用，这种观点是可信的。

屯田制促进了苗疆的经济文化，苗民和汉族地区的往来日趋密切，当时绥宁一带的经济也因此获得了发展。但是随着中央的管控力越来越大，朝廷也不再满足于让绥宁一带保持"羁縻州"的名义了。

三、绥宁县的建立

北宋熙宁五年（1072），朝廷置关峡砦，筑武阳、关峡二城，隶邵州，以防苗瑶进攻内地。《靖州乡土志》里称："熙宁九年（1076）收复唐溪峒诚州，崇宁二年改为靖州"，并注："传熙宁八年（1075）杨光富率族姓二十三州峒归附"。又据《绥宁民族志》，1075年，武冈蛮（今绥宁北部地区和关峡、城步县北部少数民族）杨光富带领族姓二十三州峒三百余族数万户人家归顺朝廷，交出兵器。当时杨光富的族人杨光潜不肯从命。朝廷派湖南转运使朱初平以兵讨之，不久，杨光潜归附，被任命为皇城使和诚州刺史。

熙宁九年（1076），为了分化徽州和诚州，朝廷废除羁縻徽州。神宗元丰三年（1080），知邵州关杞请求在徽诚二州的融岭镇要害地修筑城寨以绝兵患，宋神宗批准将诚州治迁至渠阳，并增筑多星等寨，加强对飞山蛮的控制。

史载，神宗元丰四年（1081），在原徽州地置莳竹县，将武阳、关峡二砦并入，隶邵州，派流官任知县。这是有据可查的绥宁地区历史上始建县，当时的版图还包括今城步、新宁、通道三县的一部分。但是此举遭到了土著们的强烈反对，民众多次聚集起来赶走县令。迫于压力，元丰六年（1083）朝廷又将莳竹县由隶荆湖南路的邵州改隶荆湖北路的诚州。

元丰八年（1085），当地飞山蛮自行恢复溪峒徽州，致莳竹县名存实亡。为了削弱溪峒徽州力量，朝廷在莳竹县南部（今通道侗族自治县东半部）置临口砦。长期以来，西南地区没有可靠的战略据点，平蛮戍边缺乏必要的后勤保障，至此，北宋朝廷在这里开始拥有了堡砦。

《宋史·蛮夷一》记载："元祐初，傅尧俞、王岩叟言：沅、诚州创建以来，设官屯兵，布列砦县，募役人，调戍兵，费钜万，公私骚然，荆湖两路为之空竭。又自广西融州创开道路达诚州，增置浔江等堡，其地无所有，湖、广移赋以给一方，民不安业，愿斟酌废置。朝廷以沅州建置至是十五年，蛮情安习已久，但废诚州为渠阳军，而沅州至今为郡。"

按《绥宁民族志》所述，北宋中叶，宋王朝为了加强对少数民族地区的统治，不断派兵征剿，然后择险要处筑城驻军，建制设官。熙宁五年（1072），湖南转运使蔡煜率军攻武冈蛮，建武阳、关峡二寨，皆属邵州。熙宁九年（1076），废除徽州。元丰四年（1081），以溪峒徽州建莳竹县（县治在今在市），隶属邵州。元丰六年（1083），又在临口建临口寨（原属绥宁县地，今属通道侗族自治县），派兵驻守。还经常派经办蛮事大臣督巡，增设巡检捕贼官吏。自此，中央王朝的势力日益渗入，与当地首领产生尖锐的利益冲突，矛盾激化。

苏辙的《三论渠阳边事札子》有："湖北渠阳与湖南莳竹，本羁縻徽诚州也……然其兵民屯聚，商贾出入，金钱盐币，贸易不绝，夷人由此致富。一朝废罢，此利都失，此其所以尽死争占而不已者也。"一语中的，道出了中央王朝与地方少数民族首领之间的利益之争。

哲宗元祐二年（1087），朝廷把诚州改为渠阳军，解除了徽州和诚州的兵马与守御民丁，放松了对当地的控制。很快，蛮酋杨晟台就联合广西融州蛮粟仁在临口砦起事，向官军发动了进攻，朝廷派荆湖北路转运使唐义问率兵镇压，可惜接二连三地兵败。尚书右丞苏辙向哲宗帝连上三札，要求撤换唐义问并废弃在诚、徽州等地设置的渠阳军和莳竹县，另举谢麟接事。

《宋史·唐义问传》记载："元祐中，起知齐州，提点京东刑狱、河北转运副使。属邑尉因捕盗误遗火，盗逸去，民家被焚，讼尉故纵火。郡守执尉，抑使服，义问辨出之，方旱而雨。用彦博荐，加集贤修撰，帅荆南，请废渠阳诸砦。蛮杨晟秀断之以叛，即拜湖北转运使，讨降之，复砦为州。进直龙图阁，以集贤殿修撰知广州。章惇秉政，治弃渠阳罪，贬舒州团练副使。"

苏辙的《三论渠阳边事札子》有：臣近再论唐义问处置渠阳边事乖方，致渠阳蛮寇贼杀将吏，乞早黜义问，以正邦宪，更选练事老将，付以疆场。经今多日，不蒙施行。访闻执政，止以临敌易将兵家所忌为说，虽知义问处置颠错，至复军杀将，犹复隐忍，不即遣代。比虽遣衡规往视，然规凡人，未曾经练戎事，何益于算。徒引岁月，坐视边人肝脑涂地，臣甚惑之。谨按义问所为，盖全不晓事，留在边上一日，即有一日之害。

当时，官吏与乡豪勾结，"邀功生事，擅杀蛮人"，也激起了苗民们的反感。杨晟台和粟仁在临口砦率众起义后，攻城池，杀官吏，毁寨堡，诛土豪，声势震动朝廷。北宋朝廷先是命湖北转运使唐义问率官兵镇压，后又改派朝议大夫直秘阁知谭州谢麟督剿，均不能胜，被迫议废砦堡，撤成守，并诏谕湖南、湖北及广西三路，对杨晟台等免予追讨，以便息事宁人。元祐四年（1089），派湖南转运副使李茂直、李湜分别到渠阳、莳竹招抚，废渠阳军，仍置诚州，废莳竹县，仍置徽州，命义军将领杨昌达、杨昌等同知州事，起义方得以平息。

此次动乱，宋王朝竟无能为力。《宋史·蛮夷一》记载："元祐初，诸蛮复叛，朝廷方务休息，痛惩邀功生事。广西张整、融州温嵩坐擅杀蛮人，皆置之罪。诏谕湖南、北及广西路曰：国家疆理四海，务在柔远。顷湖、广诸蛮近汉者无所统壹，因其请吏，量置城邑以抚治之。边臣邀功献议，创通融州道路，侵逼峒穴，致生疑惧。朝廷知其无用，旋即废罢；边吏失于抚遏，遂尔扇摇。其叛酋杨晟台等并免追讨，诸路所开道路、创置堡砦并废。自后，五溪郡县弃而不问。"

同年（1087），唐义问被撤职，由李湜接任。李湜同义军首领讲和，带领莳竹兵民携带器械撤离了莳竹县。渠阳军和莳竹县同时被废除，诚州和徽州重新被飞山蛮杨氏所统治。之前湖南、湖北及广西诸路千辛万苦所开的道路，和建立的堡砦也都被废，真可谓前功尽弃。到了这个时候，就真如苏辙所说的"城池之外，即非吾土，道路所由，并系夷界"了。在这个短暂的时期里，绥宁一带成了宛若国中国般的溪峒州。随着双方势力的此消彼长，到了徽宗崇宁元年（1102），知溪峒徽州杨光衔内附，徽州由溪峒州重新成为羁縻州。

直到崇宁五年（1106），绥宁县建立，才标志着中央政权在此正式确立。自此，绥宁一带开始处于流官的直接治理之下。

《宋史·蛮夷一》有："崇宁以来，开边拓土之议复炽。"《通考·四裔考》记载："熙宁初，天子方用兵以威蛮夷……于是南江之舒氏，北江之彭氏，梅州之苏氏，诚州之杨氏，相继纳土，创立城寨，使之比内地，为王民，置沅诚二州。"崇宁二年（1103），知荆湖南路舒亶率军平定徽州，当地蛮酋杨晟臻等 2000 余人被迫归顺，自此恢复莳竹县，隶荆湖南路的邵州。

按清康熙十一年版《绥宁县志》序："夫绥处楚幅极边，地旷而俗悍，易动而难安，古之命名绥宁者，盖亦有深意焉。牧兹土者，可不唯事抚绥以宁此邑钦？"崇宁五年（1106），宋王朝将莳竹县更名为绥宁县，改隶荆湖南路的武冈军。为了进一步加强控制力，是年又拓临口砦置临冈县，亦隶武冈军。至此，武冈军辖县有三：武冈、绥宁、临冈。

自莳竹县改成绥宁县之后，并未因抚绥而安宁，仍然动荡不断，朝廷也不得不时剿时抚。直到政和元年（1111），瑶人杨再兴又一次内附，才暂时得以安宁。

宋末，又爆发了大规模的苗族起义。高宗建炎四年（1130），原起义军领袖杨么死后，曾经进京朝贡的瑶人杨再兴与其子杨正修（与长辈同名）、杨正拱起事。杨再兴先是赴沅州（今芷江）与杨么部将取得联系，随后返回临冈组织九十团峒（今湖南城步、绥宁、新宁）民众起义。义军一举攻占临冈县城，出击武冈军。宋廷派官兵镇压，但是没能平定叛乱。高宗绍兴四年（1134），湖南安抚制置大使席益派遣统制吴锡率兵征剿，宰相张浚亲自到洞庭湖指挥镇压。蛮军失利，但仍然据险与朝廷长期对抗。北宋王朝于是改剿为抚，绍兴十五年（1145）十月，杨再兴接受招抚，被命为官。但是，矛盾依然存在，到了高宗绍兴二十四年（1154）三月，杨再兴及其子正修、正拱率苗瑶等族再次起兵。朝廷派出边前军统制李道率官军征讨，激战数月，终因寡不敌众，杨氏父子被俘，起义失败。

《宋史·蛮夷二》记载："二十四年，禽杨正修及其弟正拱，送理寺狱鞫治，斩之。初，正修侍其父再兴入觐，献还省民疆土，遂命以官。建炎后，与弟正拱率九十团峒徭人出武冈军，纵火杀掠民财为乱。绍兴间，潭州帅司尝招徕之，后复作乱，屡抗官军，至是伏诛。二十八年七月，杨进京等复求入贡，诏以道远慰谕之，优其赐与。"

这次大规模的起义平息后，绍兴七年（1137）六月，张焘又向朝廷谏言：湖外自靖康以来，盗贼盘踞，钟相、杨太山、雷德进等相继叛，澧州所属尤甚。独慈利县向思胜等五人素号溪峒归明，誓掌防拓，卒能保境息民，使德进贼党无所剿掠，思胜后竟杀德进。会官军招抚刘智等，而彭永健、彭永政、彭永全、彭永胜及思胜共献粮助官军，招复诸山四十余栅，宣力效忠功居多，宜加恩赏。朝廷从之，对少数民族实行大力招抚。

在"恩赏"的同时，为了防止边患，宋王朝广泛招募官兵屯守各处要隘，实行耕战结合和军事管制。如前述，屯兵规模的扩大，进一步刺激了苗疆经济的发展。

南宋绍兴三十年（1160），朝廷将临冈县并入绥宁县，根据绥宁县志，当时绥宁县辖今绥宁、黄石（今长铺子一带）、关峡、武阳（今李熙桥一带）、岳溪（今黄土坑一带）、赤水（今城步蒋家坊、清溪一带）、石杏（今通道临口一带）、永和（今城步永丰一带）八砦，境域东至武冈州界浪石铺，东南至城步巡检司，西南至通道县界福佑乡，南至桂林府义宁县界，西至靖州县界杨柳桥，北至会同县界翁里。

四、大园的发展

据《关峡苗族乡志》，绥宁山险而高，水急而迅，对外交通极为不便。自莳竹县始建，宋王朝为了方便官员往来和文书传递、物资输送，征集大批农民服徭役，开辟了从县城（在市）往东至武冈和往西至靖州两条驿道。此后，这两条驿道在漫长的岁月里一直是乡境农民通往外县的主要大道，对朝廷控制苗疆和实行王化起到了重要的作用。自此，历代王朝经常会督促修建驿道，以免交通中断。时至今日，在大园村还能看到一条古驿道。这条古驿道，对旧时的大园村民而言，是通往外界的最重要的通道。

《绥宁民族志》载，自宋朝置莳竹县，驿道修通，大量汉民迁入。《关峡苗族乡志》又记载：元大德十年（1306），县主簿陈敬主持拓修县城往东的驿道，第三年竣工。1997 年版《绥宁县志》也有：成宗大德十年（1306），主簿陈敬主持拓修枫门岭（今关峡苗族乡高坪村与城步苗族自治县的界山）至县城（今在市）的驿道，至大元年（1308）竣工。后人为了褒扬他的修路功绩，在黄石驿道旁（即今杉木坳至县水泥厂之间洞通公路西边的采石场处）镌刻《修路记》一文。

驿道的进一步拓修便利了交通往来，武阳水流域逐渐变成了苗族和汉族大杂居、小聚居的地区，苗、汉相互影响，彼此融合，当地的苗民开始被称为"熟苗"。自秦汉至唐宋，中央政权对绥宁一带经常管控乏力，而"绥宁县"的建立，标志着羁縻州的时代一去不复返。

生活条件的安定，汉族先进文化的传入，加上朝廷对苗区实行安抚政策，使得大园人口不断增长，村寨日益繁荣。宋咸淳年间（1265—1274），大园人开始在大坪上建聚会楼，修建寨口的单孔石桥，开掘四口井，修建店铺、鳣堂（古时讲学之所）等。由于后龙山地区历来为兵家要塞，而大园村距关峡砦仅 1 公里，交通便捷，是南来北往、西进东出的必经之地，因而，大园村在当时起到了沟通

●古驿道

八方的枢纽作用。杨氏家族还在后龙山口处兴建了土地庙、窖子屋等公共建筑，并修建了三公同心路。

第七节　元代与明代的大园

一、元代绥宁苗族的反抗斗争

据《新元史·卷一百六十五·列传第五十二·朱国宝传》，至元十二年（1275），（国宝）进兵临岳州，与宋兵战于岳之桃花滩，获其将高世杰，进昭信校尉、管军总管。既降湖右，加宣武将军，统蒙古诸军，镇常德府，知安抚司事。时宋诸郡邑多坚守不下，国宝传檄招谕，逾月悉平，惟辰、沅、靖、镇远未下。宋将李信、李发结武冈峒蛮，分据扼寨，国宝击败之，其众退保飞山、新城。思、播蛮来援，国宝复与战，破之，擒张星、沈举等三百余人。进攻新城，获信、发等，献俘江陵。行省奏功，赐金虎符。

由以上记载可以知道，南宋恭宗德佑元年（世祖至元十三年，即1276年），南宋大将联合武冈军以及峒蛮阻击元军，被元军大将朱国宝击败，绥宁县于是并入元朝版图。当时靖州的少数民族，和汉族官兵一起，谱写了一曲爱国战争的壮烈悲歌。

元朝陈敬《鑿字岩改路记》(此文于元朝至大元年即1308年镌刻于黄石驿道旁的石壁上，1969年扩修洞通公路时不幸被炸毁)有：绥宁，古徽州也，治二乡十四图一十五峒四十八团，至元丙子(1276)归附我朝，仍隶武冈路辖焉。据此，元朝时，绥宁县隶湖广行省武冈路，当时县境实行乡、图、峒、团制，辖二乡十四图十五峒四十八团。

元朝建立后，统治者推行民族歧视和民族压迫政策，激起了各族人民的强烈不满。在元朝统治的数十年间，苗族人们的反抗斗争极其繁多，大者众数万，小者不下数千，并爆发了吴天保(《绥宁民族志》里也作"吴天宝")起义。

二、明代大园的繁荣

明朝时，朝廷在苗族分布地区设立的土司大小有数百个。土司制度的弊端很多，对内残暴统治属民，对朝廷也不时生事叛乱，还经常骚扰临近接壤的汉民，甚至土司之间也不断发生战争。

土司世代继承，是其辖区内独一无二的土皇帝，拥有监狱、刑具和私人武装。《清世宗实录》卷二十里称土司对百姓实行残酷专横的统治，"取其牛马，夺其子女，生杀任性"，《永顺府志》卷十一也揭露土司对百姓的残酷迫害，称"千百年来，夷法荼毒，控诉无门"。不但如此，土司实行的还是一种绝对的愚民政策。读书应试大都是土司子弟，土民一般不能读书，《嘉靖思南府志》卷七里称："虽有学校，人材不得科贡。"因为一旦百姓们参加科举考试，金榜题名，做官出仕，门第高升，就脱离了土司们的控制了。

相比那些被土司统治的地方，当时直接由流官治理的绥宁人民是幸运的。明洪武三年(1370)，绥宁一带改隶靖州。是年，设立县税课局、青坡巡检司(遗址在今枫木团中学)、临口巡检司，由靖州直辖；设立惠民药局和养济院，由县直辖。洪武六年(1373)，修建县治城墙(夯筑土墙)，成化六年(1470)改筑石墙。洪武八年(1375)，县境有社学18处。洪武二十年(1387)，县境丈得21.8131万亩。

当时，绥宁县境实现乡、里、都、图、峒、团制。明洪武版《靖州志·绥宁县·属乡》称："(绥宁县有)安化乡、永宁乡、风乡峒、上里峒、下里峒、东山峒、黄石峒、六甲峒、莳竹峒、大水峒、罗岩峒、石井图、下柳图。"关峡即为黄石峒辖地，属夏柳图。

明代，朝廷通过军屯、商屯及民屯等方式，向苗疆大量移民，并在卫所的基础上开始筑城。在积极加强边防、教化苗民的同时，朝廷也继续广修驿道。这些驿道发挥了很大的作用，大大加强了各地的商贸来往，也进一步刺激了苗疆的经济发展。

洪武年间（1368—1398），大园村的杨氏族人在粉店坪一带建驿馆和店铺，铺设了贯通全村寨的铜鼓石路。此后，杨姓家族十分兴旺，到明朝中期，大园人口已经达到2000多人，大园村的建设也进入了全盛时期，建立起了三处密集的居民聚落，由一条条纵横交错的铜鼓石路串联贯通。人口的增多导致耕地不足，引发了大园人口外迁，如今绥宁的鹅公、党坪、在市、朝仪、黄桑、枫香等地的许多杨姓居民，其先祖就是从大园古苗寨迁来的。另外有很多大园人向外省迁徙，主要是流向云南、广西、四川、贵州等地。值得一提的是，按照《杨氏族谱》记载，历史上大园人都是向南、向西迁徙，没有发现向北方迁走过一户。

第八节　清代的大园

一、土司制的废除与大园的鼎盛

按《明史·卷一百二十》记载：南明桂王永历元年（1647），"长沙、衡、永皆不守，湖广总督何腾蛟与侍郎严起恒走白牙市。六月，由榔遣官召腾蛟至，密使除承胤，顾承胤势盛，腾蛟复还白牙。大兵由宝庆趋武冈，马吉翔等挟由榔走靖州，承胤举城降。"又据《绥宁县志》，永历元年八月二十五日，南明权臣马吉翔挟永历帝由奉天府武冈经绥宁县逃亡靖州。是年，南明军与清军在绥宁、靖州一带鏖战十数次，百姓深受其害。

清顺治十五年（1658），清军与南明军的拉锯战结束，翌年，绥宁县正式并入清朝版图。

如前述，历代统治者在少数民族地区广泛实行土司制度，然而土司也经常与中央对抗，叛服无常。明朝起，统治者开始酝酿"改土归流"，但是比较缓和。清雍正四年（1726），云贵总督鄂尔泰上奏，建议全面实行改土归流。鄂尔泰在《剪除夷官，清查田土，以增租赋，以靖地方事》一折上称："窃以苗猓逞凶皆由土司，土司肆虐，并无官法，恃有土官土目之名，行其相杀相劫之计。汉民被其摧残，夷人受其荼毒，此边疆大害必当蠲除者也。"雍正皇帝接受了这个奏议，任命鄂尔泰为云南、贵州、广西三省总督，又把四川的东川、乌蒙、芒部三处划归云南，以便其全权行事。

绥宁一带虽然早已归化，但是统治者也做了一些调整，以防万一。《清世宗实录》有：（雍正五年即1727年）四月初三日，兵部议复署湖广总督福敏疏言："绥宁地方，苗瑶杂处，应如黄桑坪设营弹压，请将不甚险要之宜都营游击撤移驻扎，以改为黔省之铜鼓、五开、平溪、清浪四卫守备千把五员，并原防守黄桑坪把总一员、兵三百另四名，立为绥宁营。"

乾隆版《绥宁县志·武备》有："盖缘地极楚边，界连黔粤，苗瑶错处万山中，桀骜之性，向背无常。（雍正）六年，始建营署于黄桑坪。按形胜之地，扼苗瑶之要，保障是赖焉。"

到了雍正九年（1731），"改土归流"的目标基本完成，废除了流弊已久的土司制度。这次"改土归流"总的来说是成功的，加强了国家的统一，有助于国家长治久安，减少了边患，符合人民群众的利益。

由于废除了束缚生产发展的领主制，不再有土司对商人任意勒索，农民、手工业者和商人不但有了更多的人身自由，也有了生产、经营的积极性。汉族劳动人民也得以更多地进入苗区，带来了较高的生产和经营技术，促进了苗族地区城乡贸易和农副业的发展。由于各地的经济交往增多，各省商人一批一批地前来进行购销活动，从而大大促进了苗区商业的繁荣。

土司割据状态消除之后，各地交流日益便捷，民族之间的融合加速。《宝庆府志·大政纪六》记载："楚粤苗瑶，多能汉语，粗识字。"交通状况得到改善，许多河流经过了初步整治，过去仅有羊肠小道的一些苗山也修了官道。交通的便利带来商业的兴盛，人口也增多了。据统计，湘西永绥、凤凰、乾州三厅，从康熙四十二年（1703）到乾隆末年（1795）的92年中，苗寨由1000个左右激增到4000多个。

周边地区领主制度的彻底废除，和交通状况的改善，减少了商贸阻碍，加强了苗寨与汉族聚居区的联系，这对绥宁当地的经济文化发展起到很大的推动作用。

明末清初（1636年），大园村人丁兴旺，达500多户，人口达到4000多人。大园苗商利用巫水河运输木材、桐油、生漆、土特产等货物经商，逐渐跻身巫州雄溪古商城商人之列，在那儿拥有了3个商贸漕运码头，占据半条街的店铺。

沿着经大园的古驿道向东向北即抵达武冈，大园苗商在那里也拥有自己的店铺和会馆，许多大园人还经常去贵州贩盐。这是大园村历史上的黄金时期。这一时期，大园人开始大规模地建筑砖木结构的窨子屋，至清朝中叶，一共建有200多座窨子屋。

由于大园村的发展在清朝时期达到了鼎盛，因此其大部分建筑物的清朝历史时代特征非常明显，是现存建造格局颇具中国传统宗亲制度特色、保存较为完整的苗族传统民居建筑群。当时的大园村是过往商贾游客的必经地，起着拱卫城堡、联通四方的作用，是南来北往的人们进出要塞的歇息暂留地，大园村寨不仅拥有较大规模的古建筑，还有用青石板垒砌的道路，其发展速度与日俱增。

二、大园的衰落

湘、黔、川三省边区改土归流虽然大大促进了经济的发展，但随着统治阶级日益腐朽，大批流官又代替土司继续骑在苗族人民头上作威作福，地主阶级更是凭借势力以种种手段兼并土地，使广大贫农陷于破产的境地，土地问题又成了苗区尖锐的社会问题。

史载，清雍正十二年(1734)，绥宁瑶民奉老一(亦称凤老一)和城步苗民蒲寅山率众夺取清军武装，带领当地百姓举起反压迫义旗。乾隆二年(1737)，湖南总督史贻直与湖南巡抚高其倬调襄阳总兵李琦统兵，率靖州、绥宁、宝庆、辰州、镇箪各营弁兵3000余人进剿。清军用重金收买苗中叛徒，麻痹义军，趁义军不备时偷袭竹岔山。义军猝不及防，奉老一、蒲寅山等首领被俘牺牲，义军及全寨15岁以上男丁均被杀害。

这场起义的失败给绥宁百姓带来了深重的灾难。到了咸丰年间，太平天国起义爆发，石达开部朱衣点、彭大顺率领数万人从广西进入绥宁县境，战争的爆发导致县境内又一次生灵涂炭。

1840年鸦片战争之后，外国帝国主义的势力开始渗透到苗族地区，帝国主义利用宗教进行侵略的罪行罄竹难书。随着国家和中华各民族一步步滑向半封建半殖民地社会的深渊，政治黑暗，经济衰退，民不聊生，阶级矛盾尖锐，大园村也结束了近代史上的鼎盛时期，开始一步步走向衰落。

1911—1916年，大园村因瘟疫、饥荒肆虐，苗民们死的死，搬走的搬走，人口大量流失，最后仅存200来户，总计1000多人，杨姓家族也因此家道中落。新中国成立初期时，大园村的古窨子屋尚余上百座，又经过半个多世纪，到今天还保存完好的有 30 多座。大园村寨倚山而建，伴水而筑，其历史建筑和自然环境要素，记载了苗族当地的物质生产、生活方式、思想观念、风俗习惯、社会风尚等重要的文化历史信息，对于人类学、人文地理学的研究具有深刻意义。因此，如何保护好仅存的这 30 多座窨子屋，保护好大园古苗寨特有的传统风貌，是今后的一个重要课题。

第九节　新中国成立以来的大园

一、绥宁的解放

据《绥宁县志》(方志出版社 1996 年出版)和《绥宁县概况》(民族出版社 2011 年出版)，民国元年至十六年(1912—1927)，绥宁县的版图因循清制，1914 年废除府、州、厅，保留道，绥宁县隶辰沅道。到民国十七年(1928)，绥宁县始行区、里、保、甲制，区名冠以序数，区辖里，里下设保，保下设甲。当时的大园村即称大园保，设保长。对"保长"这一称呼，很多村民们都还有印象，说到过去的族长，他们认为就是"保长"。

民国十九年(1930)，国民政府提出地方自治口号，并区设乡，计 25 乡，乡名沿用里名。民国二十二年(1933)十一月，大园属于第一区之关峡乡。民国三十五年(1946)八月，原 21 乡 1 镇缩编为 13 乡 1 镇，下设 150 保、1500 甲。1936 年，绥宁县隶湘西绥靖处第四行政督察区，1938 年和 1940 年分别改称省第七、十行政督察区。

1949 年 10 月 10 日，中国人民解放军第三十八军第一一二师解放绥宁县城，11 月 1 日成立临时县政府，隶湘西行政公署会同专区。

临时政府成立后，解放军南进广西攻打国民党桂系白崇喜部，来不及消灭沿途的各种反动武装，反动武装趁机出动，十分猖狂。1950 年 5 月 6 日，匪首龙怀麟率中华民族自救军第三方面军第五纵队攻陷绥宁县城，自立县政府，临时县政府被迫迁至县境北部的唐家坊。

1950 年 10 月 19 日，中国人民解放军第四十六军第一三六师和在芷江组建的绥宁党政干部，从武冈、洞口、城步出发，会同友军剿灭盘踞绥宁的国民党参与武装以及土匪。该师的 406 团由城步经丹口、黄桑，直袭在市，击散城防司令杨作大匪部，于 10 月 20 日凌晨 4 时 30 分，占领绥宁县城。是日，中国人民解放军进驻绥宁，召开县城群众大会，热烈庆祝以徐敬民为书记的中国共产党绥宁县委员会、史述为县长的绥宁县人民政府正式挂牌办公，即日成立县人民政府，临时县政府也即日撤销，隶属湘西行政公署会同专署。

绥宁剿匪是湘西剿匪的一个重要组成部分。绥宁土匪的组成，既有本地土匪，又有湘西土匪，还有广西、贵州等邻近省地的土匪。既有败退的国民党正规部队，又有成建制的土匪军队，还有专门搞抢劫行凶的小股土匪，加上山高林密，地形复杂，1950 年前后，绥宁成了各路土匪的集结地，活动相当猖獗，剿匪任务十分艰难。面对艰巨的剿匪任务，绥宁军民齐心合力，不怕牺牲，在短时间内剿灭了全部土匪。

1951 年 11 月 12 日，绥宁成立县土地改革委员会，贯彻执行中央"依靠贫雇农，团结中农，中立富农，有步骤有分别地消灭封建剥削制度，发展农业生产"的总路线，开始部署土地改革工作。11 月下旬，在城关、长铺子、大园等 17 个乡开展第一批土改，历时 2 个月完成。1953 年 2 月，县人民政府正式颁布《土地房产所有证》，3 月 15 日，土地改革工作全面完成。土地改革，废除了地主阶级赖以进行封建剥削的土地所有制，解放了农村生产力。至此，大园人的生活发生了翻天覆地的变化。

二、绥宁关峡大园的建制沿革

新中国成立后，绥宁县的版图经过了重大调整，县境缩为 2905 平方公里，约为北宋建县时面积的 1/3，为民国时县境面积的 58.08%，南北直线长 103.5公里，东西直线宽 56 公里。

当时，绥宁县的行政区划暂时调整为 8 区 21 乡 1 镇，下设 150 保 1 个居委会，保下设 1500 甲。1950 年 11 月，废旧制立新制，全县编为 8 个区，分辖 152个村农民协会(1951 年调整为 148 个村农民协会)。1958 年 7 月，绥宁改隶邵阳专署。1952 年，原来的村农民协会改为 115 个乡和 1 个具示范农场，大园保改称大园乡，当时的四甲、南庙、文家、凤凰等以杨姓为主的村庄都属大园乡管辖，大园乡则隶属当时第二区的辖地范围。

1953 年 6 月，绥宁县原有的 115 个乡被调整为 160 个乡、2 个镇。到 1956年，大园乡又划归于梅口、茶江两个合并后的大乡辖区。1958 年 7 月，绥宁县改隶邵阳专署，原来的 27 乡 2 镇以及 364 个高级农业生产合作社合并后改为 15个政社合一的人民公社和 4 个农林场(所)，下设 128 个农业生产大队，552 个生产队。大园乡当时隶属于关峡人民公社。

1982 年，在地名规范化建设中，关峡、长铺子和黄桑坪被改为民族公社，绥宁县和平、关峡、黄桑坪首批 3 个苗族公社成立。关峡苗族公社时期，大园乡改称大园大队，下面共有 9 个生产小队。1984 年 6 月，按原行政区划基本不变的原则，实行公社改乡（镇），大队改村，关峡苗族公社改为关峡苗族乡，大园大队与四甲大队分村，正式更名为大荣枣子园，其后村民为了方便称呼，将之简化为大园。

1986 年元月，邵阳专署撤销，实行市领导县，绥宁县隶属邵阳市。至 1995 年，绥宁县境辖 19 乡（其中，民族乡 14 个）6 镇，下辖 357 个村民委员会，18 个居委会，2627 个村民小组，有县属农林场 8 个。其中，大园古苗寨共有 8 个村民小组，其中杨姓人口占全苗寨的 3/4 以上，其他姓氏主要以女性为主，都是从外村嫁进苗寨的。

自宋代绥宁建县，当时的大园隶属莳竹县赤水都梁，经元、明、清各朝代以及民国一直沿袭下来形成现在的自然村，到新中国成立后最终形成了今天的大园村。整个村寨坐南朝北，背靠后龙山，前照玉带河。其地大荣山则形似一艘船。传说，杨姓家庭四兄弟分别在上泮片、湾里片、凉亭里片、石板桥片建成了四个主要聚居点，并借助铜鼓石道首尾连接，沟通村内。

三、大园的再出发

纵观整个绥宁地方史，基本就是一部不断的动乱史。《大明世宗肃皇帝实录》里称："夷情易动难安。"清康熙十一年（1672）版《绥宁县志》序里也认为："夫绥处楚幅极边，地旷而俗悍，易动而难安。"何以绥宁一带令历代王朝如此大伤脑筋？我们可以从几个角度来探讨。

首先，苗族至上而下的阶层全由各方的实力强弱来决定，这种社会结构不稳定，使得中央王朝难以有效统御。关于这点，明朝时候的郭子章在《黔记·诸夷》中记载："诸苗夷有囤峒而无城廓，有头目而无君长。"清朝嘉庆时的孙均铨在《苗蛮辨》中亦记载："蛮犹有上下之分，苗则无所统纪。"《永绥厅志》也称："生苗各分寨落……有部落无酋长，其俗不以人命为重，寨中有父子兄弟数人数十人，强梁健斗或能见官讲客话者，则寨中畏之，共推为寨长；如寨中再有一人一户，则又各自为党。一寨一长或一寨数长，皆以盛衰强弱迭更易，不如他部之有酋长世受统辖也。"

其次，苗族的生存环境相对闭塞，地势险峻，朝廷如有征讨，行军作战、后勤供给以及信息传递都十分困难。自从北宋时起开辟驿道，置关峡砦，筑武阳、关峡二城，中央势力才易于渗入。《明史》曰："苗蛮阻险自固，易动难服，自其性然。"严如煜在《总论苗境事宜务为筑堡议》中写道："苗人所居之险，猱崖猿壁，非人迹所能到。外间劲旗，扳援一峻坡，已喘息不能行动，安能与之追蹠?"又参见《乾州厅志》的记载："而苗人走崖谷往来如猱，或明东暗西，堤防少疏，一营有事，数营震动矣。"清朝的《宝庆府志·大政纪六》有："城步、绥宁与广西义宁县相接，为楚西极边。义宁之桑江、城步之横岭、绥宁之界溪，皆山高箐密，名称不一。而八十里南山大箐，回绕三百余里，尤为幽险，其中皆有苗寨。"西南地区，尤其是五溪一带，山高壁峭、水流湍急，对久居中原的朝廷将士是一种严峻的考验，纵使兵多马壮，在数量和装备上占有优势，碍于交通困阻，也常常难以施展。

还有一点很重要，纵观整个西南地区，从四川、湘西到贵州、云南、广西，充斥着大大小小的少数民族聚居区，汉、苗、瑶、土家、彝、侗等各民族杂居，如有哗变，则一呼百应。以这一块区域为中心，可以辐射半壁江山，稍有不慎，或致几百万少数民族骚动，小乱即可能演变为巨祸，是以统治者对苗疆一带都不敢掉以轻心。

除了以上因素，历代以来，中央王朝通常疲于应付来自北方的边患，顾此失彼，也造成了经营西南的力量不足。

但是，险恶的山区环境在给外来势力构成更多阻力的同时，也妨碍了本地区生产力的提高，这是苗族社会发展长期缓慢的重要原因之一。长时期大幅度的迁徙流动，本来就使苗族社会的发展受到严重影响，加上地处荒僻，苗族人民生活异常贫困。居住的分散，也造成了政治经济文化发展的不平衡，以致在反抗斗争中，苗民们难以形成统一的意志和力量，易于被中央王朝各个击破。由于迁徙时分散各地，各自所处的自然条件不同，历史不同，受其他民族的影响也不同，从而导致苗民相互间出现较大的差异，支系繁多、方言迥异、服饰类型多样化。

直到新中国成立，绥宁才结束了"叛服无常"的动荡史，跳出了历史的怪圈。在时代巨潮的挟裹之下，大园村也掀开了一页崭新的篇章。

从 2004 年开始，大园村的基础设施建设得到较大的改善。先是实现了村里村外的道路硬化，村外的主干道、村口通往外界的道路都从毛石路变成了水泥路，继而进行了较大规模的电网改造，发展了自来水工程，并兴修了学校、卫生所等基础设施。

在现代化浪潮的冲击下，大园古苗寨里的传统风俗日趋衰落。改革开放后，越来越多的年轻人选择了外出务工。据统计，村里30岁以下、20岁以上的具有初中学历的男女青年几乎都在外打工，平均每户有1~2人，全村外出打工的人数占到了全村总人口数量的2/3。这些外出人员主要集中在广州、深圳、苏州等地区，大多在外从事产品加工及餐饮、家政服务第三产业。村里有些人打工挣了钱，嫌弃老房子过于昏暗，就拆了旧屋盖起了新的砖瓦房，或者对房屋随意加以改造，在木板房里铺上了水泥地，砌起了瓷砖墙，还有的人搭起了偏屋，如此这般，对古苗寨原有的风貌造成了一定的破坏。村里本来有一座古老的钟楼，2000年的时候，居住在里面的村民打翻了蜡烛，导致整座钟楼都被烧毁。以上种种，都使大园村的传统风貌和宝贵文物受到不良影响，这些情况令村里的有识之士非常痛心，一些人开始意识到保护村寨传统文化和古迹的重要性。

2008年，大园村的村民杨小聪（现任大园村委会主任）成立文物保护小组，向全村百姓发出倡议，呼吁大家保护后龙山的风景林，保护村寨的苗族古迹，恢复舞草龙等风俗传统。杨小聪联合了杨荣生、杨焕名、杨广生、杨国强等人四处奔走呼吁，县文物局对他们的汇报非常重视，很快派人到大园村实地考察，鉴定了村里的一些文物，确定大园村为县级保护单位。

截至2016年，村文物保护小组的工作已经取得明显成效。在保护文物和旅游业开发的问题上，村民们的思想基本统一了起来，绝大多数人都认同了文物保护小组提出的"依托文物、开发旅游、传承文化"的发展思路，积极地参与到各项活动中来。2010年，大园古苗寨成功申报为国家级重点文物保护单位，2014年，又被国家评为"全国历史文化名村"。

从远古走来，历经数千年岁月沉浮，从衰弱到繁荣，从全盛到破落，大园人经历着人世间的浮沉。兴衰本是历史的平常，大园苗家人的足迹如同走出了一个"圆"。大园人已经回到原点并再出发，或许在未来的某一天，便再次来到鼎盛的那一点。

第二章

大园的地理

第一节 大园的自然环境

一、地理位置和资源

大园村位于中国湖南省邵阳市绥宁县中部，地处东经110°17′12.2，北纬26°34′24.3，海拔高度在365米左右。村境东与南庙村相连，西南与关峡村相壤，南接凤凰，北连四甲、插柳。村寨距县城18公里，离关峡乡政府仅有1公里，紧挨S221省道，关蒋公路由西向东呈带形环绕而过，直通往城步县、武冈市，大园村距桂林也只有100多公里，游桂林、逛柳州，进省城，上北京，南来北往，交通十分便利。

苗族选择村寨位置时，一般都注重地理，讲究风水。地理风水的选择原则有二：一是从地形勘审远近、广狭、险易、生死，多以四面环山、平坦开阔、水源丰富、土地肥沃、便于生产为宜；二是从地貌观测尊卑贵贱、升降荣枯，并求姓氏与山水象形相符，以有助于姓氏人丁及六畜兴旺为重，显达于发富发贵为佳。总之，"靠山岩而扎寨，傍水湾而结坊"是绥宁苗族村落居住的一大特点，大园村也不例外。

整个大园村的地势西高东低，为丘陵平地低山地形，地质构造大部分为泥盆系，缺失上、下统，中统比较发育，主要属滨海碎屑岩以及浅海碳酸盐岩相沉积，总厚度大于1408米。大园村四周有燕子山、后龙山、荣山等群山环绕，村内群山逶迤，地势起伏比较大，古建筑群就坐落在大园荣山的一处丘岗台地上，其地形似一条船。山上的植被浓密，岗地和山丘主要是用作林地和园地，平地为农田和村庄建设用地。水资源丰富，玉带河由东向西环绕而过，沿溪流冲积呈条带状的平地，成为稻浪翻滚的良田，灌溉也比较方便。全村属于中亚热带湿润季风气候，具有明显的山地特征，气候温暖，四季分明，光照充足，雨量充沛，无霜期长。

大园古苗寨的土壤主要由砂、泥质岩组成，在第四纪古生代冲积物的作用下，沿玉带河呈条带状分布，地层耐力坚实。土壤类型主要有水稻土、旱土以及山地土。其中，水稻土以中壤土为主，旱土以重壤土为主，山地土以轻黏土为主。土壤养分含量的情况是，水稻土里有机质和全量氮丰富，山地土壤里则全量钾含量比较高。

总的来说，大园村坐落在一个依山面水的福地，其建设倚后龙山展开，玉带河从村前缓缓流淌，依山傍水，共同构成大园村一山一水一村一田的景观环境特征。村人常说：山是后龙山，古松挺拔，生生不息；水是玉带河，波光潋滟，亘古长流。人居其中，与自然环境达到了出神入化的和谐统一。考察组夜至大园古苗寨时，灯火俱灭，万籁俱寂，繁星满天，令人心旷神怡。

大园村的自然资源比较丰富。该村地处亚热带山地型季风湿润气候区，空气湿度大，森林茂密，草木葱茏，动植物资源种类繁多，总数达 1000 多种。主要的动物资源有：野山羊、獐、狐狸、野猪、穿山甲、黄鼠狼、燕子、乌鸦、老鹰、杜鹃、斑鸠、野鸡、鱼等 100 多种。近年来，村民们进行鱼塘养殖，养的鱼主要是草鱼、鲤鱼和鲇鱼。大园村的植物资源也很丰富，包括乔木、灌木、竹、生产生活植物、药用植物和其他野生植物。乔木有松树、杉树、银杏、枫树等 143 种以上；灌木有柽木、马醉木、黄金条等 100 种以上；有楠竹、黑竹、斑竹等 6 种以上不同品种的竹子；生产生活植物有水稻、小麦、高粱、玉米、黄豆、粟米等 50 种以上；药用植物有八角莲、大青、苦参、车前草等 300 多种；另有果类、药用、纤维、油料、淀粉、化工等各类野生植物数百种。这些珍贵的植物都有很大的经济价值，其中部分资源的价值得以开发。如大园村的松木和楠竹，就是绥宁造纸厂、联合制板厂的重要工业原料。

二、气候

大园古苗寨处于丘岗平地一带，日照充沛，年平均日照数为 1348.9 小时，全年日照分布以 7 月份为最多，历年平均为 201.8 小时，2 月份最少，平均为 50.4 小时。太阳辐射以夏季最强，冬季最弱，这和温度年际变化是一致的。

村子地处亚热带季风湿润气候区，平均降水量 1336.3 毫米，春夏两季降水较多，秋冬季节降水较少。年平均相对湿度 82%，5 月、6 月和 8 月湿度最大，达 84%；12 月最小，为 78%。总的来说，降水的季节分配以夏天最多，春天其次，秋天更少，冬天最少，但是冬天的雨量也占全年降水量的 10% 以上。这种条件下，大园村的空气湿度比较大，山区逆温效应明显。湿润的空气饱含着氧分，令人神清气爽。大园古苗寨夏天多偏南风，冬季多偏北风，由于处在丘陵之间，受地形因素影响，多为谷风，风速不大，年平均风速 1.2 米每秒，属于 1 到 2 级风，给人感觉十分舒适。

虽然大园村的冬天不冷，夏天也不算太热，年平均气温介于 13℃ ~20℃，但是气温不够稳定，春季低温经常出现，直到 5 月末才会稳定下来，正所谓清明断雪、谷雨断霜。3—5月份的气温为11℃~21℃，6月份，天气渐渐转热，平均气温为24.5℃。7—8月份最热，但是大于35℃的日数也不多。到9月下旬气温开始下降，平均气温为21.5℃。11月底，冬季开始，气温在0℃以下的天数历年平均为16.9天。气温年较差为21.1℃，日较差为9.4℃，垂直变化大，立体气候和地形小气候十分明显，昼夜温差比较大。总的来说，大园村的气候条件对农业生产来说还是比较理想的。

村寨的年平均气压为979百帕，以12月最高，7月最低。由于处于东亚季风环流圈内，冬夏风向有明显变化。夏天多吹暖湿的偏南风，冬季多吹偏北风，春初秋末则处于偏北风和偏南风两种气流交锋、徘徊地带，经常有清明时节雨纷纷和秋雨连绵的天气。

三、自然景观

苗民先祖特别崇拜山，对山神的祭祀十分盛行，他们认为青山含泽布气，离天最近，是神灵的住所。大园人祖辈传说，后龙山的龙脉发源于距此地200多公里之遥的桂林，经城步县向大园延伸，龙窝就在井水湾后，公龙进梅口，母龙入大园。后龙山按照金、木、水、火、土五行学说来分，为水形山，是三个以上的金形山连在一起，远看如同波浪起伏，是旺宅福地。后龙山高低起伏，蜿蜒曲折，更像一条青龙起舞，龙头雄伟颇有气势，吸玉泉之精华，饮双河之秀水。在荚峡定远桥上游约50米处，大小两条河相交接，有大河流下，小河流上之奇迹。

大园村寨前北面有一座笔架山，远望犹如毛笔笔架，又似一只正在展翅飞翔的燕子，故而被称为"燕子岩"。村民们说，按照五行，燕子岩属土。此山的山顶比较平，村民们认为这是旺宅福地，是能让村寨人才前程似锦的吉祥地。据说，古代大园人曾经在堂头冲为杨再思修建飞山庙，庙宇却不幸被大火烧毁，于是杨姓村民们在废庙地址焚香卜卦，问圣公何处适宜修庙，有一只红羽毛雄鹰飞扑下来，叼走了供桌上的一只鸡，飞到燕子岩的山脚下停了下来。于是，杨姓子孙就在燕子岩的脚下为杨再思修建了新的飞山庙。此庙历经数百年，可惜于"文革"时被毁，到改革开放后，燕子岩飞山庙得以修复。

大园古苗寨的东方有一座被称为"云子头"的山峰，有别于燕子岩，此山高而峰尖。村人说，按照五行此山应该属火。云子头的顶峰在古代修有一座寺庙。人们传说：云子头敲钟鼓，大园出官府；云子头亮神灯，大园出将军。

立脚山位于大园古苗寨的西方，靠近水口庵，此山的山形比较圆，山峰不高，村民们认为它的五行属金，是旺寨福地。古代的大园人都说：东有云子头，西边立脚山。

后龙山的南边还有一座金狮山，山的正面像狮子头，整座山乍一看就像一只正在腾跃的雄狮，所以古代大园的对联上说：后有金狮舞，前有石燕飞，指的就是金狮山和燕子岩。按照村民们的说法，此山五行属金，是一只旺寨金狮，能威镇八方。另有虎头岗与金狮山并肩，此山宛若一只伏身待跃的猛虎，村人认为它的五行属土，是一座旺寨虎山。此外，门家坳还有两座山峰，坳口两座山峰一高一低，一圆一平，村民们说，这两座山峰一座五行属金，一座五行属土，就像两位威风凛凛的门神把守着大园的门户。

大园还有两座鹅形山（又称"神雁山"），这两座山乍一看就像两只天鹅一南一北由东向西飞翔，两只"天鹅"背部的山形都比较圆，像半球形。村民们说，这两座鹅形山的五行属金，传说很久以前，有两位仙人被王母娘娘惩罚，变成了两只天鹅，从东方向大园村飞来，一只落在了肖家坪，一只落在了大君头，天鹅窝（今又称"神雁窝""鹅窝里"）就在大板田中间的一块荒地上（今六、七组的责任田的中间）。每年候鸟迁徙的季节，真正的大雁经常到这里来落脚，实可谓一件奇妙有趣的事。在大园人看来，整个大园古苗寨福山环绕，五行相生，相克全无，龙近虎远，龙强虎弱，是非常理想的大格局。

后龙山的龙头方位有处潭水，一名"青龙潭"，一名"仙女池"，小地名叫"田螺形"。据说无论天怎样下大雨，此潭的水都不会满溢，无论老天怎样干旱，其水绝不会枯，而且越干旱，水就越清净。传说有两条青龙在潭内游泳，每年农历七月初七有七位仙女下凡在此沐浴嬉戏。

在青龙潭附近有一棵古老的松树，此树横斜生长，被称为"仙女松"。传说古代的一年农历八月十五的夜晚，明月当空，有七位仙女下凡来到后龙山的龙潭内沐浴，两条青龙变成了两位少年，突然出现在龙潭中，仙女们措不及防，飞快地穿上仙服，脚踏着这棵古松，腾云驾雾飞入天宫，所以古代的人们就称此古松为"仙女松"。

后龙山土地庙的上方还有一棵凤栖檀，这是一棵千年奇树，名叫檀木，树上寄生了藤本植物，更巧的是其腰部寄生了一种叫做凰丽娥的树，其树叶像凤凰的羽毛，古代的百姓就戏称为"凤栖檀木""神檀抱凤"。《关峡苗族乡志》记载，这是一棵椿树、檀树的连体树，高约8米，直径有50厘米，椿、檀两种完全不同种类的树紧紧长在一起，已经浑然一体，看上去好似一对恋人左右相拥，十分奇特。村民们视之为宝树，对其爱护有加。

另外还有一棵龙涎枫，这是一棵神奇的千年古枫，一年四季不定期地从树上的一个孔里喷出清水，有人说这是龙喷龙涎，此树被认为是大园古苗寨的龙神树。

村内有两棵枳椇，一棵位于村中心，高约16米，冠幅约7米，另外一棵位于村东，高约14米，冠幅约4米。两棵枳椇都十分挺拔，生命力强，枝叶茂盛，树龄在400年以上，生存状况较好。

● 大园村的枳椇

苗寨主道旁还有一株千年古柏，传说是杨光裕于宋太平年间亲手栽下的三棵松柏之一，因此又被称作"杨公松柏"。另外两棵千年松柏在前些年被打雷烧坏，唯独这一棵古树至今仍苍劲挺拔，生机盎然。

苗寨前有一条玉带河环绕，此河沿着现 S319 省道呈玉带状流入现在村小前面的河道。古人云：山主人定，水主才。水是万物之本源，诸生之宗室。玉带河环绕大园古苗寨由东向西在关峡省级保护文物单位定远桥一带注入兰溪河，汇于巫水流向沅江，最终抵达洞庭湖，然后进入长江水系。玉带河是大园村的日常用水和农业生产用水的重要水源。

总的来说，大园村的原生态自然环境可谓天然优美，山清水秀。现在，大园村凭借其悠久的历史文化、古老的民族建筑群落、独特的民族风情，以及秀丽的自然景观，已经成为绥宁县的主要旅游景区之一。

第二节　大园的人文环境

一、人文环境概况

大园村的村落格局和整体景观风貌可以概括为以自然景观为基底，以人工要素为载体，以人文景观为内涵的一村聚三心、山水田相融格局。其自然环境要素主要包括后龙山、玉带河、农田、森林、古树名木以及周边的村寨等。而其人工环境要素则是以几处清代建筑群落为核心，包括村落以及村落周边的苗族建筑物、古井、封火墙、拴马桩等文物保护单位和历史遗迹。依托于上述这些要素所形成的大园村人民上千年来的社会生活、风俗习惯、生活情趣、文化传统、工匠技艺和名特物产等方面所反映出来的民族风俗与文化等，一起构成了大园村的人文环境。

历史上的大园人文景观十分丰富，如"飞山庙""水口庵""古拱桥""鼓楼""古驿站""三鳝堂""十一台阶""铜鼓石巷道"等，历史底蕴厚重。大园村民族风情浓郁，至今还保留着苗族许多习俗。随着旅游业的发展和各种认证相继而至，村民们也深受启示，增强了对本民族文化的自信。如今居住在这里的大园人经常穿戴着本民族的衣着服饰，使用自己的方言，生活习惯中夹杂着浓厚的少数民族文化气息。

大园古苗寨内还有攀援练习场、石台等场所，和位于后龙山顶大坪的活动广场挨在一起。活动广场现在被称为后龙山文艺广场，这是个在山头上开辟的露天广场，大约有300平方米。平时，大园村人就在这里聚会。

石台是适合俯瞰大园村全景的场地，适合游客在此驻足。而村支两委经常在攀援练习场组织村民开展爬藤、秋千等文体活动。中国体育彩票管理中心捐赠的健身器材也安置在攀援练习场内。为了丰富村民们的精神生活，村委会还特意添置了音响设备，以助歌舞之兴。2016年"四八"姑娘节前，村委会又修建了文娱表演的戏台。

● 晚会上的戏台

大园村民风淳朴，寨里有三字祖训："勤""俭""和"，千百年来大园人按照这一祖训，实现自己的人生价值。大人们勤于劳作，远近闻名；小孩勤于苦读，人才辈出。现今在外的国家工作人员、各类技术人员就有 500 多人。大园村到如今还保持着节俭持家，不讲排场，不事奢华的传统，红白喜事的操办在全县村寨中，费用支出是最低的。大园人讲究家庭、邻里、邻村的和睦相处，千百年来从未发生过族群间的械斗。20 世纪 60 年代，新化拓溪水库 8 户移民落户大园村，得到了大园村民们的热忱帮助，未发生任何排外现象。

2007 年，大园村人集资重建了鼓楼。如今鼓楼的第一层被用作农家书屋，由农民自己管理。该书屋分为内室和外室，外室有三个敞开式的大书柜，内室有两个大书柜，每个书柜都有六层架，架子上放满了各种各样的书。因为书太多放不下，书柜的顶上也有许多书，一层层叠沓着。墙上则贴着许多村民们自己写的文章，供大家学习、欣赏。2015 年以前，书屋的管理员是村里的"笔杆子"杨荣生，到 2016 年，杨荣生身体状况不佳，不便再继续为村民们服务，就将钥匙交给了杨盛满。

书屋挂着"图书管理员岗位职责",上面要求:"有计划、有原则地选购图书,订阅期刊,及时添购新书籍、书柜,保证图书经费的合理使用。""按照图书编目的要求,对藏书分类编目,新买的书刊及时分编上架,投入流通,不无故积压。""定期做好保值、杂志的装订和保管工作,及时修补损坏的书籍杂志。""爱护图书财产,定期查库,账物要清,经常保持图书馆、阅览室和资料整洁通风,做好防虫、防潮、防火、防盗等安全保护工作。"

书屋的借阅规则是,所陈列的图书、报纸、期刊、音像制品等皆可自由取阅,每次限取一册(盘、盒),阅毕放回原处。如果要外借,必须凭本书屋的借书证或者身份证、学生证等有效证件办理借阅手续。报纸、工具书等只供现场阅读以及查阅,一般不外借,如有特殊需要,凭借书证办理借阅登记手续,外借时间不超过 3 天;其他图书、期刊、音像制品每次限借 2 册(盘、盒),每次借阅时限不超过 15 天。

书屋里的图书分门别类,除了报纸、期刊之外,以文艺类、技术类和教育类的书居多。其中,教育类的书籍很受欢迎,这反映了村民们对教育的重视。经常被借阅的书籍有:《清华家训》《北大家训》《有梦想的孩子不寻常》《培养孩子的独立能力》《培养孩子的自我保护能力》《成就最优秀的孩子》《佩蓉的妈妈经》《我们家这十年》《优秀小学生思维游戏故事大全》《中国中学生百科全书》《汉字演变五百例》等。农家书屋的成立满足了农民的文化需要,充实了村民们的头脑,拓宽了村民们获取外界信息的渠道。农家书屋已经成为大园人的一处精神家园。

一直以来,大园村的村支两委班子团结,工作有力,村里群团组织活动正常。为了加强对党员的思想教育,村里购置了电脑,建立了党员远程教育站点。为了发展旅游业,2008 年,大园村组建了苗寨民俗演出队,巫傩文化、舞草龙、斗牛、苗族插绣等民俗文化活动都确定了传承人。2012 年以来,大园村陆续成立了山歌、插绣、巫傩文化、传统食品等文化保护传承协会。

根据《关峡苗族乡志》,2012 年,关峡苗族乡立案的刑事案件为 20 件,破案 18 件,逮捕直诉 10 件,受理的治安案件为 45 件,查处 42 件,处罚 20 件。自 1999 年到 2012 年,从数据上来看,历年打击违法犯罪的情况都差不多,说明治安状态比较平稳。近年来,大园村里还组建了一支 20 人的治安巡逻队。

关峡苗族乡政府和大园村历届村委会都注重改善民生。如今,大园村的农村医疗保险、养老保险覆盖率均为 100%。村内注重加强诚信和法制教育,村民文明守信，遵纪守法，近5年来无一起重大刑事、治安案件和上访事件。如今，大园古苗寨被评选为县里的"平安村"，治安状况令人放心。

按2008年的户口数据，大园村的总人口为1114人，总计309户，其中男性560人，占总人口的50.27%，女性554人，约占总人口的49.73%。在校学生有164人，其中大学生6人，中学生24人，小学生为134人。村中80岁以上的老人为15人，70岁以上的老人为63人。

到2015年，大园村有五保户10个，低保户40多户，共七八十人。据村主任杨小聪介绍，其实大园村符合申报低保条件的有200余户，800余人，只是由于名额限制，才只申报了40多户。杨小聪并且介绍说，大园村是一个名副其实的贫困村，居住在200~800年的古窨子屋里有30户，150余人，适龄单身70余人，因为经济条件有限，一些大龄男青年娶妻困难。

依《绥宁县志》和相关文献资料，旧社会大园村的佃户生活艰难，很难维持全家生活，终年处于半饥不饱和衣不蔽体的状态，一旦遇到灾年情况就更加严重，有的贫苦人家甚至被迫卖儿鬻女。新中国县政府成立后，消灭了剥削制度，生产发展，人民生活改善，但是"大跃进"过后，人们生活水平又急剧下降。自十一届三中全会至今，大园村的农业生产获得发展，粮食大幅度增长，人们生活日益改善，但尚不富裕。

2005年召开的党的十六届五中全会作出了加快社会主义新农村建设的重大决定，提出实施以生产发展、生活宽裕、乡风文明、村容整洁、管理民主为内容的新农村建设战略。建设社会主义新农村是我国现代化进程中的重大历史任务，是统筹城乡发展和以工促农、以城带乡的基本途径，是缩小城乡差距、扩大农村市场需求的根本出路，是解决三农问题、全面建设小康社会的重大战略举措。

2006年，湖南省下发了《中共湖南省委、湖南省人民政府关于推进社会主义新农村建设的意见》。当年，绥宁县全面启动了新农村建设工作，要求以加快产业发展、提高生活质量、树立文明乡风、改善村容村貌、实现民族管理为目标任务，争取到"十三五"期末，将全县农村全面建设成为物质文明、政治文明、精神文明协调发展、生态环境优美、人与自然和谐相处的新农村。

应县政府的要求，关峡乡也组成了以乡长和书记为首的新农村建设领导小组，并积极深入农村，宣传新农村建设的政策及目标。同时根据各个村庄的历史文化、地理地貌、经济发展情况等，开展一系列的考察与调研，邀请县、市等相关规划部门的专业人员对有条件的农村实施产业发展规划,大力推进关峡乡新农村建设。

大园古苗寨虽然处于深山之中,但交通较为方便,这也为大园古苗寨新农村建设工作的开展提供了非常有利的条件。利用其保存完好的古老建筑以及悠久的历史文化,再加上苗族特有的民族风情,大园古苗寨在绥宁县与关峡乡政府的指导下,从发展旅游产业做起,开始了有声有色的新农村建设工作。

几年前,村文化保护小组向上级政府提交了新农村建设的规划报告,报告中对大园村未来的发展建设提出了具体的改进措施,要求在全村范围内开展"四清"(清垃圾、清路障、清污泥、清窨子屋)、"五改"(改水、改厕、改栏、改浴、改路)的工作,现在这一系列的工作已经取得了一定的成效。大园村人正在各级领导的带领下,力争做到山清、水秀、田丰、路平,为大园古苗寨旅游业的发展创造一个良好的自然环境和人文环境。

具体来说,"清垃圾",就是要维护村内清洁,要修好垃圾池,将村内河道、公共场所所有的垃圾全部清除干净。"清路障",就是凡在村内形成的车辆通行或人行的所有路障都要彻底清除,保证交通畅通。"清污泥",就是要将村内约20口水塘的污泥全部清除干净,以便养放食用鱼和观赏鱼,房前屋后的污泥都要清除干净。"清窨子屋",就是要对所有的窨子屋都进行清查,哪些需要重点保护,哪些需要维修,都要清清楚楚。

"改水",就是目前很多村民还在饮用河水、井水,以后要全部改为饮用卫生清洁的自来水,保证全体村民的健康。"改厕",就是要将现有的影响村容、卫生的厕所全部拆除清理,不留死角。"改栏",就是要每户都把猪栏改建到不影响公共卫生和村容的地方;牛栏一定要以组为单位改建,把牛栏集中到远离人居住的地方,至少要做到不影响公共卫生。"改浴",就是各家各户要修好相对现代化的浴池,避免洗澡水到处泼洒,污染环境。"改路",就是修建连接各家各户的道路,并实现路路相通。

以上工作具体进展如何?我们可以从交通建设、能源工程、供水和排水设施建设、信息业的发展、村民住房、公共基础建设、消防和医疗卫生等多个方面来考察。

二、交通建设

交通是基础设施建设中十分重要的环节之一。2015年绥宁县国民经济和社会发展统计公报中提到，截至 2015 年，绥宁县的交通邮电业务稳步发展。全年完成交通运输邮电业增加值 17594 万元，同比增长 0.2%。全年完成公路货运量 401 万吨，增长 16%，公路货运周转量 3.6 亿吨公里，增长 16.5%，公路客运量 1635 万人，增长 15.2%，公路客运周转量 6.89 亿人公里，增长 15.2%。年末拥有民用车辆 38642 辆。其中，载客汽车 345 辆，普通载货汽车 672 辆，县城公交车 25 辆，营运出租车 75 辆。

根据《关峡苗族乡志》的记载，民国以前，关峡乡境没有一寸公路，对外交通主要靠步行，走古代修建的驿道和乡间大道，物资运送则主要靠肩挑背负，而乡境驿道的一些路段非常险峻，有些一边是悬崖峭壁，另外一边就是数丈深渊，凶险异常。这些描述，说明了当时对外交通之艰难。民国时期，绥宁县每镇仅有一条主要街道，街道正中铺石板，两侧镶卵石，街道长约百米，阴暗潮湿。镇以下各个乡村的街道更窄更短。

新中国成立后，1956 年 3 月起，政府开始修建洞口至绥宁公路，1958 年 7 月竣工通车，关峡乡境才开始有了公路交通。20 世纪 70 年代，政府对公路建设实行民办公助，加快了乡境公路建设的速度。不过，乡境内的基础设施建设则主要以兴修水利为主。至 20 世纪 80 年代，大园村内部的基础设施建设仍然十分落后，与外界相连的只有一条马路。考察组前往大园村采访时，李田翠奶奶称，四甲、南庙原来与大园是一个村，后来分离（按记载应该是 1982 年）。分离的主要原因是四甲、南庙多山林，较富裕，而大园村人多又穷。村里的道路原本还算得上宽敞，但随着人口增加，房子越盖越多，道路就越来越狭窄。村里90% 的道路仍然是毛石路和土路，每当下雨后，土路就会变得泥泞不堪。

据《关峡苗族乡志》，1983 年农村区域工作完成后，根据区划调查的情况，乡党委和乡人民政府对农业综合开发，突出在综合二字上做文章。一是农、林、人畜饮水全方位立体开发，二是与社会主义新农村建设、全面奔小康社会建设、扶贫帮富齐头并进。2001 年，关峡苗族乡全境实现了村村通公路，2007 年，关峡苗族乡争取到 480 万元资金在全乡 17 个村进行综合开发，一共修建桥涵 12 道 80 余米，硬化道路 4 条 12 公里，修建水渠 78 条 47 公里。之后又发动群众筹资 47.5 万元在大园、四甲、文家修建了 3 条水泥路一共 11.5 公里，投资 4480 万元硬化了关峡至石脉的乡道。截至 2012 年，关峡苗族乡境内共有公路里程 94.6 公里，其中省道 20 公里，县道 14.6 公里，乡村硬化公路 60 余公里。

按照《中国传统村落档案·大园村》里所附的《村落人居环境现状表》，村内的道路已经有 600 年历史，上次维修时间为 2003 年。该档案称，道路方面，大园村由一条路面宽度为 3.5 米的水泥路与外界相连，村落范围内，路面多为青砖路面、鹅卵石水泥路面、泥石路面等。村落内部道路比较狭窄，最狭窄的路面仅为 0.5 米，比较宽的路面宽度则为 1.2 ~ 3 米。

从 2003 年开始，大园的交通局面得到了很大的改善，进入寨子的必经土路被翻新成水泥路，寨子里的两条主道和部分小道也铺上了水泥或者铺上了石板。河道上也修建了拱桥，解决了大雨天以及发大水的时候进出寨子的困难，大大方便了村民们的日常出行，也方便了日常货物的运输，有力促进了农村经济的发展。目前寨子里已经修建完成的道路约有 1 公里，规划中的道路建设项目还有很多，包括将长约 7.5 公里的全寨内生活道路全部硬化，和修建连接后龙山 5个八角亭的长约 3 公里的石板路，修建通往"四八"姑娘节活动场所的长约 500米的石板道路……这些如果全部完成，则对大园村发展旅游业非常有利。

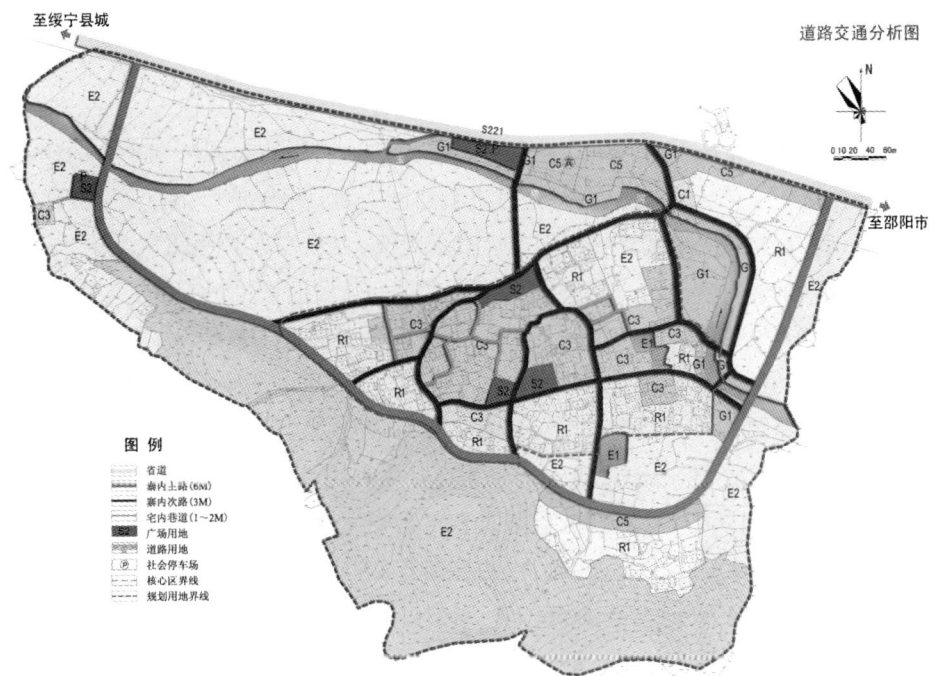

• 大园古苗寨道路交通分析图

相较绥宁一带的其他村寨，大园古苗寨虽然处于深山中，但是多亏了国家大力投入公路基础建设，村民们的出行十分便利，省道 S221 和武靖高速连接线从村旁穿过，省道 S319 从村中穿过，村里有摩托车 67 台，电动车几十辆，有小轿车的是 5 户。2015 年，为了方便孩子们上学，政府又投入资金修建了一条 S319 的支线，该马路比较短，仅通往山上的关峡苗族乡中心小学。2016 年考察组走访时，该马路已经通车，如今大园村的孩子们可以搭乘校车抵达中心小学，上学路途时间大大缩短。对这一惠民之举，村民们表示高度认同。

前面说到"四清五改"中的"清路障"问题，据 2015 年考察组至大园村走访所见，村内的路障已经大致清理干净，但由于村里的道路基本都比较狭窄，要说到真正让车辆来往，是很困难的，最宽的路面也只能供一辆车单行，几乎没有地方可以会车。这种情况是历史造成的，调研组曾访问李田翠老奶奶（现任村主任杨小聪的母亲，昔日"苗王"的儿媳妇），得知大园村的道路原本很宽，但随着人口增加，房子越盖越多，道路就越来越狭窄。因此，大园村的发展暂时只能参照步行街的模式，仅供游人步行进入观赏。

三、能源工程

随着旅游业的兴起和发展，完善村寨里的基础设施被大园村视为今后建设中的重中之重。国家提出加大农村的能源建设力度，积极推广沼气、秸秆气化等清洁能源，大幅度增加农村沼气建设投资规模，加快普及户用沼气，带动农村改圈改厕改灶。

家庭基础设施建设直接反映人们的生活水平和质量。曾经，木材是绥宁县人民生产生活的主要燃料，由于林业资源丰富，到处可以砍柴，村民生活做饭普遍烧柴。但是传统火炉结构简单，热能利用率很低，村民们每年要砍掉大量的木材和竹材，造成了很大的浪费，而且也不环保。20 世纪 80 年代起，村里大力推行以煤代柴，以气代柴，以电代柴，改烧大柴为烧小柴，改传统火炉为省柴灶，简称"三代两改"。之后，大园村的省柴灶和省煤灶得以普及，每户日均烧柴 7.76 公斤，比传统灶省柴薪 66.3%。1990 年后，煤、电、液化气代替生活燃料为广大群众所接受，薪炭材消耗进一步减少。

大园古苗寨生活用电的来源主要是附近几个小型的水力发电站。关峡苗族乡于 1964 年开始修建小水电站，至 2012 年，乡境内一共有 3 处电站，装机 8 台，装机总容量 13450 千瓦，对保障村民们用电起到了重大作用。现在大园古苗寨基本上全村通电，结束了煤油灯的时代，进入了电气时代。不过，之前电费比较贵，电力供应也总是不足。近年寨子里进行了电网改造，水泥柱子已经全部建好，电线也全部架设完成，有效地降低了村民们的用电成本。2016年，大园村成功签约100 kW光伏发电站，可想而知，未来电力供应将会更加充足。

据邵阳学院走读乡村文化绥宁调研团2012年7月的统计，整个大园村约有74%的家庭是用电煮饭和照明，不过在做菜的时候，很多村民们仍然习惯使用柴火。约有8%的家庭全部用电，几乎不再使用任何柴火。但是仍有10%的家庭基本全用柴火，不用电饭煲，电的话只用于照明。还有4%的家庭是电、柴火、煤一起使用，2%的家庭是电、柴、煤、天然气混合使用，2%的家庭是电和天然气混合使用。2015年考察组去走访时，村里基本还是这种情况，仍有少数家庭基本不用电，除了电灯之外，家里几乎没有任何电器，做饭仍然使用柴火。原因是子女外出打工，这类家庭只剩下了老人，老人一辈子节约惯了，认为能省就省，没必要用电。

2004年以来，县政府一直鼓励村民改善生活质量，提高使用清洁能源的比例。大园古苗寨村委会响应政府号召，在全寨范围内积极推广沼气能源。凡是在自家挖坑建池的，政府都补贴了1500公斤水泥与1000多元的人工费，各家需要自己负责挖坑，购入砖头碎石等建材，平均每家需要自付1000多元。在政府的优惠政策下，很快，村里就兴建了六七座沼气池，由几户比较宽裕的农户带头使用沼气作为燃料。但是之后由于沼气原料来源紧缺以及原料市场价格的节节攀升，到2008年的时候，村里就只有杨辛菊家还在使用沼气池。杨辛菊由于承包造林抚育工程挣了不少钱，又兼营跑出租车，所以经济条件比较好，所建的沼气池井直径约1米，上面用一块水泥石盖罩着，使用很方便，平时可以用沼气煮饭、炒菜、洗澡。杨辛菊本人介绍说，她的弟弟在县政府工作，是一个远近闻名的养猪专业户，所以她家的沼气原料的来源很丰富，这也是她家能坚持使用沼气的重要缘故。

随着封山育林和"改栏"运动的推行，大园村里的养殖业受到了一定的影响，寨子里的牛羊猪及家禽近几年明显减少，养殖方式也从过去的山坡放养变为圈养。养殖方式的改变不仅带来了公共环境卫生的改变，为大园古苗寨旅游业的发展提供了较好的卫生保障，也为使用沼气能源提供了一定的原料。2008年后，村里又陆续兴建了许多沼气池。2015年红网推出《最美少数民族特色村镇》系列报道，称村里一共修建了76口沼气池，人畜粪便得到了有效处理和科学利

● 木屋前的沼气井

用。沼气池的确是大量修建起来了，不过，据考察组的实地走访，由于种种条件的限制，到 2016 年时，这些沼气池绝大部分都处于闲置状态，一些村民表示使用沼气池太麻烦，甚至说还不如直接用液化气和柴火来得方便。看来，在大园村要真正推广清洁能源，仍然任重道远。

四、供水和排水设施

保障饮水安全是我国社会主义新农村建设中的重要课题。长期以来，饮水安全问题一直是备受人们关注的重点。严重的水体污染会影响到农作物和农产品的质量，而不安全用水问题则会直接影响到农村群众的人身健康，同时还给农村牲畜养殖带来危害。

历史上，绥宁县多次爆发瘟疫，是一个疾病高发地区。从各种史料记载来看，瘟疫频发与饮用水不够洁净可能有很大的关系。自民国时期开始，当地政府采用专家们的意见，十分重视饮用水消毒的问题。民国二十九—三十年（1940—1941），绥宁县城累计改良水井 7 口，饮水消毒 1242 担。民国三十四年（1945）四月，绥宁县驱逐侵绥日军之后，县卫生院在武阳、李熙桥等地推行饮用水消毒。

新中国成立后，1952 年，县城机关开始实行饮水消毒，翌年消毒 1800 担。

1967 年，县人民医院率先安装自来水。1973 年，县自来水厂建成，开始供应县城机关饮用水。1981 年，绥宁县投资 30 万元扩建过滤贮水池，县城居民全部饮用上自来水。不过，大园村人由于居住在贫困偏远地区，资金短缺，交通不便，改水难度极大，自来水工程对他们而言是可望而不可及的。

真正惠及到大园村人的，是新中国成立后县政府积极在各乡村推行的改良水井政策。1952 年，县内改良水井 197 口。1977 年，县防疫站在东山公社 4 个大队 12 个生产队取新井水进行化验，结论为细菌总数和大肠菌群数基本符合卫生要求；流行病学调查 301 户 1529 人，结论为改井后痢疾、肝炎等肠道传染病率比改井前下降 53.97 个百分点。之后，绥宁县决定推广东山公社经验，全县广泛深入地开展改造水井工作。截至 1981 年 8 月 10 日统计，全县一共改造水井 2636 口，为应改数的 89.6%，其中达一类井标准的 793 口。井型有密封井、鸭棚井、敞口井、吊井、压把井。自此，大园村民的饮用水条件得到了很大的改善。

根据 2015 年 3 月的《中国传统村落档案·大园村》，大部分村民家里都有压水井，通过抽取地下水解决生活用水。该档案里记载，给水方面，大园村的水源为山泉水，简单沉淀后，通过管道输送至各户，或者是村民自己打井抽水，各户基本备有水缸、水箱等储水设施，方便日常生活使用。在地下水充足的时候，打水固然还算方便，但是当地下水缺乏的时候，人们的生活用水就会有困难。

1985 年，绥宁县人民政府作出决定，采取村民集资、集体筹资、国家补助、单位资助的办法，加速自来水建设，政府按受益人口每人 3~5 元补助受益村。嗣后，各地出现建自来水热潮，不但集体建，而且个人也建。至 1987 年，钢管自来水、聚乙烯管自来水、竹管自来水的受益人口占农村人口的 35.3%。县防疫站逐处作了水质检验，全部符合饮用水卫生要求。是年 5 月 26 日，省爱卫办授予绥宁县农村改水先进县称号。至 1990 年，全县农村累计集资 813 万元建成钢管、聚乙烯管集中式自来水 574 处，加上分散式自来水，累计受益 10.4 万人，占农村人口总数的 34.4%（不含竹管自来水）。但是，大园村由于贫穷，加上其他各种条件限制，并没能顺应历史潮流，加入到这一运动中去。

具体说来，大园村的地势较高，其周围没有较大的可以提供饮用水的池塘，所以长期以来，村民们的饮用水都来自河水和井水。前几年建成过一个小蓄水池，由于缺水也不得不停用。直到跨入新的千年，村民们还在普遍使用摇井，从地下取水。

近年来，国家提出加大农村饮水安全工程建设力度，强调必须优先解决饮用水的安全问题。在绥宁县政府的号召下，大园村通过村民集资，终于修建了供水和排水系统，从山上取泉水，初步解决了村民们的用水问题。

据《大园风物志》记载的2012年7月的统计数据，大园村70%的家庭已经安装了自来水，每户每个月使用的自来水如果不超过5吨，就按照每吨0.5元的标准收费，若是超过5吨，超出的部分要按照每吨5元的标准收费。这样一种收费标准主要是为了防止村民们使用自来水去灌溉稻田，而摇井由于地下水水位比较低，气压较大，难以取水，一般不会出现严重浪费水的现象。应该说，这种收费标准的制定有效地节约了水资源。不过，由于经济问题，有30%的村民家庭仍然宁愿使用摇井，也不愿意安装自来水管道。

2015年，考察组去大园村走访的时候，自来水已经实现了全村通，所有的家庭都安装上了自来水管道。但问题是，村民们反映经常停水，原因比较复杂，一是由于上游进水管本来有两根，有一根坏了长期无人修理，致使供水量不足；二是居住于上游的村民为了蓄水灌溉田地，经常私自关闭水闸，给中下游的村民带来了极大的不便；另外还有一些自然原因，导致自来水无法保证供应。这一问题我们在后面的记述中还会提到。

现在，还有不少苗族妇女在河边、井边洗菜、洗衣，这是她们祖祖辈辈的习惯。2015年，考察组在大园村走到"诸葛亮古井"旁时，看见井水尚清，仍有村民到此取水。考察组询问桥下洗衣的苗女"为何在河边洗衣"，回答"这样省水"。由此可见，节约意识早已深入到大园人的观念中。

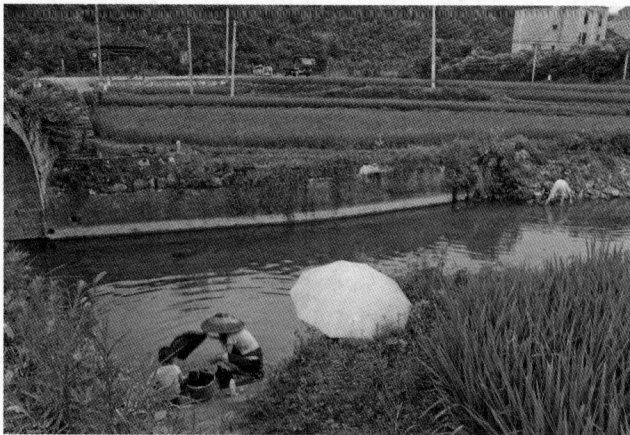

● 河边洗衣的村民们

至于前面说到的"四清五改"中的"清污泥"问题，据考察组实地在大园村考察得知，由于资金紧张，目前还没做到位；而养放食用鱼和观赏鱼，则更牵涉到不菲的资金投入，短时间内难以达成。

五、信息业的发展

据《关峡苗族乡志》，关峡邮电支局成立于20世纪50年代末期，开始只在关峡、茶江各设立一个代办员，负责从客车上接、送邮包，然后利用各个公社开会的机会，由各大队负责人带回大队分发到人。20世纪70年代成立了邮电所，房子建在现在乡卫生所的背后山坡上，是一个小平房。20世纪80年代后，邮电事业发展得很快，邮政、电信分设，邮电所也升级为邮电支局，新修了四层砖混结构的楼房。电信业务另外设，之后也分成了电信、移动、联通三家，各有自己的基站和办公场所。如今，邮政业务已经涵盖了包件、电子汇兑、报刊发行、邮政储蓄、代理理财、电子邮政、集邮、农资日化配送、代收农电费、代办电信等十几种业务。电信业务也从原来全乡范围内只有十几部电话机，发展为全乡有电话机和手机9198部，还有725台电脑上网。

近年来，各级政府高度重视农村的发展和信息化建设。湖南省政府强调重点要达到：农村信息化公共服务网络体系基本建成，县市区、乡镇全部建立信息服务站，村建立服务点。50%的农业龙头企业、种养大户上互联网，全省30000个村登录互联网，享受网络服务的农民达3000万人。为了实现这一目标，湖南省政府提出要建立农村信息惠民工程，推进三电合一农业综合信息服务工程建设，启动金农和信息化示范村工程，完善省、市、县、乡四级信息服务体系。要采用多种接入方式，降低农民使用网络的门槛，推广农民买得起、用得好的信息终端和信息系统。

在各级政府的政策指导下，经过几年的建设，绥宁县的农村基础设施建设得到了明显改善。针对三农信息化需求，中国移动通信湖南公司开通了快易充空中充值服务，解决了农民购机难、交费难、查询难三大问题，又联合农业部门推出农信通业务，以丰富实用的农业科技信息为农民提供帮助，并推广了"神州行·家园卡"等适合农村用户消费水平的资费套餐，还联合终端厂商推出为农民定制的绿色田园手机、幸福家园手机，让农民朋友用得起手机。另外，该公司还组建乡镇集团网、村组集团网，以便更好地满足农户的通信需求。

根据2015年绥宁县国民经济和社会发展统计公报，绥宁县全年完成邮电业务总量 25656 万元，同比增长 27.2%。其中，邮政业务总量 2788 万元，电信业务总量 6460 万元，移动业务总量 12732 万元，联通业务总量 3511 万元，铁通业务总量 165 万元。年末拥有电话装机容量 3.6 万门，年末固定电话用户 2.4 万户，其中，城市用户 1.0 万户，农村用户 1.4 万户。年末移动用户 18.9 万户，年末拥有互联网用户 1.7 万户。

调查显示，近十年来，随着手机和话费资费的降低，加上大园古苗寨距离关峡乡及绥宁县城相对较近，采购通信设备方便，大园村人的手机普及率迅速提高。2013 年，村里拉通了电信宽带光缆网络，可以通过宽带上网，如今，村内已经实现了移动、电信、联通手机信号全覆盖。截至 2016 年，大园村的信息化程度在全国农村中处于中等偏上水平，全村 90% 以上的农户都有固定电话或者手机。大多数家庭至少有一部手机，很多家庭甚至已经达到人手一部，而且还会按需更换新型号的手机。相比较之下，由于实用性不如手机，座机遇冷，村里很少有人再安装座机。村里有两处 WIFI 点，一处就在村主任家，可以方便服务村民，村里的学生们也喜欢聚集此处使用手机上网。另外，大园村里有电脑的家庭不多，十几户人家配有电脑，但因年轻人外出打工，老人和小孩不会使用，这些电脑大多处于闲置状态。

虽然几乎家家都有手机，但在话费支出这一项上，村民们还是比较谨慎的。非有必要，大多数村民们尽量不打"多余"的电话，不多聊天。过去，大园村民选用的信息运营商主要为移动，其次为电信。相较之下，联通服务商所占有的份额最少。近年来这种情况有所改变，联通所占的份额也在快速提升。手机通信的收费水平通常为月租费 15 元，本地通话 0.2 元/分钟，长途加拨 IP 号码不到 0.6 元/分钟，如果开通亲情号业务，通话费仅为 0.2 元/分钟。村民们表示，这个价格大家都还可以接受，但仍然希望能进一步降低价格。

让有线电视走入农村，是新农村建设的重要部分。目前，大园村绝大多数家庭都有电视机，但是大多数村民的家里还是使用卫星接收器。主要是由于卫星接收器比较经济实惠，只要 300~400 元就能安装，而且接收效果也不错，可以使用的年限也比较长。部分条件好的家庭安装了有线电视，每年要支付 180 元的费用，大概能收到 40 多个台，能比较好地满足村民们的观看需求。个别家庭仍然在使用电视机自带的天线，这种天线只能接收到省内的寥寥几个电视台。少数家庭因为只剩下老人，老人可能出于各种原因对电视没有兴趣，故而未购置电视机。

有线电视的接入丰富了村民们的生活，同时也反映了在新农村政策的指引下，近年来村民们的收入确实增加了，生活水平提高了。不过，村民们获取信息的渠道仍然比较少，加上人才流失严重，大量青壮年外出打工，专业人才短缺，村民们大多仍然凭借自己的经验和对市场的直觉来决定养殖和种植的品种，这样可能导致市场风险大大增加。为此，还需要加大信息化建设力度，拓宽农民获取技术和市场信息的渠道，确保技术服务的顺利开展和农业科技进村入户，解决农业服务站的硬件和软件设施，为农民们创造良好的信息交流平台。要加快农产品预测预警系统和农业信息综合服务系统的建设，实现生产、市场等情况的动态监测、分析，实施先期预警。要整合农业信息资源，建立湖南省农业数据中心，建设农业专家系统，建立主要农产品生产技术与农产品实用技术、涉农企业信息、政策法规与农产品质量标准、农业专家人才、农用生产资料、农产品销售六大农业基础数据库，实现涉农信息共享。要建设各地农产品电子商务系统，推进农产品网上交易。要整合农村信息服务基础设施，制定信息交换和共享标准，推进农村信息村村通，实现市场、科技、政策和劳务等信息进村入户。

六、住房

据《中国传统村落档案·大园村》里所附的《村落人居环境现状表》，村民们的居住条件总的来说还可以，人均居住面积比较大，部分房屋带有庭院，木屋冬暖夏凉，舒适度较好，基本在横屋或者杂屋里设有卫生间和厨房，饮食起居方便。目前村里的钢筋水泥不多，住房主要还是以砖木结构和木结构为主。

《大园风物志》记载，古苗寨至今保存比较完好的窨子屋正屋有34座335间（据考证，苗寨内的窨子屋实为32座，另2座分别位于严塘和肖家坪，属苗寨外的大园村地段），仓楼41座552间，建筑总占地面积78000多平方米。古旧木房正屋145座1446间，仓楼166座1254间，建筑占地面积约10万平方米。经文物部门和专家考证，大园村的古窨子屋年代最长的有800多年，大多数房龄都在300年以上。其中元代建筑1座，明代建筑3座，其他均为清朝时期所建。

按《中国传统村落档案·大园村》的传统村落选址与格局描述，大园村的一类风貌建筑约占5.99%，是村中历史最悠久的建筑；二类风貌建筑约占13.98%；三类风貌建筑比重最大，约占66.2%，建筑大多为湘西民居，院落集中成片，是村内风貌的主导部分。按档案里所附的《村落人居环境现状表》，现在居住在传统建筑物里的居民数量为846人。大园古苗寨内的居民建筑多为面

● 苗寨建筑群

阔四间或者五间，两侧厢楼布局的三合或者四合庭院，古窨子屋的建筑地型和风格突出，建筑内饰精巧灵活，构图朴实缜密，具有很高的艺术、历史、科学价值，同时住着也舒服。

大园村的窨子屋一般分为正屋、仓楼和厨房，房屋布局有的呈直角形，有的呈"品"字形。四代同堂的家庭房屋通常呈"井"字形，以上屋为首，三面配备厢房，中间留一天井，庭院周围用石块筑一围墙，进出口立一槽门（也叫大小门），大都采用木质结构，也有少量砖房，都是二层。仓楼有东仓西库之别，大都建在正屋的左右两边或正屋的前面，木质结构比较多，一般盖青瓦。根据文献介绍，屋檐通常分为"飞檐""子檐"和"水檐"。水檐分为两层，设于正门前，远看像雄狮张口，大有吞灭异物之神态，俗称"吞口屋"。

大园村民们偏好"八""九"两个数字，俗话说"九有八发"，故而房屋的高度通常固定为一丈九尺八寸①。窨子屋的高、宽、长度，总离不开八、九两个尺寸，以求吉利。堂屋是敬奉祖先的地方，也是一家团年、过节或请客的中心场地。受汉文化的影响，堂屋正中都立有神龛，放置家先牌位。牌位有的用木牌制成，有的用红纸书写张贴，正中竖书"天地君（国）亲师位"六个大字，两边书某氏祖宗、某某神灵。

村里的房子大体上是三开间一幢，较富裕者则五开间为一幢。大门开在中间一间的二柱之间，成"凹"字形。大门之内为堂屋，左右两开间又各隔成两间。右边里边的小间，是主人夫妇卧室，外间安火塘，左边一间的房间为儿女住房。有条件的人家还在正房前侧左右两边设偏厦。过去，通常把厕所、猪牛圈设在正房之侧。实行"改栏"后，很多猪牛圈都被迁走了。据专家考证，如今，寨子

---

① 1 尺 = 0.33 米，1 寸 = 0.03 米。

里历史最长的窨子屋已有800多年的历史，其他大都在300年以上，由于风吹雨打无人维护，很多窨子屋都已经破烂不堪，令人十分痛心。

●村民杨章煌、杨章明家

为了改善住房条件，现在大园人一般在规划范围之外建造新住房，有的村民则干脆搬出了苗寨，到比较远的地方盖房子。新盖的房子一般分为三种类型，一种以青砖为主，一种是砖木结构，还有一种是全木结构，有瓦但无砖。《大园古苗寨调查》一书里介绍说，过去大园古苗寨村民盖房子都是因地取材，利用本地资源进行建筑，常见的建材有茅草、木条、竹子、红白藤等。柱子多选用坚固耐用的优质格木。除木料常年备用外，茅草、竹子、红白藤只能在下半年才容易采伐到。因此，村民建筑房屋通常在年底冬闲时进行。

大园村的吊脚楼很多，依山傍水，错落有致，把山寨点缀得如同一幅美丽的水墨画。吊脚楼的兴起主要是为了适应山地环境，山区的平地很少，建吊脚楼可以顺坡就势，无须深挖地基，稍微平整一下场地便可，平地容纳不了的部分房屋，可以向前方伸往空中，将吊脚柱支撑在下面的坡上。这样的建筑，省工省料又省地。同时山区多雨雾，地面潮湿，主人居住的二楼高悬地面，既通风干燥，又能防止毒蛇、野兽，底层还可以用于圈养牲畜、堆放杂物。不过，随着时代的变化，特别是"改栏"的兴起，吊脚的必要性已经大大减弱。现在的一些新住房不再设吊脚，中柱直接建立在平坦的地上。这种房子一般选址于向阳山坡或玉带河两岸，多为二层落地式纯木结构。

厕所对家居舒适度十分重要，厕所的整顿是新农村建设的一个重要方面。绥宁县人民政府成立以来，一直大力鼓励村民们改厕。1958—1959 年，全县的农村出现改厕所、改畜圈高潮，累计改建厕所 20056 个，将 14919 间猪圈牛圈移至村旁。有些卫生队还协助农户将传统木桶式贮粪厕所改建成漏斗地窖式厕所。在这阶段，大园村人也逐渐把木桶式厕所改成了现在的旱厕，改善了室内环境，这是一个进步。1983 年统计，全县农村改建漏斗地窖式厕所 1226 个，县属机关、学校、厂场、公社兴建"四无"（无蛆、无蝇、无臭、无害）厕所 71 座。嗣后，绥宁县的城镇的厕所逐渐向水冲式发展，但由于种种缘故，农村改厕工作进展缓慢。

据红网 2015 年推出的《最美少数民族特色村镇》系列报道，大园村已于 2009 年完成了自来水工程，全村居民用上了清洁安全自来水。村里对 161 户实施了改厕，其中有 60 户进行了无公害化厕所改造。大部分村民的家里，均建成了水冲式厕所。还有 140 户修建了浴室，安装了现代化淋浴设施。据考察组 2016 年实地考察，这些报道基本属实。

不过，大园村一共有 300 多户，"改厕"对大园村来说仍然还远远没有完成。大园古苗寨是至今为止保存得比较完整的砖木结构的古建筑群，大部分房屋都是由木板构成，为了不破坏房屋的整体结构，很多家庭的木房子都只能在一定程度上整修。村里的厕所分布是每家一户，各家在自己家的院子内或者是家门口修建自家的厕所，简单来说就是厕所分户，多数为旱厕，即用两块木板搭成蹲坑。村民们认为这样方便肥沃农田，毕竟对农业来说，肥料是很重要的。只有少数家庭整修了厕所，采用了水泥的地板，或将厕所贴了瓷砖，个别家庭里使用了抽水式马桶，但这些都属于经济情况比较好的家庭。

在大园村的"改厕"过程中，一些修建在道路旁边、严重影响美观的厕所被要求拆除改建。村委会提倡大家都使用更加先进的厕所，但是很多村民安于过去的习惯，不愿意改造现有的厕所。有些家庭虽然具备一定的条件，也同样不想在"改厕"上花钱。除了祖祖辈辈的习惯使然以外，最重要的还是经济因素的制约。

七、公共基础设施

按《关峡苗族乡志》的记录，解放前，绥宁农村中除了少数富裕人家有砖木结构的庭院之外，贫苦人民只有简陋的木结构房屋，极为贫穷者则不得不住在茅草屋甚至岩洞里。各镇的公共设施也很少，仅少数比较大的村寨设有寨门、石铺巷道和石砌石井、戏台、宗祠等设施。

宗祠是一个民族政治、经济和文化艺术的结晶，聚匠心工艺于一炉，融民族文化于一体，一般设置在民族居住的中心，大园杨氏宗祠过去在关峡乡很有名，很可惜，在"文革"时宗祠被毁。2015年考察组在大园村考察时，获知当地政府有意重修宗祠，然囿于资金等问题尚未开工重建。

苗族村寨人都设有鼓楼，鼓楼是村民们聚众议事和文化活动中心，也是村寨的重要标志。鼓楼一般分为文武两种，也有的文武合用。新中国成立后，绝大部分苗寨的鼓楼都相继拆除，至20世纪90年代，唯大园村尚存一座三层鼓楼。说到这座鼓楼，是清代和民国时期，大园村民们修建的，用于集会、议事、休憩，一直是大园人的骄傲，也是大园村曾经繁荣鼎盛的见证。这座鼓楼属于杉木结构的塔形建筑物，底部为四方形，上层为多角形，四檐四角。鼓楼位于村头，卯榫嵌合，层层重叠，下大上小。横枋、四壁和门的上方有彩绘的龙凤麒麟、花鸟虫鱼、山水人物等图案。因年代久远，鼓楼显得破旧不堪，可惜，这样宝贵的文物却于2003年毁于火灾。

2007年，村民们集资重新翻修了鼓楼，新修的鼓楼古色古香，绿树掩映，看了令人赏心悦目。大门上面挂着一块"农家书屋"的牌子，原来，重视教育的大园村人决定将它用作书屋，这应该也是鼓楼最好的用途了。

清代至民国时期，大园村内的公共设施除了鼓楼之外，主要还有杨氏宗祠（设有私塾）、门楼、飞山庙等。可惜"文革"时期，一些原有的公共设施和宗祠庙宇等被作为"四旧"拆毁。人民公社化的时候，村境内的公共设施主要有大队部、大礼堂、园艺场、代销店、医务室、大队小学等。改革开放后，大礼堂又被拆毁，大队部被变卖给私人做住房。现在大园村境内的公共设施主要有重修的村委会小公楼、门楼、飞山庙、凉亭、小学教学点、村卫生室、公共厕所等。

根据《中国传统村落档案·大园村》里所附的《村落人居环境现状表》，目前村里没有污水处理设施，有垃圾收集设施，各家都配备有垃圾焚烧炉，焚烧之后再集中送往靠S319省道停车场的垃圾收集箱。村里的杨焕煌，被公认是全村的

● 鼓楼(农家书屋)

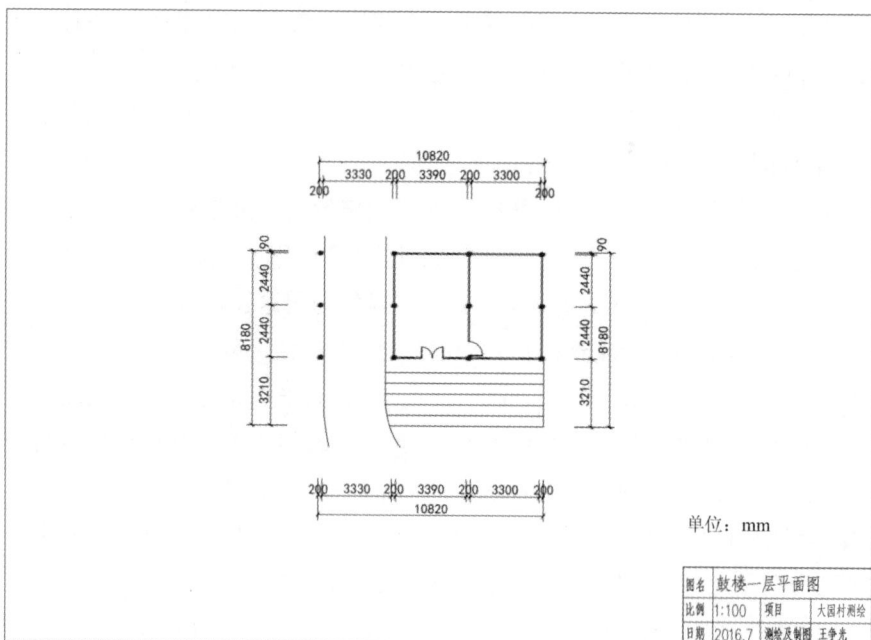

单位：mm

图名	鼓楼一层平面图		
比例	1:100	项目	大园村测绘
日期	2016.7	测绘及制图	王争光

● 鼓楼一层平面图

"首富"，在搬去城里之前捐款2万元给村里安装了路灯。自此，大园村有了公共照明。

　　大园村以前没有公厕，这对发展旅游业很不利。2015年7月考察组前往的时候，苗寨内有了唯一的公厕，位于村口，是用砖头简单搭盖的。厕所里没有自来水，内置一口水缸，从水缸舀水冲洗厕所，水质颇脏。到2016年5月，考察组再次前往的时候，发现公厕又增加了两个。其中一个是茅草加盖的，位于后山上，应该属于私人搭建，最近为了旅游业的发展刚征为公厕，不过平时主要还是由住在山上的私人使用。还有一个在苗寨主要道路旁，是用铁皮、塑料之类的简易材料搭建而成的，和村口那个一样狭小，只有一个蹲位，虽然有水龙头但是并未通水。2016年7月，村里又增加了一间同样的简易厕所。这些公厕的共同点除了简陋之外，还有平日不开放。公厕往往上锁或是以铁丝等物围绕封锁，逢节日或重大活动游客多了才开放。如此自然会影响平日里游客的感受。很多游客非常欣赏苗寨的古韵和清新，但就是无法忍受这类厕所，只能匆匆来了又去。

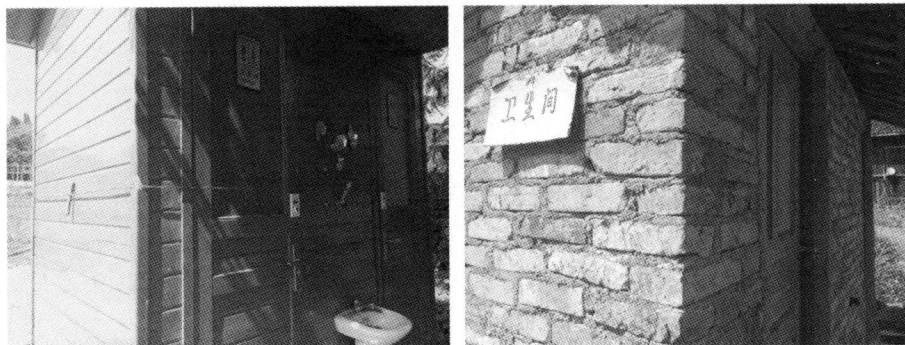

● 闭锁的公厕

　　自从2010年冬天之后，村里安置了十多个现代化的垃圾桶。这些垃圾桶均由大理石制作而成，每个净重300多斤，造价是700多元一个。这些桶比较重，不易搬动，不易损坏，从长远来看，这笔投资是合算的。目前，虽然少数桶盖失踪，但是垃圾桶由于分量沉重，都还在原处。多亏了这些垃圾桶，整个寨子的大道上干干净净。据调查，以前没有这些垃圾桶的时候，村民们都采用焚烧的方法处理垃圾，这种方法既存在一定的失火隐患，也对环境造成了不好的影响。现在有了这些垃圾桶，村民们都会主动把垃圾倒入里面，让村里统一进行处理。对于政府设立垃圾桶的这一举措，村民们表示高度赞同，认为这不仅保证了道路的干净，还提高了大家的环保意识。在乡里设立垃圾桶是一种创新之举，对大园村古建筑的保护和旅游业的发展起到了十分积极的作用。同时，大园村还派专人负责清除河道的垃圾。

2016年7月，大园村已经有6位老人（1人因病暂退）专门负责打扫公共道路和清理垃圾。村口设立有焚烧池，统一焚烧收集起来的垃圾。据红网推出的《最美少数民族特色村镇》系列报道，现在，大园村里为全村每户发放垃圾桶2个，多功用焚烧炉1个，公共场所摆放垃圾桶115个，并定期消灭"四害"。

八、消防事业

消防在历朝历代都是一件极重要的事情，近年来，西南古老村寨失火的消息不时见诸报道。西南少数民族聚居地的房屋多为木质结构，依山而建，一旦失火便容易酿成大灾。近年来，黔东南已有多个著名古老村寨在烈火中付诸一炬。如2014年1月25日，贵州省镇远县报京乡报京大寨发生火灾，约1184名民众受灾，涉及房屋148栋，1000余间房屋烧毁、损坏，受灾直接经济损失达970万元人民币。2014年12月12日，贵州省剑河县久仰乡久吉村发生火灾，60余栋房屋被毁，造成176户619人受灾。2016年2月20日晚，贵州省黔东南苗族侗族自治州剑河县温泉村遭遇大火，虽然未造成人员伤亡，但60栋房屋化为一片废墟，令人叹惋不已。

前述几个失火村寨的具体地理、气候、民居环境等情况，与大园村有高度的相似性，实属典型反面教材，足以让大园村加倍提高警惕。这些地方实际上由于消防工作做得不到位，有关部门早有预先警告，却没能引起足够的重视，最终还是酿成了大祸。造成这种不幸结果的原因是多样的。一是部分消防设施没有发挥作用。尽管在上级的督促之下，当地的党委、政府对本地消防工作的投入不算少，也配备了消防水管、消防水池、消防栓等设施，但多是"摆样子"，有消防栓而没有水。二是房屋多为砖木结构或纯木质结构，建造得非常密集，每栋房子之间的间隔很近，加上地处坡度二三十度的山坡上，起火点位于半山腰，借着风势，迅速往山上蔓延，难以控制。三是冬季天干物燥，当地持续高温、干燥，导致火势迅速扩大。

森林资源丰富是大园村的先天优势，但也成了消防隐患。据绥宁县森林防火指挥部 2015 年 3 月发布的《绥宁县森林防火告知书》，大园村森林防火期为每年的 10 月 1 日至次年的 4 月 30 日。森林防火期内，林木所有者或林地经营者必须经常巡护山场，发现隐患，及时整改。森林防火期内，禁止在林地烧田坎畬坎；禁止在林地烧蜂、烧畜；禁止在林地放孔明灯；禁止在林地野炊；禁止在林地随意祭扫用火。有四种情况不得造林炼山：一是造林山场防火线验收不合格；二是大风和气候干燥时节；三是未组织好足够劳力、未备足打火工具；四是未取得野外用火许可证。

此外，对于大园村个别家庭有精神病患者或智障人员的，采取由村委和家庭监护人共管的"二帮一"监管措施。发生森林火灾时，也禁止组织盲、聋、哑人及 70 岁以上老人和未成年学生上山扑火。如果烧毁森林面积 30 亩以上，森林公安机关将追究肇事者刑事责任；烧毁森林面积 30 亩以下，情节严重者，给予治安拘留处分；烧毁森林面积 30 亩以下而认错态度较好，由乡镇罚款处理（其中烧毁 1 ~ 10 亩罚款 1000 元；11 ~ 20 亩罚款 2000 元；21 ~ 30 亩罚款 3000元）。一旦发生森林火灾，可以向乡政府或林业站报警，也可向县防火办报警。

由于气候潮湿及森林资源相对丰富，大园村民一般都喜欢用杉木、楠竹等木材修建房屋，这就进一步加深了火灾隐患。村里从事木质家具销售的刘光华一家，1998 年家中就曾经失火，导致其寨里的房子被大火彻底焚毁，因此刘光华一家索性搬到了关峡村去居住。

自从发展旅游业以来，大园村委会意识到，现存的古建筑非常宝贵，属于不可重建的资源，所以对古建筑的消防工作要做到防患于未然。近年来，大园村对消防事业十分重视，村委会要求每户居民必须隔离厨房区与居住区，同时严禁在寨子里进行露天焚烧等活动。村干部介绍说，今后，村里将在县政府的支持下，逐渐增加寨子里的灭火设施，争取每户居民都能拥有灭火器。除了在村内安置消防器材，大园村也积极普及消防知识，致力于唤起村民们对防火的重视，最大限度减少火灾可能发生的概率。

现在，大园村里安装了 50 处消防栓，还组建了一支 40 人的消防应急分队，配置了一台消防泵，在冬季安排专人巡夜打更。但是要确保这些消防措施发挥作用，还必须依赖村民消防意识的进一步提高。

九、医疗卫生事业

医疗卫生事业关系到大园村人民群众的身体健康和生老病死，与他们的切身利益密切相关，是他们高度关注的热点，也是贯彻落实科学发展观，实现经济与社会协调发展，构建社会主义和谐社会的重要内容之一。和其他地方的人民群众一样，大园人也会通过医疗卫生服务看经济发展成果，看政府管理能力，看党风政风建设，看社会和谐公平。我们下面从大园村的医疗卫生事业的历史、大园村的苗医、新型农村合作医疗、大园村的卫生室、大园村的环境卫生整治等几个方面来考察。

(一)大园医疗卫生事业的历史

历史上，绥宁县是一个多疫之地。清代与民国时期，绥宁县内的医疗卫生条件极为落后，瘟疫经常发生。民国十八年（1929）夏季，痢疾流行，全县死亡1000余人，以少数民族聚居区的部分村庄最严重。民国二十五年（1936）秋，全县爆发痢疾和疟疾，病死者众，许多成熟谷物无人收割。当时的民国政府虽也提倡卫生防疫，但在那个兵荒马乱、内忧外患的年代，囿于各种条件，很难采取行之有效的措施，加上人民群众生活十分困难，无力顾及卫生医疗，因此收效甚微。20世纪40年代初，县府曾经发动民众开展卫生运动，但是，除县城有些行动外，广大农村基本未动。

由此可见在苗疆发展医疗卫生事业的重要性。据《绥宁民族志》《绥宁县志》等文献记载，中华人民共和国成立前，绥宁县的环境可谓"脏乱差"，这是造成疾病多发的重要原因。绥宁县人民政府建立后，陆续建立各种卫生机构。1952年，绥宁县成立了县防疫委员会，第二年改称爱国卫生运动委员会，下设办公室（简称"爱卫办"），负责日常工作，开展"五灭一捕"（灭蝇、蚊、蚤、虱、臭虫，捕鼠）运动，清除垃圾污物，铲除蚊蝇孳生场所。大园村人积极响应县政府的号召，卫生环境开始有所改善。

到1957年止，绥宁县的医疗、防疫、妇幼保健三大体系基本建成，但具体到最基层，基本就没有什么医疗条件，哪怕在乡里，也是药品奇缺、医疗人才奇缺，大园人要看病主要还得靠苗医。

1958年，开展除鼠、蝇、蚊、麻雀（1960年改除臭虫）活动（简称除"四害"），并将猪圈牛圈搬出户外，大园村里的传染病发病率明显下降。1965年起，大园村里开展了"两管五改"运动，即管水、管粪、改水井、改厕所、改畜圈、改炉灶、改环境，革除了过去的许多陋习，进一步改善了居住环境。只可惜，"文化大革命"开始后，卫生运动明显放松，大园村的卫生环境又有所恶化。

在毛泽东"把医疗卫生工作的重点放到农村去"的号召下，1969 年，省、地 54 名医务人员下放到绥宁县农村卫生院工作。1970 年，全县普及生产大队医疗室，形成县、公社、大队三级医疗卫生网，农村医疗力量有所加强。这样，直到 20 世纪 60 年代，西医的存在总算是真正传到了大园人的耳朵里。但是由于当时基层的医疗设施极为简陋，药品严重不足，合格的医生和护士也是少得可怜，大园人如果生了大病，感觉光看苗医无法解决了，就必须跋涉到县城或邵阳市去看病，这一点至今仍是如此。当时的交通更是极为不便，家属要把一个病人带到县里或者邵阳市有多困难是可想而知的。大园村的老人回忆起类似经历，都感慨万千。有很多大园人因为觉得实在不方便，加上也不能抛下田地不管，家属生病了就只能完全依靠当地苗医，如果苗医治不了，就听天由命。

1969 年，中共中央重申："在每年春节、夏中，均要大张旗鼓地搞一二次卫生运动，定为常例。"1970 年，开展以防治"四病"（疟疾、钩虫病、钩端螺旋体病、丝虫病）为中心的管水、管粪、灭鼠、灭蚊卫生运动。此后，每年元旦、春节、五一节、国庆节，大园村都开展卫生运动。1982 年 3 月，大园村开展了以治理脏、乱、差为主要内容的第一个文明礼貌月活动。

以前，灭鼠活动由住户或集体各自进行，方式有打、夹、捕捉、投毒饵等。1984 年起，绥宁县开展经常性的文明卫生单位、文明卫生村评比活动。同年，绥宁县成立县灭鼠指挥部，培训灭鼠投药员 3612 人，全县统一指挥，统一布置，统一方法，统一配制毒饵，统一投放毒饵，统一投放时间，取得了不错的效果。嗣后，全县每年春秋都要统一组织灭鼠活动，春季在室内外投药，稻熟季节在田间投药并结合捕、夹。大园村人积极响应，踊跃灭鼠，在源头上消灭了许多致病原，还保护了庄稼粮食。

在缺乏药品、医疗设施和医疗人才的年代，这些"除四害"的运动发挥了很大的作用，大大减少了疾病的发生，减少了医疗费用的支出，给人民群众的健康带来很大的益处。由于贯彻"预防为主"的卫生方针，深入持久地开展爱国卫生运动，烈性传染病未再有发生，历史上曾经多次严重危害全县人民身体健康的疟疾基本消灭，人均期望寿命提高到 67.06 岁。

粉碎"四人帮"后，绥宁县各方面的建设又重新进入了正轨。从 1978 年起，以绥宁县人民医院为重点的县级卫生事业得到较快发展。根据《绥宁民族志》记载，1990 年，绥宁县乡医疗卫生机构达 73 个，卫生人员 805 人，其中卫生技术人员 696 人，病床 629 张；村级卫生室 384 个，不脱产乡村医生、卫生人员 460 名，接生员 342 名。县人民医院的医疗技术也不断提高，能进行颅脑外科、心包膜剥离、断指再植等高难度手术。农村常见病多发病在乡级卫生院能得到一定程度的有效治疗。对大园人来说，这就意味着可以经常接触到西医了，再也不用像过去一样，一生病就完全依靠苗医。

在促进经济发展的同时，绥宁县委、县政府一直十分重视民族地区医疗事业的发展。至 1990 年，绥宁县先后进行过 14 种疫（菌）苗的预防接种注射，并建立传染病报告制度，加强对传染病的管理和防治，使历史上严重危害绥宁人民身体健康的传染病和地方病得到控制，疟疾和丝虫病基本消灭，天花已经绝迹，霍乱未再发生，钩端螺旋体病和麻风病、麻疹、脊髓灰质炎等病，都得到了十分有效的控制。每当说到这方面的往事，大园人就会对政府流露出真挚的感激之情。毕竟，过去被这些病夺去健康的村民太多了。

根据有关公开资料，截至 2005 年，绥宁县每个民族乡设置了 1 所公立非营利性卫生院，病床总数达到 168 张，65% 的民族乡卫生院实现了房屋、设备、人员、技术力量的配套。不过，若是患上疑难杂症，大园人还是得到县城或邵阳市去看病，幸亏改革开放后，交通条件大大改善，使得去县城、邵阳市不再是那么可望而不可及的事情。如果遇到更严重的大病，大园人还会进一步去省会长沙。

2010 年，湖南省统计局发布《湖南人口平均预期寿命变化趋势及问题研究》，称湖南省新中国成立前人口平均预期寿命不足 35 岁。其原因主要是由于那时婴儿的夭折率非常高，加上当时兵荒马乱，自然灾害频繁，还有饥荒、瘟疫和各种疾病的折磨，人民生活在水深火热之中。可想而知，作为贫困苗疆，又位于极为偏僻的地带，交通非常困难，医疗条件十分差，当时大园村的人均寿命一定也是不到 35 岁的。新中国成立后，伴随着人民生活水平的提高及医疗卫生条件的改善，人们的平均预期寿命大幅度延长。根据第三次人口普查到第六次人口普查资料计算的 1981、1989、2000 和 2010 年人口预期寿命数据，1981 到 2010 年，湖南者总人口预期寿命由 65.43 岁提高到 74.7 岁，延长了 9.27 岁，提高 14.17%。2010 年湖南总人口平均预期寿命为 74.7 岁，其中男性为 72.28 岁，女性为 77.48 岁，其中邵阳市的平均预期寿命为 73.63 岁。该研究又称，"10 年来，湘西、湘南地区预期寿命提高幅度较大"，"近 10 年来市州间预期寿命差距的缩小，正是湘西、湘南地区加快经济社会发展的成效之一"。

根据这份报告，可以推断大园村的人均寿命也已经大大提高。结合考察组2015 年在大园村的实地走访，遇到的老人很多，如今大园人的人均寿命，应该是和 73.63 岁（邵阳市的平均预期寿命）这个数字相差不大。这不得不归功于党和政府的努力，新中国的成立和发展给苗疆人民带来了翻天覆地的变化，带来了极大的福祉。

如今，党中央提出了努力构建社会主义和谐社会的战略任务，强调要逐步缩小城乡之间、地区之间的医疗条件差异。不过目前大多数乡级、村级医疗机构，相对而言条件都比较差。必须承认，即使社会获得长足发展，村级、乡级的医疗机构也不可能跟县级、市级的相提并论，这是由它们之间的定位决定的。要解决这个问题，除了进一步提高基层的医疗水平之外，最好的办法莫过于继续大力改善交通条件，以便村民们遇到疑难杂病的时候去上级医院求医。跨入新世纪以来，绥宁县政府一直在大力发展公共交通事业，从某种意义上来说，这也是大大改善了农民们的医疗条件。

《2013 年绥宁县国民经济和社会发展统计公报》显示，绥宁全县拥有卫生机构 33 个，其中，医院、卫生院 28 个，专科疾病防治院 1 所，妇幼保健院 1 个。有卫生技术人员 534 人，其中，执业医师和执业助理医生 321 人，注册护士 539人。有预防控制中心 1 个，卫生技术人员 16 人。有卫生监督检验机构 1 个，卫生技术人员 11 人。医院、卫生院床位 815 张。有乡镇卫生院 25 个，床位 298张，卫生技术人员 112 人。近年，关峡乡政府附近建了牙科医院和药房，也方便了大园人。

（二）大园的苗医

苗族民间有"千年苗医，万年苗药"之说。苗医是在中医理论基础上结合苗族的特色所创立的一门医学，它是博大精深的中医学科的一部分。西汉刘向的《说苑辨物》写道："吾闻古之医者曰苗父，苗父之为医者也，行医于乡里。"《神农本草经》记载的药物有 100 多种与苗药同名同义。在漫长的历史时期里，大园人一直非常依赖苗医。由于西医费用相对而言比较贵，加上祖祖辈辈传下来的习惯使然，苗医迄今在大园人的生活中仍然有很大的影响力。

苗医学在长期的历史实践中，创造了经济、简便、速效的治疗方法 20 余种，主要有推拿、按摩、针灸、穿刺、解剖以及敷法、灸法、烧法、烫法、火罐、蒸法、洗法、捆法、擦法和内服法等。据介绍，在大园村比较常见的是烧法、烫法等治疗措施。所谓烧法，多用于风湿病或跌打损伤后遗症等病症，即将药物直

• 关峡的牙科医院与药房

接放在病人肉体上焚烧，以达到治病的目的。烫法又分为水烫、油烫两种，其中油烫效果显著。具体做法是医师用沾满水的手捧出锅中滚开的油，直敷患处集中点，连烫三至五次，这类做法多用于妇科病。其余如针灸、推拿、按摩、穿刺等疗法，在形式和工具的使用方法上均与一般中医药治疗方法不尽相同。苗医的药品种类繁多，包括植物、动物、矿物和微生物类共 1000 余味。苗药学发端久远，对药物命名时有的突出特殊形貌，有的反映药物的特殊气味，有的则根据药物的特殊功效，总的来说是注重实际，命名贴切，易懂易记。

新中国成立以后，苗族医药得到了长足发展。20 世纪 50 年代中期，由于西南各地刚解放不久，政府医疗机构在县城里才刚刚建立，在大园村这样偏僻的村子里，缺医少药的现象很严重，幸亏有走村串乡的苗医，为村民们提供了很大的帮助。

20 世纪 60 年代后期，国家大搞中草药运动，掀起合作医疗浪潮，一夜间，举国上下村村都有了合作医疗，一根针、一把草突出了广大农村治病求药特色。

苗家山寨，医农合一，人人都有一技之长，个个都有疗病的药。这一时期苗族民间医药得到了长足发展，民间有"贵州苗药走天下，湘西苗药治跌打，川东苗药疗咳嗽，鄂西苗药理百疾"，"路遇苗医，长寿顺利"的说法。当时，苗医药学在大园村也得到了一定的普及。进入20世纪80年代后期，国家加强了对民族医药调查研究的政策指引，同时随着世界环保意识的提高，以当地丰富的药物资源为主的民族药等同于绿色药物的理念逐步增强，使我国广大苗乡的苗医苗药成为发展迅猛的朝阳产业。

大园人相信，苗医技术高的，决不亚于西医。现在，一些不了解中医的人在竭力鼓吹彻底废除中医。至于苗医，了解的人就更少了，有些人在潜意识里甚至将苗医等同于"江湖骗子"，这其实是对苗医的重大误解。实际上，苗族的医药理论无论诊断方法、治疗措施，还是苗药的制作加工以及药剂配方等，其程序是系统的，理论也是科学的。19世纪中叶，湘西苗族医生治肚脐风的医术就已经很高，还能割取病人腹中的毒瘤，几天后伤口即可愈合。光绪《凤凰厅志》说，苗族医生治疗麻风病的医术颇高，有的还能开刀治肺病。自古以来，高明的苗医能根治毒箭射伤、毒蛇咬伤，恶性的疗、痈、疽和毒疮，以及治疗关节炎和风湿症等病症。大园村人祖祖辈辈，习惯于生病就看苗医，他们是真正长期接触苗医的人，正因为了解，他们才会坚持继续看苗医。

在日常生产劳动中，村民们比较容易发生跌打损伤等意外，而苗族医学里的伤科，一直是有口皆碑，无论刀伤枪伤，一经敷药，血痛立止，肿胀渐消，不数日而愈。抗战初期，有人到湘西调查，曾称赞苗族医术为奇妙技术。是以即使在西医盛行的今天，大园村民们日常生活中的骨折、外伤，以及一些内科的疑难杂症，也都乐于向苗医求助。

现在大园村寨的苗医中，比较突出的是杨南和杨玉兄弟。据杨南介绍，苗家医术和传统中医都必须靠多年的经验积累和临床实践才能培养出一名优秀的医师，而且苗家医术由于病理和治疗方法种类繁杂，所以苗族医师也和中西医一样分为很多专科，每种专科专治某几种疑难杂症，至于杨南本人，则是远近闻名的专治红肿化脓、蛇疮和刀剑损伤的苗医。

杨南于1957年出生在大园古苗寨，小时候由于家中兄弟姐妹很多，而且家境贫寒，初中毕业后就回家务农。杨南家是祖传的苗医世家，所以兄弟俩从小就跟着祖父学习传统的苗家医术，深得真传。一直以来，杨南在自家院里种植了很多草药，以便随时为村民们治疗。除此之外，每天早上，他还会上山采集草药。一般村民们下地干农活时经常会遇到的小伤小病，例如软组织挫伤、局部红肿、化脓、蛇疮、刀伤、擦伤等，经过杨南的悉心医治都会很快痊愈。由于技术精湛，一传十，十传百，很多远近村民都会来找杨南看病。据村民们说，杨南对本村的寨民基本不收费，经常免费赠送草药，对外村的寨民收取的费用也很少，属于良心行医。这些年来，杨南靠治病得到的报酬并不多，家里的主要收入还是依靠4亩自种水稻田。另外，杨南的两个儿子都在广东打工，每月都会往家里寄些钱，因此杨南的生活还算宽裕。对自己这种深居苗寨、侍弄庄稼，早出晚归采药给人看病的生活，杨南表示很满意，他是一个安于宁静淡泊的人。要说有什么理想，也就是想要尽最大的努力争取让寨民们少些疾苦，多些安康。正因为淡泊名利，甘于奉献，多年来，杨南兄弟深受大园村民们的尊重。

苗族医药固然对于一些内科疑难杂症以及跌打损伤、红肿毒疮等农民经常会遇到的疾病有很好的疗效，但是毕竟不像现代西医那样有一套完整的理论体系作支撑，并缺乏相应的有科技含量的技术手段来进行确诊治疗，有些治疗方法甚至沿袭了封建迷信的做法，因此苗族医药仍然有很大的局限性。大力发展现代医疗卫生事业，保障公共卫生安全，适应广大人民群众日益增长的医疗卫生需求，提高全民族健康水平，是摆在各级政府、各有关部门，特别是卫生系统广大医疗卫生工作者面前的重大历史任务。

（三）大园的新型合作医疗

中国是一个农业大国，几亿农民的医疗保障一直是各级、各届政府作为民生问题的重点之一。新型农村合作医疗是我国政府为了提高农民健康水平，加快统筹城乡发展而实施的由政府、集体和个人参与的新的农民合作医疗模式，它是惠及我国亿万农民的一项新制度，目的是为了减轻农民看病的经济负担，提高农民健康水平，对促进农村经济发展和稳定具有非常重要的意义。

据中共绥宁县委、绥宁县人民政府《关于开展新型农村合作医疗的通知》，绥宁县是2007年邵阳市第二批新型农村合作医疗新增试点县。关峡乡大园古苗寨也于2007年加入新型农村合作医疗体系。新型农村合作医疗是指在政府组织、引导、支持下，农民自愿参加，个人、集体和政府多方筹资，以大病统筹为主的农民医疗互助共济制度。合作医疗实行政府负责，农民参与，全县统筹的工作方针，坚持自愿参加、多方筹资、以收定支、保障适度、科学管理、民主监督、便民利民的原则。合作医疗形式以大病住院统筹和特殊病种门诊统筹补助为主。原则上本县户籍农业人口以户为单位自愿参加合作医疗，履行缴费义务后，即享受合作医疗待遇。已孕妇女可以为胎儿参合缴费，凭出生医学证明办理合作医疗补偿。

大园村的农合筹资标准与全国是一致的，2008 年时，每年每人仅需缴费 20 元，政府资助 80 元/人，共计 100 元；五保户和优抚对象个人缴费部分由县民政局全额资助。至 2015 年，根据绥宁县卫生局文件，新农合人均筹资总额提高到 470 元/人，其中各级财政补助达到 380 元/人，参合农民个人缴费 90 元/人。到了 2016 年，已经提高到 120 元/人。

根据绥宁县人民政府办公室关于印发《绥宁县 2016 年新型农村合作医疗筹资工作方案》的通知，县民政部门核定的农村优抚对象、五保户、农村低保户及残联部门核实的残疾对象个人缴费资金，由县民政局、县残联全额资助。按照新农合政策，新生儿由财政住院分娩补助先行代缴参合，领取财政住院分娩补助时扣除个人缴费金额，新生儿从出生到当年年底享受参合待遇。按照量入为出、总量平衡、略有结余的原则分配新农合基金，在保证风险基金（当年基金总量的 10%）的基础上，住院统筹基金按年度基金总量的 80% 安排（含大病补充保险及意外伤害等委托经办费用），20% 基金用于普通门诊统筹，其中村门诊统筹 20 元/人，个人账户基金 40 元/人，其余用于乡镇门诊统筹、特殊慢性病、一般诊疗费和大病筛查等项目。据考察组 2016 年走访，现在大园村人看小病的话，每次可以报销 20 元医药费，每年限 4 次。因此，虽然涨价到 120/人，但由于有了这个政策，村民们的意见也不是很大。不过也有人认为，医保会抬高医院的价格，所以从整体上来看实际上并不一定合算。

自从 2007 年绥宁县推广新型农村合作医疗以来，绥宁县下辖各乡镇均积极踊跃地参加了此次农村合作医疗。2008 年，大园村委会 8 个小组共 238 户 854 人参与了农村合作医疗，参合率达 76.67%，筹资金额为 17080 元；2009 年大园村委会 8 个小组共 250 户 847 人参与了农村合作医疗，参合率达 76.03%。其中五保户 1 户、一般农户 249 户，共筹资 16940 元。到 2016 年，考察组走访大园村时，村民们的参合率已达 100%。

新型合作医疗补偿包括以下范围：家庭门诊统筹与慢性病特殊病种门诊费用统筹；住院费用统筹。意外伤害补偿的话，则委托商业保险公司进行现场勘验和补偿经办服务，起付线参照普通疾病住院标准执行。无责任方负责的意外伤害补偿比例按相同医院疾病补偿比例的 70% 补偿。新增大病补充保险补偿业务，委托商业保险机构按照县政府统一规定开展大病补充保险服务。单次或全年累计医疗总费用大于 3 万元的农合正常补偿后, 自付金额仍大于 1 万元的, 可享受大病补充保险。调查显示, 对新农合, 村民们比较满意的主要有对住院分娩和白内障手术实行的限额补偿。具体补偿标准参见表 2－1:

表 2－1　大园村新农合分娩与白内障手术补偿标准

	单病种	医院	农合限额补偿金额	备注
1	平产分娩	省、市级医院	600 元	另财政住院分娩补助300 元
		县级医院	600 元	
		乡镇卫生院	400 元	
2	剖宫产	省、市级医院	2500 元	
		县二级医院	2500 元	
		县一级医院	2000 元	
		中心卫生院(具有助产资质)	1600 元	
3	白内障手术	县二级医院(含)以上	1800 元	

根据湖南新闻网的报道, 2014 年, 绥宁全县新农合受益农民达 525523 人次, 报销医药费 10360.58 万元, 首次突破 1 亿元, 较 2013 年支出增加 1109.41 万元。报道称, 绥宁县把关注困难群众的安危冷暖作为构建和谐社会的主题, 积极引导广大农民参与新型农村合作医疗, 进一步提高参合农民受益水平, 用实实在在的行动解决农民看病贵、看病难问题。自新农合制度实施以来, 该县把 25 个乡镇卫生院全部纳入新农合门诊统筹定点医疗机构, 群众小病不出乡, 在家门口看病就能直接报销, 有效缓解了农民看病难问题。该县新农合覆盖面不断延伸, 全县共有 282631 人参合, 比去年新增参合人数 5453 人。此外, 该县还把全县农村低保对象和五保对象列入农村医疗救助一站式服务范围, 确保农村困难群众病有所医。

总的来说, 农村合作医疗在大园村的宣传推广还是很顺利的, 也切实地使许多农民受了利, 在一定程度上缓解了看病难、看病贵的矛盾, 初步遏制了因病致贫、因病返贫现象。但是通过调研, 还是可以看出, 新型农村合作医疗在大园当地仍然存在一些问题:

第一, 虽然新农合覆盖面已经有所拓宽, 补偿水平有所提高, 但农民个人负担的医疗费用仍然较重。新型农村合作医疗制度是以大病统筹兼顾小病理赔为主的农民医疗互助共济制度。这个定义显示出它主要是救助农民的疾病医疗费用，而门诊、意外伤、跌打损伤、看牙科等不在该保险范围内，这使得农民的实际受益没有期望的那么大。只报销大病住院医疗费用，而不报销门诊医疗费用，事实上放弃了大多数人的基本需求保障。毕竟得大病的人是少数，而得常见病的人是多数。许多农民认为真正需要优先关注的、与广大农民基本健康关系更为密切的是常见病和多发病。另外从卫生投入绩效看，对大病的干预所获得的健康效果远不如对常见病、多发病的及时干预。此外，新农合只保生病住院，不保伤残。农村在外务工人员出现交通事故、工伤事故或意外伤残较多，医药费负担较重，但不在农村医疗保险范围内。

第二，起付线设置过高，报销比例偏低。从目前看，有些农民虽然参加了新农合，但因起付线这道门槛过高，致使一些农民患大病也不敢去大医院治疗，尤其是部分贫困农民更是望医生畏。农民患大病需要到级别较高的医疗机构就医，而恰恰是级别越高的医疗机构起付线越高。在贫困人口中，一旦有人患了大病，莫说是支付不起医疗费用，就是连医院门槛也迈不进去。农村五保户、重点优抚对象和特困家庭这部分人群虽经民政部门拨付专款参加了新农合，但多数人无力支付住院医疗费用的个人负担部分，仍解决不了实际就医的资金困难。

第三，群众的思想工作难做。过去一些农民不参加新型农村合作医疗，主要是对政策了解不深，担心政策随时会变，或者觉得自己身体好，不太可能住院，买保险是把自己的钱拿去补偿了别人。出于这些考虑，他们对购买保险有所抵触。现有的政策宣传多停留在形式上。许多农民并不真正了解新型农村合作医疗制度的意义，他们仅从自己短期得失的角度考虑，由于自己身体好，生病住院的概率低，没有必要花那个"冤枉钱"。宣传也没有把具体的理赔标准画出重点发给农民，使得部分文化水平不高的农民们在理赔时，看到竟然有那么多药费不能理赔，顿时产生受骗上当的感觉。

第四，新型农村合作医疗制度的登记、理赔程序过于繁琐。首先，参加新型农村合作医疗登记程序繁琐。其次，农村合作医疗的理赔程序也很繁琐。虽然现在，村民看病已经可在村级卫生室使用医保卡付款，但是在医药费年年上涨的今天，一住院动辄几千元、上万元的开销，生大病更是需要去邵阳市甚至省会长沙求医住院，这样如果一些农民借不到钱还是看不起病。即使好不容易凑齐了医药费，等到出院了，就得持着有关手续到合作医疗报账中心申报，最后又要去信用社领钱。有的村庄离报账中心和信用社很远，来回的车费都比较贵。特别是外出打工农户报销要到原就诊医院补开用药清单，往返几天，既费时又费钱。此外，逐级转院就医也需要经过层层审批，个别急诊病人由于逐级转诊制度延误了就医的最佳时期，导致了医患矛盾的增加，农民意见较多。繁琐的登记、理赔程序和看病审批环节增加了农民的许多不便，降低了农民的满意度。

第五，村民们认为，现在一些医院存在不规范服务行为。主要是在医疗服务中，有的定点医疗机构不管大病小病，乱检查、乱开药。过度医疗行为，致使医疗费用居高不下，这在一定程度上影响了新型合作医疗的运行质量和效率。

对于这些问题，应当通过各种宣传途径，进一步提高农民的政策知情率，提高农民的健康风险意识，同时进一步加大对定点医疗机构的监控力度；开展经常性的督查工作，严格控制医疗费用的不合理增长，切实减轻参合农民的医疗费用负担；进一步加大定点医疗机构医院管理系统建设；村卫生室与县乡一级的医疗卫生机构要启用医院管理系统，为农村合作医疗工作顺利开展创造条件；同时还应该调整补偿方案，提高补偿率，特别要提高大额费用的实际补偿水平，实现新型农村合作医疗的真正目的。

(四) 大园的卫生室

大园村里只有一个卫生室，由于条件限制，就设在妇女主任龙申梅的家里。龙申梅家的经济情况尚可，所住的是一栋装修过的砖瓦房，位于苗寨寨口的马路一侧，交通方便。卫生室里摆着两个药柜，里面分门别类地放着一些常备的药品以及注射器。为了方便村民们刷卡支付，2009年，龙申梅自费为卫生室配备了电脑，安装了宽带，总共花费5000多元。

龙申梅出生于1974年，中专学历，1998年从凤凰村嫁入大园村。她先在新邵县卫校医药专业学习，毕业后在通道县人民医院实习一年，出嫁后就在大园古苗寨开了这个卫生室，持有药品监督管理局颁发的药事法规培训合格证、市人事局颁发的专业技术职务资格证书、县卫生局颁发的乡村医生职业证书以及乡卫生院颁发的专业技术职务聘任书等证件。目前，龙申梅是大园古苗寨唯一的西医医师，而且还是村妇女主任、文物保护小组的成员。由于要照看卫生室，给村民们提供买药、输液等服务，龙申梅平时很少外出。

开办卫生室，一年的收入仅有3000~4000元，可谓本小利微，所有的大小事情全靠龙申梅一个人完成。每个月，龙申梅都必须前往县城去进一次药，春冬为疾病多发季节，看病买药的村民比较多，这时候半个月就得进药一次，每次大约购买几百元的药品，进货途径主要是绥宁县的药材厂和药房。作为乡村医师，龙申梅每年还需要参加县药物监督所和县卫生局举办的培训，一年两次。

自2002年，龙申梅开始担任大园村的妇女主任，同时她也是文物保护小组的成员和计划生育协会的会员。在大园村，妇女主任每3年换届一次，由于工作受到认可，龙申梅至今已经连任五届。大园村是一个贫困村，龙申梅虽然账面上每年有2000多元的工资，但是经常遭到拖欠。大多数村民都在卫生室赊账买过药，所拖欠的数目小至几元，大至几十元。有些村民因为手头紧，要等到年底把收成卖掉了才能有钱还债。对此，龙申梅并没有很多怨言，她理解村民们的实际困难。

村卫生室的设立，方便了大园村以及附近的四甲村的村民看病。村民们如果得了普通疾病，就不必跑到大医院去了。虽然如此，大园村当地的卫生基础依然薄弱，卫生室的设施条件差、服务能力弱，农民看个稍微复杂点的病，就得往关峡乡人民医院、县城里的医院跑，而越是大地方的医院，医保的起付线就越高，补偿比例就越低，这样农民的负担就会加重。村卫生室是离村民们最近的，切实办好村卫生室，对提高村民们的医疗条件具有重大意义，应该得到重视。

（五）大园环境卫生的综合整治

为配合旅游开发，提高村民的生活质量，大园村成立了环境卫生综合整治小组，由邵阳市政府驻大园村扶贫队队长肖卫平任组长，现任村支书杨秀松任副组长，成员包括现任村主任杨小聪、秘书杨伟城、计划生育专干龙申梅，还有杨国强、杨荣生、杨南、杨焕金、杨焕明、杨焕武、杨文杰等人。之后，大园村制定了《卫生公约》，于2015年元月1日施行：

1. 不准乱堆柴垛，做到摆放整齐。

2. 不准乱堆粪土，做到路面干净。

3. 不准乱倒垃圾，做到清理有序。

4. 不准乱泼污水，做到污水进渠。

5. 不准畜禽乱跑，做到分类圈养。

6. 不准乱写乱画，做到屋外整洁。

7. 不准乱砍滥伐，做到四旁植树。

8. 不准焚烧杂物，做到循环利用。

9. 不准乱占乱放，做到道路通畅。

10. 不准消极怠慢，做到人人有责。

根据《卫生公约》，大园村建立了良好的环境卫生综合整治制度：一是每家每户注重保洁，一日一小扫，一月一大扫，一季一整治，保持房前屋后及庭院干净整洁，无阴沟积水，无污泥恶臭，不乱堆乱放；二是每家每户垃圾、废物须装袋入垃圾桶，村所有垃圾桶内垃圾由各村保洁员集中清运到指定的垃圾填埋站；三是每家每户养成良好的生活习惯，做到柴火、家锄等屋内收藏，摆放有序；四是各家各户管好自家牲畜、家禽，做到自家牲畜、家禽圈养不乱跑；五是教育子女不能在公共设施上乱涂、乱写、乱画；六是设小组保洁员制，每十天一大扫，每户派出一名劳力，参加集体劳动，清理本小组的脏乱差；七是对于道路保洁实行分段负责制，由各屋场分责任区到户，每天保持干净，对保洁不到位的农户，由各屋场农户共同监督批评，督促其经常保洁；八是关于绿化管理，按照道路保洁责任区的划分，由各屋场将责任落实到户。

当地还编成了农村环境卫生"三字经"，广为传唱：

新农村，新面貌，村落美，环境好。治村容，先治道；野广告，要清掉；多栽树，重环保；清沟渠，疏河道；净水源，寿命高。讲卫生，习惯好；勤洗漱，重仪表；多洗晒，勤理料。清早起，就打扫；将杂物，顺柴草；垃圾箱，不可少；窗几净，摆设巧；除四害，疾病少；屋前后，种花草；庭院净，无死角；人畜分，不相扰；将垃圾，分类倒；勤检查，常通报；齐努力，能达到。

在提升村民的环境卫生观念的同时，村委会也注重方法论上的指引。如积极宣传农村垃圾分类及处理方法。一般农村垃圾分为五类：一是厨余垃圾(或湿垃圾)，包括剩菜剩饭、菜根菜叶、果皮等，可入窖或田间沤肥或投入沼气池；二是可回收垃圾，包括金属、玻璃陶器、塑料、橡胶、纸类、毛发等，由农户卖给废品收购人员；三是建筑垃圾，包括破砖、乱石、混凝土、破损玻璃陶瓷块、煤渣、建筑余土等，按照谁产生谁清运的原则，用于铺路填坑；四是有毒有害垃圾，包括废弃电池、农药瓶、废油漆、过期药品、废弃电板等，实行集中封存；五是其他垃圾(或称干垃圾、可焚烧垃圾)，包括不适宜回收的废锡纸、废旧植物、废塑料、碎纸屑等，投放于垃圾桶里，由村内保洁员、垃圾转运员统一收集、转运到焚烧炉焚烧。

此外，大园村自2015年3月起实行环境卫生门前"三包"责任制：一是包门前环境卫生。即房前屋后无裸露垃圾、污水、污迹、杂物等，每天至少清扫一次房前屋后的环境卫生，彻底清除卫生死角，保持门前路面的卫生整洁。家禽家畜要圈养，做到人畜分居，确保人民群众身体健康。二是包门前公共秩序。即各家各户门前的村容村貌要整洁，无乱搭盖，店（门）前无乱设摊点，无乱堆放垃圾杂物、生产用具物资、车辆等，无乱涂画、乱张贴广告等有碍村容村貌的行为。三是门前绿化美化，即负责管护好门前树木花草，切实保护绿地干净整洁，做好亮化工作，不乱丢果皮、纸屑、烟头等，所有垃圾应自觉装袋放入定点的垃圾箱内，共同维护公共场所的卫生。所有的家庭均签署了责任书，这一举措使村里的卫生环境得到进一步的改善。

不过，必须指出的是，以上种种尽管已经使大园村的卫生环境有了极大的改善，但作为一个三星级景区，村民们的卫生观念还有待进一步提高，少数村民尚未形成卫生习惯。即使在非节日与活动日，走在村内仍不难见到随意乱丢的垃圾。这些垃圾一部分来自游客，但也有相当一部分来自本地村民。

第三章

大园的经济

据《2015 年绥宁县国民经济和社会发展统计公报》，初步核算，2015 年，绥宁全县地区生产总值 750357 万元，比上年增长 8.6%。其中，第一产业增加值 179028 万元，增长 3.8%；第二产业增加值 337352 万元，增长 8.3%；第三产业增加值 233977 万元，增长 12.2%。第一产业增加值占地区生产总值的比重为 23.8%，第二产业增加值比重为 45.0%，第三产业增加值比重为 31.5%。按常住人口计算，人均地区生产总值 21042 元(现价)，增长 8.3%。统计公报认为，2015 年，绥宁县经济和社会发展存在的主要问题是："经济总量不大，经济结构不优，传统产业面临萎缩，经济下行压力持续加大，财政收支矛盾突出，城镇化水平低、县域核心优势不突出。"

总的来说，绥宁县属于经济欠发达之地。1947 年商务印书馆刊行的凌纯声、芮逸夫《湘西苗族调查报告》认为："苗人终岁勤劳，丰年仅免冻馁；一遇灾荒，则不能自给。弱者鬻子女以换斗升之食，点者则结伴四出抢劫。有司追捕过急，常常酿成大乱。故谚曰'苗疆五年一小乱，十年一大乱'。此非苗人生性好乱，实因地狭人稠，为生计所迫。"至 2016 年，绥宁县和周边的城步县、新邵县、洞口县、靖州苗族侗族自治县、会同县、麻阳苗族自治县，都名列湖南省 51 个贫困市县名单之中。

大园村也是一个典型的贫困村，截至 2016 年，大园村的支柱产业仍以农业为主，村境内的农产品主要是稻谷、小麦、大豆、红薯等，林产品主要是松、杉、杂木等，土特产品主要是柑橘、梨、香菇等。村里的经济收入来源较为单一，贫困人口较多，而且村寨的平均海拔在 600 米以上，存在天水田和冷浸田比较多的现实，耕地条件不理想，是国家级少数民族高寒山区村。

由于计划生育的影响，目前大园村近 70% 的村民都处于劳动年龄阶段内，并且劳动力的总数正逐步增加中。虽然如此，不出 20 年，大园村也将会面临人口老龄化的困扰，因此应该抓紧当前的劳动力资源比较丰富的时期，努力争取发展，以为今后打下基础，摆脱隐患。按照相关文献，如今村民们的性别结构为：男占 50.27%，女占 49.73%，男性略多于女，有 50~60 名适龄男村民未婚。

除了外出打工的年轻人，大园村里 70% 以上的劳动力都在从事第一产业，基本以中老年劳动力为主。村民们的收入主要来自农业，畜牧业仅次于农业，是大园村的第二大收入来源。近年来，虽然村民们的收入有所增长，但是物价上涨也很快，除了少数条件比较好的家庭能够实现小规模的资本积累之外，绝大部分家庭的收入在支出各种费用之后所剩无几。

1958年全国范围内开展人民公社化运动，大园村也不例外。之后，大园村相继产生了材料厂、大米厂、扬米厂、加工厂、园艺厂等一些集体企业。集体企业提高了村民的收入，促进了村子经济的发展，但是也存在着大锅饭问题。到1978年，我国开始实行深入的农村经济体制改革，打破了大锅饭的经营模式，所有的土地和其他生产资料都被包产到户，原来的集体企业也随之消失。至此，大园村的集体经济发展也画上了句号。

目前，大园村集体的资本积累近乎为零。据村委会成员介绍，2008年之前，村集体主要通过拍卖集体山林获得小额收入；2008年之后，则主要依靠上级拨款来维持日常运转。2009年时，财政拨款为4万元。之后，陆续有不少上级拨款，但由于各种原因，真正到账的资金很少，难以满足基本村级管理工作的需要。收入来源少，资金规模少，村民们缺乏融资渠道，成为限制大园村经济发展的重要因素。总之，大园村虽然有着各种资源，经济的发展速度却不快。

由于村里的耕地(特别是水田)面积较少，从事农业所需的青壮年劳动力不多，大园村的年轻人多外出打工，留守村现象较为严重。2008年5月28日的特大洪灾，使得大园村遭受重大损失，水稻产量大幅度减少，迫使许多本来处于非劳动力年龄阶段的小孩和老人也不得不从事生产，这让全村的劳动力资源呈现老龄化、低龄化的趋势。

随着改革开放和社会经济的发展，大园古苗寨的各项产业也得到了一定程度的发展，村民们的思想意识也更加开放，做生意的人也多了起来，村民的收入结构发生变化，目前已经形成以农业为主，旅游业为辅，林果业、养殖业、小手工业、交通运输业、商业等产业百花齐放的格局，尤其是林果业、养殖业等正在蓬勃发展。现在，大园村委正试图利用当地丰富的林业资源，推广农林牧业产业化，积极引进推广先进的耕作和种植技术，推广优良作物的种植，探索和发展当地的特色产业，力争建成融种植、生产、加工和销售于一休的综合产业，以振兴大园村的第一、第二产业。

但是总的来看，大园村的经济发展存在着起步晚、资金不足的限制。作为以农业为主的典型农村，大园村底子薄，人均耕地占有量少，政府资金投入不足，村集体自身的经济能力也很薄弱，资本积累严重匮之，大大限制了大园村的旅游业的发展，也弱化了村级的财政职能，挫伤了一部分村干部和村民发展旅游业的积极性。

下面结合绥宁县和关峡苗族乡的整体情况，详述大园村的各个产业，旅游业将单列一章重点介绍。

第一节　大园的农业

一、历史以及土地制度沿革

据《关峡苗族乡志》的记载，当地的出土文物显示，关峡农业开发得很早。早在新石器时代，原住民就开始刀耕火种。嘉庆年间（1796—1820），知县赵宗文积极介绍外地先进耕作技术，教绥民多垦水田。根据县志所述，全县开垦了数千亩荒地。当时，本地在外有识之士也注意引进农作物良种，带回家乡推广。民国初，湘中水旱连年，灾民不断涌入绥宁县。民国十七年（1928），全县久旱大饥，饿死了 2000 余人。

根据《绥宁县志》《大园古苗寨调查》等书和档案馆里的相关文献，1950 年，绥宁县委和县人民政府成立后，立即落实党的耕者有其田的土地政策，开展具体工作，发放各种物资和贷款，减租减息。在安定团结、恢复社会秩序的基础上，1951 年 12 月成立县土地改革委员会，并于 12 月下旬开始在大园等 17 个村开展第一批土改，历时 2 个月完成。土改工作通过访贫问苦，发动群众，划分地主成分，征收和没收了地主的五大财产，将田土、山林、房屋、耕牛、农具按照政策分配给贫农、雇农、中农和富农。

《关峡苗族乡志》记载，1953 年 3 月 15 日，大园村的土地改革工作全部完成。之后，农民在自己的田地上耕种，生产积极性高涨。1956 年，村里又开展了初级农业生产合作化运动，农民可以自愿将土地、山林、耕牛以及大型农具等生产资料折价做股金入社。到了 1958 年 9 月，开始了大规模的人民公社化运动，大园村的土地等生产资料实行公社所有制。

十一届三中全会后，农村普遍推行家庭联产承包责任制，到了 1979 年 10 月底，大园村的大部分生产队已经实行了多种形式的大田联产责任制度。1982 年起，耕地实行集体所有，分户承包，也就是家庭联产承包责任制，各农户以家庭为单位向集体组织承包土地等生产资料和生产任务，承包户根据承包合同规定的权限，独立做出经营决策，并在完成国家和集体任务的前提下享有经营成果。1986 年起，国家对家庭联产承包责任制进行进一步的检查、调整和完善，全大园村按照统一格式补订和签订承包合同，参与建立合同档案，允许承包户有偿转让，允许承包户有经营继承权，努力发展多种经济成分和多种形式的农村经济组织，实行各种联合与合作。与此同时，各级政府还大力推广农业新技术，全面种植杂交水稻，农村的经济体制改革在大园村获得巨大成功。

二、耕地和林地面积以及土壤类型

绥宁县是一个田少山多，"八分半山一分田，半分水、路和庄园"的山区县。按照《绥宁县志》，绥宁县的稻田平均海拔比较高，加上森林茂密，冷浸田多，地下水位高，耕层浅，水稻田的质量等级普遍偏低。其中一等田占 10%，二等田占 16%，三等田占 74%；旱地则是一等土占 1%，二等土占 17%，三等土占 82%。从这些数据可以看出，在绥宁县发展农业生产面临的困难很大。

具体到关峡苗族乡，按照 1982—1984 年农业区划土地资源测算，关峡苗族乡共有总面积 32.3 万亩，其中耕地面积 38642 亩（水田 22858 亩，旱地 3360 亩），占总面积的 11.96%；林地面积 259928 亩，占总面积的 80.47%；水域面积 8051 亩，占总面积的 2.49%；交通用地 1512 亩，占总面积的 0.47%；居民用地 3785 亩，占总面积的 1.17%；不宜农林用地 7633 亩，占总面积的 2.36%。

根据《关峡苗族乡志》，关峡村的耕地面临的一个重要问题就是低产田多，差不多占全乡总田亩数的 60%。土壤养分欠缺是低产的重要原因之一。据 1983 年第二次土壤普查，全乡的耕作水田面积为 20954 亩，其中速效磷含量欠缺的有 6123.2 亩，占总面积的 29.2%，速效钾含量欠缺的有 2207 亩，占总面积的 10.53%，另外碱解氮含量欠缺的还有 80 亩。改造这些低产田的方法，一是补充土壤养分，二是深挖田间排水圳，排除渍水。从 1951 年到 1958 年，关峡苗族乡的党委到冬天集中全乡劳力，利用冬闲的时间，以互助组、初级社、高级社为单位，大挖田间排水圳，这一努力的效果十分明显。从 1958 年到 1980 年，人民公社又调进大量的磷肥和氮肥，发动群众广积土杂肥和种绿肥，继续开挖深水圳，使潜育性低产田面积大大减少。

大园村占地面积约 6 平方公里，户籍人口约 1000 人，常住人口 1300 多人。根据 2008 年底的最新统计资料，大园村共有土地 5551 亩，其中耕地面积 1279 亩（水稻占 711 亩），水塘面积 30 亩，林地面积 4242 亩，占全村土地面积总量的 76%。在耕地资源中，水田比重比较大，为 1122 亩，占耕地总面积的 87.72%，旱地面积只有 157 亩，占 12.28%。而土地资源中，林地资源最为丰富，占全村土地总面积的 76%，其次是耕地资源，占全村土地总面积的 23%，这也符合山区县的总体特征。据邵阳市政府《大园古苗寨中长期保护规划 2014—2020》所公布的大园古苗寨现状用地统计图表，大园古苗寨现农林用地面积为 31.3569 公顷，占总面积的 78.08%（如表 3－1 所示）。

表 3－1　大园古苗寨现状用地统计表

序号	用地类别名称		用地类别代号	用地面积（ha）	比例（%）
01	居住用地		R	5.0029	12.45
		一类居住用地	R1	5.0029	12.45
02	公共设施用地		C	1.7024	4.24
		文体科技用地	C3	1.7024	4.24
03	道路广场用地		S	0.2724	0.68
	其中	道路用地	S1	0.2177	0.54
		广场用地	S2	0.0547	0.14
	现状建设用地			6.9777	17.37
	水域和其他用地		E	33.1842	82.63
	其中	水域	E1	1.8273	4.55
		农林用地	E2	31.3569	78.08
	规划区总面积			40.1619	100

据此可以计算出，大园村的人均耕地占有量是 1.15 亩（其中水田 1.01 亩，旱地 0.14 亩），人均水塘 0.03 亩，人均林地 3.81 亩。另外，大园村的森林资源丰富，包括集体山地面积 276.72 亩，占林地总面积的 6.2%，自留山面积 2031.75 亩，占林地总面积的 47.9%，流转山面积 1743 亩，占林地总面积的 41.09%，其他面积 220.53 亩。山林种植的树木都是次生林，主要是松树、杉树、楠竹等。这里气候湿润，雨量较为充沛，土壤类型主要是红壤土、黄壤土和水稻土。水稻土是发育于各种自然土壤之上，经过人为水耕熟化、淹水种稻而形成的耕作土壤，适宜种植水稻、小麦、棉花、红薯、油菜等作物。红壤则富含铁、铝氧化物，呈酸性，适宜种植茶、红薯、大豆、甘蔗等。

至 2015 年，大园村的农作物播种面积下降为 1019 亩，其中水稻仍然占 711亩。总的来说，大园村的耕地面积不多。除了灾害之外，村里的地有时也会被征用，导致耕地面积逐年减少。为了深化改革，加强土地管理和调控，规范征地补偿和安置，大园村委员会提出要提高农田占用的补偿标准的要求，进一步加大对农民利益的保护力度，切实保证农民占有基本农田的需求。

近年来，绥宁县农业局实施了测土配方施肥补贴项目。两年以来，全县已进行农田取样化验5252个，建立土填肥力观测点1000处，完成试验示范项目6个48处，对全县耕地土壤肥力状况有了科学认识，为指导主要农作物科学施肥提供了依据。绥宁耕地土壤结构复杂，成土母质各异，近年来肥料施用较单一，土壤肥力状况已明显改变，有机质含量降低，理化性状恶化。因此农业局建议各地在注意有机肥建设的同时，科学使用化肥和农药，以利于保护耕地肥力和环境状况。

据农业局公布的大园村测土配方施肥信息，农业局以高级农艺师陈先玉为办点专家，以农艺师蒋太龙为技术指导，以杨永生、杨云生、杨焕奎等种田大户为示范农户，对大园村的21个大田样本进行了土壤化验，并得出了结果与评价。

结果显示，大园村现今的土壤pH值（酸碱度）适中，有机质、碱解氮、有效磷含量均较高，速效钾含量中等。据此，对大园村水稻目标产量推荐配方肥及每亩用量如表3-2所示：

表3-2　大园村水稻目标产量推荐配方肥及用量

农田肥力状况	目标产量（kg/亩）	基肥选项及用量（kg/亩）					追肥选项及用量（kg/亩）		备注
		25%12-5-8	40%20-10-10	农民自配肥			砂性土	中黏性土	破口抽穗期用
				尿素	过磷酸钙肥	硫酸钾	每亩用尿素10~12kg、钾肥2~3kg，分2~3次施用	每亩用尿素8~10kg、氯化钾2~3kg，分1~2次施用	98%磷酸二氢钾0.3kg做叶面追肥
高	550	40	25	12	45	10			
中	500	45	30	14	50	10			
低	450	55	30	15	50	10			

农业局提示施用有机肥的地区，每施10担猪厩肥可减少施用尿素5千克、磷肥17千克、氯化钾8千克，每施10担牛厩肥减少施用尿素4千克、磷肥15千克、钾肥7.5千克。

三、主要粮食作物

水稻是绥宁县境内的主要粮食作物，年平均种植面积在 28 万亩左右。从 20 世纪 50 年代起，绥宁县境内的水稻开始有了两熟制和三熟制，以两熟制为主，有水稻－油菜、水稻－水稻、大豆－水稻等形式。1984 年，在县境内试行了油菜－西瓜－水稻三熟制，面积 250 亩，取得了油菜亩产 51.5 公斤、西瓜亩产 3272 公斤、水稻亩产 505 公斤的好成绩。1987—1990 年，早稻面积维持在 6000 亩左右，晚稻面积维持在 15000 亩左右。至于旱土，也是以两熟制为主，主要是以红薯为前作的红薯－油菜、红薯－小麦、红薯－黄豆，也有以黄豆为前作的黄豆－大麦、黄豆－油菜，实行三熟制的面积极少。1953 年全县引进万利籼、胜利籼，1966 年调入矮秆种子 57 万公斤，1971 年全县实现矮秆化。1975 年，绥宁县开始在县农场进行杂交水稻制种，获得了巨大成功，之后，杂交水稻在全县推广。

根据《关峡苗族乡志》，1982 年，苗族乡成立，村民们的种粮积极性提高。当年，大园村的水稻面积为 1690.6 亩，水稻亩产 436 公斤，总产 737 吨，1982 年全乡的水稻种植 21503.9 亩，亩产 404.5 公斤，总产为 9196 吨，创造了历史新纪录。1988 年，关峡乡综合运用中稻高产配套技术，即早播、双两大、起垄栽培、规范移植、球肥深施、化学调控、病虫综防等，建立健全激励机制，把中稻高产开发逐步引向深入。1990 年，关峡苗族乡全乡稻谷种植 21308 亩，亩产 499.9 公斤，总产 10651.8 吨，亩产比 1982 年增加 45.4 公斤，增加 10%，种植面积比 1982 年减少 215 亩，但是总产还增加了 1455.8 吨，增加 14%。

和县里的情况一样，农业是大园村的支柱产业，而水稻又在农业中占重中之重。清代和民国时期，大园村的粮食作物只有一年一熟制，加上萝卜、荞麦等，有少量复种。自从实行科学种田，逐步普及杂交水稻种植，大园村的水稻总产量逐年增加。大园村里一半以上的耕地是用来种植粮食作物的，其中以谷物为主，豆类和薯类为辅。谷物种植面积占总粮食作物种植面积的 90% 以上，在谷物中又以中稻和一季晚稻中的杂交水稻和优质水稻为主。除了水稻，还有玉米、高粱等其他谷物。豆类中主要是大豆，近年来也尝试种植过蚕豌豆，但是种植面积比较小。

大园人认为，种粮食是庄稼人的本分，不管主业是承包果园、跑运输，还是养殖家禽，村民们都不会忘记种水稻。很多人家种水稻的主要目的是自家吃，

●后龙山下的田地

毕竟到集市上买粮食很不划算，自己种水稻的话，就能省下一大笔口粮开支，这也是很多大园村人虽然收入不高，却仍然能确保全家温饱的缘故。但就算种得多的人家，也认为卖粮食挣不到什么钱，因为化肥和农药的价格太贵，种粮食的成本其实很高。劳动力不足也是一个重要的问题，如果种多了，每到插秧和收割的时候，家里的人手不够，就得请别人来帮忙，一天至少要给50元的工钱，还要提供三餐。"总之，想靠种水田致富是不可能的"，村民们这么直截了当地说。

四、主要经济作物

根据《绥宁县志》，解放前，绥宁县的粮食作物种类不丰富，主要品种是水稻、玉米、大豆、薯类、小麦、粟等。民国时期，绥宁县内仅仅种植少量油菜、茶叶和其他经济作物，部分农户在房屋前后种植少量果树。新中国成立之前，薯类曾经是当地农民的主食。1990年，全县薯类种植19300亩。到1952年，才开始有了棉花、油菜、花生、芝麻、水果等经济作物，1957年开始发展柑橘生产。60年代起，在政府的指引下，村民们开始种植西瓜、药材等。1990年，各乡镇配备了生产技术员，全县种植油菜、甘蔗、烟叶、药材、水果、西瓜等经济作物10.17

万亩。至于茶叶种植，则以瓦屋塘、梅坪乡最为出名，瓦屋塘宝顶绿茶被定为全国名茶，畅销国内外市场。绥宁县也被列为邵阳地区的柑橘、茶叶重要产区。如今，全县的香菇已经形成规模产出，2009 年种植 500 万筒，产干菇 756 吨。县内还普遍种植玉米，除了饲料玉米，另有甜玉米、糯玉米。自从摘掉缺油县的帽子后，现在绥宁县油菜每年种植面积都保持在 4 万亩左右，花生则保持在 3000亩左右。1979 年，首次在全县实行油菜种植家庭联产承包，加上国家提高了油脂收购价格，激发了农民种植油菜的积极性。

2008 年，关峡被评为全县油菜种植先进乡镇。其中，1982 年时，大园村的油菜种植面积为 203 亩，总产量 30.5 吨，到 2011 年时，大园村的油菜种植面积为 112 亩，总产量 8.6 吨。不过，近年来由于农村中进城务工人数增加和民营企业的快速发展，关峡乡的小麦种植面积和油菜种植面积都在减少。至于大豆，则历来都种植不多，农民一般都只留作自用，没有形成商品。乡内市场虽然供应豆腐，可做豆腐的大豆都来自武冈、洞口等县。到 2011 年，关峡的大豆种植每年只有 500 亩左右，没有形成规模种植。

1983 年，绥宁县委和县政府提出以个体种植为主，集体专业承包为辅的方针，鼓励个人在小块荒地、残林地开发多种经营，实行谁种谁有，30 年不变。种植柑橘的，享受林业和供销部门补助 50% 的苗木费的优惠待遇。这一年，关峡全乡开办小果园 5000 亩，小药材园 100 亩，小林场 16000 亩。1986 年，关峡乡成立了水果生产领导小组，专抓以柑橘、西瓜为主的多种经营。1990 年，乡里还配备了生产技术员。是年，全乡广泛种植柑橘、油菜、花生、芝麻、甘蔗、烟叶、药材、茶叶、百合、绞股蓝、天麻、香菇等，掀起生产高潮。

进入 21 世纪后，关峡乡从广西引入了优质反季节葡萄种植技术和优良品种，发展种植面积 200 余亩，年创利润每亩 5000 元，合计 100 万元。关峡乡还发展了无籽西瓜种植，面积超过 100 亩，大多采用搭棚种植技术，利润比普通西瓜提高 20%。至 2011 年，关峡乡水果种植面积 12438 亩，盛产脐橙、柑橘、桃、李、梨、栗、石榴、葡萄、杨梅、枇杷、柿等多种水果，其中以柑橘为最多，以猕猴桃最有影响力，如今关峡号称"水果之乡"。除此外，关峡乡还有辣椒、香菇、天麻、茯苓、杜仲等经济作物，林木则主要以杉木、松木、杂木、楠竹为主，土特产有竹笋、木耳、土漆、柑橘、板栗等。

大园村农作物种类有粮食作物、油料作物、药材、蔬菜和其他农作物，还有茶叶和各类水果，总产量在关峡乡的 20 个村中列第 8 位。到 2008 年，大园村的水果产量为919.5吨，超过了粮食作物的产量，成为当年村里的第一大农业作物种类。

由于气候温暖，四季分明，光照充足，雨量充沛，无霜期长，大园村所种的蔬菜种类比较多而且产量很高，主要包括南瓜、冬瓜、苦瓜、黄瓜、丝瓜、西葫芦、四季豆、茄子、辣椒、白菜、芹菜、萝卜等。从数据上来看，近十年来，大园村的果园面积的增幅十分明显，而其中又以柑橘为主，柑橘园的种植面积占到果园总种植面积的一半。瓜类则主要是西瓜，种植面积逐年稳中有升。大园古苗寨产的西瓜皮薄瓤红，销售情况良好。

大园村的蔬菜产量占到关峡乡总产量的2/3，水果中柑橘的产量占到了关峡乡水果总产量的4/5。至2011年，大园的果园种植面积一共有631亩，其中288亩柑橘，计5529株，产217吨，桃树面积113亩。村里家家户户都种植了果树，有桃、李、樱桃、柑橘、栗子等，但是大部分的种植数量不多，每年收获的果实主要用于满足自家生活的需要。据村干部介绍，2015年，果树种植规模较大的农户有3家，其中规模最大的一家不仅种植了梨树、板栗和其他果树，还种植了草菇、中草药等，年收入在3万元以上。

• 村后常见的柑橘树

村里的杨林生家，西瓜不仅种植面积大，销售情况也非常好，西瓜种植是他家的主要经济来源。村里的杨焕柱则是种柑橘的专业户，种柑橘树很操心，给果树剪枝、施肥料、关注是否有病虫害、打农药等，都很辛苦。通过长期的学习和摸索，杨焕柱已经能针对不同的病症配药水给果树打药。

村里的杨焕义为了种蘑菇，专门去了外地的培训机构学习，这样除了可以掌握必要的种植技术外，还可以收集一些市场供求方面的信息，减少因盲目种植而带来的损失。杨焕义修了3个大棚，每个大棚约有100平方米，种植香菇、平菇、木耳、金针菇等。为了降低种蘑菇的成本，杨焕义把家里的旱地都种上了玉米。因为玉米是种植蘑菇必需的添加剂，他每年大约需要700公斤粉碎后的玉米来做补料。同时为了便于管理，增加蘑菇的成活率和营养含量，杨焕义把种植程序分解为两步。第一步，发种时在自己家里培育，这样可以满足种子对温度、日照、水分等方面的要求。第二步，快要出菇时再把种子移到塑料大棚里。近几年为了满足市场需求，保证蘑菇质量，提高蘑菇的附加值，杨焕义购买了一些机械设备，如清洗机、装袋机等，还雇佣了一些农民来采摘蘑菇及包装。为了减少风险，多年来，杨焕义一直不断增加种植的品种，以便增强抵御市场供求波动的能力。

近年，大园村的村民一直在积极尝试多元化的特色种植，以增加收入。走在关峡乡的小型集市上，会发现这里的农副产品的数量和种类都十分丰富，小麦、稻谷、大豆、蚕豆、豌豆、芸豆、绿豆、玉米、红薯、红薯干，还有花生果、油菜籽、芝麻、向日葵籽、胡麻籽、红花籽、棉籽、线麻籽、大葱、大蒜、韭菜、蒜苔、鲜蚕豆、鲜豌豆、四季豆、鸡鸭鹅、猪肉、西瓜、西红柿、黄瓜等应有尽有。其中绝大部分，大园村都有生产。农产品的商业化对大园村人的家庭收入改善非常大，大概占从事农业生产的村民全部收入的70%左右。目前，有的村民还根据后龙山适于生长各种野生草药的条件，在自己的责任田里试种如七叶一枝花、八角莲、大青、苦参、车前草等草药。另外，大园村拥有丰富的竹类资源，其经济价值也正待进一步认识和开发。随着农民积极性和创造性的逐步发挥，他们的收入将会逐渐增加，生活水平也将继续得到改善。

五、水利工程和流域治理

据《绥宁县志》和《关峡苗族乡志》的记载，清代绥宁县内没有比较大的水利设施，农田主要靠引溪水、修塘坝、安装筒车和木枧灌溉，抗旱能力很有限，一到降水量比较少的年份就会发生旱灾。万历十八年（1590），绥宁一带大旱数月，田无遗粒，饿殍载道。民国十年（1921），绥宁县春夏秋大旱，无水插田，导致饿殍遍地。到民国二十四年（1935），绥宁县政府曾经设立塘坝委员会，督促农民整修塘坝，一共整修了新塘153口，坝140座，但是收效不大。到1949年时，根据统计，绥宁县共有塘417口，干砌石坝425座，筒车68架，平均抗旱能力只能维持20天。

新中国成立后，狠抓水利工程，除了整修原来的塘坝之外，还新建了许多塘坝。具体到关峡乡，小水电建设开始于1964年，当时修建了石脉电站，2008年后，该电站扩建为清水江电站，总投资5000万元，总装机容量6400万千瓦/时，年发电量为1200万度。20世纪80年代，关峡苗族乡修建了江口塘水电站，当时是邵阳地区最大的水电站，年平均发电量5850万千瓦/时。除此之外，关峡乡境内还有吊水洞水电站和龙水电站。因为有这四大水电站，加上其他很多尚未开发的水电资源，关峡被称为绥宁县的"电力之乡"。另外，关峡乡还修建了大量水渠。2007年，水渠共计78条47公里。目前关峡苗族乡内共有水利工程659处。

大园村内没有大河，只有一条很小的河——玉带河，有些书上称为"赤水溪"。该河发源于南庙村的水溪山，流入关峡定远桥河道，汇入巫水。因为没有工业，河水没有受到污染，经常会有村民在河边洗菜、洗衣、洗头发。小河两岸，村民用铜鼓石砌成2米多高的河堤，岸边栽上柳树或四季青，以防洪水冲垮河岸，损毁农田。旧时沿河有三座古碾房，新中国成立后在河道多处修有灌溉农田的水渠，在河床多处修有水泥石坝。

大园村的干部介绍说，在搞集体经济的时候，寨子里有自己修建的大水库，可以满足寨子里水稻田的灌溉。但自从土地改革承包到户后，水库就无人管理了，用水库水灌溉水田也就成为了历史。目前寨子里的水田全靠河水来浇灌，遇上大旱河水干涸，就只能眼看着田里的庄稼旱着，寨子里的水田的面积也比原来少了几百亩。同时由于山上植被被破坏，一下大雨就可能发生洪灾，寨子里的田地是一年比一年少。由此可见，大园村的灌溉问题，仍然是一个亟待解决的难题。

原本，大园村所在地区植被覆盖较好，即便在雨量充沛的雨季，也不会发生严重的洪水灾害。不过，由于近年来气候变化异常剧烈，雨季洪水来势迅猛，而玉带河泄洪速度较慢，洪水容易很快漫出堤面，冲田毁地。仅2008年5月28日那场持续暴雨引发的洪灾，就让沿河两岸村民的380多亩育种稻田受灾，多户村民一年收成打了水漂。随着森林被严重砍伐，旱涝灾害不断发生，大园村的水田面积呈现减少的趋势，水稻产量也在下降。

事实上，在关峡经常遭受水灾的村庄远不止大园村，如邻近的岩脚田村，2014年遭受水灾，合计受损水田面积58.6亩，合计受损旱土面积为159亩。在此情形下，关峡乡政府决定重拳治理玉带河，把水土保持作为改善民生，改善农业生产条件、生态环境和治理河道的根本措施。坚持以小流域为单元，在全面规划的基础上，合理调整土地利用结构，实施水土保持工程和生态保护措施，努力使玉带河变成经济河。首先，从根源上入手，进行封山育林、退耕还林、水土保持等工作，降低旱涝灾害发生的频率，提高农田单位面积的产量；其次，组织村民修建上游荒废的水库，增加水库的蓄水量，扩大、疏通河道；再次，加固河坝，恢复被冲毁的农田，增强河坝对洪水的抵抗力，提高下游农田的灌溉质量，增加灌溉面积，争取把旱田变为水田。

如今，大园村坡地林草覆盖率逐渐提升，有效地提高了土壤肥力，改善了地表径流状况，减少了洪峰流量，增加了玉带河流域的蓄水保土能力、生态稳定性和抗灾能力。虽然如此，但是流域治理是一个长期的过程，不能盲目乐观。2016年1月25日，大园村委会公开通过了在大园村修建8座滚水坝的决议，几个月后，在苗寨门前的小河里多了几处滚水小坝。不过必须指出的是，这种小坝的观赏性大于实用性，或者说它们本来更多的就是为旅游业服务，为了提升河水流动时的观赏性而建的。

六、科技兴农

(一)农具改良

根据《绥宁县志》的介绍，旧时绥宁县的农民使用的都是世代相传的简单农具，除了为数不多的水碾、水碓、筒车能利用水能解放人力之外，其他生产劳作都需要人力操作，劳动强度大，效率又低，长期制约着农业生产的发展。新中国成立后，大园村在县政府的领导下，注重修复和补充传统农具，之后又进行了工具改革。政府积极鼓励农民发展、改良、仿造和推广使用喷雾器、手推车等新式农具，农具开始发生较大变化。1964年起，大园村重点发展的是排灌机械。到1975年，大园村重点发展水田耕作机械，如拖拉机和机引农具等。

新中国成立以来，大园村的先进农业机械从无到有，从少到多。改革开放后，大园村里的排灌机械、加工机械、脱粒机械、植保机械、运输机械都得到了运用，尤其是小型的耕整机和打谷机，因其价格实惠、方便灵活，受到村民们的欢迎。根据考察组 2015 年的调查了解，大园村里已经有几十户人家拥有拖拉机，这些拖拉机的价格为约 3000 元一台。

● 村民杨进习家的打谷机

如今，大园村已经形成了人力、畜力、水力、火力、电力并举，手工工具和半机械化工具、机械化工具并用，国家经营、集体经营和个体经营并存的局面。大园古苗寨的稻田比较集中，相对比较平坦，如果要使用更多的机械，就必须做好整体规划，进一步加强农田基础设施的建设，修建机耕道，便于农机耕作，为尽快实现农业机械化创造有利条件。

(二)绿肥与化肥

新中国成立前，大园村的肥料主要靠人畜粪尿、灰肥、土杂肥和饼肥等。猪牛栏粪出栏后，农民习惯于堆集在空坪地脚，任其日晒雨淋。1958 年，政府推广醴陵县的积肥保肥经验，在村内打造家肥凼建粪池，在田间打泥凼、建灰棚、挖土灰窖。20 世纪 70 年代，村内推行牛栏上山，方便肥料就地施用。到了 80 年代后，因为家庭联产承包责任制的实行，牛栏上山积肥法基本废弃。村民们还有上山割青的传统习惯，每年清明前后，大园村的农民就上山砍伐树木的嫩枝嫩叶或者采割嫩草，踩入田中作为基肥，或者春夏每天清早上山割青草垫在猪牛栏里，过一段时间后从猪牛栏中挑出沤肥，然后再施到水田旱土。

20 世纪 60 年代起，大园村人响应县政府的号召，积极种植草子。绿肥的种类有红花草子、蓝花草子、黄花苜蓿、满园花、蚕豆、红藻等，以红花草子的种植面积最广。70 年代起，大园村人开始广泛使用复合肥、氮肥、磷肥和钾肥，绿肥的地位逐渐削弱。家庭联产承包责任制实行后，村民们忽视了绿肥生产，种植面积迅速下降，后来有所回升。

根据绥宁县政府提供的有关报表，可以得知大园村的农药化肥使用情况。大园村的化肥施用主要是以复合肥和氮肥为主，磷肥和钾肥为辅，这也符合大园村的土壤情况。农药方面，大园古苗寨的农药使用种类有多锰锌、三唑磷、杀虫单、稻瘟灵、唑磷毒死蜱、吡虫啉、高效氯氟氰菊酯、硫磺三环唑、井冈霉素和阿维菌素、百草枯等。

多年来，大园村对农药和化肥的依赖度比较高，现在全村每年都要使用 3 ~ 4 吨农药，化肥则要使用 100 多吨。对农药和化肥价格的逐年上涨，村民们普遍感到担忧。现在，一般的复合肥要 80 元一袋，进口的更贵，要 100 多元，这样一来，每亩地都要增加不少成本。一些村民还反映，从农技站买来农药效果不好，有几次还买到了假药。不过，他们认为农技站也是从外面进的货，农技站的人自己可能也不知道是假药。再说，除了农技站，也没有其他的地方可以方便买得到化肥和农药，所以，他们还是只能一直光顾农技站。对大园村人来说，如何购买到性价比合适的农药和化肥，有效降低种地成本，是一个大问题。

（三）科学种田

要抓农业生产，就必须贯彻实施科学种田。据《关峡苗族乡志》的介绍，在科技兴农方面，关峡乡政府做了很大的努力。2005—2011 年，关峡乡政府举办农业技术培训班 120 期次，参加培训的人员达到 8500 人次，接受农业技术咨询23400 人次，发放各类技术资料 2000 人次。五年来，关峡推广农作物病虫害综合防治技术 95000 亩，每亩每年节约成本约 20 元，每年推广杂交水稻 15600 亩，平均亩产高达 630.5 公斤。

除此之外，在乡政府的领导下，大园村还改变了耕作制度。1978 年起，大园村人吸取教训，决定海拔 500 米以上的耕地一律不种双季稻。1984 年以后，全面种一季中稻，早稻停种，同时试行油菜 – 西瓜 – 水稻三熟制。在 20 世纪 90 年代之后，主要是油 – 稻、肥 – 稻、瓜 – 稻三种耕作形式。

受惠于农业科技进步，优良品种在大园村得以推广。除了杂交稻新组合以外，红薯方面的优良品种主要是胜利百号、南薯 88、邵薯 1 号、高淀粉型湘辐 1号、鲜食型湘黄 1 号、湘红 2 号等。玉米方面主要是引进了杂交玉米丹玉 13 号、西玉 3 号、连玉 15 号等。油菜方面主要是推广了湘油 15 号、湘油 16 号、湘杂油 1 号、湘杂油 2 号等。

1986 年后，大园村推广了温水三浸三露和温水多浸多露浸种催芽方法。1988 年后，全面推广强氯精种子消毒。育秧方面，80 年代土地承包到户，以湿润秧田为主，薄膜育秧为辅。90 年代后至 2005 年以湿润秧、旱育秧、双两大、抛秧等多种方式并举。每年推广旱育秧、密植。从 1980 年起，根据不同品种和土壤肥力条件，一般每亩插秧 20000 蔸左右。1989 年引入新技术双两大（即两段插秧）和规范插秧（划行或拉绳）。1998 年推广了水稻抛秧新技术。

传统的中耕除草的方法是用脚踩田，用手拔出杂草和杂禾，一般需中耕两次。除草剂田草净、田草畏、稻草萎、秧田清等上市后，化学除草面积猛增，1996 年推广稻草化学除草。灌溉方面，传统的习惯方法是插秧后长期灌溉，直至稻谷黄熟后才放水落干收割，随着灌溉条件的改善，推广了浅水插秧、寸水活蔸、浅水分蘖、够苗晒田、有水抽穗、干湿壮籽、黄熟落干和湿润灌溉等灌溉技术。

在植物保护方面，新中国成立后，大园村贯彻防重于治和治早、治少、治了的方针，防治工作主要放在水稻病虫上，发动群众实行"三光"，也就是冬季犁光板田、铲光田边杂草、扒光禾蔸烧毁，此外还采用深水灭蛹等办法消灭虫源。虫害发生后，则靠人工捕捉或点诱蛾灯。20 世纪 50 年代后期，大园村开始实行农业防治与药剂防治相结合的办法，60 年代后，还开展了灭鼠运动。1984 年开始，关峡全乡建立病虫档案制度，对水稻、小麦、玉米、油菜、柑橘、西瓜等多种农作物病虫进行定点系统观察，综合分析预报。农技站每年在水稻繁殖期按月把虫情预报送到村、组，让农民们早防早治，切实保护水稻生长。因此，30 年来，包括大园村在内，关峡没有发生一起成灾性的虫灾，保证了粮食生产逐年增收。

据大园村农业技术员杨文刚介绍，两系、三系杂交水稻改善了稻米的品质，基本上解决了长期以来困扰本寨早籼稻米质不好、产量不高的难题。与此同时，大园还育成了一批优质高产的两系杂交种、晚稻新组合，较好地实现了高产与优质的统一。

由于经济作物的广泛种植，以及劳动力的流失，2011 年大园的水稻种植面积下降为 989 亩，但水稻总产仍然有 512 吨。2011 年，关峡全乡的水稻总种植面积为 18874 亩，水稻总产为 9740 吨，亩产 518 公斤。实践证明，实行科学种田，充分调动了农民种田的积极性，拓宽了农业的发展道路。

（四）高科技制种

随着 20 世纪 90 年代初杂交水稻技术的日益完善和一系列实用技术的推出，农业高科技制种技术开始在全国范围内推广和应用。2001 年，关峡苗族乡争取到了杂交水稻制种在关峡实行，自此，大园村与袁隆平农业高科技股份有限公司之间长期保持合作关系。

在大园村，能看到许多高低起伏的稻田，这种稻田就是专门用来制种的，形成这种错落有致的景观是由于将父本（约 40 厘米）和母本（约 150 厘米）栽种在一起，以便在开花期能够自然授粉产生种子。现在，杂交水稻制种在大园村的水稻种植中已经占据了重要的地位，家家户户都种，并且成为大多数家庭的主要收入来源之一。

袁隆平农业高科技公司的业务员常常会到大园村里来，和农民签约，公司提供种苗和农药、化肥，让农民给公司制种。目前，村里一共有三个杂交水稻品种，分别为两系 58 - s、三系 Ⅱ - 416 和三系金优 - 207，每个品种的杂交稻都有其特定的制种技术方案。村里使用的农业技术主要是公司提供的三系法杂交水稻制种技术、杂交水稻母本撒直播制种稳产高产配套技术。杂交水稻母本撒直播制种技术是杂交水稻规模化制种的关键技术之一，该项技术具有省工、省力、高效和制种易稳产高产的特点，能解决目前杂交水稻制种基地劳动力不足导致栽插不及时、产量不稳等问题。杂交水稻母本撒直播制种技术的核心，是直接把母本种子播种在制种大田，比起传统技术能省去育秧移栽环节，母本生育动态以及穗粒构成等有别于育秧移栽。

制种公司在每个村都设有一名科技宣传员，帮助农民解决田间管理的问题。在大园村，这位技术员就是杨文刚。杨文刚负责定期给村民们举办制种技术的培训班，帮助村民们尽快理解和学习杂交稻的插秧技术，并亲自下到稻田里指导农民进行杂交水稻的浸种、播种和插秧。这些具体的工作步骤，包括帮助指导村民浸种育秧，进行秧田管理，施足底肥后要进行适时追肥，同时父本要及时揭膜，要及时进行大田移栽。移栽时间以技术员通知为准，不能在技术员未通知情况下插超龄秧。此外，还要指导村民培育强势的父本，建立高产的群体结构，包括合理施肥（父本母本施肥与插秧移栽的时间差别）、科学管水、病虫害的防治与人工辅助授粉等。在村寨里，相隔不远的村民家中就会有一块小黑板，上面登记的就是制种公司传递给村民们的田间管理的信息。

在杂交水稻推广应用过程中，大园村建立起了以核心种子生产为关键环节的光温敏不育系的提纯和原种生产程序与方法，这使得原繁殖产量大幅度超过普通水稻，大面积制种的产量不断提高，栽培技术日益成熟和完善。而且两系杂交稻技术的主要载体——种子的生产、检测、精选加工和销售已形成较完善的技术和管理体系，也培育了一批既懂技术研究和开发又会生产经营管理的科技人才。

由于有周边地区的经验，加上技术员的帮助，杂交水稻制种在大园村没有走弯路，一直保持稳产高收，每年制种面积保持在3000亩左右，亩产平均在250公斤，亩产平均收入1700元左右，袁隆平高产千亩试验田的平均亩产已经超过900公斤。到2015年，大园村一亩田通常可以培育种子800～1200斤，每斤种子的售价在3.8～4.5元之间。很多人家靠制种能收入1万～2万元，除去成本，净收益少则近万元，多的有1万多元。如今，农业高科技制种技术已经在大园古苗寨寨民当中普遍流传开来，通过高科技制种技术来增产增收的观念已经深入民心。

然而，在实际走访中，也有一些不同的声音。很多村民认为，制种确实比种水稻收益要高，但是制种的风险也相对较大。因为制种有时候是实验性的，如果种的苗得了病，而没有相应的农药，收入就会减少很多。并且，虽然因为种子的销售情况良好，几乎所有的村民都会将自己家中最好的土地用来制种，但仍然必须种植水稻和其他作物。因为如果不种粮食了，就得到市场上去购买全家一年的口粮，而市场上的粮食价格比自家种出来的要贵不少，这等于要花费一大笔钱，很不合算。此外，按照有关规定，村民们的制种销售对象只能是制种公司，不能自己使用或出售给私人。制种公司以相对低廉的价格购入村民们的种子，经加工后又以较高的价格返售给村民，许多村民对此颇有怨言。由于村民普遍缺乏对制种公司加工种子过程的了解，一些村民甚至认为制种公司根本没有加工，直接依霸王条款向村民赚取了差价。

七、养殖业

绥宁县的养殖业以畜牧业为主，渔业次之。畜牧生产以养殖猪、牛为主，其次为鸡、鸭、鹅。

（一）生猪养殖

根据《绥宁县志》，绥宁县的畜牧业常年产值占当年养殖业总产值的90%以上。大集体时期，生猪实行计划饲养，必须完成上级统派的任务，每户每年基本一头。私人没有猪可杀，农忙季节可以得到食品站少量猪肉供应。十一届三中全会以后，生猪饲养取消了统派制度，猪肉供应取消了票证，实行市场化供应，生猪生产因此迅猛发展。据《关峡苗族乡志》，1985—1990年，全乡刚开始是一户养两头猪，自己吃一头，出售一头，后来发展到人均一头甚至两头。生猪发展快的原因，一是村民们改传统熟食喂养生猪为配合饲料生食喂养，县里出现了11个饲料加工厂，每年实际生产6400吨，因为供不应求，每年间需从外地调入1100吨，以保障饲料的大量供应；二是出现了养殖专业户的推动，全乡出现了十多个养猪大户，户平均50～100头；三是销售市场完全打开，生猪饲养还一度出现过供大于求的局面，经过政府捕捉信息，大量组织外销，拓展了外省市场，有多少要多少；四是政策刺激，1988年绥宁县发出了78号文件《关于建立畜牧业发展基金的通知》，进一步调动了农户养猪的积极性。

关峡乡的养殖以猪、牛、羊为主，也有蛇、牛蛙、甲鱼等特种养殖，养殖业产值占农业总产值的45%。自2008年以来，生猪饲养形成了规模化、优质化的特色产业，大园村也出现了养猪大户。据县统计局提供的2006—2008年的《邵阳市农林牧副渔业综合统计年报表》，2006—2008年，大园村的出栏肉猪分别为2416头、2512头、2585头，出栏仔猪分别为187头、198头、217头。据考察组走访，目前大园村里养猪500多头，其中有一家大户就养了200多头。

总的来说，大园村的养殖业目前还处于发展初期。一直以来，村内的养殖业主要以满足自身的需求为主，实行农户分散养殖，规模较小，对本寨经济发展的贡献较低。但近十年由于肉类价格上涨，养殖业的经济效益见好，村民加大了养殖的投入，大园村的养殖业逐步发展起来。目前全寨养殖数量较大的主要有猪、鸡、鸭等，竹鼠养殖则处于摸索阶段，村里主要是二次创业者杨焕志在饲养竹鼠。

大园村传统的饲养生猪的方法为熟食喂养，日喂2～3餐，饲料以米、糠、红薯、青菜为主，青草和野生树叶也是重要饲料。猪圈简陋，长期圈养，用干稻草或青草垫栏积肥。1958年发展集体养猪之后，一些猪场推广生饲料、青贮饲料和糖化饲料。后来，架子猪快速催肥法在全县推广，窍门是：一要精饲料集中；二要用硫磺、石灰、食盐等矿物质作添加剂；三是要用多种中草药配置成健胃剂；四是要喂养实行定量、定料、定质、定时、定餐，改过去的喂3餐为喂6餐。1981年开始使用混合饲料来养猪，之后饲料一直在养殖业中占重要地位。

大园村的很多农户都养猪，通常情况下以自用为主，只有少数农户养殖数量较多，形成了一定的规模，用于出售，获得经济收入。目前大园村养猪500多头，其中养猪最多的农户——杨文和家饲养数量超过200头，排在第二的杨明志家养有50头左右，他们既出售仔猪，也卖猪肉。村内还有部分农户养有二三十头猪，但是仅有几头成猪，大部分为小猪。这些农户以出售猪仔为主，一年可以卖2~3窝。每当仔猪出栏，饲养者可以将仔猪运到集市上出售，购买者也可以直接到这些人家中购买，平均卖一头仔猪可获毛利200元。这些养殖户的年平均收入在2万元左右，养猪较多的农户收入可达4万~5万元，甚至更多。

（二）耕牛养殖

耕牛是农业生产的重要畜力，大园村的畜力主要是黄牛和水牛。根据2007—2008年《邵阳市农林牧副渔业综合统计年报表》的相关数据，大园村2007年一共有黄牛244头、水牛223头，其中从事劳役的黄牛144头、水牛167头，分别占总数的59%和75%。2008年大园村共有役用牛195头，占牛存栏总数80%。大园村传统的饲养耕牛方法是白天放牧，晚上添加草料。集体化后，一度实行牛栏上山，将牛栏建在边远田所在的山冲里，以便坐山积肥改造低产田。饲料主要以稻草、谷糠、秕谷、豆壳、油菜壳、薯藤、玉米秆等为主，耕牛劳役期间或产前产后要加喂稻谷、豆类等精饲料，体弱的耕牛就加喂米酒、泥鳅等予以改善。大园村饲养的耕牛主要是黄牛，水牛其次。黄牛属于湘西黄牛类型，个体大小因地而异，水牛属滨湖类型，后来也引进了杂交牛，体型较大，生长快，役力强，抗逆性强，经济效益高，很受农户欢迎。

村里的牛传染病主要有牛瘟、牛炭疽、牛狂犬病、牛出血性白血病、牛流行感冒等，还有皮蝇、前后吸盘虫、虱子、蝉、住肉孢子虫、蛔虫等寄生虫病。现在乡里开展合作防治承包责任制，建立了兽医诊所，恢复了耕牛合同保险制度，大大减轻了村民们饲养耕牛的困难。

不过，由于农业正在朝着机械化的方向发展，耕牛的重要性有所下降，关峡乡里仅有一家养牛大户，全乡年平均饲养耕牛1200多头。大园村里目前养牛不多，养羊的就更少。根据2007—2008年《邵阳市农林牧副渔业综合统计年报表》，数据显示，2006—2008年，大园村出售和自宰牛的数目分别为418头、430头、452头，出售和自宰的肉用羊分别为180头、197头、205头。至2015年，大园村养牛数已经锐减至十多头，主要放养于稻田边的草地上。

• 稻田边泥坑里的耕牛

（三）渔业

自古以来，关峡乡就有到河里打鱼、钓鱼、网鱼的习惯，新中国成立后，村民们开始有意识地在池塘里养鱼，但是面积不大，产量很低，多为自养自食。大园村气候温和，鱼类有 240 天的正常生长期，溪河、塘坝中长有马来眼子草、轮黑藻、苦菜等水草，天然饵料丰富，适合发展养鱼业。

1958 年，村民们利用新老水库养鱼，但是因为水面使用权的问题长期得不到解决，加上拦鱼的设施和捕捞工具配备不齐，有鱼捕捞不上或者鱼随水逃跑现象严重，致使大部分的水库荒闲。人民公社化之后，池塘收归集体，不少水面也荒闲了，有的还改成了插水稻，养鱼业发展停滞。十一届三中全会后，农民们开始在屋前屋后、田头地角挖池养鱼，稻田养鱼也逐步恢复，拦鱼、捕鱼的工具不断改进，大园村的养鱼业得到了一定的发展。

在鱼病防治方面，村里的鱼病有烂鳃病、白头白嘴病、小瓜虫病、水霉病、肠炎等，以前村民们普遍用民间土方和中草药进行防治。到 20 世纪 60 年代，化学药品被运用在防治鱼病上，用漂白粉挂篓或者泼洒方法防治细菌性鱼病，用硫酸铜与硫酸亚铁合剂防治寄生虫鱼病，并用"六六六"粉杀灭夹子虫。70年代后，村民们响应以防为主，防重于治的方针，推广生石灰、漂白粉清塘消毒和草鱼出血病免疫注射。1985年，县农业局聘请了绥宁籍贯的江西省水产科学研究所高级工程师李长春回到家乡专门传授库塘养鱼技术。1990年，村里又推广了高锰酸钾、草鱼抗病饵等鱼药，进一步提高了鱼病防治技术。

2009年以来，关峡乡政府一直把开发水面养鱼当成一个特色产业在抓。不过，大园村所在地区虽然雨量充沛，可是几乎没有合适的池塘，所以渔业不发达。2006—2008年，渔业生产的产量从0.5吨增长到1吨，渔业养殖面积由1.2亩增长到2亩。至2015年考察组走访时，村干部告诉考察组，村里的养鱼业一直没发展起来，目前鱼塘仍然不多，只有几口。

（四）家禽饲养

旧时大园村的鸡鸭鹅饲养不多，一般为自产自食。新中国成立后，村里的家禽饲养量有了较大发展，但是1960年，私人养禽受到限制，而且收购任务重，导致家禽饲养量迅速下降，1962年，政策放宽，饲养量又有了回升。1987年，在县委的大力号召下，本地村民养家禽的热情受到激发，少数家禽开始投放市场。

20世纪80年代后期，村里有少数人饲养羊、兔、蜂、牛蛙、乳鸽等动物，但是技术不高，管理不善，数量不多。由于自然条件的限制，大园村的养殖业一直不发达，大多数村民仅仅把养殖作为一项副业。但也有人通过努力，成功实现了养殖致富。

关峡乡一直鼓励村民们饲养家禽，乡养殖站派有专门的技术员对村民的鸡、鸭养殖进行技术指导。在政府的鼓励下，如今全乡平均每户养家禽30多只。大园本地鸡的优良品种是白毛乌骨鸡，肉嫩味美，有滋补功能。此外还引入了"杭鸡""九斤黄""澳洲黑""桃源鸡""红布罗""白洛克"等品种，鸭则有"北京鸭""康贝尔"等品种，鹅有"狮头鹅""武冈铜鹅"等品种。

在大园村，鸡、鸭养殖规模要大于猪的养殖规模，规模最大的养殖户饲养的数量达4000多只。据调查，寨里的养殖大户主要有杨焕雄、杨焕忠、杨焕书、杨明虎等人。通常情况下，每家都是鸡、鸭共养，但侧重不同，例如杨焕雄家养鸡最多，杨焕书家养鸭最多。杨焕书家鸭子的平均存量为400只，他每月买一批鸭，每批200只左右，同时每月出售一批，每只重达2公斤，一年可以卖12～

14 批。这些鸭子的出售方式主要是依靠自销。每当一批鸭子成熟时，杨焕书就会挑着鸭子到镇上卖，每批鸭子大约需要一个星期左右售完，偶尔也会有专门的收购人员来村里收鸭。现在村里开了饭店和农家乐，店主需要的鸭子大部分也会在村里买。

据养殖户介绍，饲料养鸡的周期为 3 个月，土鸡的养殖周期则在半年以上，由于土鸡是绿色产品，其价格要远远高于饲料鸡；一般鸭的饲养周期为两个月，多数为饲料养鸭。由此可见，大园村人热衷于养家禽，究其原因主要是由于投入少、见效快。而养鸭的周期又比养鸡更短，也因此大园村里养鸭的比养鸡的多。除了散户外，包括村支书在内的几个养鸭大户就养了二三千只。养鸭户必须给每只鸭子都注射霍乱等疫苗，养鸭主要通过放养与圈养相结合的方式，每天喂鸭子一定的饲料之后，还会将鸭子赶出去，放到河里吃些鱼。另外村民们还养了鹅 100 多只，洋鸭 40 ~ 50 只。家禽通常是放养，但也有些村民会建一个饲养栏，把各种家禽混养在一起。

养家禽的成本并不低，除了购买幼禽和饲料所需的费用以外，最大的开支来自疫苗。家禽饲养面临的主要困难是家禽的传染病，包括鸡新城疫、禽霍乱、白痢、鸡痘、鸭瘟、鹅瘟等，其中，鸡新城疫和禽霍乱的危害最大，死亡率最高，另外还有蛔虫、球虫、绦虫等及寄生虫病。湖南作为禽流感重点防范区，每年春秋两季，农业站都会统一免费给大园村的家禽注射禽流感疫苗。不过，其他的疫苗就不免费了，而且还很贵。因为家禽疾病的防治成本比较高，目前大园村的家禽病死率还不能得到很好地控制，对饲养家禽稍多的家庭而言，鸡、鸭的养殖每年可为户主带来少则一二万元，多则三四万元的收入。

八、综述

农业产业化，是以国内外市场为导向，以提高经济效益为中心，对当地农业的支柱产业和主导产品，实行区域化布局、专业化生产、一体化经营、社会化服务、企业化管理，把产供销、贸工农、经科教紧密结合起来，形成一条龙的经营体制。具体说来，就是要改造传统的自给半自给的农业和农村经济，使之和市场接轨，在家庭经营的基础上，逐步实现农业生产的专业化、商品化和社会化。积极发展农业产业化经营具有重要意义，是扭转农业弱质低效局面的根本出路，有利于解决农业社会效益高与经济效益低之间的矛盾，提高农业比较效益，增加农民收入；有利于解决小生产与大市场的矛盾，引导农民进入市场；有利于解

• 家禽饲养栏

决农户经营规模狭小与现代农业要求之间的矛盾，促进传统农业向现代农业转变；也有利于提高农业的生产力水平，实现经济增长方式由粗放型向集约型的转变。

过去几千年的农业主要是自给自足的小农经济，而非商品化、市场化的农业，即使有商品化，其份额也很小。在大园村，除了制种和稻米种植是通过大宗交易或者定向收购的方式来完成的以外，就只有稻米和柑橘、西瓜等少数产品会有零星的收购商前来收购，其余的农产品都是通过村民自己运货去关峡乡的集贸市场销售的。

大园村的地理特征决定了难以再拓展更多耕地，土地资源十分有限，不便展开广泛的机械化作业，也就很难走农业规模经营的道路。由于天灾和划拨为其他用地的占用，近年来，大园村的耕地面积不但没能拓展，还有所下降。根据调研，大园村很少有独自经营 10 亩以上稻田的农户，现实都是一家一户的小农业生产方式。虽然一些农户也存在转租、转包土地的情况，但主要是因为人口外流严重，导致这些家庭缺乏劳动力，而承租土地的家庭也不是为了实行规模化经营，而仅仅是由于劳动力比较富余，故而多承包一些土地来增加收入而已。承包的租金一般是每年每亩 250 公斤稻米。除了先天不利以外，大园村的附近也没有大型的集贸中心能够辐射到它，要发展农业产业化可谓后天不足。

上述局面，注定了大园村在农业生产上举步维艰。虽然村民们可以在扩大经济作物种类、品质上下功夫，生产出更多受市场欢迎的土特产，争取形成品牌效应，然后再扩大产品的商业化，但由于要优先保证自己的口粮，能用于运作的土地所剩不多，这个方向上的努力会十分困难。

用地紧张也严重束缚了大园村养殖业的发展，因为村里严格限制对耕地的占用，使得村民想申请土地扩大养殖规模的计划很难获得通过。对于这一情况，村委会可以做出全寨的长远发展规划，将养殖的发展纳入其中，适当提供土地以满足养殖业发展对土地的需求。

目前，大园村无论是粮食耕种，还是养殖业都未能形成规模。寨里的养殖户，不管是养鸭还是养鸡的，都是以家庭为单位，采取的还是传统的家庭饲养方式，依靠的也是家庭的自主经营，属于自发发展模式，既没有相互间的合作，更缺乏联合生产，虽然产销自营，省去了中间环节，节省了一定的费用，但也受限于此。当村民们外出，家中的田地、鸡鸭就乏人看管，劳动力严重不足，总的来说效率低，效益差。而各种农产品也都全靠各家各户零售，处于自发无序状态，不利于市场的形成，也非常浪费时间，浪费人力，不利于节省运输成本，实现资金的快速回笼。因此，有条件的情况下，寨里可以成立统一对外销售中心，专门负责扩大销售渠道，通过整合寨里的农产品，实现资源的最优配置，为村民们争取利润的最大化。

以上设想的实现，以及村民们能否扩大经营规模，找到更多的致富渠道，都离不开资金的支持。大园村的资金来源单一，村民们的各项经营全靠自有资金，很难从别处获得低息贷款。这一点，应该得到各级部门的重视，信用社作为为农村提供资金融通的金融机构，应充分发挥其作用，降低申请门槛，为有心致力于经济发展的村民们提供帮助。

第二节 大园的林业

一、林业资源

据《关峡苗族乡志》的记载，整个关峡乡总面积 32.3 万亩，其中林业用地就有 25.9928 万亩，占 80.47%。森林覆盖率达 77%，活立木蓄积量 35 万立方米，其中杉木 6 万立方米，松木 9 万立方米，杂木 19 万立方米，楠竹 231 万根。

在这样的大环境下，大园村的林业资源也是十分丰富的。村寨地处亚热带山区，山脉绵延，土壤肥沃，年降水量丰富，有利于林木生长。据统计，整个大园古苗寨约有 5000 多亩土地，其中林地就占 4242 亩，山上树木繁茂，品种也多，据统计一共有包括松、杉、银杉、银杏、枫树等在内的 140 多种乔木，还有桎木、马醉木、黄金条等 100 多种灌木，有楠竹、黑竹、斑竹、金竹、桃竹、花竹等竹类，总共有 300 多个品种。

1982 年之前，大园村的山林归集体所有，由村里统一经营，家庭薪柴也由村里统一分配。1982 年，定权发证，给农民们划分自留山，发给自留山管业证书。同年，关峡乡一共划了自留山 1.641 万亩，人平均 0.75 亩。1983 年，大园村把自留山以外的集体山林承包到户，称责任山。1985 年取消了木材统配政策，实行开放经营，议价销售。木柴价格由每立方 80 元，上涨到每立方 300 ~ 400 元。山林责任到户后，农民要致富，财政要增收，地方要集资，都要求多砍伐木材。各个社队大办木材加工，一时间出现了乱采伐、乱收购、乱加工的现象。

大园人的祖辈们在后龙山上栽了千棵古松，树龄大多在 300 年以上，古松高大挺拔，一年四季郁郁葱葱，生机勃勃。人们认为后龙山的青松是他们的保护神，因此世世代代自觉地保护后龙山的青松翠竹。据说曾经有一个看牛娃，他的牛进了后龙山，砍了一根小杂柴做赶牛鞭，就被罚杀家里一头大肥猪。又传说，古代有一位姓杨的苗医在山上采药，想砍一棵树，结果神灵昭示绝对不能砍，这位苗医只好乘兴而来，败兴而去。古代保护后龙山的惩罚制度很严厉，但可惜由于种种原因，这一传统逐渐沦丧。

在 20 世纪 50 年代前期，绥宁县境内仍然郁郁葱葱，古木繁多，到了 1958 年 8 月，县里调集 3 万名精壮劳力采伐木材和楠竹，采伐量大大超过生长量，60 年代出现了立木蓄积量急剧下降的恶果。自 1981 年，大园村的村民开始领取到

● 后龙山上的迎客松

自留山管业证，村民们对自留山的土地有使用权，可以灵活经营，个人在山上种植的果树、竹类以及用材林，产品都归个人所有，个人收益，他人不得干涉。除了自留山，还有责任山。1983年，村里把划了自留山后剩余的山林按照上级文件精神承包到户经营，土地所有权的性质不变，只是归户经营，称为责任山。

自1983年之后，允许村民个人承包山林，3000元的承包费可以承包40亩左右的山地。在合同期限内，这部分林地的使用权和林木的所有权都属于承包者。大部分的承包者为了能获得更多利润，都会尽量砍伐树木，利润率最高的时候达300%以上。到了20世纪90年代，承包费大大提高，每亩地达到了近

2000 元，伐木的利润有所下降，但是仍然可以达到 100% 以上。虽然县委曾经规定，集体和个人用材必须通过审批，领取砍伐证，由护林员指定山场号树砍伐，但是监管不严，乱砍滥伐现象严重，一些用户批少砍多，如果以株计数就砍大留小，还有些唯利是图的人经常盗伐木材。由此，大园村的森林资源消耗进一步加剧。

二、护林政策与措施

20 世纪 80 年代中期，随着后龙山林木不断被乱砍滥伐，立木积蓄量滑落至谷底，对大园村环境的影响也凸显了出来，水土流失严重，各种自然灾害不断发生，特别是每逢雨季，洪水频发，时而还伴有泥石流，冲毁田地，淹没庄稼，给村民们带来了巨大的损失。这种现象并不是孤立的，也不是偶然的，按《绥宁县志》记载，1950—1987 年，县境内一共发生过 35 次洪涝。

在严酷的事实面前，人们的环保意识逐渐增强。1980 年起，荒山造林实行林粮挂钩，每年由省拨给稻谷指标补助造林。公社林业部门造林前组织专业人员进行规划设计，挑选树种 8 个，规划面积。在组织实施方面，则是实行合同制造林，统一规划，分户承包，集中连片，专人管理，使造林工作跨入集约经营阶段。1982 年，全乡造林 8713 亩，这年还开始营造速生丰产杉木林。1983 年，关峡乡造林 8000 亩，义务植树 1000 株。1985 年，湖南省政府将绥宁县列为速生丰产林工程基地县，将原来的行政性号召造林改为合同制造林，涌现出了一批主动承包集体山造林的专业户。当年，关峡全乡一共有造林专业户 130 户，造林面积 15000 亩。

1987 年，县林业局决定加强封山育林、天然更新和人工促进天然更新，是年，全县实行"四有三不准"政策，即必须有护林牌、有护林公约、有责任看山员、有奖罚条例，林区内不准随意放牧、不准乱打枝砍柴刨草皮、不准林内烧火。乡政府也随之大张旗鼓地整治"三乱"，即不准乱砍伐、乱收购、乱运输，对涉林犯罪行为保持高压姿态。1990 年 8 月，绥宁县与市政府签订了《一年消灭荒山责任状》。关峡苗族乡动员 1000 人上山整地，全部完成当年全乡荒山造林的任务。与此同时，政府还鼓励退耕还林，2001 年，绥宁县争取到国家的 2001—2004 年退耕还林工程项目，退耕还林和荒山造林 2.67 万亩。退耕还林主要分布在 20 个乡镇，其中关峡占 1000 亩。凡退耕还林验收合格后，每亩每年补助粮食 150 千克，现金 20 元，生态林补助 8 年，经济林补助 5 年，造林第一年还补助苗木费 50 元。

进入 20 世纪 90 年代，造林主要是伐后造林。大园村依照乡政府的政策，结合村内山多田少、矿少、人少的特点，采取了山上建基地，山下办工厂，山外找市场的方法，大力发展林业。山上建基地，最重要的是要提高造林质量，保证造林优质、高产、高效，要求突破两关，即规划设计关、良种育苗关，做到"六坚持"，即坚持适地造林、适时造林、高标准炼山整地、壮苗栽植、每道工序检查验收和科技兴林。搞好"两改变"，即改行政命令为合同制造林，改当年造林验收付款为第三年成林后按面积和生长量验收付款。整个工作很细致，很辛苦。在提高造林质量的同时，大园村同时坚持高标准封山育林。

1982—2011 年间，全关峡苗族乡一共采伐商品材 230000 立方米。林业给关峡苗族乡带来了丰厚的收入。除此之外，森林的病虫害防治也得到了重视。1987 年和 1988 年，由于松毛虫危害严重，乡政府利用飞机对全乡的森林普遍杀虫两次。1996—2001 年，全乡实行"绥宁县松毛虫持续减灾工程"，利用 GPS 卫星定位导航系统，每年一次用飞机大面积施用生物农药。生物防治方面，主要是使用白僵菌粉，有时候使用机械喷射，有时候装制成白僵菌粉炮，利用炮火爆炸力扩散药粉。

2005 年，关峡乡加大了封山育林的力度，明文禁止任何单位和个人采伐生态公益林区域内的林木，公路、河道、水库两旁第一山脊的林木禁止采伐作业。全乡一共有 15000 亩生态公益林，村规民约也对公益林予以保护。1982—2012 年，全乡封山育林面积一共 594000 亩，超过关峡全乡的总面积。

经过不懈的努力，如今的大园村不但刹住了乱砍滥伐的歪风，建立和巩固了林区正常的社会秩序，许多荒田也重新披上了绿装，大园村以及周边村落的自然生态环境得到好转。

三、大园村的林果业

经过近 30 年的发展，林果业已经成为提高大园村民经济收入的一项重要产业。杨焕煌是大园村的前村主任，还担任过林管会的主任。20 世纪 80 年代初国家实行改革开放，高中毕业后一直在村里务农的杨焕煌率先走出大园村进行市场调研。杨焕煌发现，大园古苗寨地处长江中游地带，属于亚热带气候，气候潮湿炎热，光照充足，很适合柑橘树的生长，但是大园村当时却还没有一户人家种柑橘树。杨焕煌判断，随着人们生活的富裕，对水果的需求量将增加，柑橘在未来不愁销量。于是他在寨子里承包了 20 亩田地来种植柑橘。敏锐的市场洞察力再加上善于学习、钻研，使杨焕煌在村里首先勤劳致富。

1990 年杨焕煌被公选为村主任，任期 3 年。在此期间，他带领村民们积极寻找致富的道路，大规模种植柑橘并蓄水修渠提高水田灌溉质量。为了配合国家退耕还林政策的实施，扭转林区面积日益减少的局面，大园古苗寨所在的关峡乡加大了林业管理工作的力度。从 2000 年开始，杨焕煌被推选为关峡乡林业管理站的工作人员，直到 2004 年又被调回大园古苗寨任林管会的主任。在此期间，杨焕煌积极推进大园古苗寨退耕还林政策的落实。由于当时村民对国家退耕还林补偿的政策还有所疑虑，杨焕煌带头将自己 10 亩耕地全部种植上杉木、楠竹及其他杂木。由此，退耕还林政策开始在大园古苗寨顺利开展起来。截至目前，大园古苗寨退耕还林的土地已达到 200 多亩。

新中国成立后，特别是改革开放以来，集体林权制度经历了数次变革，但产权不明晰、经营主体不落实、经营机制不灵活、利益分配不合理等问题仍普遍存在，制约了林业的发展。为进一步解放和发展林业生产力，发展现代林业，增加农民收入，建设生态文明，2008 年，中共中央、国务院在多地试点的基础上，发布了《关于全面推进集体林权制度改革的意见》。

全国林权改革的春风吹到大园村后，很多村民纷纷利用集体林权改革的契机承包林地，搞起了造林抚育工程。简单来说，造林抚育工程就是当地政府为了当地村民与环境的可持续发展，将集体林地的经营权转给个人，依靠个人的承包经营实现生态环境可持续发展的项目。承包者个人在造林、育林的基础上，可以按照法定的程序，将自己承包的林木出售来增收。这显然是一举两得的举措。按照绥宁县林业局制定的标准，承包期满后林地的成活率只要达到 80% 以上，就可以按每亩 4000 元的价格出售，因此承包林地的经济效益显著。

造林育林工程在大园村前景可观，正吸引着越来越多的村民加入。这项工程不仅可以逐步提高村民们的生活水平，更重要的是，其本身对于子孙后代来说就是福音，能够响应国家实现可持续发展的号召，为苍生后代造福。

第三节　村落的手工业

近现代以来，随着工业革命带来的巨变，机械化生产兴起，大园古苗寨许多传统的手工业也不可避免地没落。不过，也有一些手工业并没有彻底消亡，而是继续依附于农业存在。受到历史和自然条件的影响，目前大园村里常见的手工业主要有木工、民族服饰加工、食品加工以及石雕等。这些手工业一般都是分散在各个家庭进行，规模不大，商品化的程度还不高，并涉及民族工艺的传承问题。

一、纺织业

苗家妇女擅长纺织和刺绣，清代的《开化府志》《广南府志》，民国时期的《马关县志》《邱北县志》都记载有苗族妇女能织苗锦之句。清代以前，大园古苗寨内的苗民还处于自然经济状态，缝衣服所用的布、线以及做鞋子用的麻绳全靠自家种植棉麻并由妇女加工而成。大园村的每个女人从懂事开始，就在母亲的指导下学会这些活计，代代相传。新中国成立后，大园村的妇女们开始从家庭走向社会，逐渐脱离了旧式的女红模式。

根据《绥宁民族志》以及其他相关文献的介绍，原本大园村固有几种传统的纺织业。如织葛布，纺棉纱，织棉布，绩麻线、搓麻绳等。明洪武九年版的《靖州志》在土产中载："葛布，州县皆产。"葛布是用野生葛藤的纤维所织，葛藤在大园村的山下山上到处都有，原料十分丰富。村民们采集后，经过捶洗蒸煮，拉出纤维，就可以用来织布。虽然成本低廉，但是因为加工的工艺落后，成品纤维基本上还是原生纤维，所以这样纺织成的布料自然质地粗糙而且保暖性比较差。因此，只有贫穷的老百姓才会使用葛布。自从棉花种植技术传入县境后，葛布逐渐被淘汰，其生产工艺也随之失传。

明代后期，棉花种植技术传入绥宁县境，大园古苗寨的村民们将自己家种植的棉花轧去棉籽后，请弹棉匠将棉花弹开，然后使用织布机织棉布，或者将棉纱送到织布匠的家里，请织布匠代劳，这样织出来的布就是传统的家织布，紧密厚实，经久耐用，深受旧时大园古苗寨村民的欢迎。

在过去几千年里，各民族之间互通有无，促进了各地的经济发展，也使得大园村民学习到了各种在当时比较先进的手工技术。但是自从18世纪60年代起，英国在棉纺织业上开始发明和使用机器。18世纪中叶前后，一系列纺织机械相继被发明，新式的动力纺纱机和织布机的发明及在生产中的应用，从根本上改进了原来的手工生产方式，极大地提高了纺织生产的效率。

19世纪末，英国发展为世界上最大的工业国。19世纪80年代以后，帝国主义经济势力侵入苗族地区。尤其在鸦片战争之后，清廷腐败无能，外国资本家利用中国廉价原料和劳动力，在我国土地上开设机器纺织工厂，疯狂倾销洋纱、洋布，获取巨额利润。随着帝国主义各国疯狂掠夺原料、输入商品，苗族地区的传统手工业和农村副业受到沉重打击而开始衰落，其中以纺织业最为显著。在洋布输入以前，苗族农民生产土布很多，除自用外，还有不少剩余拿到市场出售，当时卖土布的人只要赶场，都会有大批湖南商人前来收购。到19世纪末20世纪初，由于英国棉纱、棉布大量输入，苗族农民衣料多改用洋布，土布几乎完全丧失了市场，农家纺织业因此逐渐衰落。不但女红之利尽为所夺，种棉者也不得不纷纷改行。湘西苗族本来养蚕缫丝的很多，质量好的多拿到市场出售，自英国丝绸进入后，缫丝织绢也减少了。

民国时期，民族资本得到发展，开设了许多纺织工厂。新中国成立后，为了建设四个现代化，大力发展工业，原来自给自足的小农经济彻底走向消亡。从历史趋势来看，传统纺织业的没落是不可避免的，在大园村当然也不例外。如今，大园村人不但已经没有会纺布的，就是自己做衣服的也很少。

二、刺绣业

（一）大园刺绣业概况

苗民的服装一向以色调鲜明著称，在长期的生产生活实践中，苗民形成了自己绚丽多彩、独具风格的民族服饰。史书上反复出现过苗族好五色衣裳的记载。清代乾隆年间曾经编印了一部《皇清职贡图》，第八卷专讲西南各民族的头饰、服饰，其中几乎有一半是苗族，《百苗图》也是如此。鉴于当时的历史条件，人们不可能有科学的民族识别方法，只能按最直观的头饰、服饰来作区分，于是有了红苗、黑苗、青苗、花苗、白苗之称。村民们平时着便装，装饰简单，以方便劳作与日常生活，遇到节假日或者喜庆日就会换上盛装，而刺绣对盛装来说是不可或缺的。

刺绣，在苗语里称为能贺或者能蒙。苗族刺绣形式多样，工艺复杂，更因其丰富的文化内涵而大放异彩，是苗族服饰主要的装饰手段，是苗族女性文化的代表。大园的刺绣有着悠久的历史，题材也十分丰富，除了传统的龙、凤、麒麟和常见的虫、鱼、花卉、桃子、石榴、铜鼓、蝴蝶等花样以外，还有反映苗族迁徙历史的图案。旧时，大园村的姑娘们从小就开始学习刺绣，先画好图样，再按照图样刺绣，多加练习，久而久之就可以随心所欲了。20世纪90年代前，村里的姑娘们出嫁前，通常都要为自己缝制一件嫁衣，代表把爱缝进了衣服里，也好在宾客和婆家面前展示自己的才艺。嫁衣从一开始到完成经常要3～5年，所耗费的心力可想而知。等做了母亲后，姑娘们又要为自己的孩子绣衣服，代表把爱传递给了下一代。

大园的刺绣具有独特的民族风格和技巧，针法很多，有平绣、辫绣、锁绣、卷绣、缠绣、牵线绣、网线绣、绒线绣、打子绣、破线秀、压线绣等。这些技法中又分若干的针法，比如锁绣中就有双针锁和单针锁，破线绣中有破粗线和破细线。

最常见的是平绣。这种绣法是先用纸剪成各种花样贴在绣布上，再用丝线来绣，以碎小、纤细、连续纹样为主，图案光滑平整。总的来说，平绣是最容易的一种方法，在田间地头随时可以绣。平绣中特别值得介绍的是插绣。插绣方法是把平绣创新成一种立体绣法，苗族插绣是生活在高山深处的苗族妇女，根据自己独特的审美情趣和对自然生活的感受，用五色丝线在苗布上插绣而成的立体图案花色，富有浓郁的乡土气息，常用反差大而对比强的手法，把色块的分割与组合运用到极至，使它具有很高的观赏性和强烈的震撼力。

旧时，苗族插绣所用的绣针十分原始，是用鱼刺、鸡翅骨或苗山石窝上生长的菊竹削制而成。针管直径一毫米左右，针尖斜削面钻一圆孔，将丝线从针管穿入经针尖圆孔导出，这种绣针如今已经没有人会制造。20世纪80年代后，曾经出现过特制的金属插绣针，但是也已经没有地方可以购买到。如今大园村绣娘们使用的插绣针，是在输液针的基础上改造出来的，插绣的针管是中空的，针尖附近开有小孔。绣线从针尾穿进针体，再从小孔穿出来。

苗族插绣是妇女们聪明才智的表现，虽不及四大名绣细腻和工整，但却充满神秘和灵气，是苗族文化的瑰宝。一些报道称，插绣起源于古代苗人的雕题纹身和好五色衣的传统，盛于明代，至今已有近千年历史。亦有报道称，明嘉靖年间，绥宁苗家插绣已被列为朝廷贡物。但是，在漫长的历史中，本地插绣始终竞争不过湘绣，最终一步步衰弱。根据《潇湘晨报》的有关公开报道，按照插绣传承人阳俐春自己的说法，在她小时候，村里的不少女人都能绣，但会插绣的就只有她的奶奶，就连她的妈妈也要她学湘绣，只是她本人更欣赏插绣的独特绣法，以及充满立体感的艺术效果，所以对插绣情有独钟。

（二）插绣没落的原因

改革开放之后，许多传统手工业没落，曾经一度，大园古苗寨的插绣工艺几乎失传。直到阳俐春和她的作品的出现，标志着成熟的苗家插绣艺术重见天日，也结束了苗家插绣缺乏代表性传承人的历史。大园村里的杨小聪等人意识到了插绣的价值，特意请来了阳俐春带徒授艺，以便将插绣这一古老的民间艺术发扬光大。

插绣没落的根本原因还是不适应当时村寨里的服饰需求。首先，插绣所耗费的时力非常多，按照现在绣娘们的说法，是"两面都要剪，太难了，太费时间了"，而且要达到好的效果，还需要运用大量不同颜色的丝线，要配齐这些材料也不容易，这就增加了插绣在人力和物力上的成本。其次，插绣是两面都有立体感，而一般的绣法只有一面有立体感。但也正是因为这种立体感，增加了插绣运用在日常服装上的难度。阳俐春也说过，她的奶奶主要是在鞋子上插绣。因此相比较而言，插绣更适合作为艺术作品而存在，但旧时绥宁的经济比较落后，有条件购买插绣回去专门收藏的人很少，这就使得插绣的市场相对狭窄。综上种种原因，到新世纪初，偌大的绥宁县竟然只能找到两个会插绣的老人。

苗家刺绣的没落还有时代的原因。刺绣是苗族服饰的重要组成部分。在过去的小农经济社会，各民族都过着男耕女织的生活，妇女们一代代将刺绣的手艺传下去。在那个时候，服饰是族徽、民族精神的象征，刺绣是维持生计或解决家人穿衣问题的重要技能，是学习、延续传统文化的途径，是陶冶审美情操的手段，有一门好的刺绣手艺，会得到人们的认可和赞美。因此，旧时的苗族姑娘们喜爱刺绣是一件很自然而然的事情。

但随着工业化的到来，几乎所有的传统手工业都受到了严重的挑战。机绣应时而生，如今纺织品上的绣花主要由缝纫机、自动刺绣机和多头式电子刺绣机来完成。机绣产品具有实用性强，花色品种多，针法多变，图案新颖，色彩丰富等特色。最让传统手工刺绣无法对抗的是，机绣生产速度极快，自动刺绣机每分钟能绣制 110 针次，这样生产出来的绣品成本较低，物美价廉。既然机绣受到了人们的广泛认可，手工刺绣当然也就不再被认为重要。加上许多年轻人外出打工，也就更没有时间和心情去学习老一辈们的手工技能。

此外，从古至今，苗族刺绣都以服饰作为它的载体而得以延续。但随着经济的迅速发展，影视报刊等媒介日益发达兴旺，苗族人们也和汉族人们一样，受到西方文化的深刻影响，古老的苗族服饰几乎快要退出历史的舞台。除了平时的节日盛会，日常生活中大园人的服饰与现代常见服饰并无区别。现代服装具有方便简洁、种类繁多、选购方便以及符合潮流的许多优点，的确更加适合日常生活起居，其取代传统服饰是大势所趋，不可逆转。随着全球化的兴起，各大国际品牌所引导的时尚潮流，可以迅速传播至全球各地，不要说中国各族人民，就是世界各国人民日常着装的服饰特色也越来越趋于淡化。在服装业的生产设计中，即使想突出民族特色，往往也只选择某民族的几样传统服饰特色作为要素予以装点而已。

现在，大园村平时已经较难看到穿着完整苗装的人了，毕竟，日常工作、生活中，穿盛装确实不方便，如果不是大日子，穿平常的现代装是一件很正常不过的事情。这样，盛装的作用就相当于礼服或演出服。但是，大多数村民们也并不购买盛装，遇到需要用的时候，往往是去借或者租衣服，这样，苗族盛装的销量也就堪忧。皮之不存，毛将焉附，如果连苗族服饰都快消亡了，苗族刺绣又怎么能继续发扬光大？

曾有学者说过，现在40岁以下的苗族妇女基本上不会刺绣了。毕竟随着姑娘们的文化程度提高，学习和工作所占用的时间非常多，兴趣爱好也十分广泛，当然就很难坐下来静静地刺绣上一个又一个钟头了。这样一来，本地的苗族刺绣艺术的确有可能逐渐地走向消亡。幸亏有阳俐春等人的努力，在关峡乡兴办了苗族刺绣培训班，为挽救传统刺绣工艺做出了贡献。但这无疑也给人们敲响了警钟，在社会变革和经济冲击下，就连汉族的许多优秀文化都面临着传承的困难，更何况人数不占优势的苗族文化？

（三）大园插绣的复兴

随着改革开放的深入，旅游业越来越被人们看重，越来越显出其独特的作用，成为向外界宣传自己、引进资金、引进人才的窗口。将苗绣作品开发成旅游产品，对偏远的大园村来说具有深刻的意义，不仅能够丰富旅游商品市场，提高本地的旅游价值，又能为这种即将消亡的艺术形式找到新的载体，拓展广阔的发展空间，从而将宝贵的民族文化传承下去。同时，旅游业还可以带来丰厚的旅游收入，有利于苗民们脱贫致富，为保护和传承本民族的传统文化进一步提供强大的支持力。

从现实的角度来看，苗绣的推广确实很有前景。外出旅游的人，大都会有购买一些纪念品的想法，这些纪念品应该既制造精湛，又有当地民族特色，不是在各地可以随便买到的物件。如此，原汁原味的苗族银饰、服装等，自然会成为旅游者青睐的对象。大园古苗寨的苗族刺绣技艺具有独创性，如果制作工艺精良，价格公道，加上合适的推广，可极大满足旅游者的购物需求。如果能好好地开发利用，大园古苗寨的刺绣工艺就能得到复兴，苗族服饰也能真正地走向全国，甚至走向世界。

事实证明，坚持就会有收获。杨小聪、阳俐春等人的努力正在初见成效。近年，苗族刺绣的市场已日趋兴旺，苗族刺绣的载体也日趋多样，由过去载体的单一性向多元化转变。大园村的刺绣作品种类很多，包括长幡类、道教、佛教等菩萨挂像类；小孩肚兜、被罩、挎包、背包、钱包、桌布等生活用品类；还有山水、花鸟、人物画像等欣赏类。从整个市场看，小件的销售量比大件的走俏，绣法多样的比单一的走俏，纹样经典的比一般的走俏。据传，一些外国游客也慕名前来，对苗族服饰，他们从最初的喜爱发展到收藏，又发展为商品买卖。

振兴苗族刺绣业，首先就要确保地道的手工刺绣艺不会断层。苗族刺绣从古代传过来，都是口口相传，手把手教，没有文字，更没有影像资料，很容易发生文化断层。基于这种情况，阳俐春表示准备将苗族刺绣的一整套技术和方法编写成书，拍成教材片，以便存档。

这些年来，阳俐春已经组织起了一支规模较大的刺绣队伍，带了二三十位徒弟，包括自己的两个孙女，大家一起决心将苗绣做大做强。2015 年考察组走访时，村民们介绍说，目前大园村里已有两位绣娘真正学会了插绣这门艺术，一位是周元桃，另一位是曾冬娇。

2015 年，考察组在大园村实地采访了周元桃。周元桃年近五旬，是一位十分朴实的苗族妇女，她自述作品卖得还不错，小的卖得比较好，因为比较便宜，一般卖一两百元，游客们负担得起。周元桃有一幅很大的作品《大鹏展翅》，标价 6008 元，曾经有游客出价 6000 元，她没有卖，因为绣了几个月，耗时耗力甚多，有点舍不得轻易出手。她的另一幅插绣作品，在国庆节时卖了 3000 元。

除了周元桃之外，其他绣娘技艺精良的作品，小的也能卖到 100 元，大的能卖到三四千元不等。如果收入能一直得到比较可靠的保障，那么绣娘们就能以此为生，长期坚持下去，苗绣工艺就能得以传承并保持创新。等到旅游市场兴旺起来，全村就会有更多的妇女自发地学习刺绣，小孩也会受到熏陶。这样在 20 世纪一度中断的刺绣传统，或许将在大园村重新恢复生命力。

振兴苗族刺绣业，其次还要能够在传统的基础上推陈出新，使得苗绣作品具有更高的鉴赏价值和收藏价值，然后再进行大力推广和宣传，让更多的人知道，得到更加广泛的认可，最终走出自己的一条手工业品商品化的路子。目前，常见的苗族服饰图案通常都比较固定，很多绣娘大多数时候都只是在模仿、复制，创新很少。但是，只有创新才会有发展，从而焕发出更大的生机，这需要绣娘群体的扩大和整体素质的进一步提高，需要文化底蕴的进一步积累和沉淀，

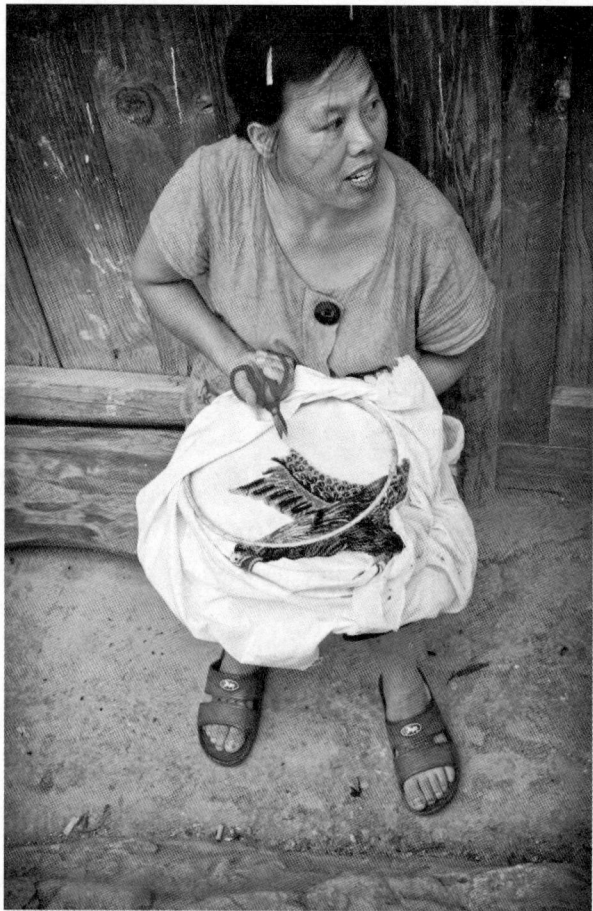

● 大园插绣传人周元桃

需要广大村民们的共同努力。

三、服装加工业

根据《关峡苗族乡志》，大园古苗寨的苗族服饰共有 100 多种，有的雍容华丽，有的古朴端庄，有的粗犷豪放，尤以女装最为丰富多彩，服装上所绣的花样千姿百态、鲜艳夺目。这么美丽的服装，难道就不能打开销售市场吗？

村里的杨小聪曾经特地到昆山的周庄考察了苏绣的发展情况，还到过贵州凯里考察了当地民族服装的开发情况，并在上海与一个进口中国刺绣的德国商人有过接触。根据这位外商对苏州刺绣和大园插绣做的比较，传统的大园苗族服饰和插绣能够很好地体现出民族风情，但是所用材料比较粗糙、质感差、款式较少、不适合真正穿戴，德国商人建议他们在这些方面做一些改进，多用丝绸少用粗布，走更高端的路线。

这些考察给了杨小聪许多启发，让他有了深刻的感受和触动。回到大园村后，杨小聪利用有限的条件，办了一个小型的服装厂。服装厂在传统民族服饰的基础上改造了衣服的用料，使其质感更加舒服。杨小聪还希望摸索着改变其式样和图案，使其既含有苗族特色元素，又符合现代审美观点，争取把民族服装功能从观赏纪念改造成为日常服装，充分发挥苗绣的特色，把民族服装同苗绣相结合，增强服装的观赏性，开发出苗绣壁毯、地毯等产品。

不过，在实际经营中，杨小聪遇到了许多困难。首先，苗族服装并非某个村寨的专利，已经有很多工厂在加工生产，这些工厂经营的时间比较早，经验丰富，规模也比较大，而且实行机械化生产，优势大。因此，大园村的服装厂想要在竞争中获胜就很难。其次，大园村的旅游业在与周边地区的竞争中，并未能处于优势地位，因此服装厂也就难以打开更多销售渠道，经常面临亏损，而资金来源又十分单一，所以难以为继。最后，虽然出于发展旅游业的需要，村民们需要经常穿民族服装，但是因为经济条件有限，多数都不愿意购买，就会来服装厂借衣服，经常是连个字都没有签，衣服就拿走了，有的还借好几套。而大家都是乡亲，碍于情面，服装厂也不便追讨。这样，到 2016 年，杨小聪的服装厂基本就处于关闭状态了。

除了杨小聪之外，村里屠宰户的妻子杨丙翠自小跟随父母学习苗族服装工艺，自结婚后一直在大园古苗寨为寨子里及附近的村庄做服装。杨丙翠在自己的家里开了一个服装店，说是服装店，其实只有一台老式的缝纫机和一张熨衣案板，自己既是老板也是工人。据杨丙翠讲，她从小就跟随母亲学习做衣服，因为苗族服装上的装饰比较特殊，做工也比较复杂，所以能做苗服的人并不多，而自己通过多年的学习和实践，手工已经相当熟练。起初杨丙翠只是给自己的家人及亲戚做苗服，后来寨子里及附近的人都知道杨丙翠会做苗服后，不断有人把布料送给她做。再到后来，寨子里的人连布料都不带，只是把量好衣服的尺寸交给杨丙翠，也就是从那个时候，她开始做起了服装加工的生意。

杨丙翠的服装加工店同样经营不顺利。首先，村里肯买苗族服饰的人本来就少，因此生意不是很好。其次，做服装的利润也很少。因为客户都是自己寨子里及邻村的老乡，做一套苗服包工包料也就是 100 元左右。而为了买到好的布料，她还经常要去邵阳市，来回需要支出车旅费，因此一套衣服最后的利润也就是 30 元左右。杨丙翠做服装加工已经有 10 多年了，由于苗服工艺的复杂及客源的稀少，一个月平均只能做 10 套服装，一年做服装的收入也就只有 3000 多元。

原本，杨丙翠指望大园村发展旅游业后，村里穿苗服的人增多，自己的生意也能跟着有起色，她做的衣服就可以当作一种纪念品来出售，到那时候就可以卖上好价钱了。但实际情况是，服装店里从进布料，到手工、销售，全靠她自己一个人，实在忙不过来，到了最后，就连做服装的质量也难以保证。这样，杨丙翠只好把服装店关闭了。2016 年，考察组到大园村走访时，听说杨丙翠已经搬到城里居住了。

以上两个例子，说明在激烈的服装业竞争中，个体手工业者和小型工厂要生存下来殊为不易。据村干部介绍，近年来，随着旅游业的兴起，大园村一度冒出了 20 多家服装加工的小作坊，然而由于不适应市场，打不开销路，大多数小作坊很快就被淘汰掉了。截至 2016 年，大园村只剩下 3 家刺绣小作坊仍在正常运转。如何走出生存困局，是大园村的服装加工业今后必须要解决的难题。

四、木工业

在大园村，木匠具有重要的作用。为了适应山区地形，大园村民普遍建造"干栏式"的木质楼房。建筑的柱、枋、梁、板壁等构件，往往不用铁钉，全靠木榫、木栓互相穿插或叠搭嵌合，结构紧凑，具整体性和稳定性好的优点。至今，大园村里新盖的房子，仍有不少全木结构。在这样的房子里，家具也多是木材打造的。随着现代化大潮的兴起，木匠的地位虽然有所下降，但仍然是村里不可缺少的存在。不少村民农闲时，都会承揽一些木工活来做以增加家庭收入，但专业的木匠已经很少了。

村里的木匠杨焕忠，是土生土长的大园人，其历代传承师傅是：杨文景、杨文奇、杨晟栋、杨永实。据介绍，这种师傅带徒弟的学习方式是当地的传统，并且一直沿用到现在。学徒的前几年一般是给师傅打下手，这几年没有任何收入。学成后可以出师，也可以继续跟着师傅做，但师傅要付给工钱。杨焕忠用了 3 年时间作学徒工，出师后就开始独闯天下。经过 20 多年的奋斗，杨焕忠已经成为当地远近闻名的木匠，大园与四甲、南庙等村有人要盖房时都会首先考虑邀请他。现在杨焕忠做起了掌脉师傅，即整个木匠团队的一把手。

除了盖房子的木匠之外，村里会制作木制家具村民也有不少。木制家具的广泛使用是大园村的一大特色，由于拥有丰富的森林资源，长期以来，村民们习惯请木匠为自家打制木家具。木制家具的主要用材是实木、人造板两大类木质材料，木材又包括实木锯材和实木板材两类。人造板包括纤维板、刨花板、胶合板、细木工板、层积材等，是木材通过机械加工、胶粘、压合而成的板材或模压制品。而大园村的木制家具制造者主要使用的是实木锯材类，作为其制作的原材料，这样做出来的家具更加环保，而且经济实用，能根据村民们的房屋情况进行定制，设计独特，造型也很精致。

●村民龙喜奎的木制家具

村里的杨焕月木工活做得不错。2008 年 2 月，杨焕月在关峡镇开了一家木制品加工店，主要负责木制房屋的楼梯、扶手的加工。一般加工 1 米的扶梯要68 元，需要将近一天的时间。如果每天都有活，则一个月可以赚 2000 多元。

除了杨焕月，大园村还有杨焕豪、刘光华等几户主要从事木制家具制作销售业的手工业家庭，在关峡镇上拥有店铺，但面积一般不大，以家族经营为特点，规模较小。这几家都有自己的制作机械和车间，可以手工或用机器加工一些小件木制品，如桌子、椅子等。另外还能用机器制作出床垫来卖，但远远不具备商品化的规模。

随着时代的变化以及对外交往的增加，为了适应形势，这几户从制造和销售自造产品，改为以进货销售为主。主要原因是，面对越来越多的竞争者，家具销售这行的价格战越演越烈，如果自己手工制作家具来出售，非常费时费力，除去木材的成本，有时连个微薄的手工费都难赚到，正所谓"吃力不讨好"，这也是他们不愿意扩大自己手工作坊规模的缘故。而且，前来购买家具的村民，只购买单件家具的人很少，一般是刚搬了新房子，需要购买一整套的家具，包括客厅的电视柜，卧室的高低床、衣柜、梳妆柜等。为了适应顾客的需求，店里务求家具种类繁多，桌类、柜类、木沙发、椅凳类、床类等必须应有尽有，这样，效率低下的手工作坊根本就无法满足供货。

不难看出，在时代巨浪的席卷之下，小手工作坊远远不是大型机械化生产的工厂的对手。如今，大园村的家具经营者们都已经改为以进货为主。大多数的木质家具都是从广东、广西直接进货过来的，这些家具的款式比较新颖、时髦，受到村民们的欢迎。只有一些小件木制品，如椅子、桌子等，是木匠们闲暇之余自己手工或者利用机器做的。长此以往，大园村的木制家具制造业将彻底消亡。

而代销木制家具，也很难带动村民们致富。因为销售商一般只能从沿海的家具厂进货，进价不便宜，运费也昂贵，这样成本就上去了。销售的对象基本上是关峡乡各村的村民，这些村民的经济收入并不高，加上如今木制家具行业存在造假现象，买家对红木家具的真伪难辨，一般人不愿意在买家具上多花钱，因此销售商不敢定价太高。以上种种原因，都大大削弱了家具行业的利润。在这样的情形下，绥宁县应该大力鼓励发展本地的家具制造行业，为有志者提供更多的融资渠道，为厂家提供更多的优惠政策。

大园村本地拥有丰富的森林资源，有大量的优质木材，又有苗民们热爱木制家具的传统，完全应该得到合理利用，如果能成立起较大规模的家具生产厂家，并顺应发展旅游业的大趋势，在产品的民族特色、地方特色上下功夫，木匠们就会有更多的用武之地，传统木工业也就能焕发出新的生机。

大园村知名的木工艺还有巧夺天工的翻心木锁，将在《大园的艺术》一章另述。

五、石雕业

石雕技术在大园古苗寨被广泛用于住宅、祠堂、石井、石墓及碑碣上，按其雕刻内容可分为字雕和图雕两种。字雕，多采用质地细腻的青石料，磨平后，在上面刻字，多为阴刻。图雕，多采用质地较硬的青石或花岗岩石料，图案内容丰富，有人物、龙、凤、狮、虎、麒麟、花卉以及云彩、太极等。

以前的石匠主要打石磨，至今大园古苗寨还存有一个石磨。随着时代的发展，石磨逐渐退出了历史舞台，不再是村民们的生活必需品。现在石匠的主要业务便成为打石碑、石狮子、基角石、石鼓等。

据介绍，石碑分为很多种，价格也大不相同。譬如五合碑，定价可以高达上万元，能满足高端客户的要求。而如果打造最普通的石碑就只需要几百元，这样经济比较拮据的村民也能支付得起。最漂亮的石碑叫作双龙抢宝，由一块碑板、一个碑帽、两根石柱和一个底座组成，定价在 3000～5000 元。如果在石碑上刻字，则需要按字数加钱，通常小字 2 元/个，大字则 3～5 元/个。在往石碑上刻字之前，需要请字迹端正的先生事先在碑板上描好，每块碑需要付给先生10～20 元。大园村雕刻的石狮子一般呈蹲立状，刻工精细，线条流畅。如果雕刻石鼓，一般可以做成镂空雕刻，外表雕刻上人物、花卉和怪兽等图案，生动传神，线条虽不及木雕流畅，但更具力度和动感。虽然总的来说，石雕的造价比较贵，但其坚固性和耐用度也绝非木雕能比，因此石雕业在当地仍然具有生命力。

大园村石匠们所用的石料基本上是从邵阳武冈、南桥及贵州黎平等地进货的，价格不菲，一般大的(6.8 尺长、5 寸厚)毛料一块要 300 多元，小的(4.8 尺长、5 寸厚)一块 200 多元。过去，毛料加工基本上是手工作业，石匠要跪着雕刻打磨，往往一天工作十几个小时，经常有砸到手指的情况出现，石屑也容易飞溅进眼睛里，是一个不折不扣的高危行业，非常辛苦。现在石雕业已经机械化了，切、磨、刻都有专门的机器，石匠们普遍购买了手磨机、切割机、刻字机和钻头，不但省时省力，雕刻出来的作品质量比以前也要更好、更精细。不过，切割用的锯片和刻字用的钻头需要经常更换，更换的频率则是视石料的硬度、工时长短而定。

受限于小作坊生产模式，大园村的石雕一般都是由石匠自己设计，自己完成。有时候，也会请外人画稿。虽然由于科技的进步，石雕行业产生了很多新机器，但基本的雕刻工序还与以前一样，大体分为开荒、打细以及打磨三个步骤。

"开荒"也称"开大荒"，就是将石料粗坯凿去多余部分，一直到初具大体轮廓的阶段。开完大荒，要进一步打出体与面关系基本形状，这叫作"开中荒"。接下来是"开小荒"，要加工打到离石膏模型形体约1厘米厚。三个过程有时交替进行，所使用的工具为大、中、小錾子。"打细"是将开小荒余下的多余部分凿掉，重点是刻画形象和找准形体的起伏结构等微妙变化。打细是对石雕像进行艺术处理的重要阶段，使用的工具为齿凿、平凿、石锉等，需要很耐心地精雕细刻。"打磨"则是在打细石雕的基础上，用研磨工具进行打磨、抛光以显示石材的质感，增添石雕作品的光彩。打磨的工具和材料有抛光机、砂轮、砂纸、抛光膏等。这道工序是根据艺术效果需要进行操作的，有时通体打磨，有时局部打磨。

目前，大园古苗寨有几位比较出名的石匠，杨文金便是其中一位。杨文金是大园村远近闻名、技艺精湛的石匠，其雕刻手艺是祖传的，他从16岁开始做石匠，有非常丰富的雕刻经验。因其久负盛名，靖县、通道县、城步县等周边地区的人也会特意过来请他刻石碑。大园村口的石碑就出自杨文金之手。杨文金还有一个弟弟叫杨文忠，也在附近的村子从事石匠行业。

目前，大园村的石料加工已经有了一定的生产规模，但仍然处于小作坊式的生产阶段。真正要实现石雕业的商品化，将其更大范围地推广，大园村还有很长的路要走。

根据实地走访，并参考《关峡苗族乡志》，影响和制约大园古苗寨石雕石材行业发展的因素主要有：

第一，大园古苗寨的石雕业，基本上都采用家族管理方式。这种运作机制成本较低，经营灵活，但也有许多弊端，难以引入外来人才，也缺乏激励机制，不能适应市场经济发展的需要。

第二，石雕业经营者融资困难，难以获得更多的资金支持，也就无法及时淘汰过时的机器设备，采用更新、更先进的技术，更不易形成规模优势。

第三，传统雕刻工艺未能得到保护和升华，削弱了行业整体竞争力。大园村的石雕传统技艺，主要依靠一些石匠世家的存在来维持，但是，仅仅依靠父子相传、拜师学艺的方式，在当今雕刻艺术不断推陈出新、中西结合日臻完善的大环境下，已显得力不从心。在缺乏文化支持的情况下，没有经过系统学习和正规培训的石匠们纵然心灵手巧，要想在日益激烈的商业竞争中保住现有的市场份额，也不是一件容易的事情。

第四，石雕业的经营范围狭窄，产品类型比较单调，多为实用型，如石狮子、石碑等，观赏类的作品很少，因此销售渠道很有限，在新兴的旅游业市场也很难找到自己的位置。如果就此错失时代浪潮赐予的机会，这是很可惜的。石匠们可以尝试进行艺术上的创作，先从制作镂空的、轻便的小型艺术品开始，争取打入旅游市场，树立起自己的金字招牌。如果能受到市场欢迎，就可以进行规模化的生产，最终形成品牌效应，也带动大型艺术品的生产。

第五，村里现有的石匠作坊，大多生产规模相当，一些作坊为了争夺客户而相互削价、互挖墙脚，造成各种档次的石雕产品价格都出现不同幅度的下降，形成了共损的局面。针对以上这种情况，村里可以成立自己的行业联合会，避免石雕产品同质化，消除行业内的无序竞争。各个石匠世家之间，也可以进行一定程度上的合作，争取扩大经营规模，形成市场优势，实现同行之间的双赢。

六、手工业品的发展前景

2016 年，考察组到大园村采访时，村民们对本寨传统手工业的发展普遍持不乐观的看法。总的来说，大园村的传统手工业类型还属于小型的自产自销个体制，规模都比较小。

一个行业的存在，需要一定的群众基础。目前，大园古苗寨仍然有不少木匠，另外还有弹棉匠、石匠等，他们技艺精湛，很多手艺都是祖传下来的，有着丰富的历史底蕴和文化价值，但是在时代浪潮的席卷之下，很难说这些小手工业者还能在激烈的市场竞争中再坚持多久。

幸亏，旅游业的兴起，为手工业者们提供新的发展机会。如今，大园村的插绣、木锁制作等工艺已经被顺利地传承了下来，周元桃等人的插绣作品也得到了市场的认可。虽然杨小聪的服装厂经营不利，但这并不意味着大园村人不能继续进行这方面的努力。从长远的角度来讲，兴办民族服装厂是一件既有利于苗寨发展，也有利于苗族同胞增收的事情。只要开发得当，大园村的传统手工业就可能再次焕发出强大的生命力。

目前，很多村民们尚未真正认识到像苗族刺绣、传统木工这样珍贵的非物质文化遗产的重要性。国内消费者这方面的意识不够，大园村也缺乏充裕的启动资金，国内的市场尚未打开，在国内做相关文化推广活动、做宣传所花的费用与在国内市场所获得收益不成正比。

随着时代变化，传统手工业的市场越来越小，一些宝贵的古老工艺技术流失得也越来越快。譬如苗绣这种民族文化遗产却仅仅只能依赖民间传承，靠少数当地人以家庭作坊的方式进行生产，效率十分低下，销售渠道也很狭窄，处于自生自灭的自然状态，这显然是不够的。而据相关行业人士市场调查，苗族手工绣品的价值，在识货的人那里，就能卖出很好的价格，尤其是外宾乐于作藏品收购，这种状况说明，我们还没有建立起一种有效的产销渠道。

实事求是地说，将民族的文化产业化，发扬光大，不是单靠几个人就能办到的事，只能在时代的大背景下，依靠经济的发展、村民意识的提高、领头人对机遇的准确掌握以及政府的重视等多种因素的共同作用，才可能实现这一远大目标。

第四节　其他第三产业

大园村的产业结构是以第一产业为主，第二产业和第三产业均处于起步阶段。在发展旅游业之前，大园村里从事个体经营的村民极少。除了有两家小卖部勉强维持经营，有几家跑运输业之外，就只剩下两家生猪屠宰户。据介绍，这两家屠宰户收购猪的时候，并不过秤计重，而是与农户直接口头议价，通过协商的方法议定。屠宰户在自己家把猪屠宰后，将猪肉运送到乡镇的集市上去卖。

大园古苗寨地处湖南西部山区，过去交通不便，运输业发展比较缓慢。未通公路前，当地交通主要以人力、畜力运输为主。省道 S221 修建之后，交通才逐步便利起来，由此发展起来出了"慢慢悠"和货物运输。

机动三轮车运输在当地被称为"慢慢悠"，是一种形象的说法，主要从事客运，往返于关峡乡与大园古苗寨及邻近的几个村庄之间。乘车的票价按人按距离计算，通常在 1～4 元，价格比较便宜。省道修建后，道路比较平坦，路况较好，乘坐"慢慢悠"的安全性也得到了提高，同时，由于其可随叫随走，服务便捷，很多村民都愿意坐"慢慢悠"。2000 年后，大园古苗寨从事"慢慢悠"运输的发展到有十几家。

村里的杨勇鹤在 2008 年买了一辆面包车并开始跑出租运输，当时买车花了 4 万多元。来租车的老板基本上是关峡乡做木材生意的人，这些人租车是为了带客人去看山上的木材。绥宁县属于林业大县，周边有很多山地和木材，经常有做木材生意的老板需要客运汽车拉客去山上看货，因此杨勇鹤认为做面包车出租业有前途。

村里也有几家人专门从事货物运输，日常运输的货物种类主要有石头、沙子、木头等，车主主要赚取运费。关峡乡境内有一条巫水河，产河沙较多但缺少碎石。在关峡乡东面的城步县有好几个采石场，石头较多，却缺少沙子。这样，关峡乡在建筑材料方面与临近的城步县就存在了互补关系。村里的杨石长于2008 年 4 月在关峡乡农村信用社申请了贷款，又向亲戚朋友借了钱，加上自己的积蓄，买了一辆由成都王牌汽车公司生产的王牌风神系列的四轮货车，开始从事沙石运输业。每天早上他在关峡乡沙子厂装上沙子运送到城步县，到了下午再从城步的采石场装上一车碎石运回到关峡来。生意好的时候，杨石长每个月平均可以赢利四五千元。

然而随着运输业竞争的加剧，加上各种不确定风险的存在，比如发生车祸、擦蹭，几年后，杨勇鹤和杨石长最后都放弃了这一行，改为外出打工。这说明，个体经济存在很大的不确定性，也说明由于地域经济差异的存在，在外地寻求高回报的工作对村民们仍然具有很大的吸引力。不过，这两年村里又有了新的运输经营户，以杨章杰为代表，主要还是运输砖、砂、木这些建筑材料。

2008 年后，随着大园古苗寨旅游开发的不断深入，其产业形态逐步趋于多元化。村里陆续开办了一些新的小卖部、饭馆、理发店和苗族纪念品商店，但是规模都不大。之后，在政策的鼓励下，村里人开始办"农家乐"，大园村的第三产业才算真正有所发展。

自从兴办旅游业以来，餐饮业在大园村的发展比较快。2009 年，武阳姑娘肖灵珠到大园村租赁了村民杨焕忠的房子开了饭店，当时是大园村唯一的饭店。后来，这里也成为村民经常聚集聊天开会的场所。近年来，随着旅游业的发展，截至 2016 年 7 月，村里陆续出现了 12 户"农家乐"。不过，在相互竞争当中，由于各种原因，这 12 户"农家乐"中只有大约一半经营情况较好。其中，做得最好的农家乐，是近年回乡创业的杨焕瑛办的。另外，农技站的杨文刚，以及石匠杨文金如今也都开办了"农家乐"。

有了这些"农家乐"，游客门来寨里参观完景点之后就可以在此稍事休息，品尝到正宗的苗家土菜。现在村民需要聚餐、下馆子时，无需再特意去关峡乡的饭店里。"农家乐"的兴起也为本村的蔬菜、瓜果、肉类和蛋类销售提供了便利，扩宽了村民们销售的渠道。

几年前，寨内经营的小卖部曾经有 6 家，分别为杨小聪、杨文金、杨章海、杨建新、杨章军和杨永生家，主要经营日用品，目的是满足村民日常的生活需

●大园的餐饮业

求。但因为利润有限，到了 2016 年，村里只剩下了 3 家小卖部。其中，杨文金将他的小卖部改成了"农家乐"，杨小聪的则改为油茶馆。

以上行业的兴起，在一定程度上增加了村民的收入，提高了人们的生活水平。不过，村民们大都是利用自家房屋的闲置空间来经营的，最大的一家也只有三四十平方米，最小的一家只有十几平方米，而且有些店铺只在节假日开门。

除此之外，村里还出现了出租苗服供游客拍照，以及出售纪念品的一些小摊点，还有体验苗家射箭等风俗活动的一些设施。这些摊点通常设在村口和路边。

这些年来，大园村的旅游业发展并非一帆风顺，与之相关的一些行业也存在盲目跟风的情况。而大部分个体工商户，尤其是商店零售业，本小利薄，规模小、品种也少，人们的可选择性较小，商店的收入也少，因此就出现了一些倒闭的现象。

据红网 2015 年推出的《最美少数民族特色村镇》系列报道，近年来，依托苗寨深厚的历史文化底蕴，大力发展旅游经济，带动了传统工艺、种养业和农家乐的快速发展，为村民拓宽了就业门路，村民的收入得到了快速提高。目前，村内有农家乐 11 家（现为 12 家），观赏苗木 400 亩，高品质无核葡萄园 100 亩，优质小水果园 350 亩，油茶林 300 亩，乌梅 160 亩，八龙板栗 120 亩，养殖乌骨鸡 5000 多羽等。村民还将一些传统工艺转化为旅游产品，苗族插绣、服装等都有了一定规模的加工生产。近三年来，依托旅游经济带动的相关产业，大园村年人均增收 1600 元。

总的来说，截至 2016 年，大园村的第三产业有所加强，但是从所占比例上来说，从事个体经营的村民仍然很少。除了旅游业不够发达，客源不足之外，主要还有三个方面的原因：一是劳动力和人才大量外流，外出务工的人太多；二是村民们的经商能力不够，大部分的村民文化水平不高，商业思想和眼光有很大的局限性；三是资金短缺，前期资金积累困难，增加了村民们发展个体经济的难度。针对这些问题，村里可以依托附近乡镇的人才培训基地、转移劳动力培训中心等机构，积极培养本地的优秀人才，并建立各种激励机制，激发和保持人才创新和创业的热情，其中最重要的就是扩大融资渠道，完善各种配套的优惠政策，使得人才愿意留下来，并且留下来后能够有所作为。

第五节　大园的消费

消费水平是反映经济情况的重要指标。大园村民的消费情况可反映出村民的生活水平和经济收入状况。

清代乾隆版《绥宁县》载：彝人（泛指苗族等少数民族）穿衣"自染自缝""买卖无契约，刻木为凭"；瑶人"采购麻皮织为布""耕山而食，鬻薪为业""蓬头跣足，垢面裸体"。民国九年（1920）四月十四日《大公板·绥宁现状纪实》载：少数民族"衣裳不耻滥褛，食物不嫌蔬瓜"。旧时，大园村人的生活普遍艰难，有这样一段顺口溜为证："天晴三天遭旱灾，下雨一天成涝灾，进屋一头猪菜一头柴，有女莫嫁大园来。"

党的十一届三中全会以后，农村实行家庭联产承包责任制，大园村民们的生产积极性空前高涨，乡党委、政府及时帮助农民调整产业结构，鼓励农民大力发展高效生态农业，加之大批的农业优良品种和农业技术的推广，使大园村的农业生产连年增产增收，人民群众的生活发生了显著变化。

一、村民的人均收入

按照《中国传统村落档案·大园村》中的数据，大园村的村民2014年平均收入仅为600元。按《大园风物志》，2013年，大园村的人均年收入在1000元左右。在其他一些相关档案上，填写的村民年平均收入亦为700元或1000元不等。

《关峡苗族乡志》第103页上有一张关峡苗族乡1982—2011年人民生活情况统计表，记载着历年来的全乡人平均纯收入。其中，在1982年的时候，全乡人平均纯收入仅97元，到1990年已经上升为996元，到1995年为1219元，2000年则增长为1632元，2005—2011年，这个数据一直稳定增长，分别为：1979元、2133元、2297元、2389元、2615元、2617元、2718元。

考察组2015年到大园村访问，村干部介绍说2012年全村的人均收入少于980元，到2015年，人均收入仍少于1300元，2016年则预计少于1500元。

针对各种人均收入数据的矛盾之处，考察组曾询问过村干部，得到的回复是计算方式不同。比方说，大园村有许多年轻人在外地打工，他们在外赚的钱可能会寄回家，那么计算人均收入时是否将这一部分计算在内势必会造成结果的不同。此外，大园村虽然是贫困村，但不排除个别村民很富有，如此一来纸面上的平均值是否能真实反映村民的收入水平是个疑问。村干部还特意提到，有些人计算收入时，将村民正在饲养的家禽或牲畜都折算成当年的收入加入计算，这是不妥当的。

那么，大园村的年人均收入究竟是多少呢？既然各种看似权威的数据也互相矛盾，我们当然也无法给出定论。不过，我们可以从一些侧面加以考量。

据2012年出版的《关峡苗族乡志》，全关峡乡一共有电话手机9198部，汽车451辆，电视机5117台，电冰箱4072台，电脑725台，安装自来水的一共4072户，使用太阳能的是100户。而关峡苗族乡在2000年时全乡的总人口是21304人。从这些数据，我们能够观察到关峡人的实际消费能力。

另有数据显示，孩子们通常就读的大园小学幼儿班每年的费用要1300元，小学则为1400元，目前大园村基本上每户都有至少两个孩子，每户都能保证小孩完成九年义务制教育。这样看来，人均收入600元乃至1300元的数据可能是低估了。

结合上述各项数据来看，还是《关峡苗族乡志》上所记载的2011年全关峡乡人平均纯收入 2718 元的数据比较接近现实。当然关峡乡的消费能力并不能完全等同于大园村的消费能力。而且即使按照这个数字来看，大园村的经济仍然十分不发达。

必须强调的是，在村民的消费支出中，医疗和教育的费用占了很大的比例，一些家庭因为要供养两个孩子读书而致贫甚至欠债。如果说因供孩子读书欠债，村民们至少还能有个指望，那么因病致贫对一个家庭来说就几乎是致命性的打击。如果有关部门能进一步减轻人们教育和医疗上的负担，则对村民们来说幸莫大焉。

二、大园村的物价水平

大园古苗寨位于关峡乡政府所在地东部，距乡政府仅 1 公里多一点，距绥宁县政府所在地 19 公里。关峡乡三天两头有市集，每逢集市，卖衣服、食品、农具等的商贩都会在路边摆摊。集市上商品种类繁多，一般家庭日常生活所需用品几乎应有尽有。大多数时候，村民们都会在关峡乡的集市上购买一家所有需要的日用品。空余时，一些村民们还会到县政府所在地长铺镇的商场里去购物。因此，大园古苗寨村民们所承受的物价，基本就由这两个地方的价格水平来决定。大园村内的小卖部所出售的商品种类偏少，价格也与关峡乡基本相当。

(一) 食物的价格

"民以食为天"，食物的支出对一个家庭来说是必不可少的。近年来，各种主食、蔬菜、水果、肉类、蛋类的价格都涨了不少。所幸大园村大多数家庭都种地，很大程度上减轻了村民们在这方面的支出，只有少数外出打工或劳动力严重不足的家粮食、蔬菜不够吃，需要经常到关峡乡的粮店集市里购买。

2008 年夏季，中央民族大学的师生曾经到访关峡乡，当时调查的数据是关峡乡的稻米价格为 3 元/公斤，糯米一般为 4 元/公斤，玉米 1.6 元/公斤。至 2016 年夏季，考察组到访时，关峡乡的稻米价格已经涨至 5 元/公斤，糯米一般为 7 元/公斤，玉米 5 元/公斤。粮价的上涨，让很多大园村民在接受采访时庆幸自家有田地，不用像城里人一样买粮食。

大园村的蔬菜类食物种类较多，主要包括茄子、豆角、土豆、黄瓜、丝瓜、西红柿、青菜、韭菜、白菜、甜笋、苦笋、萝卜、青椒、尖椒、丰收瓜、南瓜、冬瓜、黄豆、金豆、四季豆、豌豆、芋头、卷心菜、芹菜等。2008 年夏季的时候，关峡乡上各类蔬菜的价格大致为：茄子 1.2 元/公斤，黄瓜 1.4 元/公斤，豆角 2.6

元/公斤，洋白菜 1.0 元/公斤，土豆 1.6 元/公斤，洋葱 1.4 元/公斤，青椒 2 元/公斤等。至 2016 年夏，关峡乡的茄子已经为 8～6 元/公斤，黄瓜为 7 元/公斤，豆角为 10～5 元/公斤，洋白菜 6 元/公斤，土豆 7 元/公斤，洋葱 10 元/公斤，青椒 6 元/公斤。"8～6 元/公斤""10～5 元/公斤"等价格波动反映的是蔬菜刚上市时与正当季时价格的差异。

对比旧数据，可知这些年来关峡乡的蔬菜价格大涨。在这种形势下，大园村民们采取的对策是自家多种蔬菜，避免出现大日子时家里蔬菜不够吃的情况。夏天大部分村民都无需购买蔬菜，在满足自己日常需求之后，还会有多余的部分拿到集市上出售或卖给村里的饭店。冬季天气较冷，大园村没有大棚菜，尤其是在春节等节日，村民无法自己种植蔬菜或自产的蔬菜不能满足需要，就会到关峡镇上购买。

大园村人消费的水果种类很多，包括梨、李、桃、柿、西瓜、柑橘、苹果、香蕉、芭蕉、甘蔗、樱桃、芒果、菠萝、荔枝等，夏天尤以西瓜、李子最多。2008 年夏季的时候，关峡乡水果多为 1 元/公斤，冬季的时候，水果的价格会贵很多，猕猴桃为 5 元/公斤，柑橘 2 元/公斤，栗子 6 元/公斤等。至 2016 年夏，几乎所有的水果都上涨了不止一倍。据了解，2015 年冬天的时候，关峡乡的猕猴桃为 12～16 元/公斤，柑橘 5 元/公斤，栗子 10 元/公斤。基本上，大园村每家都会种点儿果树，但是毕竟自产的种类有限，村民们要吃到更多的水果，除了向同村种植果树多的村民购买之外，就是上集市购买。对水果的涨价，村民们多有微词，认为"吃不起了"。

在大园村，蛋类和肉类的消费也主要由村民自给自足。逢年过节，村民们也会到集市上购买一些，但数量不多。2008 年夏季的时候，关峡乡上的猪肉零售价格为 20 元/公斤，牛肉为 40 元/公斤左右，土鸡公鸡肉为 25 元/公斤，母鸡肉为 28 元/公斤，饲养厂的鸡肉相对较便宜，为 20 元/公斤，鸡蛋 7 元/公斤，鸭蛋 9 元/公斤。蔬菜、肉类、蛋类等的价格也会随着季节、供应量多少等因素的变化而变化。寨里肖灵珠所经营的饭店，店内素菜的价格为 5～10 元/盘，肉菜的价格为 15～18 元/盘，炖鸡、炖鱼较贵，为 30～50 元/盘。

2016 年夏，猪肉的零售价格为 32 元/公斤，有时因为肉的部位不同价格略有不同。牛肉为 80～96 元/公斤，土鸡公鸡肉为 35～50 元/公斤，母鸡肉一般要再贵 10 元，饲养厂的鸡肉相对较便宜，为 35～40 元/公斤，土鸡蛋 2 元/个，1 公斤差不多 18 个，土鸭蛋 1.5 元/个，差不多 7 个/公斤。值得注意的是，或许是由于当地养鸭多于养鸡，鸡蛋的价格比鸭蛋要高不少。除此之外，草鱼18元/公斤，泥鳅44元/公斤。前面说过，关峡镇上的菜馆，普通荤菜一般15元/份，素菜10元/份。2016年夏天调研组在大园村的农家乐用餐，点了三荤二素，每样菜的分量都比较足，一共花费156元。

除了这些，我们还可以再观察一下关峡乡超市里的食物价格：205克×12伊利牌安慕希希腊风味酸奶65元/提，汤圆水饺8.5元/斤，火锅鱼丸11.8元/斤，冷冻鸡爪9.8元/斤，奶香馒头15元/包，寿桃包5元/包，银鹭好粥道黑米粥48元/提，士力架巧克力2元/根，900克金领冠婴儿配方奶粉2段售价159元，900克伊利中老年奶粉售价98元，散装核桃单价52元/公斤，散装花生单价20元/公斤，散装海南瓜子单价50元/公斤，大今野红油爆椒牛肉方便面3元/袋，大今野老坛酸菜牛肉面3元/袋，康师傅劲爽拉面方便面4.5元/包，干荔枝单价52元/公斤，1350克裕湘家庭蛋面15元/包，500克锦程腊八豆13.8元/瓶，285克自家剁辣椒4元/瓶，200克海藻盐2.5元/包，500克天然海盐5元/包……

以上价格数据，和其他地区差别不大。过去运到关峡乡的日用品的价格往往比别处要稍微贵一点，如今交通方便了，物价也就持平了。

(二)衣饰的价格

大园村民的衣饰消费，主要可以分为传统苗族衣饰和现代汉族衣饰。随着旅游业的兴起，一些村民开始自己缝制或者购置民族服装，或者找裁缝店量身定做苗服。还有些村民为了省钱，遇到需要穿的时候就向别人租借苗服。

现在已有专门从事苗族服装生产的企业，以机器为主，衣服可以批量生产。手工精心缝制的苗族服装针脚细腻，绣在衣服上的图案栩栩如生，无论质量还是价格都要远远高于机器生产的衣服。一套纯手工绣成的衣服可卖几百元，甚至上千元，而一套服装厂生产的成人衣服售价在120元左右，儿童服装在80元左右。

民族传统服饰方面，主要是帽冠部分比较贵，需要花100多元。一般买来的成品帽冠，一般都是用铝或者锌制造的，乍望去也是银光闪闪，灿烂夺目，足以满足一般节日活动之需。姑娘们平时所佩戴的项圈，一般也是铝制品，售价在80～120元。至于手镯、耳环等小件饰品，很多姑娘就会选择真银，价格在20～200元。因为这些传统服饰只有过节或演出时才穿，不属于易消耗品，通常一个村民买齐一套就够了，所以并不算很破费。

● 美丽的苗家服饰

    大园村民原本在历史上就属于熟苗，自从建国后，交通日益方便，与外界来往日益频繁，很多汉族的生活习惯已经在大园古苗寨得到广泛的普及，尤其是衣着方面。现在村民们日常所穿的服装外表来看，与平常汉族人无异。不过，相对于少数民族，一些书里习惯性地将目前汉族人平常穿的衣服称为汉族服装，是不严谨的，毕竟这类的服装几乎全世界各地、各民族的人都在穿。现代服装最初是从西方舶来的，尤其是 20 世纪 80 年代改革开放之后，随着现代化进程的加快，中国人的服装日益受到国际潮流的影响，绝大多数早已不含任何汉族传统服饰的元素。一些观点认为，世界的女装发源地是巴黎米兰以及后起之秀伦敦，男装发源地则是东京和纽约。在信息大爆炸和崇尚自由贸易的今天，国内备受追捧的许多服装品牌都来自国际上，国内的一些服装品牌也正在走向世界，这些怎么能算是汉服呢？因此，当代通行的服装只能说是平常的现代服饰，它不具备民族性和地域性的特点，不能叫作汉服。各民族都穿上现代服装，是全球化浪潮下民族之间进一步融合的必然趋势。

    平时比较小件或便宜的衣服，大园村人通常在集市上购买。关峡乡集市上的衣服价格，和中国西南部大多数地区差不多，根据不同的档次，一件婴幼儿夏服 10～30 元，冬天的婴幼儿服视材质、功能等的不同，价格在 30～100 元之间，大童的服装还要稍微贵一点。成年人的 T 恤、衬衣 15～60 元，牛仔裤 30～100 元不等。姑娘们穿的裙子价格波动比较大，根据材料和款式不同，价格在 15～120 元之间。至于成年人的冬装，如羽绒服、棉服等，村民们则往往愿意多花点儿钱，到长铺镇的商场里去精挑细选一件好的。

在关峡乡的集市上，婴幼儿夏天的鞋子 10 元就能买到一双，冬天的则要 15～30 元；大童夏天的鞋子 15～50 元/双，冬天的保暖鞋 25～100 元/双。成年男女夏天的鞋子 10～100 元/双，冬天的鞋子则要贵很多，一般卖 60～200 元/双。村里的姑娘们还会购买各种发饰、头绳来打扮自己，孩子们也经常需要买些文具，这些小件的价位多是 1～20 元。至于孩子们的玩具，随着种类越来越多，价格多是 1～120 元。大人们往往会隔上一段时间，才给孩子们买一件比较贵的玩具，平时就买小件的几元或者一二十元的玩具。

关峡村的衣物比长铺镇的商场要便宜很多，这也是大家乐意赶集的原因。商场里的衣物讲究名牌，价格少则几十元，多的上千元。由于大园村一般每家都有两个孩子，孩子们长得快，经常要更换鞋子、衣物，而大人们又都喜欢把孩子们打扮得漂漂亮亮，再加上每逢过年时，一家人都希望能够穿新衣迎新年，所以总体来说，大园村人在服装上的支出并不少。

（三）住房消费

大园古苗寨的村民建造房屋有很多的讲究。动工之前，村民们首先需要和"地理先生"商量，择定吉日，到欲建房的土地上进行勘测。勘测时需要带上罗盘等专用勘测工具，将户主的五行和生辰年月与所建房屋的土地方位等进行相合测试，如果相合，则可以建房，如果不合则需另觅他处。相合之后还需为户主确定出所建房屋的方位、朝向、大门口所处的位置等。确定完这些之后，要根据户主的五行和生辰年月确定吉日吉时进行祭祀，祈求以后住在这块土地上的人可以免煞。祭祀所用的供品包括 3 根蜡烛、1 瓶酒、2 升米、礼炮，另外还需要至少半斤肉。整个勘测的过程，包括聘请地理先生在内，大概需要花费 200 元。

村里的木工杨焕忠介绍，如果是建造居住性的房屋，他一般会带领 6～7 人的团队，1～2 月修完；如果人少一些，建造的时间就会多一些。目前，包吃的情况下请一个人一般是 100～150 元/天，包括一天三餐、烟和酒等；不包吃的情况下一般一个人是 160～250 元/天。

在大园村盖房子，木料相对便宜，由此降低了盖房子的成本，减轻了农民们的负担。很多村民承包有林地，可以选择性地在自己承包的林地上进行砍伐，这样大大节省了木料上的费用。不过，砍伐了之后必须进行造林抚育工程的建设。若自己没有承包林地，则可以从其他村民处购入木料，一般直径20厘米的木料一根为100多元，每立方米为400～500元。

建一栋二层楼的木制房屋共约需长梁木12根，短木15根，还需要4～5立方米的木材。把这些全部买齐的话，大约需要1万元。盖一栋房子约需雇佣5～6人，费时1～2个月。工人需要把木头加工成板状，然后再将木板贴在一起。为了防潮，现在各家的地面都铺成水泥地，30平方米左右的房子约需水泥500公斤，每袋50公斤约20元，总共约需200元。建房工人的工资一般为160～180元/日。一个月的时间房屋基本可以盖好，人工工资约4万元。再加上其他各类开支，建造一栋二层楼的木制房屋，约需6万元。

对原有的房屋进行修缮的工程可大可小，相比较建房而言，费用较低。修缮房屋一般包括加贴木制墙板、铝合金门窗、铺榕木地板等。装修过程中大约雇佣3～4人，每人每天120元，共7天约3000元。修缮费用根据村民装修房屋面积的大小和档次的高低而有所不同，一般是一两万元。

（四）日用品的价格

据关峡乡最大的超市"喜洋洋购物中心"2016年7月的物价：

362飞科剃须刀售价118元，FS719飞科剃须刀售价88元，580克正格营养燕麦片售价30元，点点被罩108元/床，各色床单59～68元/条，实爽纸尿裤XL码42元/包共18片，清风牌面纸5元/包，维达80片婴儿柔湿巾17元/盒，4片装苏菲夜用卫生巾9元/包，普通白地印花瓷碟2.5～3.5元/个，百信毛巾13.8元/条，惠多地垫42元/条，小型收纳桶12.5元/个，儿童吸管保温杯48元/个，不锈钢保温杯108元/个，透心爽柠檬味黑人牙膏13元/支，黑人健齿幸牙刷6.8元/支，蓝月亮洁牙刷6元/支，200克百年润发洗发液15.5元/瓶，800克蒂花之秀洗发露36元/瓶，400毫升夏士莲多效护发洗发露套装32元/瓶，105克云南白药金口健牙膏18元/支，佳洁士防蛀修复牙膏15.5元/支，亿美搓澡巾6元/条，珍珠多层钢沙锅119元/个，浩特电饭锅88元/个，电热式干鞋器18元/个，4千克立白洗衣粉32元/袋，舒肤佳香皂5.5元/块，50度邵阳大曲48元/瓶。

● 喜洋洋购物中心

（五）家用电器的价格

大园村人普遍使用各种家电，包括电视机、电冰箱、手机、洗衣机、空调、电风扇、影碟机等，其中大多数都是在结婚时一次性购买。据调查，每对新人在结婚时购买电器的消费在 12000 元左右。

家用电器小件可在关峡乡买到，如电风扇等，大件则需到长铺镇才能买到。不同的家电价格悬殊。市面上常见的小风扇一般是 40~50 元，大的 100 多元。根据不同的牌子，电视机从 1000 多元到 4000 多元的都有，常见的宽屏液晶电视机 2000 元左右，一般村民家里的电视机的价格范围多是 1000~3000 元/台，有极少数生活条件较好的家庭，购买了等离子电视，价位在 5000~9000 元/台。普通冰箱的价位在 2000 元左右，大容量的储物冰柜，价位在三四千元以上。基本上，村里每家都购买有电饭煲，村民们使用的电饭煲价格多是 100~200 元。少数家庭装有窗式空调，价位在 2000 元左右。由这些数据来看，大园村民们多数青睐的还是经济实用的产品，不会盲目追求牌子货。

如今，大园村民们普遍拥有手机，价格多是 300~2300 元。一般来说，中老年人购买的手机会便宜些，只要结实、能用就行了，而年轻人购买手机时对性能要求会比较高一些，喜欢拍照效果好、上网速度快的手机，因此所购买的手机相对而言就会贵一些。条件好的村民家里还乐意购买组合音响，价格多是 600 ~ 2500 元。

（六）生产资料的价格

大园古苗寨的农业是主要的支柱产业，农业生产资料也就成为主要的生产资料。每年，村民们都会在稻种、化肥和农药上支出不少的钱。饲养家禽的村民，还必须为家禽购买疫苗注射。

寨里的稻田主要分为两类：一类为用于生产水稻的普通稻田，一类为专门育种的育种稻田。两类稻田对生产资料的要求主要体现在种子和管理过程中农药的使用上。普通稻田的稻种为市面上出售的稻种，10 ~ 15 元/公斤，而育种稻田的稻种则是袁隆平研究出的种子，20 ~ 30 元/公斤。少数种植水平高的农户，一般一亩地需要种子一斤半左右，而大多数一般农户则要 3 斤甚至更多的种子。如果按照一斤 60 元计算，每亩光种子成本就要 180 元以上。

在种植过程中，还会使用农药、化肥等生产资料，农药多为 10 元/瓶左右，化肥主要包括复合肥和尿素，复合肥的质量也略有差别，价位是 80 ~ 95 元/袋，尿素多为 98 元/袋，有时价格会略有不同。种植过程中育种稻田所需施用的化肥、除虫的次数也较多，与普通稻田相比，花费也较大。寨里种植的其他作物如玉米的种子多为 10 元/公斤左右，西瓜的种子为 50 元/罐。有的家户地多，水稻插秧时需要雇人，价格一般为 60 元/亩，由被雇佣者自己带牛，稻谷成熟之后雇人收割的工钱为 60 元/天。

（七）其他价格

村民们一般都有自建的房子，因此盖好房子后，在住的方面基本就不用再花钱。村民日常出行工具主要为三轮车、面包车和客运大巴。从大园古苗寨到关峡乡及邻近村落主要乘坐三轮车，又称"慢慢悠"，按人按距离收费，每人 1 ~ 5 元。到邻县、邵阳、长沙等需要乘坐客车或长途大巴，价位相对较高，到邻近各县票价是 5 ~ 20 元，到邵阳 43 元/人，长沙 144 元/人。由于交通不便，大园村民出行的成本相对较高。寨里也有出租面包车的家户，租车费用通常是 200 元/天，汽油费、高速公路过路费等由租车人承担。村里很多的年轻人都外出打工，如果过年回家，乘坐火车往返的费用为 300 ~ 500 元。

大园村一般每家每户至少有电灯、电视机、冰箱、电风扇、电饭煲等电器。

冬天用电稍少，每月用电量约30度，夏天每月用电量在40度以上。电网改造之前，村里的电费较贵，为1.2元/度，每户每年的用电消费在500元左右，村民们普遍都认为电费太贵了。之后，电费下降为0.588元/度，但只限于每个月50度以内，超过50度就是1元/度。这种定价，目的是鼓励节约，杜绝浪费。每个月50度的限额对一般的家庭来说基本够用了，自此，村民们在电费上支出减少。但是村里有些办农家乐的，一个月的耗电量远远超过50度，旺季时可达几百度，对他们来说电费开支就比较大。

至于自来水的水费，前面说过，在大园村，每户每个月使用的自来水如果不超过5吨，就按照每吨0.5元的收费标准，超过了要按照每吨5元的标准收费。不过，大园村民在如何节约自来水上很有心得，许多村民仍然使用摇井和河水，所以普通居民在水费的支出上很小。

村民的通信消费包括移动电话消费和固定电话消费。移动电话普及之后，村民安装固定电话已无需手续费，只要交纳话机的费用即可，但即使如此，寨内现在固定电话的用户也比较少。据村民自己估计，固定电话的消费每月在30元左右，每年约300元。移动电话消费相对较多，每月在40元以上，尤其是寨里的年轻人在空闲时常常发短信或长时间电话聊天，每月至少50元，多则可达上百元，甚至几百元。平均测算，一部手机每年的消费在700元左右，很多家户都有两部甚至更多部手机，消费则成倍增长。总体估计，每户每年的通信消费在1500元左右。

日常生活中其他的消费还包括柴、油、盐、酱、醋等生活用品的花费和儿童日常的零花钱等。目前仍然有村民们使用薪柴，有的家庭专门出售柴火，价格为10元/50公斤，一个家庭每月约需百斤，约10多元。油、盐、醋等日用品每月约需20元。综合计算，每年的日用品消费在400元左右。儿童的零用钱每家每户不太一样，少的每个孩子平均每天1元，多则平均2~3元，因为有两个孩子，一年下来约需800元。

此外，关峡乡的理发店，一般理发价格10元，但是如果提供绣眉等服务，则收费是40元起，做头发最贵的也能超过100元。农忙时，大园村民有时会请人帮忙收割、插秧，人工费是160元/天，包吃，还要发烟。

三、节日消费

大园的节日很多，几乎每月都有，除传统的苗族节日外，还融合了许多汉族的节日，主要包括正月初一春节、三月三踏青节、四月初八"四八"姑娘节、五月初五端午节、六月初六半年节、七月十五鬼节、八月十五中秋节、九月初九重阳节、十月二十六日祭祀祖宗节、十二月初八腊八节。其中尤以春节、"四八"姑娘节、祭祀祖宗节、重阳节的庆祝活动最为隆重，相应的消费也就最多。

(一)春节消费

无论是在城市还是在农村，春节消费支出是每年家庭支出中最重要的部分。虽然春节是汉族的传统节日，但是多年来，大园村的村民都将春节视为重要节日之一。

在大园村，每年的腊月初八就开始准备过年所需的各项物品，一直到除夕，每天都在忙碌中度过。初八腌制过年所需的腊八蒜，初九打豆腐，初十打扫房屋……还要杀猪宰鸡，集市上买衣服、瓜子、糖果、爆竹等，没有养猪的家户就在集市上至少买二三十斤猪肉，用于春节食用和腌制腊肉等。综合统计春节期间每家买东西所需花费：全家的新衣服1000多元、猪肉约300元、蔬菜约100元、瓜果约100元、零食约100元、爆竹约100元，总计2000元以上。由于村民一般喝家里自酿的米酒，因此买酒所需的花费较少。除夕祭祀完祖先之后，家人围在一起吃团圆饭，开开心心地迎接新一年的到来。

大年初一晚辈要给同家族中的长辈拜年，长辈给晚辈压岁钱，彼此相互祝愿。长辈根据与晚辈血缘关系的远近给10～200元不等的压岁钱。初二要拜外公，这天，嫁出去的女儿要携同女婿、子女带上礼物回家给父母拜年。吃饭时，如果已出嫁的女儿尚未有子女，则女婿要坐主位，如果女儿有了子女，则女儿的子女要坐主位，这是苗族的独特传统，体现出父亲对女儿的重视。外公给自己的外孙压岁钱一般在100元以上，近年开始涨到200元。初三之后，各家根据情况自主安排走访亲戚的时间，直到正月十五元宵节。元宵节又称为上元节，正月十五舞龙灯，正月十六日送龙灯，这两天几个村寨的村民聚在一起庆祝，热闹非凡。整个春节过完，压岁钱的支出少则二三百，多则1000多元。综合计算，全家整个春节的消费在3000元左右。

(二)"四八"姑娘节消费

"四八"娘姑节又称乌饭节，是为了纪念女中豪杰杨金花而流传下来的节日。据大园村民们说，前几年，只有大园等杨姓苗族过这个节日，为了促进大园旅游业的发展，县政府把"四八"姑娘节定为一项重要的旅游文化活动，号召附近的村民参加，并提供人力、财力等各种支持以增加该节日的影响力。如今，每年的

"四八"姑娘节都办得又隆重又热闹。办这样的节日，能够发扬民族传统，保护民族文化，增加旅游的看点，扩大大园的知名度，因此节日期间，村民自愿捐钱捐物，购买肉菜，摆流水席，招待四面八方的来客。各家的花费不一样，通常在100～500元之间。

● "四八"姑娘节宣传牌

（三）祭祖节消费

六月初六和十月二十六日都是祭祀祖宗的日子。六月初六是村民公认的祖先"飞山圣公"杨再思的生日，十月二十六日则是他去世的日子，这两天村民都会举行活动缅怀祖先。

六月初六这天又被称为"半年节"，相比较而言，庆祝规模较小，由寨里集体举行。村里负责人买好蜡烛、水果等供品，还要杀一头整猪，摆在飞山庙的庙堂中央，猪头朝向圣公塑像，象征着繁荣昌盛，另外要杀公鸡一只，鸡头也朝向圣公像，被称为"晒龙袍"。村民也可以将自己的供品放在供桌上，表达自己对祖先敬重、缅怀之情。

十月二十六日的祭祖活动规模较大，前后要举行3天。在节日之前，寨里也有捐款活动，捐款最多的家户的主人被称为头名会首，主要是负责祭祖当天的卜卦活动，为村民发放所求的签文等。村里从十月二十五日开始祭祖的准备活动，由负责人安排各项具体工作，如派人买菜、肉、烟、酒等，安排祭祖当日流水席的服务人员。还要请师公来颂唱、跳傩舞，一般请两个人，每人每天的工资为50元，连唱3天。十月二十六日是祭祖正日，这天村民都会争先恐后地祭祖，祈求圣公保佑全家平平安安，心想事成。村民来吃斋饭需出25元的香油钱，用于修缮飞山庙，如果不吃饭，出5元即可。流水席的饭菜相当丰盛，有鸡鸭鱼肉、米粉肉、籽粑、豆腐等，还有自酿的米酒，过去每桌的费用约200元，现在已经涨到400元了。据村民估计，流水席的桌数在80桌左右，共约3万元。服务人员有15~20人，也需要支付工资，每人每天50元，再加上师公的费用，共约3000元。其他的还需买祭品、贡品、鞭炮等共需约1000元，其他一些零散支出共约1000元。整个祭祖活动下来约需支出4万元。

（四）其他节日消费

三月三踏青节，在大园村通常是儿童的节日，这一天陪孩子们出去玩后，村民们经常会做好籽粑、汤圆、肉等丰盛的食物全家一起吃，一家人过得热热闹闹。五月初五端午节，大园古苗寨的村民要进行祭祀，食用由糯米和荷叶包的粽子，亲朋之间还会互相馈赠。这两个节日的花费都不多，各家各户视自己的情况，开支个几十元、上百元的都有。比较花钱的是重阳节，这一天村里人往往要聚餐，有时会由村委会出面，组织专门的慰问活动。具体开支多少，要视在饭店摆多少桌而定。

除了节日，还有生日。在大园村，如果有人过60岁以上的大寿，通常要摆30桌，总共花费1万~2万元。低于这个数字，就说明这个人这辈子比较失败，儿女也不孝顺。总要把寿宴办得风风光光，才能称得上皆大欢喜。

四、生老病死消费

（一）婚恋嫁娶消费

2008年中央民族大学的师生走访大园村时，收集了一系列的数据。当时在大园村，青年、特别是男青年花费在恋爱期间的费用在2000元以上。俗话说，无媒不成亲，现在即使两个自由恋爱的人，如果决定要结婚，也需由双方父母共同商量指定一个媒人，婚前请媒人到双方家中走一趟，完成说媒的程序。说完媒，接下来就是见面，男方需准备几百至几千元的见面礼。然后是聘礼，大约折合人民币3000元。接下来是彩礼钱，根据各家的情况，从4000到10000元不等。最后是办结婚酒席，每桌费用约100元，一般的家庭要摆席30桌左右，每桌至少12个菜，折合人民币约3000元。整个结婚过程下来，总消费约3万元左右。

2016年，随着物价上涨，大园村的男青年如果想要结婚，通常总消费12万以上。无论是恋爱期间花费，见面礼，还是彩礼，都比过去统统翻了好几倍。除此之外，现在新人普遍要拍婚纱照，要置办金首饰，开支都不小。而酒席费用前面说过，已经涨到400元一桌，通常宴请两边的亲朋好友，至少要摆上二三十桌，否则就会脸上无光。

除了这12万元的开支之外，结婚往往还需要准备新房子。一句话，结婚是一件非常昂贵的事情。在这样的形势下，对一个农村家庭来说，供养一个儿子长大并赞助他结婚是异常沉重的负担，这就是为什么如今村里许多人不希望生两个儿子，也是现在大园村里至今还有那么多单身汉的原因之一。

（二）生育消费

生育消费包括从怀孕到婴儿的出生，再到满月这一段时间的总支出。大园古苗寨村民比较注重优生优育。妇女怀孕之后，就会加强营养，以满足胎儿生长的需要，根据每家每户情况的不同，整个孕期营养费用总计可达2000～5000元。

村民现在生孩子一般都在医院里。接近预产期时，孕妇就会住院待产。从住院到孩子出生后出院通常时间为一周左右。顺产的费用较低，约需1000元，如果剖腹产则费用较高，能达到2000～3000元。除此之外，孩子满月时，家里也要宴请宾客，庆贺添丁加口。一般家庭都要摆十几桌，所需花费在3000～5000元。

（三）医疗消费

村民日常治病的途径主要有两种，一种是相信传统的苗医，让草药医生治病；一种是请西医看病，即请通常所说的医生治病。

虽然现在有农村合作医疗，但是西医看病消费仍然较高，看一次病少则十多元，多则几十、上百元。又因为报销的条件限制较多，村民通常小病在村诊所拿药，大病才到乡、县的医院进行治疗。由于苗药比较经济实惠，很多村民有病仍然找苗医。

据村干部介绍，在大园村，普通村民如果没生大病，每年的药费支出平均在400元左右。要是家里老人较多，则医药费支出也相对较多。村里有些人家，每年的医药费支出在1000元以上。要是遇到大病，就需要支出上万甚至好几万。

一些村民因此放弃治疗，或者采取保守治疗的方式。

除了医疗费用之外，教育支出也是大园村家庭消费中的重点，关于教育消费，在后文另辟一节专门说。

（四）丧葬消费

在大园村如果是老人去世，一场葬礼下来至少也要花费3.5万元，少于这个数字，则会被认为不孝。

整个丧葬仪式的程序比较复杂，当老人去世之后，家人首先要花费200元钱请地理先生进家，安排逝世老人棺木的停放位置。地理先生根据死者逝世的日期测算出适合下葬的日子，并选择坟墓的朝向。还要请道士做道场，念经超度逝者，道场要一直做，直到逝者下葬。同时，还需给逝者买寿衣、寿帽、被子、枕头、内衣和7套衣服。通常棺木在家里的停放时间为3天，如果没有合适的下葬日子，就只能一直停放下去。一副棺木从几百到几千元不等，根据户主的经济情况决定使用何种棺木。在下葬之前，家主还需负责道士、地理先生和帮忙人员等的饮食。

到下葬的当天，有辞亲、入棺、出殡、上山、入土等几个程序，最后道场结束，地理先生要全程参与。结束之后，家人要回家待3天，3天之内不能出门。3天后，亲戚朋友会给逝者的家人送财，这实际上是一种表达安慰的方式，家人要负责管饭，答谢亲朋好友，一般也会开上几十桌。过去，这样一场丧礼办下来需要花费五六千元，但随着物价上涨，现在至少都要三四万元了。有的家里的亲戚朋友较多，送财多时可以抵补整个丧葬活动的支出。

五、其他消费

和汉族一样，大园村人际交往消费的名目繁多，如亲友生了孩子要给婴儿送庆生礼，若收到婴儿的满月酒、百天酒或周岁酒的请柬要去赴宴，亲友盖房子搬新家要送乔迁礼，有办丧葬的要送财安慰。过去，这些礼物以实物为主，如丧事中，亲戚可送米、鸡等物，邻居主要送烧纸等。喜事时，可以送鸡鸭鱼肉，也可以送新娘子衣服、银制的饰品等。新娘的朋友会送一些特别的礼物，如手工制的衣服、帽子等。给新生婴儿送礼，可以送幼儿的衣物等。

但是现在，村民们普遍以送钱为主，送实物也可以，但只能作为礼钱的辅助，并不能因此减少现金上的支出，否则就会被认为小气，不符合潮流，或者不值得来往。过去，礼钱从10元到上百元不等。一般的邻里关系送10元或20

元；血缘关系较近的送 50 元或 100 元即可。到如今，一般的朋友至少也要送 50 元，关系亲近的则必须上百元，如果是至亲好友，就要视酒席的重要性送 200～500 元，甚至更多。像亲侄子、亲外甥结婚，至少得随礼 1000 元，还有侄子、外甥过生日，都少不了花钱。

曾经，大园村人有感于人情上的支出太多，还呼吁过要移风易俗，但如今，大家都已经对这些习以为常了。

第四章

大园的旅游业

2014年6月，大园古苗寨入选"十二五"时期全国少数民族特色村寨保护与发展村寨名录。同年12月，大园古苗寨被评为国家级传统村落。在这样的大好形势下，随着知名度的不断提高，大园村正在积极发展当地的民俗旅游业，把旅游业作为带动大园村经济发展的特色主导产业来抓，力争使之成为新的经济增长点。

第一节　大园旅游业的意义

发展旅游业，特别是文化旅游，对大园村而言具有重大意义。

第一，大园村的实际情况是地少人多，耕地的开发潜力很有限，通过大规模的农业发展带动全村经济不现实。村中工业基础几乎为零，周边地区也没有成规模的工业基地，处于深山环绕之中，想要依靠工业促进经济发展，难度也非常大。与之相反，大园古苗寨风光优美，其自然环境尚未受到现代工业污染，又拥有大量的古代文物、遗迹和具有民族特色的文化传统，旅游资源十分丰富。

第二，将资源消耗低、环境污染少、能够促进就业的旅游产业作为绥宁的支柱产业加以发展，是绥宁县提升县域经济，并发展成为生态大县的重要途径。大园古苗寨开发旅游业，符合绥宁县乃至湘西南的发展政策导向，容易得到政策扶持。

第三，目前大园村周边地区的旅游业正处于高速增长阶段，其浓烈的旅游氛围和集中的目标群体为大园村的市场宣传提供了十分有利的条件，使得在大园村发展旅游业更具切实可行性。湘西本是湖南省重点开发的旅游区域，绥宁县北有张家界风景区和吉首凤凰风景区，东面有贵州省的黔东南州，南面靠近广西桂林，都是旅游业火爆的地区。更近一些的有绥宁县内的国家级自然保护区黄桑和相邻的武冈县的云山自然保护区，这两地的旅游业也正在如火如荼地发展着，必然会给大园古苗寨带来扩散效应。而且，周边地区每年吸引的游客数量增长太快，已经超过了这些旅游景点的承载能力。在这种情况下，就容易有大量的客户群体从这些旅游点溢出。大园古苗寨完全可以挖掘和利用自己的特色，吸引周边的游客资源。

第四，除了溢出的客户群体之外，周边景区的发展历程也可以为大园村提供发展思路和教训。特别是有些已经开发的景区，由于缺乏经验和合理的规划，陷入了经营困境，为大园村旅游开发提供了前车之鉴，为大园村充分发挥旅游业后发优势提供了可能。

第五，大园古苗寨地处山区，林业资源丰富，长期以来依靠林业作为经济支撑，产业依赖度高。但是在经过长期采伐后，原始天然林越来越少。为了保护有限的天然林，最好的途径就是发展旅游业，通过经济利益的激励作用增强村民们保护环境的意识，提升村民们保护环境的意愿。

第六，发展旅游业也能够促进文物保护工作的有序进行。大园古苗寨保留下来的大量文物需要修缮和维护，但由于经济基础薄弱，后续资金严重缺乏，文物保护工作进展迟缓。只有通过利用现有的保存较好的文物进行旅游开发，促进村民增收，让村民看到保护文物给他们带来的实际利益，再从这些收入中拿出一部分继续做文物保护的工作，才能使得保护文物的工作进入良性循环的轨道，长期有效地坚持下去。

第七，发展旅游业也有利于保护大园村的民族特色文化。通过发展旅游业可以借助文物和文艺活动来展现民族文化，让外来的游客更多地了解苗族的历史，感受苗族文化的内涵和魅力，并且让古老文化在与外来文化的碰撞中积极吸取现代元素，促进文化创新，与时俱进。这样才能真正地保护和发展民族文化，使得大园古苗寨祖先们所创造的文化与时俱进，焕发新的生机。

第八，目前，农村青年外出打工者不断增多，留守村的现象严重，引发出一系列尖锐的社会问题。但如果在本村的旅游市场就能脱贫致富，还能照顾老人和孩子，平时还能兼顾田地，一举多得，村民们又何必离乡背井地去奔波呢？发展旅游业，有助于将本村的年轻人留下来，破解"留守村"的困局。

综上，积极发展旅游业，依靠旅游业来促进经济腾飞，对大园村民来说非常现实，极具可操作性，值得在这上面花大力气投入。大园村应该坚定不移地抓住历史时机，努力发展自身，在快速发展的旅游市场中占据一席之地。

第二节　大园旅游业的基础工作

在大园古苗寨发展旅游业的想法最早是从文物保护工作中产生的。村里的能人杨小聪，高中文化，曾经在县水利局当司机，也曾经下海经商，走南闯北去过很多地方。长年在外跑运输使他见多识广，人际关系广泛，也正处年富力强之时，有强烈的带领村庄发展的意愿。回到家乡后，杨小聪知道村里成片的老房子、石头路以及庙宇钟楼都有文物价值，应当保护起来，但村民们却觉得这些破旧的东西不足为奇，并不爱惜。为了改善居住环境，很多村民对窨子屋任意改造，或者干脆拆了旧屋重新盖起了砖瓦房，还有的在古色古香的老房旁搭起了偏屋。短短十几年里，窨子屋里的水泥地、仓楼边的瓷砖墙，和吊脚楼上的防盗窗越来越多，严重损坏了古苗寨原有的风貌。村里本来有一座古老的钟楼，2000年的时候，居住在里面的村民打翻了蜡烛，救火不及时，整栋钟楼都被烧毁了。

杨小聪看到这些情况后非常痛心，他渴望改变现状，但是凭着一己之力是很难完成文物保护这项工作的，于是他号召村里的有识之士一起行动起来。这样，大园村逐渐形成了一个有10人参与的文物保护小组，包括杨荣生、杨焕名、杨章荣、杨广生、杨国强等人。其中，杨国强曾是关峡乡联校校长，杨荣生则是关峡乡中学的老师，在村里称得上德高望重。这些人后来成为文物保护小组的核心力量，积极为村庄的发展出钱出力。为了考察其他地方的文物保护和旅游开发情况，杨小聪曾几次自费到贵州和上海考察，是村里文物保护和旅游开发的积极倡导者和领头羊。

文物保护小组一方面做村民的工作，另一方面，发挥杨荣生老师"笔杆子"的作用，撰写关于村子里古迹的材料，写完后，由杨荣生和杨小聪一起递送到县里各个机关单位去，希望能够得到政府相关部门的重视和扶持。县文物局收到资料后，派人去大园古苗寨实地考察。不久，大园村被确定为县级文化保护单位，从此，大园村的文物保护工作走出了坚实的第一步。

随着前期工作一步一步取得成效，在旅游开发和文物保护的问题上，村民们思想也逐渐统一了起来。大多数村民能够积极主动地参与到文物保护和旅游开发的各项活动中去。文物小组的努力，为大园古苗寨的进一步发展奠定了坚实的基础。

原来村里每年的十月都有祭祖的活动，按规矩要舞草龙、跳傩舞，祈求祖宗护佑，保平安、顺风雨。后来由于没有人组织，筹集经费困难，已经很久没有开展了。杨小聪等人觉得可以借祭祖和"四八"姑娘节等节日的时机，把传统文化恢复起来。

十年前绥宁县城里曾经有一个苗家管乐队，原来的队长杨庆民（《大园古苗寨》里有时写作杨庆名）就是大园村的人。杨庆民在县里的文艺界有一定的人脉，杨小聪找到他商量这个事情，杨庆民答应了下来。这之后，杨小聪负责总协调，杨庆民负责文艺宣传，杨荣生负责写材料，杨国强负责财务，杨文淼、杨广生负责修缮和后勤，文物小组的工作开展得有声有色。

2009年2月底，湖南省委书记在绥宁县调研，并顺路到大园古苗寨考察。

随后，省文物局、省旅游局和省民宗局的领导纷纷来到大园村调研。省旅游局下拨 5 万元给大园古苗寨作为音响设备开支，县民宗局拨 4.4 万元作为筹办"四八"姑娘节的费用补贴，并通知要求全县 14 个苗族乡都要派队伍来参加这一盛大节日。杨小聪等人在这段时间里加紧宣传，统一村民的思想，鼓舞大家的热情。2009 年 5 月 2 日，农历四月初八，大园古苗寨的飞山庙前热闹非凡。县里和省里的各个单位以及周围 6 个村子的村民都受到了邀请，各地来宾总共有 1 万多人。对山歌、跳傩舞，各种各样的民族节目表演一直持续到太阳落山。自此，大园村声名在外。

2014 年以来，为了进一步发展旅游业，村委会开始注重呵护游客的旅游体验，开始在苗寨内外设立各种各样的告示牌，有导游性的，有介绍性的，有提醒性的，苗寨越来越像一个正规的景区。

2016 年 5 月，为了迎接"四八"姑娘节，村委会在后龙山活动广场搭建了戏台。虽然连日遭雨，戏台仍在四月初八前夕按时完工，并立即举办了第一台晚会，提升了游客的游览体验。大园村在文化旅游的道路上又前进了一步。

第三节　大园村的旅游资源概况

大园村民风淳朴，阡陌交通，鸡犬相闻，一派田园牧歌景象，具有桃花源里的意境，被誉为"中国画里的乡村"。古老的苗寨与青山秀水融为一体，犹如一幅幅美丽的中国山水画，令人赏心悦目。大园村地处荣山这块丘陵岗地，背靠郁郁葱葱的后龙山，寨前一条清澈的玉带溪流，由东向西环绕而过，沿溪流冲积呈条带状的平地，是稻浪翻滚的千亩良田。

大园村没有工业污染，山泉甜美、空气清新，村里村外触目皆绿，足可以称为"绿色之洲""天然氧吧"。山上保存有树龄在 300 年以上古松树 1000 多棵，有不少珍奇树木，还常有野山羊、獐、穿山甲、野鸡等动物出没其中。大园村的风速不大，年平均风速 1.2 米/秒，属于 1～2 级风。走在寨子里常常感觉那蹭在脸上的微风，温馨柔和，身处这样的环境中，令人心旷神怡。这一切，都能带给游客们美好的感受。

大园古苗寨历史久远，传说三国时期，蜀国的大军曾经在此驻扎，现在村里还留有养马坡、孔明古井等遗迹。大园村是纯杨氏部落，苗寨前仍保留有嫡祖杨光裕墓和飞山庙，作为举办祭祀活动的场所。目前，大园古苗寨已被评为三星级景区，村内值得游览的古建筑除了窨子屋大型建筑群落之外，还有飞山庙、

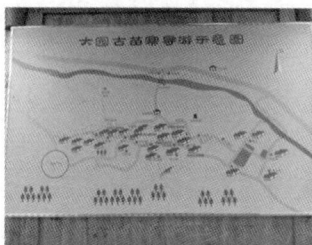

▲ 苗寨导游示意图（2015年以前）

苗寨导游全景图与旅游服务指南 ▶

▼ 景点说明牌（2015以前）

景点说明牌 ▼

▼ 指路牌

景区花果，请勿采摘 ▼

▶ 爱护环境，当心落水

▼ 保护竹笋公告

游客高峰期的敬告牌 ▼

▶ 线路和危房改造临时通知

▶ 民俗活动说明牌

● 村里各式各样的旅游告示牌

水口庵、鼓楼、土地庙、三鳢堂、燕子屋、杨光裕墓、单拱券石桥、古井、寨门、凉亭、古店铺、古驿馆等，此外还有诸多文化遗迹。

根据《中国传统村落档案·大园村》的记载，目前大园村全部传统建筑物占村庄建筑总面积的93%，仍在使用的传统建筑物的比例为96%。现有国家级文物保护单位数量1个，省级文物保护单位1个，县级文物保护单位1个，已经公布的历史建筑38座，历史建筑物的完好比率达90%；国家级非物质文化遗产数量1个，省级非物质文化遗产数量1个，县级物质文化遗产数量3个。

行至大园古苗寨大门，游客能看到一块湖南省民族事务委员会2010年元月颁发的"湖南省少数民族特色村寨"牌匾，还有一块"绥宁县大园古苗寨原生态博物馆"的牌匾。村口张贴着"大园古苗寨导游示意图"，顺着该地图的指引步入村寨，游客们就好像走进了一座古老的迷宫，曲径通幽，纵横交错的铜鼓石巷道四通八达，不知何处是尽头。四周尽是青砖黛瓦，沧桑古朴，五步一楼，十步一窨，扑面而来的全是浓厚的历史气息，让人恍然置身明清时代，不知今夕何夕。

湖南省文物局主编的《2008年度湖南省第三次全国文物普查重要新发现》里有署名为绥宁县三普办所写的对大园古苗寨的介绍：大园古苗寨位于绥宁县关峡苗族乡，共有窨子屋300多间，现在保存较好的窨子屋26座，天井26口，占地面积78230平方米，砖木结构，山墙飞檐翘角，院内用铜鼓石或鹅卵石砌成各种花纹和图案，窗户栏杆等处木雕采用镂空木雕技法，主题雕饰为蝙蝠、仙鹿、桃树、喜鹊，象征福禄寿喜。

同年，国家文物局主编的《2008年第三次全国文物普查重要新发现》里，刊载了湖南省绥宁县文物局对大园村的介绍说明：古苗寨的特色在于保存成片的具有两三百年历史的窨子屋和吊脚楼，连仓楼在内总数达到50座以上，共有房屋300多间，天井30余个，建筑总面积在2万平方米以上。

据杨荣生提供主要资料、邵阳学院走读乡村文化绥宁调研团2013年编辑的《大园风物志》，大园古苗寨内现有保存比较完好的古建筑窨子屋34座，共有房屋335间，仓楼41座552间，其中有26座窨子屋还带有天井，建筑占地面积一共达到78231平方米。另有古旧木房正屋145座1446间，仓楼166座1254间，建筑占地面积约10万平方米。大多数窨子屋有300年的历史，其中有两座有800多年的历史。上述数据也被《全国历史文化名村大园》完全引用。

按《中国传统村落档案·大园村》所附的中国历史文化名镇名村申报表所

述，大园村古民居群主体建筑由多座四合院和三合院组成，其中房龄最长的到2013年有849年，还有四条总长2900多米的铜鼓石铺墁的巷道，现存古建筑物总面积38200平方米，历史建筑完好比率为90%。

2013年6月9日签发的《绥宁县人民政府关于恳请批准我县大园村为第六批中国历史文化名村的请示》（绥政呈〔2013〕63号，签发人赵逢春）里，指大园村里有48座砖木结构的三合院或四合院民居等，现有古建筑物总面积为38200平方米，还有四条总长7800米的铜鼓石铺墁的巷道，并指大园村的古建筑群迄今已有上千年历史。

针对以上数据不统一的情况，2016年，考察组特意请教了村里的杨荣生老师，得到了部分解答。杨荣生说，"我的数据都是自己一间一间数过的"，强调了《大园风物志》所记录数据的精确性，并且指出，38200平方米这个数据，主要指砖木结构的窨子屋，而78231平方米这个数据，是窨子屋加上纯木结构的其他古建统计所得。另外，对于考察组只在苗寨里发现32座窨子屋的情况，杨荣生也做了解释，指另外2座窨子屋位于大园村8组的严塘和肖家坪，虽同属大园村，但其实不在古苗寨内。考察组遂前往严塘和肖家坪实地考察，确实发现了这两座窨子屋，其中一栋至今仍然有人居住。至于其他一些资料所载数据为何不统一，或与测量方式及其他一些因素有关。

除了各处旅游景点，大园村还拥有丰富的非物质文化遗产。这座充满历史气息的古老村庄，不但保存有自身传统的民族特点，而且至今居住着大量的村民，全村300多户1300多人，只有30多户居住在苗寨外邻近地区。人入苗寨，恍若来到一座天然的、生动的历史博物馆。

大园古苗寨的音乐舞蹈历史悠久，自古大园人便能歌善舞，歌舞的形式丰富多彩。大园村的挑花、插绣、竹艺、万花茶、银饰制作等工艺美术，瑰丽多彩。大园村的草龙舞、铜钱舞、傩戏、斗春牛等活动独具特色。大园村是苗族巫傩文化发源地之一，现今这里的巫傩文化还保存得较为完整。

苗族"四八"姑娘节是这里最热闹的传统节日，又叫乌饭节（乌饭是一种用树叶染成黑色的糯米饭），已被列入国家级非物质文化遗产保护名录。每年农历四月初八，大园的杨氏族人要举行各种隆重的仪式，并将已出嫁的姑娘接回娘家过节，吃乌饭，跳苗舞，吹木叶，对山歌，唱傩戏。届时，四方八面的游客如潮水般涌来，场面热闹非凡。除了苗族"四八"姑娘节外，大园村主要民俗文化活动还有六月六山歌节、师公脸壳戏、苗王背媳妇等。

大园苗寨物产丰富，有乌梅、八龙板栗、野生灵芝、香菇、竹笋、桐油及各种水果、名贵药材等，有名贵食疗珍禽雪花乌骨鸡、黑羽乌骨鸡、黄麻羽乌骨鸡等，有铜鹅、铜鸭和山羊、土花猪等美味佳肴。苗族人素有"食不离酸"之说，大园村的苗家酸菜多达20余种，另有各种干菜如腊肉、猪血丸等，可以令游客大饱口福。在这里，游客们还能品尝到苗家的传统食物，如苗家竹篮米粉肉、飘香的油茶、精美的工艺万花茶、香醇的米酒，还有各种干笋、野菜多达50多种。

逢旅游旺季，大园村的活动广场上就会有村里的文化宣传队表演节目，其中有反映先民祭祀活动的傩戏，有反映"四八"姑娘节历史渊源的戏剧和话剧，还有反映恋爱场景的对山歌大赛等，这里还会举办一些游客参与性较强的团体舞蹈和抓山鸡等活动。晚上，这里会举办篝火晚会，留宿在村里的游客都可以参加，体会苗族的风土人情，分享苗民的喜怒哀乐。

以上种种，都极大地提升了大园村的旅游价值。

第四节　大园的窨子屋

如大园村填写的中国历史文化名镇名村申报表中所说的，大园古苗寨的古建筑群时空跨度大，类型丰富，整体布局依然保留着原有形制，它不仅是一本难觅的湘西南少数民族地区鲜活的乡土特色建筑年谱，还是一处活态的、没有围墙的、广为世人赞叹的自然环境与人文历史实物博物馆。

步入大园古苗寨，但见四周房屋绵亘，鳞次栉比，这就是窨子屋了，其木雕石刻、窗花、彩绘等多姿多彩，特色鲜明，与石板巷道协调统一。

窨子屋又称一颗印，是湘黔赣一带的特色传统建筑，形似四合院，多为两进两层，也有两进三层或三进三层的，三层上南北间有天桥连通。总体结构是外面高墙环绕，里面木质房舍，屋顶从四围成比例地向内中心低斜，通过对空间的压缩，使内院地坪缩小成为一个小方形天井，可吸纳阳光和空气。一般外门入口都不太大，但是很方便。实践证明，这种建筑确实外墙坚固，既安全可靠，又能用于储藏，保温性较好，冬暖夏凉。

窨子屋的墙面上爬满了年代久远的斑驳苔藓，有些窨子屋的墙砖上还雕刻着康熙十年、乾隆贰拾贰年、道光五年等字迹。房屋之间既有封火墙相隔，又有铜鼓石巷道相连，院内互相钩连的屋檐水沟全部用青石条砌成，窗花雕刻精美绝伦，具有很高的旅游观赏价值。

天井是整个院落的中心，是休憩、聚会、嬉玩的场所，地面皆用铜鼓石卵石、片石铺成。天井四周是台阶，全部铺宽厚的青条石，侧面同样用青条石板镶嵌。每到雨季，屋顶四周的雨水便哗啦啦顺流到天井里，形成四水归堂的格局。天井有往外排水的暗道，雨水和废水从天井边的封眼口流入一条看不见的阴沟里再向外排放。

● 杨焕佑、杨焕明、杨进美等窨子屋大院

堂屋的门口经常悬挂四方天灯，四面有字，分别是"风调雨顺""国泰民安""杨""四知堂"等字。这是因为，大园村的杨姓族众相信东汉太尉杨震是他们的祖先，而《后汉书·杨震传》里有杨震清白自守，拒绝馈赠的事迹，挂出意为"天知、地知、你知、我知"的四知堂的堂号，就是为了纪念一身正气、清正廉洁的先辈杨震，也以其四知的事迹鞭策族人，并效法其清白家风。

中堂屋内供奉着神龛和列祖列宗的牌位，左右有对联，如左联"金炉不断千年火"，右联"玉盏常明万岁灯"。屋内地板用三合泥铺成，即用石灰、黄泥、熟糯米，搅和匀透、捣平夯实。中堂的门窗全部采用镂空、浮雕工艺，饰之以花鸟，最多的是蝙蝠、仙鹤、喜鹊和梅花，象征着福禄喜寿。

正屋两边是吊脚楼结构的厢房，门窗镂有松竹梅兰等图案，间以丰荷瘦菊，每间屋子都有一架木梯，以便通达上下。厢房底层则放置农具什物，豢养禽兽。

大园村现有的窨子屋，其结构形式大体相似。譬如传说当年设有"以游书

● "四知堂"灯笼

屋"的上窖子屋大院，保存得相当完整。

● 上窖子屋大院

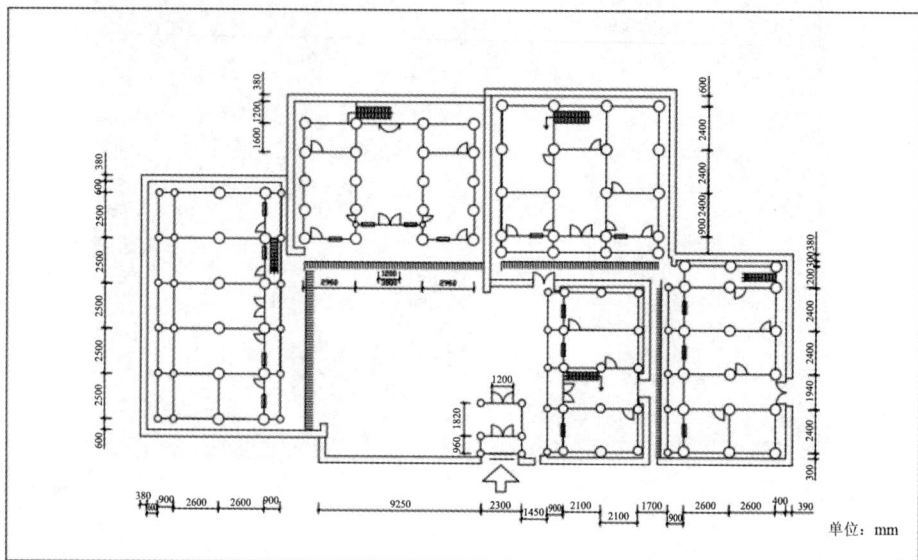

单位：mm

• 上窨子屋大院测绘图

大园村的风水先生言，大园村是船形，自从昌质、昌禹、昌协三兄弟定居此处后，300多年来，族人团结一心，患难与共，风雨同舟，待分门立户，居住拥挤，就往外筑新居。房屋与房屋之间既有封火墙相隔，又有铜鼓石巷道相连，各家各户之间相对独立，而又血脉相通，充分显示出了族人之间的亲密融合，又展现了杨氏特色的世外桃源况味。

第五节　大园主要旅游景点

大园村选择了旅游业作为未来的主要发展方向，同时作为一个全国历史文化名村，大园村的旅游业毫无疑问必须主打文化旅游。

大园村内现有旅游景点40余处，大致可分为四类：一是古建筑群，如苗寨里元、明、清时期的古建筑群，盘上、新屋里等建筑群，还有年代久远的土砖屋等。二是文化遗迹和建筑，如苗寨外沿的飞山庙、水口庵、古拱桥、诸葛亮井、惜字塔遗址等；苗寨内的杨氏宗祠遗址、十一台阶、铜鼓石巷道、杨光裕墓、古驿道、古商铺、古驿栈、鼓楼、秀才屋、苗王屋、神秘屋、美德屋、善人屋、军官屋、燕子屋、三鳣堂、四知堂等。三是村民的活动聚会场所，如苗寨牌楼、老大门、凉亭里、后龙山广场等。四是近年新开发的旅游景点,如随着湖南卫视《爸爸去哪儿》剧组入住而更名的一些房屋,有星阙宅、常乐屋、永和楼、中间屋子等。

其中第四类景点有些已被开发为农家乐,和第三类一样,成为游客常聚集之地。根据游客们的需求来看,可能第四类景点人气更高;不过若从文化旅游的角度出发,前三类景点的价值无疑更大。当前,大园村已经得到政府认可的文物主要分为古建筑、古井、古桥、古驿道、古墓、水系、山体等七类,这些文物最早始于宋代,现大多保存较好,少数保存良好(依不同评判标准也可能得出不完全一致的结论),如表4-1所示。

表4-1 大园古苗寨文物一览表(部分)

类别		内容	保存现状	备注
古建筑		元明古建筑群	较好	0.1594 ha
		明清古建筑群	较好	0.4005 ha
		清朝古建筑群	较好	1.0482 ha
	其中	三公同心路	好	宋代
		三鱣堂	好	
		燕子屋	较好	
		杨馥琛号店铺	较好	
		上泮里店铺	较好	
		凉亭	较好	
		驿馆	较好	
古井		水井	较好	
古桥		单拱券石桥	较好	
		寨门(一)老大门口	较好	
		寨门(一)大坪前亭	较好	
古驿道		铜鼓石巷道	好	宋代始建
		石板桥里	好	
		湾里	好	
		凉亭里	好	

类别	内容	保存现状	备注
古墓	杨光裕墓	较好	宋代
水系	玉带河	较好	
山体	后龙山古树群	较好	

　　大园村的旅游景点，大多在古苗寨内，星罗棋布于村寨之中。为了让游客在游览苗寨时不至于在纵横交错的铜鼓石巷道上迷乱了眼睛，古苗寨近年来先后绘制了两张导游图。两张导游图的主要差别在于 2015 年后使用的新版导游图加入了上述第四类景点，地图更精美但因所列景点过多而略显杂乱，对于文化旅游而言还不如旧版导游图一目了然。

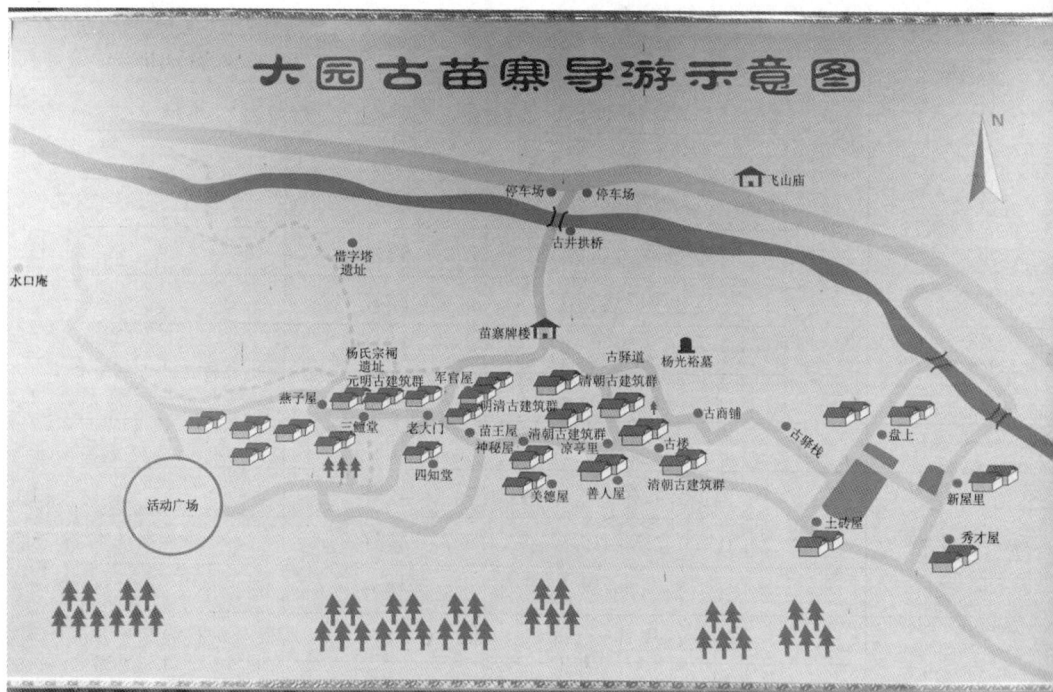

• 大园古苗寨导游图（旧版）

一、水口庵

水口庵位于大园古苗寨西边，在后龙山和立脚山中间的田垅里。"水口"一词常用于风水之学，是指水流的入口和出口。古人认为水流会影响气场，水主财，所以特别注重水口，将之看作保护神和生命线。水口庵位于大园、四甲、南庙、凤凰四村的水口之地，传说文殊菩萨曾在此地现出法相腾云驾雾而去。于是当时民众在此修建水口庵以镇水口，并纪念文殊菩萨曾降临此地，表达人们的忏悔之心、拜佛行善之心。此庵"文革"时期被毁，现已修复多年。庵内供奉如来佛祖、文殊菩萨、观音菩萨、普贤菩萨、阿弥陀佛、弥勒佛、唐僧等佛像，并供奉玉皇大帝、十八罗汉、关公等。据访，现今村民多在二月十九日与六月十九日来此参拜，以老人居多。

• 水口庵

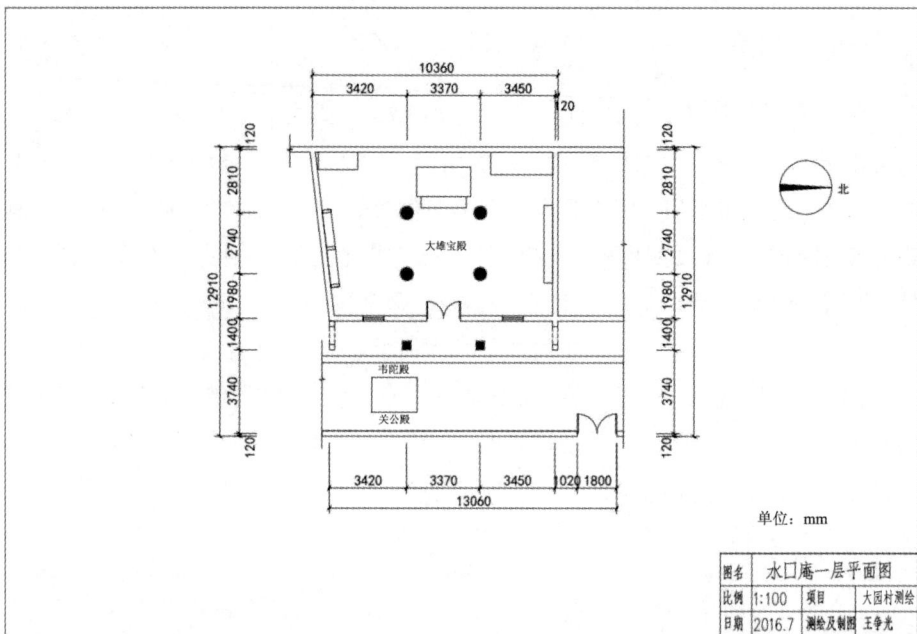

图名 水口庵一层平面图
比例 1:100 项目 大园村测绘
日期 2016.7 测绘及制图 王争光

单位：mm

· 水口庵一层平面图

二、大荣飞山庙

大荣飞山庙建于宋仁宗嘉佑年间（1056—1063），是祭奠杨氏嫡祖杨再思的庙，以杨再思的玄孙杨显安为首修建。飞山庙坐落在燕子岩主峰脚下，背山面水，坐北朝南，占地面积约680平方米，庙的西边有一株千年古松柏。"文革"时期，飞山庙被毁，改革开放后修复。每年农历十月二十六日，大园村及周边地区都有飞山庙祭祖的传统。飞山庙的横梁上有皇图巩固字样和太极图案，并有修建人杨进明和杨文寿的名字。

三、古拱桥

位于大园古苗寨门口的石拱桥，又称单拱券石桥，古朴美观，且坚实牢固，建于北宋，历经千余年仍保存完好。拱桥是连接苗寨大门至公路的必经小道，寨中常兴土木，载沙石的汽车、挖土机等从桥面无数次碾过，均安然无事。这座古拱桥还是著名电影《那山那人那狗》宣传海报的主要背景内容，出现在全国乃至世界各地。

• 大荣飞山庙

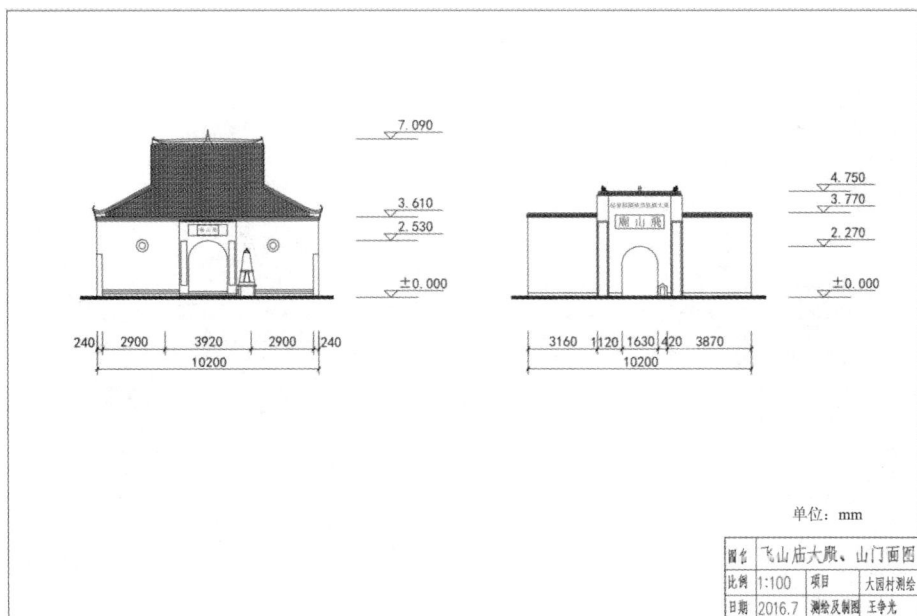

7.090

3.610
2.530

±0.000

240 2900 3920 2900 240
10200

4.750
3.770

2.270

±0.000

3160 1120 1630 420 3870
10200

单位：mm

图名	飞山庙大殿、山门立面图		
比例	1:100	项目	大园村测绘
日期	2016.7	测绘及制图	王争光

• 飞山庙大殿山门立面图

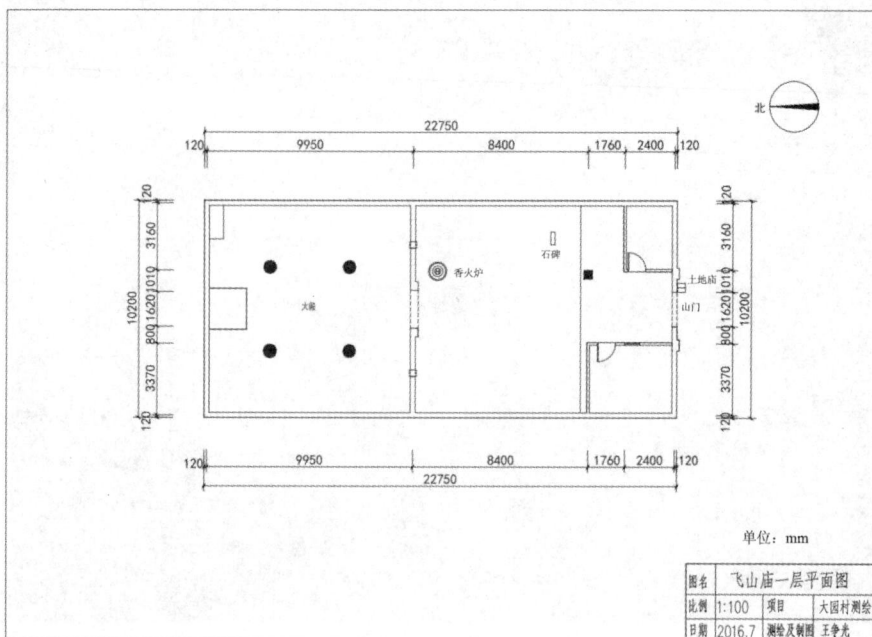

北

22750
120 9950 8400 1760 2400 120

石碑

香火炉

大殿

土地庙
山门

单位：mm

图名	飞山庙一层平面图	
比例	1:100	项目	大园村测绘
日期	2016.7	测绘及制图	王争光

• 飞山庙一层平面图

• 古拱桥

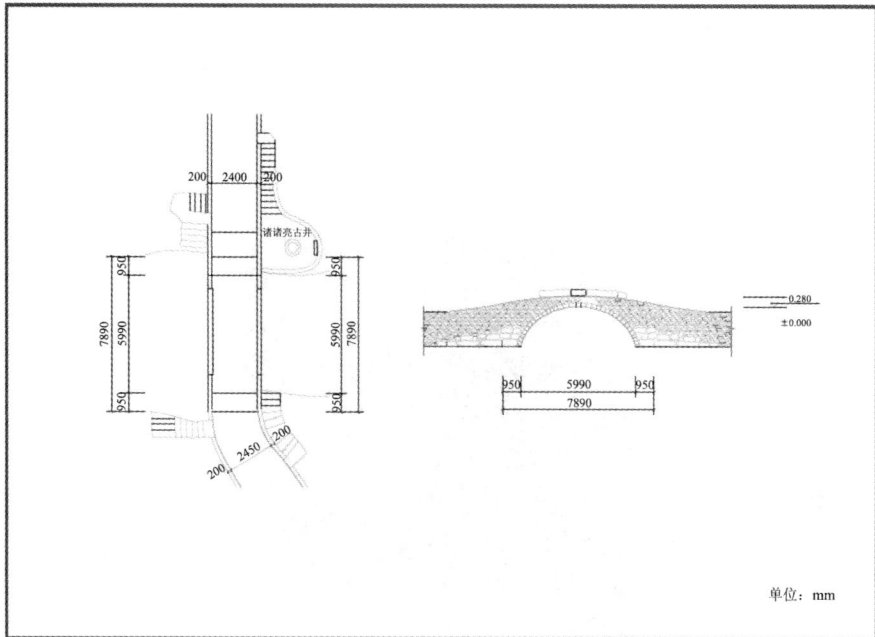

● 古拱桥测绘图

四、古井

　　大园村有四口古井，即三甲古井、古拱桥头古井、肖家坪古井、严塘古井，都有上千年历史。千百年来，这四口古井的水滋润着大园人。其中三甲古井最为有名，传说是三国时期诸葛亮率蜀军驻大园时挖掘的，故后人又称之为"孔明井"。传说此井之水能治怪病、能当白酒。古代有人把井水运到外地当酒卖，两位酒仙变化成老翁来买酒，问卖酒的大园人："酒好卖吗？生意好吗？"卖酒人回答："酒好卖，生意好，就是没有酒糟来喂猪。"两位酒仙叹道："天高不为高，人心才算高，井水当酒卖，还嫌酒无糟。"说罢腾云驾雾而去。从此诸葛亮古井之水再也没有从前的神奇功效，更不能当酒卖了。此外古拱桥头的古井也被称作"诸葛亮古井"，由于地埋位置较显眼，在旅游业发展起来后，声名逐渐赶超三甲古井。

　　随着摇井、自来水在村里逐渐普及，诸葛亮井在 2015 年以前已经停止使用，井口逐渐被蜘蛛网覆盖。至 2016 年，陆续又有村民在此处取水。这是好事，这口古井不再只是旅游业的附件，而又融为了大园人生活的一部分。

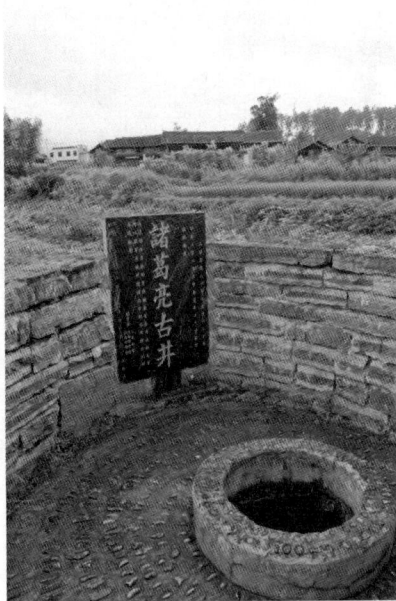

• 诸葛亮古井

五、大园古苗寨牌楼

沿着夹在稻田之间、古老而狭长的石路往前行走，赫然出现在眼前的是一座牌楼，这是寨子的主要楼门。牌楼飞檐斗拱，翘脚飞扬。门槛经岁月磨蚀，深深地凹陷下去。沿门两侧呈八字形伸展开的墙垛用青砖砌成。楼门旁边有土地屋，里面供奉着土地菩萨。

立于苗寨牌楼正下方向上眺望，可见牌楼的横梁上书有："中华人民共和国公元贰零零捌年戊子岁孟秋建，广西三江工艺师。"可见牌楼初建于 2008 年农历七月，由广西三江的工艺师修建。苗寨门前立有"光前裕后"功德碑，立于 2012 年 4 月，记刻了为重修鼓楼和牌楼捐资的数百人姓名。也就是，牌楼和鼓楼一起，在 2012 年重修过。

· 大园古苗寨牌楼

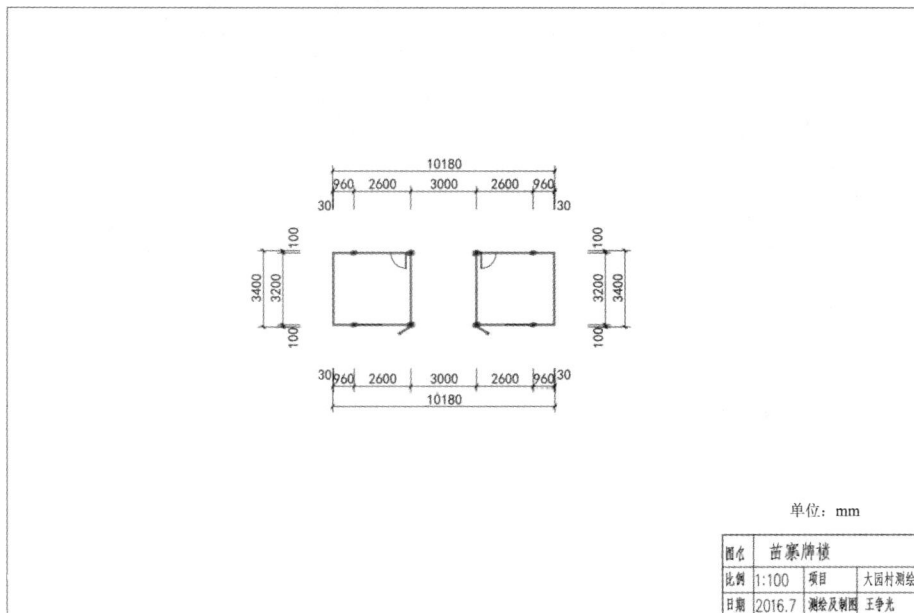

单位：mm

图位	苗寨牌楼		
比例	1:100	项目	大园村测绘
日期	2016.7	测绘及制图	王争光

· 苗寨牌楼测绘图

六、十一级石阶梯(十一步阶)

从苗寨老大门去往杨氏宗祠,有青石板铺成的"十一级石阶梯",又被当地人通俗地简称为"十一步阶"。古来迁出苗寨去往外地者众,譬如现四川、贵州等地都有大园人的后裔,但凡知晓十一步阶并能讲出其名来由者,即可认定其祖宗曾是大园人。"十一级石阶梯"的奥秘在于:它其实并不止十一级,之所以被称为"十一级石阶梯",乃是因为铺成阶梯的很多青石板上有天然的白色"十一"状纹路,尤以第一块石板上最为明显。此典故有助于离开苗寨走向四方的大园人寻根问祖,在大园村宗族文化中有重要地位。

● 十一级石阶梯

七、苗寨老大门

此大门初建于宋代,清嘉庆十五年(1810)重修,为穿斗木结构寨门,形式内收外扩呈"八字形",是苗族地区最为常见简单实用的寨门,200多年来仍然保存完好。

• 苗寨老大门

八、燕子屋（惜字屋）

这座老宅建于宋隆兴甲申年（1164），距今有 854 年，是大园村最古老的建筑。屋内是木质梁架，外面是青砖围合，形状如"燕子窝"，所以又叫"燕子屋"。古代村民常在此屋练习毛笔字。屋侧有一块铭文砖，上写"甲申岁建造"。屋后有一块铭文砖，上刻"恭贺柳塘造此砖，自己劳心不用钱，一文当作千文用，累得身疼骨又痉"，故此屋又名"惜字屋"。

• 燕子屋

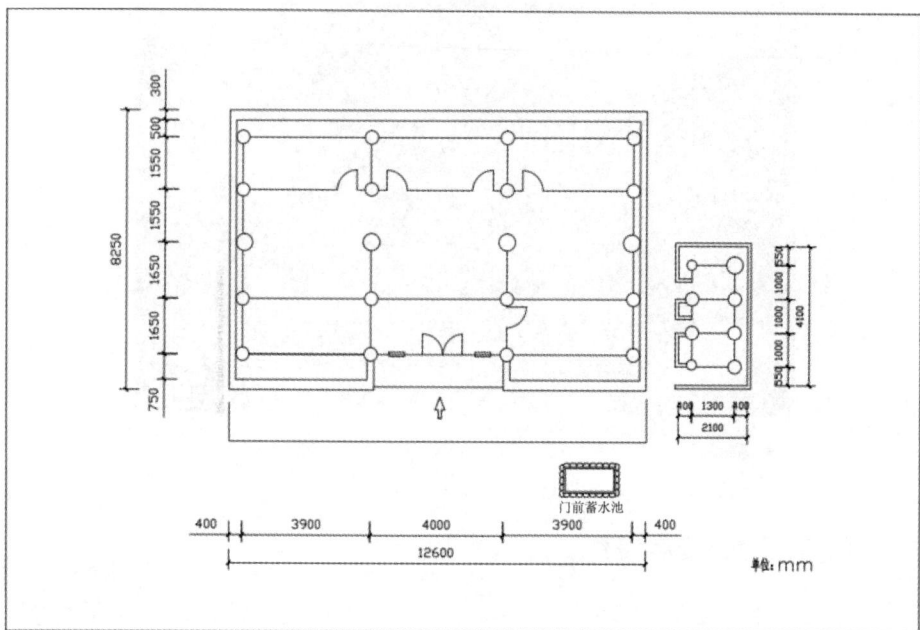

● 燕子屋测绘图

九、军官屋

该民居建于清康熙十一年（1672），有铭文砖为证，此屋在民国时期出了一个叫杨进明的军官，他毕业于黄埔军校第21期，当过国民革命军搜索连连长，1945年参加过衡阳保卫战。1949年跟随程潜起义，后入桂林军政大学学习，参加过广西十万大山剿匪，当过解放军五乡联台大队长，晚年退休后任绥宁黄埔同学会会长，现有蒋介石"中正剑"为凭。

十、湾里铜鼓石巷道

这条铜鼓石巷道，正是1998年潇湘电影制片厂拍摄《那山那人那狗》影片时多次取镜的地方，主人公刘公刘烨与父亲、还有那只狗多次从这里走过，在影片中反复出现。幽深的巷子，光滑的铜鼓石，也勾起了影迷探寻的欲望。如果下雨天，苗家姑娘身着盛妆，从这里慢慢走过，那种景色比戴望舒《雨巷》中的韵味更加悠长，可谓"巷道深深，乡情悠悠"。

● 军官屋

● 湾里铜鼓石巷道

十一、苗王屋

这座古宅建于清康熙十一年（1672），清代、民国时期进行过维修，是一座典型的四台院。

新中国成立初期，湘西南地区进行土改，关峡两次建立苗乡，广大苗民拥戴这座房子的主人杨进选当苗族乡乡长。他曾作为苗乡代表被推荐参加新中国成立后第一次少数民族代表会议，受到毛泽东主席和周恩来总理的亲切接见。杨进选不幸于1976年病逝。苗民们敬仰他，把这座房子叫做"苗王屋"。

• 苗王屋

十二、三鳣堂

明朝初年，大园村人杨渊在朝廷任教谕官，一去就是几年。她母亲思念儿子，经常流泪，致双眼失明。明洪武十年（1377）杨渊回家建房，要求木匠不做门坎，便于母亲行走。退休后，杨渊在自己家里办学堂，取名"三鳣堂"，免费教育大园村子弟，从此大园村人才辈出。杨渊是大园村古代任官最高的人，他

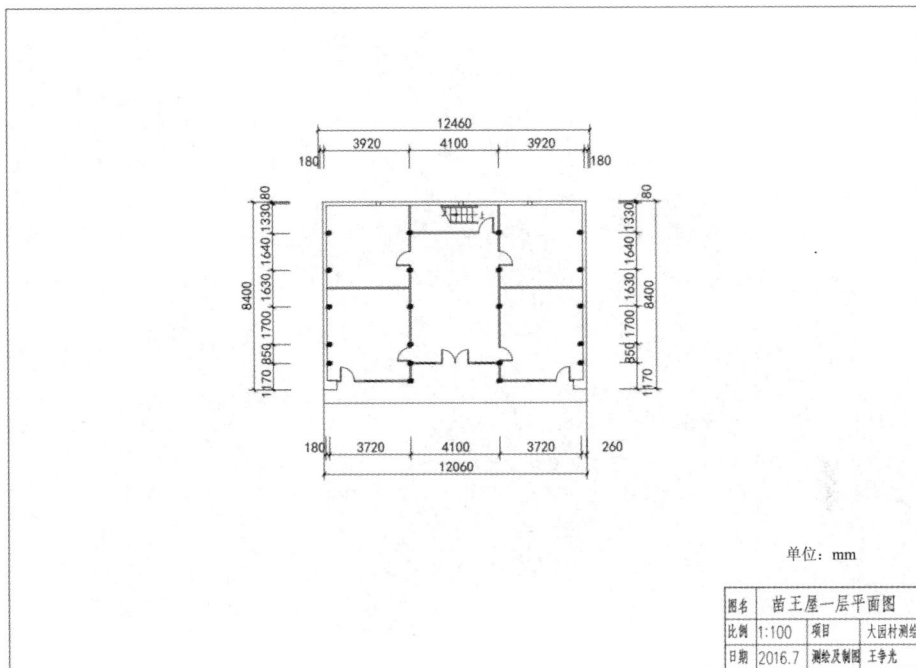

单位：mm

图名	苗王屋一层平面图		
比例	1:100	项目	大园村测绘
日期	2016.7	测绘及制图	王争光

• 苗王屋一层平面图

死后，官府为他举行了葬礼，皇帝给他赐封了金笔砚等陪葬物，有 40 人扶柩，800 多名弟子送葬，放铁铳 80 响，表示敬仰。

（图见第六章）

十三、秀才屋（"寿"字屋）

这座老宅建于清嘉庆十二年（1807），这里在没有建房之前，有个风水先生从这里经过，对这家主人说："此地风水好，肯定出文才，不用耕田地，自有金银来。"主人连忙道谢，并马上修建房屋，结果真的应验了，出了个秀才叫杨进富。古宅系砖木结构，两侧有高大的封火墙，鳌头高耸，飞檐翘角，独具特色的是，建筑师不仅在鳌头上画了祥云卷草，而且写下一副吉祥对联："祥云楼栋字，佳气满门庭。"两侧墙体上分别写有"寿"字。

• 秀才屋

十四、美德屋

这座老宅建于明朝永乐元年（1403），距今已有 616 年。由于户主外出打工挣了钱，现在公路边修建了新房。老宅因为年久失修，已经破败。但在新中国成立初期，这里曾办过人民公社食堂。1998 年拍摄《那山那人那狗》时，影片中屋内的主镜头就是在这座老宅里拍摄的。为什么叫美德屋呢？传说古时此屋有个当官的外甥，他娘死半年后，才来到大园村省亲，被杨家太公知道后怒击他两耳光，太公觉得不妥，又马上向外甥认错，外甥也连忙道歉认错，于是两人和好如初，传为美谈。

十五、善人屋

这座老宅建于明朝弘治八年（1495），是苗寨大善人杨丞相之屋。他是大园村的一个传奇人物，据说他平生喜做善事，不仅捐款修路架桥，而且从这里走路去武冈云山，带头捐金条修寺庙，行善积德，美名远扬。现在武冈云山寺庙里还

● 美德屋

为他塑了座像，建了石椅，供后人瞻仰。

● 善人屋

十六、神秘屋

这座老宅建于清乾隆二十六年（1761），此屋历代出商人，很会做生意。屋主杨盛成在洪江古商城建有码头，开店铺。所以，建房时在堂屋门前用鹅卵石铺了一个圆形的铜钱宝物。当人们遇上不顺心的事，只要在铜钱上跳几下或用脚点几下，就会顺心顺意。寨子里有期盼发财的人在上面虔诚地走一圈，也会称心如意，财运到来。

神秘屋的仓楼上还有一把神奇的木锁，如果主人不教你方法，你怎么也打不开它。自古以来，大园村的人修房子，只用木锁锁门，但比如今的保险锁还管用，每家每户的木锁只有家里人会开，外人是开不了的，防范作用比铁皮做的保险柜还好。其实，它的开锁工具就是一片简单的竹片，但保险程度很高。在大园村有一齿木锁、二齿木锁和三齿木锁。现在大园村的木锁已申报为省级非物质文化遗产，有杨焕忠等两个木匠成为木锁传承人。

● 神秘屋

十七、鼓楼

鼓楼位于苗寨中部，建于明代，占地面积约480平方米，高约10米，是古苗寨村民集会、休闲娱乐的场所。鼓楼原采用三层楼阁尖顶式，2000年因失火被焚毁，2008年村民集资修复。新的鼓楼四排三间，五层楼阁，巍然耸立，气势雄伟（图见第二章）。

十八、古驿馆

这座驿馆初建于明代，清代和民国时期进行过维修。它是一座典型的四合院，可见当时的热闹和繁华。

古时，这条古驿道通往城步和武冈，过往行人络绎不绝，骑马的、坐轿的、挑担子赶路的都从这里经过。杨氏先祖看到了商机，于是在此修建了驿馆（也就是现在的旅馆和招待所），供过往行人吃饭住宿，歇脚休息。驿馆楼上是住人的房间，楼下是关马的马栏，正屋煮饭炒菜待客，中间是鹅卵石天井。据老辈人讲，由于交通便利，客人较多，这里生意兴隆，老板发了大财，成为大园村首富。

新中国成立后，寨门口修建了关峡至城步蒋坊的公路后，这里行人稀少，逐渐废弃。现在已经年久失修，房屋破败。为了保护传统古村落，县委、县政府近几年来已投入300多万元进行了抢救性维修。目前，文物部门已做好立项报告，计划将大园村包括古驿馆在内的100余座明、清时期的古建筑进行修缮整理，使这些传统古民居得到更好的保护和利用。

• 古驿馆

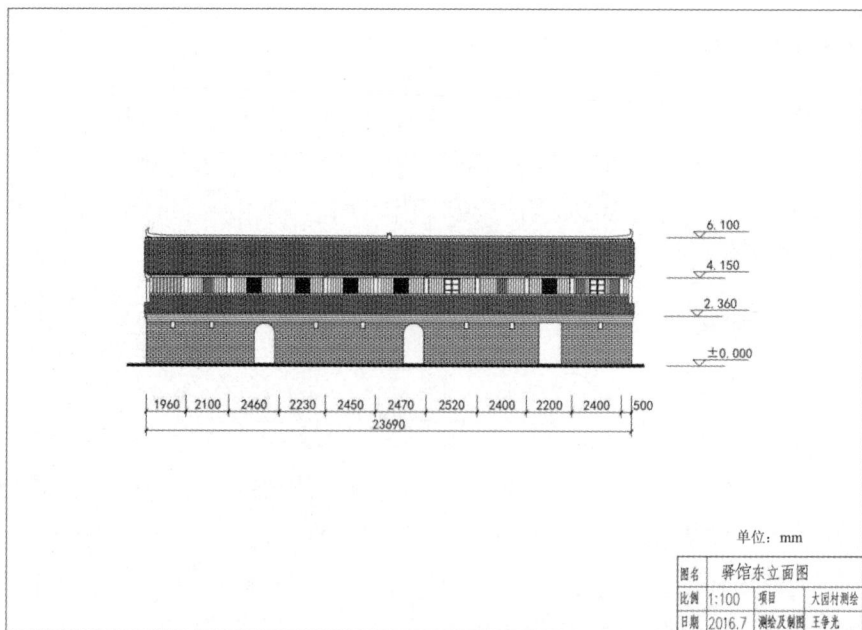

图名	驿馆东立面图		
比例	1:100	项目	大园村测绘
日期	2016.7	测绘及制图	王争光

● 古驿馆东立面图

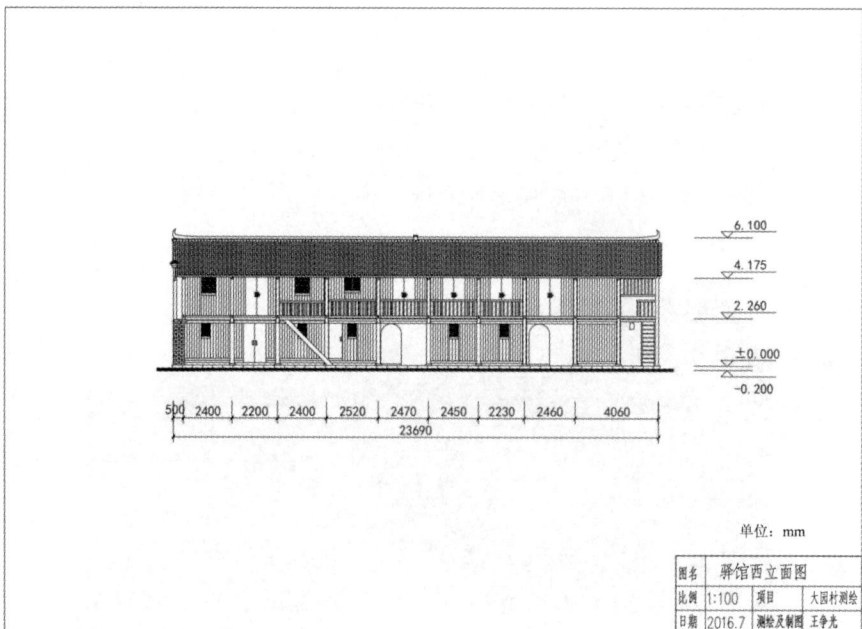

图名	驿馆西立面图		
比例	1:100	项目	大园村测绘
日期	2016.7	测绘及制图	王争光

● 古驿馆西立面图

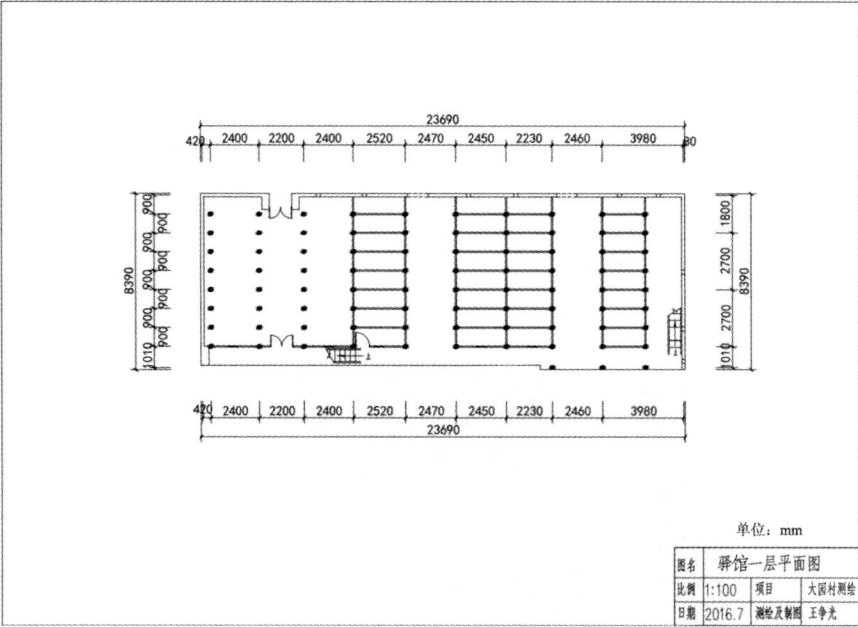

单位：mm

图名	驿馆一层平面图	
比例	1:100	项目	大园村测绘
日期	2016.7	测绘及制图	王争光

● 古驿馆一层平面图

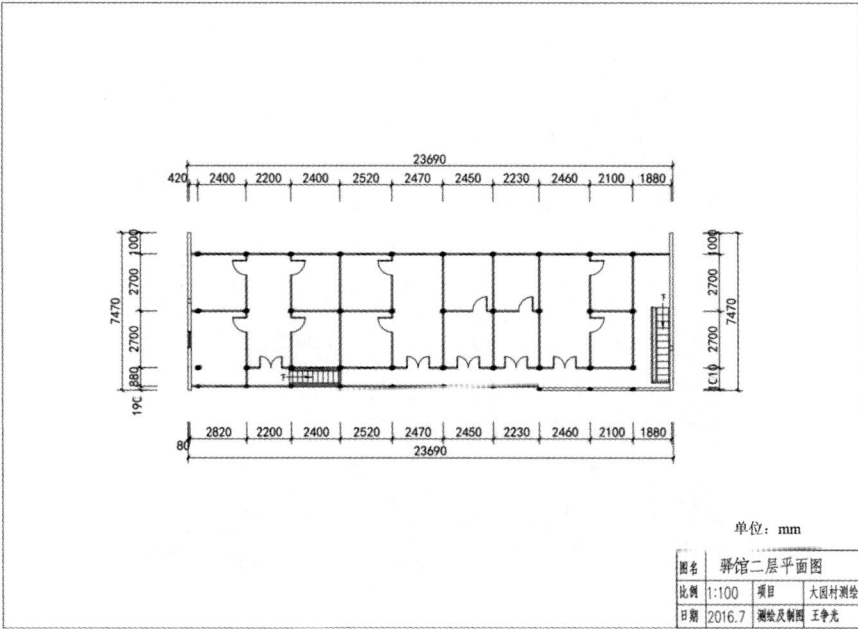

单位：mm

图名	驿馆二层平面图	
比例	1:100	项目	大园村测绘
日期	2016.7	测绘及制图	王争光

● 古驿馆二层平面图

十九、古商铺

这座老宅建于明弘治十四年（1501），是古时大园村做生意的巨头杨进梁所建。他组织起100多人的商业团队，来往于绥宁、武冈、城步、广西桂林等地，整年挑货送货。常年经商，杨进梁和他的团队走出了一条商贾要道。所以他既开了客栈，又跑长途运输。发财后在正屋堂门口的石板上雕刻了"鲤鱼跳龙门"图案。

● 古商铺

二十、商贾屋

此屋建于明弘治十四年（公元 1501 年）。屋主是杨进梁。

• 商贾屋

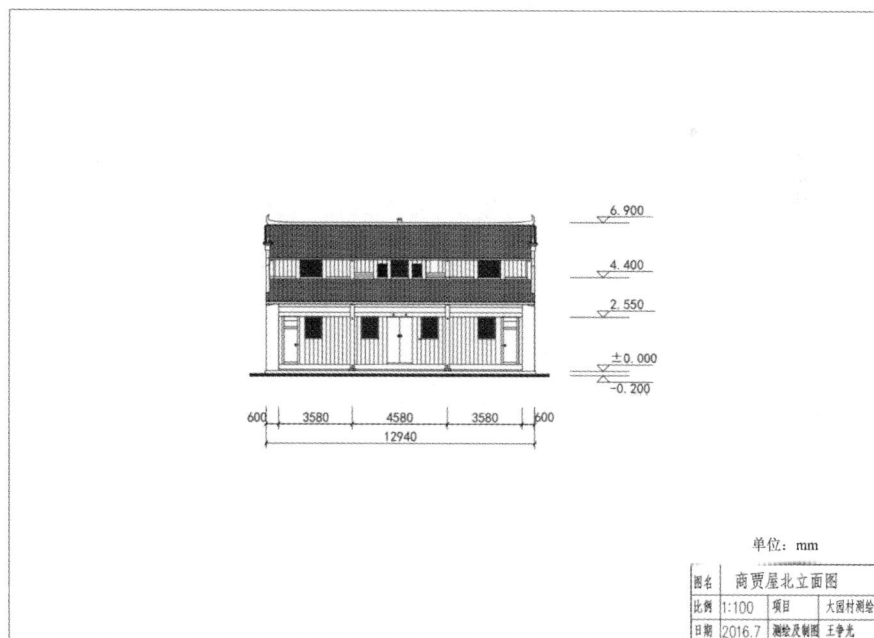

单位：mm

图名	商贾屋北立面图	
比例	1:100	项目	大园村测绘
日期	2016.7	测绘及制图	王争光

• 商贾屋北立面图

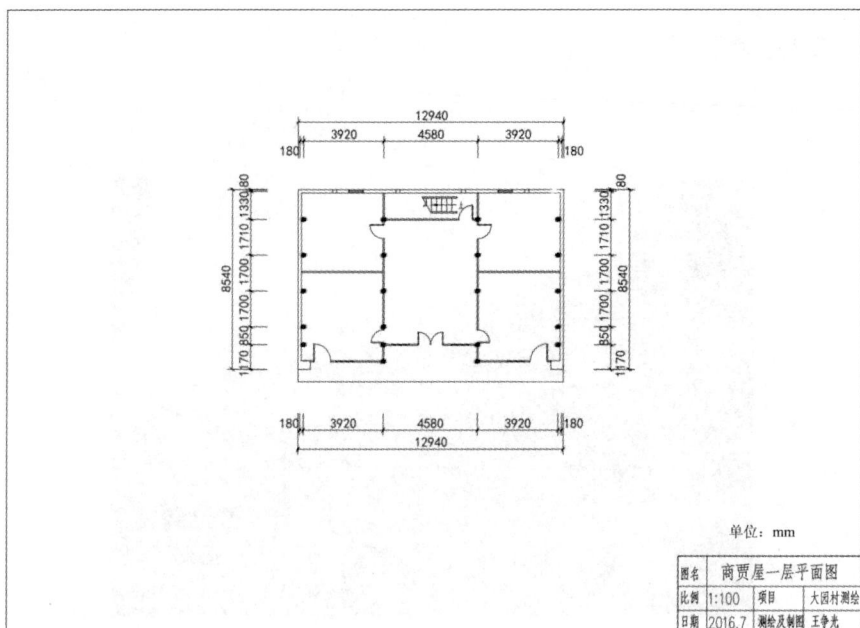

単位：mm

图名	商贾屋一层平面图		
比例	1:100	项目	大园村测绘
日期	2016.7	测绘及制图	王争光

● 商贾屋一层平面图

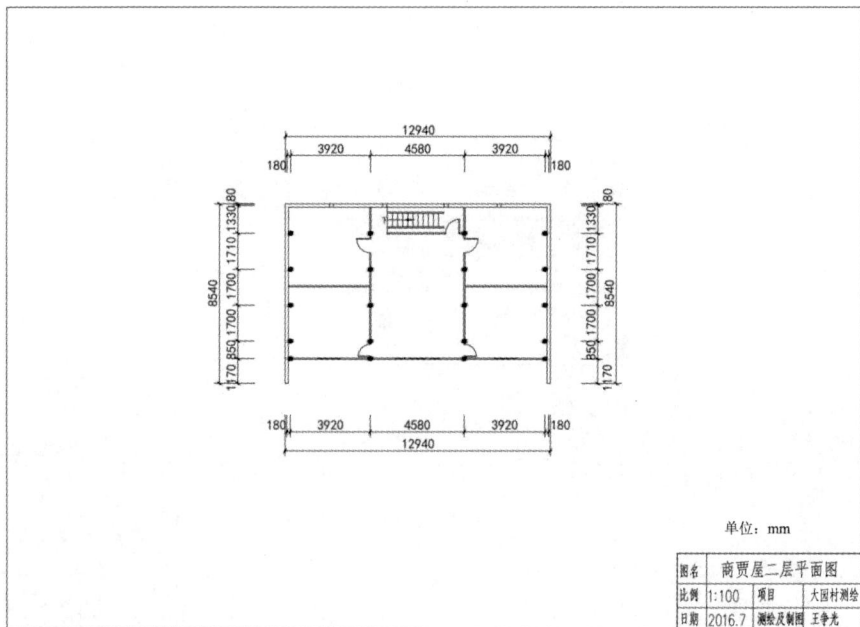

単位：mm

图名	商贾屋二层平面图		
比例	1:100	项目	大园村测绘
日期	2016.7	测绘及制图	王争光

● 商贾屋二层平面图

二十一、盘上古屋

该屋建于康熙九年（1670），有铭文砖为证，此屋形似一帘轿子，因此得名盘上。

● 盘上

● 盘上的孩子们

二十二、杨光裕墓

杨光裕，生于宋雍熙二年乙酉年（985），殁于嘉佑二年丁酉年（1057），享年72岁，葬于荣山磨山脚。裕公战功卓著，政绩非凡，被北宋朝廷封为金紫光禄大夫。晚年在官场中受皇帝猜忌排挤，辞官回乡，开创大园村基业，是大园村的开山鼻祖。

裕公有三个儿子：长子显隆，次子显泰，三子显安。隆公后裔散居于绥宁的长铺、党坪、兰家、在市、竹舟江、朝仪、枫香、鹅公，四川秀山县，城步杨家三、杨家桥、蒋家坊，新宁黄金乡等地。泰公后裔散居于芷田、枫木团、武阳、瓦屋杨家团、唐家坊等地。安公后裔散居于四甲、大元、南庙、凤凰、文家、江口塘、柳塘、岩脚田等地。

裕公寿终葬大园荣山。后人在其古墓碑上刻有一副对联：溯本源都梁赤水，分支派莳竹荣山。裕公不平凡的一生，成为大园村的骄傲和光荣。每年清明时节，很多四川、贵州等地的宗支后裔都要到大园村寻根祭祖，多达几千人，场面甚为壮观。

● 杨光裕墓

第六节　大园的文化遗迹

除了前述的旅游景点以外，大园村还有很多文化遗迹。这些遗迹大多由于年代久远或人为因素已经损毁，但它们身上都有故事，置身遗迹前就仿佛回到了曾经的辉煌岁月。据《大园风物志》和考察组实地考察，大园村的文化遗迹主要有如下几处：

一、杨氏宗祠遗址

昔日辉煌的杨氏宗祠在"文革"时候被损毁，其遗址现已湮没在稻田之中。具体位置在大园古苗寨一、二组地界，"十一级石阶梯"的下方。原建筑占地约800平方米，气势宏伟，古朴大方，墙面与门楣雕龙画凤，艺术性极高，特别是正门上的双龙抢宝，栩栩如生。传说两条雕龙化成真龙在后龙山的青龙池游水，满山游玩，龙头上不仅有长角，红冠子也比成人的手掌还大，还曾经吓死过凑巧撞见龙的人。

近年来，随着大园古苗寨的文化保护与复兴工作提上日程，村民的宗族观念开始复苏，一些村民有意集资修复宗祠，但具体工作仍在筹备当中。

● 杨氏宗祠遗址

二、大庙界遗址

大庙界遗址坐北朝南,位于大园古苗寨东部的河畔,占地约700平方米。大庙界供奉"飞山圣公"杨再思等祖先,原建于宋代,清光绪八年(1882)被洪水冲毁,现湮没于稻田之中。

三、新庙界遗址

新庙界遗址坐西向东,位于九甲桥头去肖家坪的铜鼓石道上方,占地约400平方米。新庙界的年代、用途均已不详,据当地老人所言,新庙界供奉之神灵可能有二:一是"飞山圣公"三兄弟;二是城隍菩萨。

四、石文墩

杨氏宗祠以北约150米处的田埂路边,有4~8块高约2.5米的石文墩耸立。古代大园村有人科考金榜题名,中了举人或进士,朝廷便树立石文墩以作表彰。

五、蜀军营盘

三国时期诸葛亮率军在关峡乡筑"诸葛城",为防敌军偷袭而在大园古苗寨设了四个营盘:大垱山营盘、沙子坳营盘、黑冲里营盘、燕子岩营盘。此四个营盘分别建于大园古苗寨的东南西北四个方向的陡峰之巅,护佑着蜀军。并且之后经历多个朝代,四个营盘一直起着保卫大园村平安之作用。新中国成立后,营盘在和平年代里失去作用,逐渐掩藏在杂草树丛之中。

六、古碾房遗址

古代大园村村民食用的大米主要靠石碟子来碾,苗寨中有两座碾房,占地面积约600平方米。其一位于杨光裕墓的正前方,其二位于水口庵的北方。

七、古炮楼

古炮楼遗址位于大园古苗寨石板桥九甲的桥头上方,用于守卫东寨门,迎击土匪等入侵之敌。

八、三轮轿

三轮轿指三处下马落轿之地。古代从门家坳入大园村，内经杨氏宗祠而上有三轮轿，第一轮在老大门门口，第二轮在大坪里，第三轮在粉店楼。古代官员或其他人入村都得在此三处地方落轿或下马。

九、马鞍石

马鞍石是古代骑马人踩着上马的大石头，其形状似马鞍，故名马鞍石。在大园村内共有五块，现安放于前村主任杨章学家门前。

十、古风雨桥遗址

水口庵往北100多米的小河上，古时架有一座小风雨桥。该桥基础由铜鼓石和青石条筑成，再铺以粗大的木条。上筑木架桥，其外观类似现在定远桥石拱上的木结构桥。古风雨桥外形美观秀气，且能遮风避雨。传说该桥为大园、四甲、南庙、凤凰四村把守水口，有增强风水之用，保四村人财双旺。可惜在道光戊戌年间（1838），古风雨桥被特大洪水冲毁。

十一、识字祠遗址（惜字塔、识字塔）

大园村的百姓，无论是文人还是不识字的村民都非常重视文字材料的保管，并形成了一种好的习惯和传统：凡是写有文字的书籍和纸张都不能随意乱丢，更不能和污秽之物放在一起当垃圾，也不能用作卫生纸。据说如果糟蹋、作贱文字，就会受到双目失明等惩罚。古苗寨的读书人为了处理好这个问题，就在杨氏宗祠往北百米处修了一座"惜字塔"。读书人不用了的废纸废书，就挑到惜字塔前烧毁，焚烧的过程必须恭敬地跪着，直至全部烧完，以表对文字的敬畏之心。由于大园人珍惜文字，重视教育，所以历代人才辈出。改革开放后，村中陆续走出了上百位考上高等院校的大学生、研究生。遗憾的是，惜字塔和杨氏宗祠一样，在"文革"中遭到损毁。

第七节　旅游资源的保护

大园村目前着力保护的文物古迹如表4－2所示：

表 4-2 大园古苗寨文物古迹保护一览表

文物名称	始建朝代	占地面积(m²)	保护范围	保护措施
土地庙	宋	301.91	建筑基础外围 8 米	定期对文物建筑及防护结构进行安全处理,归整部分歪闪、坍塌、错乱的建筑与构件
凉亭	清	56.25	建筑基础外围 8 米	
燕子屋(砖木结构)	宋	92.70	建筑基础外围 30 米	定期对文物建筑及防护结构进行安全处理,修复部分破损、缺失的木构件,清除文物建筑内部无价值的近代添加物。编制文物记录档案,划定保护范围和建设控制地带,设立保护标志、说明碑,明确保护机构和责任人,编制保护规划,根据实际需要,制定保护维修方案,完善消防、安防设施
三鳣堂(砖木结构)	明代永乐年间	160.59	建筑基础外围 30 米	
鳣兆初升匾	宋	—	—	
民居庭院(共 33 座)	明清	20129.59	建筑基础外围 30 米	
杨馥琛号店铺	清	92.74	建筑基础外围 30 米	
上泮里号店铺(杨和花家)	清	111.27	建筑基础外围 30 米	
驿馆	清	612.15	建筑基础外围 8 米	
铜鼓石巷道	明清	—	—	重点保护古驿道的原有形式,严禁古驿道两旁的建筑活动
石板桥里古驿道	明清	—	—	
湾里古驿道	明清	—	—	
凉亭里古驿道	清	—	—	

续表 4 - 2

文物名称	始建朝代	占地面积(m²)	保护范围	保护措施
三公同心路（石质）	宋	—	—	定期对文物建筑及防护结构进行安全处理，修复部分缺失的传统装修构件。根据实际需要，制定保护维修方案，完善消防、安防设施
寨门(一)老大门口	清	—	—	
寨门(二)大坪前庭	宋代始建	—	—	
杨光裕墓（单体）	明清	—	建筑基础外围 30 米	保护四周生态环境，修补破损的墓碑
功德碑（三通）	清	—	—	
单拱券石桥	清	—	上下游各 100 米，两端各 30 米	在不扰动现有构件、不增加新构件、基本保持现状的前提下进行维修
水井	清	—	—	在维持现状功能的前提下进行清淤、维护

其中，"鳣兆初升匾"是大园村民苏荷花家收藏的嘉庆年间的一套牌匾和左右对联，颇为珍贵。除非逢重大活动或尊贵的客人来访，苏荷花轻易不予示人。

牌匾正中是"鳣兆初升"四个大字，右侧题有"嘉庆癸亥冬月为培槐贤弟游泮"字样，左侧题有"年家眷友生李光璇题赠"。

古时把讲学之所称为"鳣堂"，此典故源于《后汉书》卷五十四《杨震列传》：震少好学，受欧阳尚书于太常桓郁，明经博览，无不穷究。诸儒为之语曰："关西孔子杨伯起。"常客居于湖，不答州郡礼命数十年，众人谓之晚暮，而震志愈笃。后有冠雀衔三鳣鱼，飞集讲堂前，都讲取鱼进曰："蛇鳣者，卿大夫服之象也。数三者，法三台也。先生自此升矣。"于是讲学之所被称为鳣堂。现大园苗寨里还有古建筑名为"三鳣堂"。

包括"鳣兆初升匾"在内，《大园古苗寨文物古迹保护一览表》内的所有文物古迹，都是必须认真保护的旅游资源。纵观西南地区，具有悠久历史和大量特

● 鱣兆初升匾与对联

色民居的古老村寨何止数百，而且都希望能搭上旅游业发展的快车。大园古苗寨要在很多寨子中脱颖而出，首先就是要确保自己拥有高价值的旅游资源。如果没有宝贵的历史文物，发展旅游业就是无源之水无本之木，一切都无从谈起。因此，文物保护与旅游开发是一个问题的两个方面，互相支撑，互相促进，相得益彰。

目前，负责大园村里旅游开发的组织也是文物保护小组。他们根据重要文物的位置设定旅游路线，并集中人力物力修缮路线两侧的文物。文物保护小组已在村里募捐了 4 万元，还特意从洪江县请来知名工匠，恢复了村寨大门的牌楼，并且已经修复在火灾中烧毁的鼓楼。村口宗祠、飞山庙及识字塔和杨光裕墓的修缮工作也在规划之中。

2016 年调研组至大园古苗寨，通过航拍获得全景图。从全景图来看，大园村目前旅游保护的总体效果还可以，整个村寨为葱郁的群山、碧绿的田野所环绕，绝大多数建筑物显得非常古雅幽静，令人赏心悦目。但是，航拍也清晰显示出有少许房屋与周边传统建筑不协调。而将镜头拉近，又能看到近30年来，大园村人对传统房屋进行了大量的修缮、改建工作，其中许多痕迹也对村内的传统风貌有所破坏。

● 鸟瞰大园

在大园古苗寨被批准为省级历史文化名村后，县文物局曾经刻碑立文对大园建筑保护范围作出了规定，保护范围为："大园古苗寨东、南、西、北四向各至单体建筑墙基外30米。"建筑控制地带是"东外延300米，南外延500米，西外延1500米，北外延300米"。凡在建筑控制地带以内，不能再出现新式红砖钢筋结构的建筑物，已经建好的红瓦房屋建筑，必须全部将红瓦喷为灰黑色，以便尽量降低对苗寨原有古建筑群落整体风貌的破坏。尽管如此，从实地走访来看，目前村里还没能贯彻执行这一规定的所有要求。

《中国传统村落档案·大园村》里，对全寨所有的建筑物都进行了编号，下面就按照这些编号，予以举例说明。调研显示，编号为JZ004、JZ014、JZ034、JZ080、JZ098的住房，所采用的木板色调过新，在古建筑群落里显得比较突儿。而编号为JZ040、JZ083的两座房子，虽然式样仿古，但俨然就是全新的建筑，与周边环境不甚协调。编号为JZ012、JZ058、JZ079、JZ046、JZ101、JZ055、JZ160、JZ184、JZ188的房子，大量使用水泥与砖头，有的还外贴瓷砖，严重破坏了原有的古韵。编号为 JZ081、JZ113、JZ114、JZ122、JZ144、JZ162、JZ168、JZ169、JZ176、JZ191 的房子，乍一看已经完全是现代建筑，不过大多都分布得离古建筑群落比较远，所造成的影响还不算特别大。调研显示，许多建筑物上安装了不锈钢防盗窗和栏杆，对传统风貌也造成了一定的妨害。除此之外，村寨里还有部分白色和红色的屋顶，以及粉刷得雪白的墙壁，这些都与周边古朴的环境格格不入。经济的发展使人们改善自己居住环境的需求变得强烈而现实，但游客们想要领略的却正是年岁累积的沧桑感，是大园村幽深古朴的独特风情。针对这些情况，在条件许可的情况下，建议对过新的建筑物予以仿旧处理。

据村民们说，虽然民政、住建部门对大园村 150 座房子进行了一定的修缮，包括雕花的修缮、木瓦的重置及地面的修整等。但对几百年的窨子屋，若只是这样简单的进行修修补补，后续投入不足，是远远不够的，古旧的房屋随时都有倒塌的危险，而又不可能再得，毕竟新建的房屋不管怎样模仿，都不如旧的、真正的文物有吸引力。长期如此，窨子屋只减不增，难以持续发展和壮大。很多村民认为政府的资金投入过少，只会口头喊保护和合理应用，而实际所给予的帮助却太少。还有的村民经常抱怨村干部不能干，光会喊口号，只是想得到而做不了。

就目前而言，大园村里迁旧建新、毁旧造新的情况仍然存在，村支两委曾多次制止，却因为这些年来很多村民未能从旅游业中实际获利，而无法从源头上解决这个难题。不少村民保护古建筑的意识淡薄，欠缺前瞻意识，只重视个人家庭生活的舒适度，没有树立起长远意识，没有长期发展的打算。要解决这些问题，最大的困难还是资金来源，需要得到来自政府和民间更多的支持。

除了注重文物古迹的保护以外，大园村也应注重其他旅游资源的保护。村民们已经开始行动了。2014 年 9 月，大园村后龙山已正式划为国家风景区，根据国家林业站 2014 年 105 号文件指示精神，"凡属国家风景区，一律要保护好"，关峡苗族乡林业站和大园村委会在后龙山东西两头设立了"封禁碑"，并联合发布了公告：

一、封禁范围

东抵瓦窑头；西抵狗形田旷，黄家坪古墓堆以下田旷产；北抵老祖宗遗留的后龙山高旷止，南抵后龙山山岭为界。详细界限以乡林业站图纸为准。

二、坚决制止在后龙山葬坟，违者上门追究风水先生责任。

三、严禁任何人进入后龙山风景区乱砍松、杉杂木及幼林，不准砍松干照明。违者，不论大小每次每根罚款 500～1000 元，并取消政府性所有款项及待遇。

四、从 2014 年 10 月份开始，严禁在后龙山风景区内葬坟、新开荒土、烧灰等，违抗者，按本告示第三条进行处罚。

五、凡后龙山风景区内被风吹倒之松、杉、杂木，不准任何人强行霸道占为己有和破坏。

● 封禁碑与小路

第八节　大园旅游业现状和前景

从 2008 年 5 月大园古苗寨文物保护小组萌生旅游开发的设想开始，在村民的积极努力和上级政府的大力支持下，大园村旅游开发的各项准备工作进行得有条不紊，已经初见成效。

一、建立核心团队

目前，大园村中已经形成了倡导旅游开发的核心团队。

2008 年，在杨小聪、杨庆民、杨荣生、杨国旗等人的倡导下，村里组成了一个 24 人的文物保护小组。其中，杨小聪负责招商和导游队伍建设，杨文淼负责后勤部门建设。县里苗族管乐队的队长杨庆民，是杨小聪特意请来的，杨庆民在县里的文艺界有一定的人脉，文艺方面的知识比较多，也有实际经验，有一定的组织号召能力，目前主要负责村里的文化发掘工作，指导文艺宣传队排练节目。

如今，大园古苗寨旅游业的各项事务一直由村里的文物保护小组负责。在工作中，他们能够起到带头示范作用，相互配合，任劳任怨，团结一致推动村寨旅游开发事业的前进。在杨小聪等人的努力下，大园村发展旅游业的组织、制度也逐步健全。

除了自己内部有明确分工之外，文物保护小组还在不断吸收新成员。在积极营造村民参与文物保护和旅游开发氛围的过程中，把参与工作的形式逐步由随机向固定转变，在工作中逐渐培养村民们的组织性和纪律性。他们在实践中不断总结经验，形成了一些不成文的规定，为日后逐步发展成为规章制度创造条件。

二、建立文艺队

在县文化局古风剧团的帮助下，杨庆民领头在村子里组织了由 20 多个年轻姑娘和小伙子组成的文化宣传队，编排了能够真实再现古代苗族民众祭祀情况的傩舞，以及表现苗家婚配文化的对山歌、挤油和庆祝丰收的舞草龙等 10 多个节目。他们还组织了由 10 多位 60 多岁的老太太组成的山歌队，经常排练。现在他们不但可以唱出先人保留下来的山歌，还能够根据不同的场景即兴编歌。村民们还在村口搭建了一个水泥舞台，在后龙山上修建了一个 300 平方米的文艺台，"四八"姑娘节的各项节目就是在后龙山的文艺台上举行的。村里来了游人，文艺队就会在文艺台上演出节目供游人观赏，同时也邀请游人参与表演。可以说，大园村弘扬苗族文化的文艺队已组建了起来。

三、争取政府支持

大园古苗寨发展旅游的设想符合绥宁县的发展方针，县政府非常重视大园古苗寨的发展情况。2009 年 7 月 10 日，绥宁县县委书记唐渊带领文化局、旅游局、林业局、民宗局、规划局的负责人来到关峡苗族乡大园古苗寨，就旅游开发召开现场办公会。唐渊同志指出，大园古苗寨是绥宁唯一一个省级历史文化名村，有浓郁的民族文化和深厚的历史底蕴，有旅游开发的前景，群众热情高。希望大园古苗寨能够在旅游业方面起到带头作用，促进全县旅游业发展。他要求县里的各职能部门大力支持大园古苗寨的旅游开发。要求县规划局负责做出建设规划，县林业局负责村里的绿化和树木保护工作，县旅游局要做出大园古苗寨旅游开发的总设计方案，县文化局要全面收集村里民俗风情，努力挖掘大园文化。县里各个部门通力配合帮助村民们把大园古苗寨保护好，开发好。

四、做好市场宣传

这些年来，大园村一方面根据自身条件不断向上级政府部门申请考察认证，提升自身规格，另一方面积极进行市场宣传吸引人气，通过政府和市场两条渠道积极开展旅游宣传和准备工作。

为了开拓市场，文物保护小组积极地与周边旅游热点地区的旅行社联系，希望能把大园古苗寨的景点嵌入到他们的旅游路线中去，网络上也已经出现了大园古苗寨的影子。文物保护小组凭借各级领导来考察的机会，请绥宁县绿洲影视公司拍摄了反映大园古苗寨文化和风情的短片，上传到优酷网、土豆网、新浪播客等流行的视频网站上。现在，他们已经开始筹办大园古苗寨的网站，希望通过网络让大园古苗寨更好地展现在世界面前。

五、设计旅游路线

村文物保护小组根据主要文物和古迹的位置，配合村寨的自然风光，设计了一条精彩的旅游路线，全线有 11 个景点。按照小组的设计，游客到了大园古苗寨门口首先要喝拦门酒、接受村里人献上的哈达、听山歌队演唱迎客山歌，在民族文艺的展示过程中体验苗族独特的待客方式，感受浓烈的热情。进了大园古苗寨的大门，游客可以由寨门左边的铜鼓石路向上，参观电影《那人那山那狗》中的窨子屋(大园影视馆)，屋子里悬挂着电影海报和剧照。等到资金充足后，会在屋子里悬挂大屏幕反复播放相关片段，通过视频让游客对大园古苗寨和周边壮丽的田园风景有一个总体的印象。

出了影视馆沿路上行，游客可以到一个更大的场院：阳俐春插绣馆。在那里，游客可以领略到苗族原创的插绣作品和工艺。顺山而下，就来到诸葛亮的养马坡。村民们会在这里骑着马，拿着兵器表演骑兵训练，游客也可以参与其中，体会古代骑兵的威武，体验现代骑士的雄壮。

参观完各个景点，一路走来，路边是柑橘园和板栗园。每到丰收季节，游客可以进到农家小院，体验一下亲手采摘丰收果实的乐趣，还可以亲自下厨，用木柴和大铁锅烧制别有风味的佳肴。峰回路转，到达鼓楼。在这里，游客可以观赏文艺队演出的苗族婚庆场景。

鼓楼边的窨子屋就是苗族服饰文化陈列馆，游客们可以看到不同时期不同分支的苗族服饰和著名的苗家银饰。根据服装上的花纹和银饰式样，游客们可以了解苗族社会组织结构和历史。再由鼓楼转出寨门，游客们可以参拜飞山庙和杨光裕墓，进一步了解苗族风俗与历史传说。

以上如果完全实现，相信会对游客们有较大的吸引力。

六、培养本村导游

与旅游路线配套的还有导游。据说文物保护组从村里挑选了一个口才和气质较好的姑娘，花费 2000 多元送到县城的旅游公司接受培训，并在县文物局和文化局的帮助下准备了一份导游词。按照文物小组的计划，准备在村子里培养 6 名兼职的导游小姐，她们平日里做自己家的农活，有客人来游玩时就给游客做导游，每次发给工资 20 元。不过，2016 年考察组到访时，虽然看到了一些旅游团和导游，但其中并没有大园村自己培养出来的导游小姐，一切都还有待于进一步发展。

七、积极开发旅游产品

旅游产品的开发也是旅游业带动村庄经济发展的重要环节，是游客消费的重要组成部分，是文化传播的工具之一。有了旅游产品就能带动村中的手工业和商业的发展，还能促进村民就业，进一步增加村民收入。

民以食为天。大园村人从衣食入手，确立了"做好一身衣，做好一桌菜，做好一批土特产"的目标。在食品方面，大园古苗寨利用"四八"姑娘节的文化背景开发出的节日食品有油茶、乌饭、粉蒸肉等，这些食物目前只能在饭店现做现用。等到时机成熟，可以在村中办一个食品加工厂，把这些食品改造成为方便携带和保存的风味小吃。

八、长远规划

为了配合发展旅游业，大园村正在积极进行山、水、田、路的综合改造。根据村干部的介绍，凡大园古苗寨范围内的山都要植树造林，达到最大程度的绿化，重点美化后龙山和燕子岩。沿后龙山边缘要栽花植草，既要绿化，也要美化。在后龙山还要修好5个八角亭，在燕子岩上种树、种竹、种花草，修好3个八角凉亭。要将全村范围内的两岸河道整修好，以防洪水灾害，并种植杨树和常青树，绿化美化河岸，起到护堤防洪的作用。还要将村内20口以上的鱼塘进行维修，全年灌满水，用于消防，另一方面，资金许可的话，还要在鱼塘里养殖观赏鱼和食用鱼，增加村民们的经济收入，也进一步提升旅游品质。

随着中国旅游业的蓬勃发展，越来越多的旅游者已不满足单纯地欣赏自然山水风光，还渴望在旅游过程中获取知识，领略不同地方的人文内容，寻求文化艺术上的享受，如此文化旅游也就应运而生。

文化旅游包括历史遗迹、建筑、民族艺术、宗教等方面的内容，是以旅游经营者创造的观赏对象和休闲娱乐方式为消费内容，使旅游者获得富有文化内涵和深度参与旅游体验的旅游活动的集合。文化旅游已成为当今世界旅游发展的一种趋势，它具有民族性、艺术性、神秘性、多样性、互动性等特征。文化旅游的过程就是旅游者对旅游资源文化内涵进行体验的过程，这也是文化旅游的主要功能之一，它给人一种超然的文化感受，这种文化感受以饱含文化内涵的旅游景点为载体，体现了审美情趣激发功能、教育启示功能和民族、宗教情感寄托功能。因而，旅游的目的地就一定要有当地特色，如此才能产生旅游文化的地域差异性，产生文化的碰撞与互动。

充分挖掘利用古老苗寨的文化积淀，传承中华民族优秀文化遗产和优秀文化传统，是摆在大园村人们面前的机遇，也是一个困难重重的挑战。这里，也对大园村旅游业未来的发展提出一些看法。

（一）千方百计，加大对文物保护力度

在大园村，要发展好旅游业，归根到底最重要的事情仍然是保护文物。这就必须在发展中处理好历史文化和现实生活、保护和利用的关系，做到村寨保护和有机更新相衔接，让中国历史文化名村这张金名片焕发夺目光彩，让文物保护的成果惠及更多村民群众。

大园古苗寨作为西南地区众多少数民族村寨当中的一个，其独特之处，就是整个村寨建设很集中，保存比较完整，能够提供一种完全与现代社会隔绝的情景感受。对旅游者来说，这种观感是很重要的。这也是大园古苗寨日后同附近其他旅游点竞争时的突出优势。所以，作为旅游开发支撑的文物保护工作，不仅要保护单个的文物古迹，如窨子屋、飞山庙等，更重要的还在于保护全寨的整体景观。如果为了一时之利，就铺上水泥路以及破坏古建筑物，实际上破坏了大园古苗寨最重要的旅游资源，断送了子孙后代利用旅游业求发展的机会。为此，有必要进一步加快和加强村民的思想建设和组织建设，不妨以现有组织架构为基础，构建一个由全部村民参与的专门负责旅游开发的组织机构。比如旅游开发合作社，以入股的形式把旅游开发和每个村民的经济利益紧密联系起来，加强整个群体认同感和责任感。建立规章制度，强化村民纪律性，规范村民行为，杜绝破坏旅游景观的行为出现。

(二)循序渐进，有条不紊地发展

随着中国经济的快速增长，人们的消费结构在逐渐发生变化，旅游业正处在黄金发展期，大园村周边旅游景区近年来游客数量的飙升已经证明了这一点。日益扩大的市场容量已经导致了旅游资源供给不足的局面出现，这为大园古苗寨发展旅游业提供了良好的契机。

但是，大园古苗寨现在还处在旅游开发的初始阶段，很多计划中的景点过于简陋，缺乏吸引力，有待建设，而大园古苗寨目前资金又非常有限。景区建设是一个长期的过程，在目前状况下，初期设置的景点不宜过多。如果急功近利，贪大求多，很难打造出有魅力的旅游精品，不但起不到吸引游客宣传大园村的作用，反而破坏了形象，妨碍了旅游景区的品牌建设。

(三)保护环境，增强自身吸引力

目前，大园村里没有污水处理设施，在排水方面，雨水与生活水都通过屋前与巷道旁边的明渠进行排放，明渠形式多样，大小不一，多以石砌为主。一些排水沟渠因淤泥堵塞、沟深过浅或沟渠坡度过小而排水不畅，一些村民的生活污水只好直接排往小池塘或者路边，影响了村民的居住环境质量。同时，牲畜圈污水放任自流，加上牲畜、家禽的粪便的随意处理，村寨气味难闻。虽然村干部也做了努力，试图修好排污系统，构建一个更美好的家园，却因为排污系统涉及到村民们的地皮问题而难以得到推行。如果基础建设一直不做好，给游客带来不愉悦的感受，作为旅游地的吸引力将会大大下降。

在旅游开发的过程中，村民们应该始终记住保护环境的重要性，避免出现为了追求经济效益竭泽而渔的情况。要按照本地区的环境承载力，适度招揽游客，避免游客数量过多造成过大的环境压力。要注意旅游废弃物的收集和处理，防止后龙山变成垃圾山，保证大园古苗寨旅游业发展的可持续性。

(四) 注重创新，挖掘潜力

文化发掘不单是简单展示几百年前的古老文化，更是将古老文明与现代文化相融合，展示民族文化从原始到现代的过程。当前的困难是，苗族地区因大多比较偏僻，而在经济发展落后，导致文化发展停滞。我们现在所看到和体验到的苗族文化，仍然是农业社会时期的先民们创造出来的文明成果。如何弥补这一历史课程，将原始文明与工业化、信息化、现代化相融合，使得古老文明在短期内实现历史跨越，达到现代文明的程度，是一个大课题。

在民族食品开发方面，以大园苗寨的乌饭为例，不能够停留在原始的现做现食阶段，而要在其名称、口味、包装、保鲜、运输、食用方式等各个方面进行创新，使得乌饭更加易于被现代游客和现代生活方式所接受和传播。比如在乌饭包装上，可利用漫画和连环画展示乌饭背后的故事，加深游客对乌饭的印象，进而了解苗族的历史。

在民族服装和银饰方面，最好不要完全照搬远古时期的服饰，而是要注重古老文化元素与现代审美的融合。现在湘西民族旅游区对民族服饰的开发，大多停留在租衣服拍照片留念的层次，没有做过较深的发掘。有必要研究苗族服饰的美学特征，抽象出代表性的元素，开发出既能体现苗族特色又适合日常穿戴的衣服和银饰，提高民族文化的现代性和可传播性，使苗族服饰摆脱只能远观不能日用的处境，同时，在民族服饰、银饰现代化和通俗化的过程中树立大园古苗寨的民族品牌。

试想，面对并不方便日常起居的苗服盛装，就是本地人都不大愿意日常穿，大多数游客肯定也不会购买。毕竟，一件精美的苗服既价值不菲，也需要费心思保养，却没有穿出去的合适场合，买回去是不合算的。在日益紧张的现代生活节奏里，大多数游客不可能把穿着复杂的一件衣服买回去纯粹放在衣柜里做纪念。但是如果出售的是含有苗服元素的美丽的现代装，日常生活也能穿戴，既别致、时尚，又不过分招摇、高调，那么，即使贵一点，只要物有所值，很多游客就可能会多买几件回去，自己穿戴一些，也送亲友一些，这样，服饰的销售额就可能大大增加。

(五) 利用遗址资源，构建参与和体验性景点

在旅游景点设计上，可以利用大园古苗寨悠久历史和古老的遗址，构建体验性和参与性景点。由于蕴涵着特殊的历史，遗址不同于一般的游乐场所，对其开发也不能脱离其历史价值。选择基于历史的好主题，对资源、特色、空间进

行综合分析，挖掘遗址的历史文化，结合民间的传说故事，构造出特殊历史情境，使游客在参观遗址中获得独特文化情境的难忘体验，能大大提升旅游资源的品质。前述大园村的文物小组自己设计的导游路线中，游客们可以到传说中的孔明的养马坡，欣赏村民们拿着兵器表演骑兵训练，自己也可以参与其中，就是一种不错的构思。

（六）注重旅游产品的开发

旅游产品是旅游景点营销的重要渠道，是文化开发的重要载体。在开发旅游产品的过程中特别要注意促进古老文明的现代化。大园古苗寨目前在开发民族文化的过程中注重的是古老文化原汁原味地展现，但是旅游产品基本出发点是对游客产生吸引力。由于不同地区和文化背景的游客对于文化产品的诉求必定不同，有必要根据营销区域和客户群体的需求，提高文化产品开发的针对性，分阶段地开发文化产品。

目前大园古苗寨的手工艺品开发存在的问题是：科技含量低、成本高，费时费力，销售渠道却并不广泛。如果能把握好大园旅游市场的运行规律，通过科学的设计，优良的工艺，适宜的用材等，逐步解决特色和质量问题，甚至采用现代科技来大批量生产合适的旅游产品，就会大大减少制作成本，扩大销量。

在文化产品方面，可以依托影视基地的优势，根据流传久远的传说、故事，编辑剧本，拍摄短片。还可以借助动漫产业的东风，根据这些素材，制作动画。在制作过程中，从人物和场景设计方面突出苗族特色和大园特色，塑造出一个大众喜爱的卡通形象，借此传播苗族文化和大园古苗寨。文化产品是文化最主要的载体，文化产品制作的过程也是视觉标识和品牌形象设计的过程。当其制作成型后，不仅仅是单独销售的产品，也是其他产品的营销工具，所以需要给予足够的重视。

（七）加大市场调查力度，不断拓展营销渠道

在市场营销方面，由于目前自身实力薄弱，大园应加强与周边地区的协作，抓住泛珠三角旅游联合和大湘西旅游联合的机遇，以旅游支线的形式逐渐吸引游客。平时可以准备好有代表性的低成本的文化产品，例如宣传画册、光盘、日历、扇子等，利用各种机会向周边景区的游客发放。还可以由旅游部门牵线搭桥，积极争取政府方面的扶持，与外事、招商、广电、宣传、文化等相关部门的通力合作，共同进行形象宣传和市场开发。

营销过程中应当采取灵活多样的营销方式巩固和提高旅游市场占有份额。

譬如积极联系各个行业展览会的组织方，申请成为展会的举办地，吸引参加展会的群体参观旅游景点，体验旅游活动。或者举办具有地方特色的旅游节日，如"四八"姑娘节、三月三山歌节作为当地标志性的旅游节日活动，营造气氛、扩大影响、吸引游客。

（八）大力抓好人才队伍建设

一切工作都需要落实到人。对于大园古苗寨来说，由于在日后需要全村参与、走社区旅游的道路，因而提升村民的素质是工作的重点。平时可以组织村民们开会学习旅游发达地方的经验，总结他们的教训，以防在未来旅游开发的过程中犯同样的错误。对于各项专业性较强的工作，有必要引进专业人才或者咨询专业机构，委托开发。例如服装、食品、影视卡通作品，可以寻找科研单位、大专院校、设计院和专业公司来开发，用资金换时间，利用现代化的平台和人才，在短时期内提升古老文化的现代化水平。

（九）树立长远意识，打造品牌

文化是一个民族的精髓，是一个民族历史的积淀。保护并弘扬民族文化，更是实现民族利益的关键。将本民族文化渗透到旅游产业中，用设计的眼光创作出一系列文化艺术产品，是为大园旅游产业增色的重要手段。大园古苗寨在学习周边地区旅游经验时，要避免盲目模仿和重复建设，防止自身缺乏特色、丧失竞争力。大园古苗寨周边的一些旅游景区在发展旅游业的过程中商业开发过度，失去了它原有的独特风情，还造成了环境污染，令人看了痛心。

因此，大园古苗寨发展旅游业以及加深手工业品商品化的程度时，一定要借鉴其他苗族地区的经验和教训。在过度商业化的背后，可能流失的是传统的、本民族特有的文化，如果不重视这些，不及早防微杜渐，最终本地区的旅游价值也会逐渐下降。在借旅游业发展的契机，促进本村的经济腾飞时，大园村人要牢记品牌意识，不能单纯追求经济利益而丢失发展本民族文化的理想。

第五章

大园的治理

第一节　国家政策与省、市、县、乡各级政府政策

2013年，党的十八届三中全会发布了《中共中央关于全面深化改革若干重大问题的决定》，强调要积极发展混合所有制经济，建立城乡统一的建设用地市场，健全城乡发展一体化体制机制，完善金融市场体系，深化科技体制改革，加快转变政府职能。其中，特别提到城乡二元结构是制约城乡发展一体化的主要障碍，必须健全体制机制，形成以工促农、以城带乡、工农互惠、城乡一体的新型工农城乡关系，让广大农民平等参与现代化进程、共同分享现代化成果。

一、大力发展基础建设

多年来，绥宁县委、县政府一直以科学发展观统揽民族工作，从政策、资金、技术、人才等方面对民族地区给予关心、关注和扶持、帮助，从而加快了民族地区经济发展。

在基础设施建设方面，绥宁县大力实施"乡乡通油路""乡乡通程控电话和移动电话""农村电网改造"等工程。2005年，14个民族乡全部开通了程控电话和移动电话，电话安装率达71.8%，10个民族乡修通了至县城的油路，11个民族乡完成了农村电网改造，农户通电率100%，自来水入户率65.6%，电视入户率92%。乡容村貌也有了明显改观，民族乡的旧街道全部进行了改造，普遍建起了农贸市场。同时重点推进省道S221沿线乐安铺、在市和边贸交易活跃的东山、河口等民族乡的城镇建设，为民族地区的城镇发展起到了示范作用，带动了以小城镇发展为依托的娱乐业、加工业和边贸交易的发展。农民人平纯收入已达2498元，与1982年相比，增长了4.5倍。至2008年底，14个民族乡全部修通了水泥公路。

二、推行惠农政策

2006年1月1日，中共中央颁布条令，正式废止实施了近半个世纪的《中华人民共和国农业税条例》，当年年初，绥宁县就正式宣布停止征收农业税，农业税的免征大大减轻了大园村人的负担。

与此同时，大园古苗寨所在的绥宁县执行中央对种粮农民直接补贴的政策，特别是在2008年提高补贴标准后，对中稻良种补贴、粮食直补、农资综合直补三项补贴的标准达到每亩109.10元，其中：中稻良种补贴15元/亩，粮食直补

13.5 元/亩，农资综合直补 80.6 元/亩。另外油菜补贴实行 2007 年的标准为每亩 10 元，能繁母猪补贴执行 2007 年标准为每头 50 元。

为了能够让农民及时领到足额补贴款，绥宁县乡镇财政管理局直接把补贴款以一卡通的形式，从银行直接打入农民个人账户，这样，农民在需要时就可直接到当地信用社或邮政储蓄所支取。

现在，大园村里种田的农户都在乡里的农村信用社开了户，每家都有一个专门的存折，上面清楚地记录了每家每户获得的农业补贴的金额，一般综合补贴有 500 多元，直补有 100 多元。

三、养老保险政策

绥宁县城乡居民的基本养老保险的参保范围是年满 16 周岁（不含在校生），具有本县户籍，非国家机关和事业单位工作人员及不属于职工基本养老保险制度覆盖范围的城乡居民，在户籍地参加城乡居民养老保险。城乡居民养老保险基金的筹集方式包括个人缴费、集体补助和政府补贴。农保站为每个参保人建立终身记录的养老保险个人账户，个人缴费、政府对参保人的缴费补贴、集体补助及其他社会经济组织、公益慈善组织、个人对参保人的缴费资助，全部记入个人账户。个人账户存储额按国家规定计息。参保人不得退保或提前支取个人账户储蓄额。参保人中断缴费的，其个人账户由农保站予以保留，并不间断计息。

测算表根据村民的缴费档次从 100 元到 3000 元不等分为了 14 个档次，缴费年限则从 15 年到 20 年分为 6 个档次，月领取金额则根据缴费档次和缴费年限不同而变化，最低的（第一档 15 年）是 78.68 元，最高的（第十四档 20 年）则是 709.35 元。

四、扶贫政策

扶贫历来是党和政府解决贫困问题、促进社会稳定与协调发展的工作重点。一直以来，绥宁县委狠抓扶贫开发，2001—2005 年共实施扶贫开发 91 个项目，主要用于少数民族地区经济和社会发展、基础设施建设、人畜饮水改善及 2001 年"6·19"特大山洪地质灾害造成的民族地区水毁河堤和公路恢复建设，扶持项目覆盖了 85% 的重点村和绝大多数少数民族贫困人口，极大地改善了民族地区人民群众的生产生活条件。

大园古苗寨是关峡乡较为贫困的村庄之一，也是典型的农业村庄，全寨几乎 95% 的家庭靠田吃饭，遇上旱涝灾害，村民的生活会受到影响。针对这种情况，关峡乡政府组织农业专家到大园古苗寨进行农业科普方面的培训，帮助村民提高农田的产量。还组织寨子里的养殖专业户及种植专业户到邻村及乡里学习。目前寨子里已经出现了养鸡专业户、养鹅专业户、蘑菇种植专业户、杂交水稻种植户等，村民的收入结构正在发生变化，生活水平也在逐步提高。

2006 年绥宁县印发了关于《绥宁县农村最低生活保障工作实施方案》（绥政办发［2006］35 号）的通知，具体确定了最低生活保障对象的范围：持有《农村特困户救助证》的农村特困户人员，人均年收入（实物收入和货币收入总和）低于 668 元的农村特困人口，其他需要特殊救助的人员。保障的标准为：对符合农村低保条件的家庭根据不同情况进行分类救助，对因病等特殊原因（不可抗拒的原因）造成家庭长期特别困难的对象要重点保障，原则上不低于 240 元/人·年，一般救助对象不低于 180 元/人·年，各乡镇 2006 年农村低保人数原则上不低于 2005 年年底农业人口的 5‰，其他农村特困人口要根据财政承受力状况，再逐步扩大救助范围，给予保障。等到农村居民最低生活保障制度建立后，特困救助制度将被替代，大园村将初步形成五保、农村低保、农村医疗救助和救灾救济在内的更为完善的农村社会救助制度体系。

2008 年以前，大园古苗寨能够享受农村最低生活保障金的人数为 8 人，每人 360 元，全年共发放保障金 2880 元。这些人都是乡里确认的五保户。2009 年，大园古苗寨享受农村最低生活保障金的人数为 5 人，大都是身体状况较差或是残疾的农民，残疾人每月发放保障金 200 元，其他的每人每月在 90～100 元之间。除此之外，为了照顾孤寡老人或残疾人，关峡乡修建了敬老院，由县、乡财政出资，收容大园古苗寨及附近的几个村子的老人或残疾人，平均每人每天伙食为 8 元，春节期间，县民政局发放慰问金 600 元，平均每人 20 元。2008 年县里对敬老院的五保户老人一次性补助为 250 元。目前大园古苗寨共有 3 人生活在敬老院，为两位老人及一位 40 多岁、眼睛残疾的独身男子。在此养老院生活的老人不需缴纳任何费用，这个养老院实质上是国家负责养老。

如今，针对大园村的情况，上级有关部门已经制定了详细的大园村扶贫规划。大园村精准扶贫的挂点单位是邵阳市文体广电新闻出版局，挂点领导是王铭祥。扶贫组以肖卫平为组长，杨秀松和杨小聪为副组长，扶贫组其他成员包括杨伟城、龙申梅、肖以德、戴振华等。此外，乡政府驻村领导是刘泽莹，驻村干部是蒋佳。村里还成立了精准扶贫监事会，并以杨国强为组长，杨南和杨然为副组长，其他成员包括杨焕武、杨焕民、杨进美等。

扶贫规划的指导思想是：按照"政府引导，社会帮扶，自力更生，开发扶贫"的方针，切实加强基层组织建设，加强村级基础建设，增加贫困户收入，壮大集体经济，力争每年减少贫困人口30%以上，基本消除绝对贫困现象，努力完成全村整体脱贫任务，确保全村贫困户同步实现全面小康。

扶贫组的工作目标分为对村和对人两块。对村的话，要改善村容村貌，力争3年内修通村组道3.5公里，农田水渠6000米，排水渠1000米。开展村内基础建设，要安装太阳能路灯150盏，新建垃圾处理场3个、垃圾焚烧池15个。要搞好秀美村庄建设，改造村旧窨子屋107座，建立民族特色多功能场所一座。另外，还要投资20万元成立大园文化旅游发展公司，以旅游来带动经济的发展，整合土地建设特色农庄，在一、二、三组组建油茶基地300余亩，各组电力升级改造。对人的话，要增加扶贫对象收入，制定重点贫困对象脱贫规划。采取帮助发展产业，争取惠民政策，结对帮扶等多种方式，增加扶贫对象的收入。根据贫困程度不同，分两个年度实施脱贫规划，预期实现2015—2016年度和2016—2017年度各有50%贫困对象实现脱离绝对贫困。

大园村贫困的原因有很多，抛开历史和外界环境等宏观因素，仅就当下而言，扶贫组总结有三点显而易见的原因：一是因病致贫。有的村民年老体弱，或患大病，或患慢性病，或丧失劳动能力，虽然通过农村合作医疗和民政救助能缓解部分经济压力，但医疗费用支出仍然很多。二是缺乏技术和经营能力导致贫困。全村有不少村民缺乏种养技术和资金支持，加上信息不畅，种植失败，陷入贫困。三是自然因素导致贫困。全村耕地面积少，干旱水田多，土质差，产出效益低，经济收入落后。

针对上述原因，扶贫组采取了一系列的扶贫措施，分三步走：首先是认真甄别，准确界定扶贫对象。2014年大园村有110户356人申报贫困户，工作组在广泛听取群众意见的基础上，根据家庭健康状况、住房条件、劳动力情况，初步确定84户280人属于"年人均收入达不到2300元的人员"，应列为精准扶贫对象。然后通过走访摸底，划分贫困类别，按住房条件差、残疾多病、缺乏劳动力等贫困现象，政策兜底分类，将84户贫困户根据贫困程度分为两类。一类贫困程度较轻的36户，2015—2016年脱贫；二类程度较重的48户，2016—2017年脱贫。之后是具体的措施，采取结对帮扶措施，实现总体脱贫规划。要实现上述目标，需要充分发挥全村党员干部、种养能手、致富带头人的作用，采取市扶贫挂点单位结对帮扶措施,对全村 32 户特困村民实行结对帮扶,以实现全村贫困人口整体脱贫。

大园村 2015—2017 年的精准扶贫开发重点项目包括产业开发扶贫、基础设施建设、民生工程、文体医疗、村部建设等五大类别(表 5 – 1)。其中产业开发扶贫项目包含油菜产业、种养业、旅游业三大项目;基础设施建设主要是全村组道硬化亮化;民生工程包含安全饮水工程、清洁工程、教育扶贫工程三项;文体医疗则包括文化设施建设和体育设施建设两个方面;村部建设主要是指村委会办公室的建设。每一项目下面又包含若干项具体的建设内容,如油菜产业包括油菜种植、收割机和榨油设备的购置等。这些项目有些是新建项目,有些则是在原有基础上续建。项目规模和投资都以达成基本扶贫目标为标准,尤其在设施、设备建设上只达到最低需求。

表 5 – 1　大园村扶贫开发重点项目(2015—2017 年)

项目类别	序号	项目名称	建设内容	规模	建设性质	总投资(万元)	资金来源(万元)			建设时间	备注
							项目整合资金	扶贫资金	社会资金		
一、产业开发扶贫	1	油菜产业	油菜种植	300 亩		9		9		2015—2017	拟申报省级油菜示范基地,政府资金补贴 10 元/亩,扶贫资金补贴 50 元/亩并发放种子 30 元/亩
			收割机	1 台		12		12		2016	
			榨油设备	2 套		10		10		2016	

项目类别	序号	项目名称	建设内容	规模	建设性质	总投资（万元）	资金来源（万元）			建设时间	备注
							项目整合资金	扶贫资金	社会资金		
一、产业开发扶贫	2	种养业	生猪	500 头/年		25		68		2015—2017	扶贫专项资金帮扶贫困户，整村推进
			山羊	200 头/年		30				2015—2017	
			鹅	2000 羽/年		4				2015—2017	
			鸭	3000 羽/年		9				2015—2017	
	3	旅游开发	民族多功能活动场所			300	250		50	2015—2017	
二、基础设施建设	4	全村组道硬化亮化	全村组道硬化	组道长5千米、宽3.5米、路基4.5米	续建	200	200			2015—2016	
			全村组道亮化	长7.5千米、150盏	新建	60	60			2016	太阳能，每50米一盏
	5	安全饮水	自来水入户	520	新建	52	33.8		18.2	2015	
	6	清洁工程	焚烧池	15 个	新建	6		6		2016	
三、民生工程	7	教育扶贫	解决贫困高中生学费	由扶贫工作队、村支"两委"和村民代表议定	帮扶					2015—2017乃至更长时间	扶贫资金解决一部分，后盾单位整合社会资源"一对一"帮扶解决一部分，并结合困难补助、助学贷款等
			解决贫困学生部分大学学费		帮扶					2015—2017乃至更长时间	

项目类别	序号	项目名称	建设内容	规模	建设性质	总投资（万元）	资金来源（万元）			建设时间	备注
							项目整合资金	扶贫资金	社会资金		
四、文体医疗	8	文化设施	大园文化旅游发展公司	1个	新建	20		20		2016	
			农家书屋	1个	新建					2015—2017	由后盾单位组织捐赠各类图书并及时更新
			民族服装公司	1个	新建	30		30		2016	
	9	体育设施	健身器材、篮球场	篮球场1个、健身器材1套	新建	12		12		2016	位于村部空地
五、村部建设	10	村部建设	村部维修、基本办公室设施添置、制度上墙等	1处	续建	6		3	3	2015	社会资金来源后盾单位帮扶

目前，大园村的各项扶贫计划都在紧张进行中，但进度不一。部分建设目标已经基本实现或在实现中，如农家书屋建设、体育设施建设、村部建设等，村落组道硬化目标也已基本达成。产业开发和民生工程虽然受限于资金和管理等因素进度较缓，但并未有任何一项被搁置，这是很值得肯定的。也有一些遗憾，譬如文体医疗类别原本应该还包括医疗设施方面的建设，但受限于一些客观因素，尚未列入规划。具体事项和进展可以参考 2015—2017 年的大园村扶贫开发重点项目表。

五、扶持旅游业

近年来，为了帮助农民脱贫致富，根据大园古苗寨的历史文化和建筑风格，绥宁县政府从调整产业结构的根本入手，积极帮助将大园古苗寨打造成为旅游村庄。大园古苗寨的进村公路铺上了水泥，实行了路面硬化，完成了电网改造和自来水工程。同时，县委、县政府多方联系社会知名人士及高等院校专家学者参观、访问村寨，利用大园古苗寨特有的房屋建筑拍摄历史题材电影。

现在，绥宁县正在积极扶持本地的旅游发展，尤以花园阁景区发展最为迅速。当前，大园村并没有自己的专题网站，在宣传工作上也一并归入花园阁景区旅游网。如今的花园阁兴建了广场及长廊，政府还鼓励村民们种花，办农家乐，并每年每家进行补贴。

2015 年，县政府花大力气请来湖南卫视《爸爸去哪儿》剧组，以提升绥宁县旅游业的名气。剧组辗转上堡、花园阁等村落，认为这些村落虽然美丽，但地方太窄小或太稀散，不利于节目拍摄，最后将拍摄地点定为大园古苗寨。节目播出后，大园村的名气更上一层楼。

六、保护民族文化政策

2008 年 6 月 7 日，国务院公布第二批国家级非物质文化遗产名录，要求各部委、各直属机构和各级人民政府要按照《国务院关于加强文化遗产保护的通知》和《国务院办公厅关于加强我国非物质文化遗产保护工作的意见》要求，进一步贯彻保护为主、抢救第一、合理利用、传承发展的工作方针，认真做好非物质文化遗产的保护、管理工作，为弘扬中华民族社会主义文化大发展大繁荣做出新贡献。

2009 年《湖南省人民政府关于核定公布第二批省级历史文化名镇名村名单的通知》（即湘政函〔2009〕23 号）里要求，各市州人民政府、省政府各厅委、各直属机构，各级各部门要充分认识保护历史文化遗产的重要性，坚持保护为主、抢救第一、合理利用、科学管理的原则，正确处理好城镇建设与历史文化遗产保护的关系，切实做好历史文化名村的保护工作。

2010 年，绥宁县政府确定了保护为主、合理利用、改善环境、有效管理的方针。要求以《中华人民共和国文物保护法》《中华人民共和国文物保护法实施细则》《湖南省文物保护条例》《湘西土家族苗族自治州民间文化遗产保护条例》为法律依据，对大园村进行合理的保护、抢救、管理，对濒危的古建筑要进行整修，整旧如旧。

2012 年 8 月，邵阳市城市规划研究设计院编制了《绥宁县关峡大园村历史文化名村保护规划(2010—2030)》。同年12月，关峡乡人民政府下发《关峡苗族乡大园历史文化名村保护管理规定》的通知，村里建立居民保护小组，制定保护条例，将大园村建设成一个山清水秀、柳暗花明的世外桃源。

2012年12月27日，绥宁县关峡苗族人民政府印发了《关于印发〈关峡苗族乡大园历史文化名村保护管理规定〉的通知》(即关政发[2012]37号文件)，要求各村委会、乡属各有关单位认真贯彻执行。同年，邵阳市政府向省政府递交了《关于批准绥宁县关峡乡大园历史文化名村保护与发展规划的请示》(市政呈[2012]1号)。2013年3月12日，湖南省人民政府作了批复(即湘政函[2013]60号)，表示原则上同意《绥宁县关峡大园村历史文化名村保护规划(2010—2030)》，要求邵阳市人民政府要按照《绥宁县关峡乡大园历史文化名村保护规划(2010—2030)》确定的方针，充分挖掘苗族文化的丰富内涵，协调处理好大园历史文化名村保护与发展，加强历史文化资源保护，同步推进古村保护与新村建设，保持古村历史的真实性、风貌的完整性、生活的延续性，合理利用历史文化资源，带动地方经济发展。要严格按照规划确定的保护目标、保护内容，保护古苗寨周边自然山水格局、植被和历史地形地貌，保护和延续村寨内部空间格局和历史风貌，保护历史建筑、文物保护单位及其所依存的自然环境，保护苗族传统表演、礼仪节庆等非物质文化遗产，要按照规划确定的核心保护区(8.36公顷)、建设控制地带(28.3258公顷)的保护内容和控制要求，严格控制开发强度和建筑物形式、高度、色彩，加强对重点地段的改造，加强历史建筑内部设施改造，改善古村基础设施，健全综合防灾特别是消防安全体系，落实保护规划实施措施，切实加强对大园历史文化名村的规划建设和管理。要认真组织实施规划，进一步加强对历史文化名村的保护工作，加大对村寨保护的投入，任何单位和个人不得随意变更规划，对规划的重大变更以及强制性内容的变更，必须按照法定程序报批。省住房和城乡建设厅、省文物局等部门要加强对规划实施的指导、监督和检查。

上述政策，显示了各级政府保护本地文化、文物的决心。2016年，习近平总书记也对文物工作做出了重要指示，强调文物承载灿烂文明，传承历史文化，维系民族精神，是老祖宗留给我们的宝贵遗产，是加强社会主义精神文明建设的深厚滋养。

如今在民族文化方面，绥宁县已经恢复和发展了龙灯活动和山歌活动，并且成功地把过去认为俚俗的山歌引入县城，不仅登上大雅之堂，而且成为县城各民族群众的一项经常性文化活动；随后还推出了"周末大家乐"广场文化。

第二节 大园的基本治理模式与组织制度

旧时，大园村中实行保甲制度，新中国成立后，大园村成为关峡苗族公委下属的一个生产大队，下辖 8 个生产小队。1979 年，随着改革开放的推进和农村地区行政管理体制的改革，公委的建制被取消，关峡苗族乡政府成立，大园村生产大队的编制也被取消，取而代之的是大园村民委员会。

根据调查了解，目前大园村内设有村委会 1 个，党委会 1 个，村居民小组 8 个，学校 1 所，医疗卫生室 1 处。按《关峡苗族乡志》，大园村境内的主要地名以及村民小组分布如下：黄家（一、二、三组），凉亭里（四组），石板桥（五、六、七组），肖家坪（八组）。

绥宁县政府规定，1000 人以下的村原则上配备村干部 3 人，1000 人以上的村配备村干部 4 人。提倡党员通过法定程序当选为村民小组组长和村民代表，提倡把村党组织领导班子成员按规定程序推荐为村民委员会成员候选人，提倡村民委员会中的党员成员通过党内选举，兼任村党组织委员会成员，提倡村党总支书记人选参加村民委员会的选举，通过依法选举兼任村民委员会主任。村秘书、妇女主任、计划生育专职干部、民兵营长、青年书记等职位，由村支两委成员兼任。村级班子要以 40 岁左右的干部为主体，至少有 1 名 30 岁左右的青年干部和 1 名女干部。

据此，大园村有 1300 多人，因此配备了 4 名村干部。至 2016 年，现任两委（村委和党委）班子成员包括：第一书记肖卫平，书记杨秀松，村主任杨小聪，秘书和组织委员杨伟城，计生专干兼妇女主任龙申梅。其中，第一书记肖卫平是市里专门派来驻村扶贫的。村委会和党委会采用"四议两公开"工作方法："四议"即党支部会提议，"两委"会商议，党员大会审议，村民代表会议或村民会议决议；"两公开"即决议公开，实施结果公开。决策事项主要范围包括村"两委"换届选举；本村经济、社会发展规划和任期目标或年度目标；大额财务开支；集体新上企业项目和兴办公益事业；集体经济所得收益的管理、使用和处置；集体统一举债、贷款；各类经济合同的签订、变更及执行；村级活动场所建设、使用和管理；村庄建设规划；宅基地安排使用、土地调整和村集体公益事业的"一事一议"筹资筹劳方案和建设承包方案；村民自治章程和村规民约的制定、修改；村组干部报酬；救灾救济、低保、社会捐赠等项款物的接收、发放和使用；群众关心的其他事项。

村委会和党委会的决议结果和实施结果会在村活动中心等地的公告栏公开，如关于支农惠农政策落实的情况，在 2016 年 1 月 25 日，公开通过了在大园村修建 8 座滚水坝的决议；2016 年 2 月 15 日，公开通过了在大园村安装太阳能路灯的决议。

按照关峡乡的规定，大园村的干部薪酬标准是：村支书、村主任每年每人 3700 元，秘书 3200 元；计划生育专职干部按照村支书工资的 80% 计算，妇女主任占计划生育专干工资的 80%；村、支两委无实际职务的成员按工补贴计算报酬，但是总额不能超过秘书的工资；凡领取固定工资的人员原则上不领取误工补助。

除了村委会和村党支部以外，村民们还依据大园古苗寨的特点，成立了综合治理小组、人口小组、治安小组等村民自治组织，负责大园古苗寨公共事务中各个不同方面的管理工作。

早在 2008 年，村里成立了文物保护小组，主要负责文物保护和宣传工作，组长是杨小聪，副组长是杨国强、杨广生、杨文淼、杨焕明、杨章荣、杨进军、杨庆明、杨志强、杨荣生，组员有杨明光、杨文金、杨昇满、杨焕日、杨焕众、杨昇国、杨昇明、杨文杰、杨志军、杨焕佑、杨继强、杨志宏、杨玉、杨章雄、杨光良。其中，杨小聪负责文物小组全盘工作，杨国强负责经济审批审查，杨广生负责生活后勤。随后，这个班子一直延续了下来。

文物保护小组的工作受到了上级的充分肯定，得到了重视。2009 年 9 月 16 日，绥宁县文物管理局正式向关峡苗族乡人民政府下达了绥宁县文物局关于成立大园苗寨古建筑群文物保护小组的通知（即绥文物字［2009］02 号），内容为：为了切实保护好大园省级历史文化名村和苗寨古建筑群，做好安全消防等四有工作，经我局考察研究，决定成立大园苗寨古建筑群文物保护小组。正文中将成员名单通知如下：组长成有道，副组长杨文森、杨小聪，成员为杨国强、杨荣生、杨广生、杨焕明、杨章荣、杨进平、杨庆明、杨志强、杨满寿。

按照 2015 年 3 月 10 日建档的《中国传统村落档案·大园村》里所附的《保护管理状况表》，大园村现有大园文物保护领导小组，是由绥宁县住房和城乡建设局、关峡乡人民政府和大园村村支书组成。该表格中称，大园古苗寨古建筑群属于省级文物保护单位，隶属县文物管理局，管理人员设有 8 人，由关峡乡人民政府党委书记任文物保护领导小组的组长，乡长任副组长，成员为县住房和城乡建设局专干、乡文化专干与大园村村支书、村主任组成，无工资发放。

大园古苗寨文物保护小组的每位成员都为宣传大园村的特色民族文化积极忙碌，他们没有领取过任何报酬，他们的行为完全是自发的。正是因为有这些为大园村的公共事业积极忙碌奔走的人的存在，大园村的公共事业建设才得以井然有序、顺利实施。

第三节　宗法礼制对村民的约束

一、宗族观念在大园的体现

2015 年考察组前往大园村实地考察时，曾经问村民有没有族长存在。村民们回答：现在没有族长了，若是推选可能就是杨国强……过去族长权力很大，甚至有处死族人的权力。

苗族社会旧有理事头人制度，是单一姓氏村寨中由族民推举出村寨头人的制度。头人往往会由血脉高贵、有威望的又公正贤能的人担任，一般称为族长，再从各房支派推荐 3～5 名族员，协助族长统领村寨的日常事务。理事头人组织主要依靠族规民约对村寨进行管理。如有族人违犯，由族长召集族员共同协商处理，根据情节轻重予以制裁，一般采取的是罚谷、罚酒、罚工等方式。族约把敬祖祭祖作为神圣的义务，并提倡忠君爱国、孝顺父母、勤劳勤俭、仁义礼智信等传统美德，把教导族人学好行善和扶助孤寡老幼作为职责，组织族人开垦荒地、扩大田产、兴修水坝水圳、培植村寨风景林木、设置义塾、兴办学校。

此外，苗族社会还有宗祠组织，该组织由同一姓氏的各个村寨首领或代表组成，是由小祠堂升级到大祠堂的一种血缘机构，苗族称为"合团"。它的范围很广，涉及到几个乡或几个县，例如绥宁县境内杨、李、苏、龙等几个苗族大姓均与邻近的城步、靖州、通道、会同等县有血缘关系，各姓氏的宗祠组织都是庞大的血缘社会机构。

宗祠组织一般由本宗贤能牵头发起，召集同一地区各村寨同一姓氏的头人、族长开会议，推举宗长一人，并设协理数十人。其职能是增强宗族间的团结、协调宗族间各支派的关系，维护本姓氏政治、经济和社会地位。主要活动是祭祖修谱，设置祭田、祠田、墓产，通过族约族规行使宗法权力。

从开山鼻祖杨光裕开始，大园杨氏就是一支独立的单一民族村落。最开始大园杨氏的宗族观念是一种防御性质的生存理念，所谓"人多力量大"，在经常与邻近村庄发生纠纷争夺水源、土地、山林的农耕时代，个体只有团结一致才能对抗来自外界的各种威胁。据《大园风物志》，民国时期，在关峡乡地区如果不同地方的两支舞龙队伍相遇，龙头要高度一致，如果不一致，双方都要争龙头的高低，所以经常为此发生械斗。大园村舞龙的队伍经常因为争龙头与关峡乡李氏发生冲突。在这样的冲突中，宗族的作用就体现出来了，族长经常要出面带领族人一起去论理，这正是大园村宗族观念的一种体现。

此外，同村男女同姓即不能恋爱结婚，这也是当地特殊的礼制。即使男女双方实际上并没有血缘关系，或者亲戚关系在三代以外，只要同姓杨，或同姓其他，就不被礼制所允许。事实上，大园村多年来仅有两例违反这一礼制，直到今天这两例仍不被周围的人所理解和认可。

在杨氏立足于大园村之后，对内，宗族观念是一种类似于族规的村落管理方式。对外，宗族观念则以认祖归宗的文化符号来体现。

村民们自述，从前大园人定下过规定，不能砍后龙山的树。村里有一座土地庙，这是全村人上山的必经之路。土地庙前有一块落款为"咸丰三年十月吉旦合族公立"的石碑，上面刻着"始祖迁居兹土禁伐培树"，这就是一种族规。据说曾经有一个看牛娃，他的牛进了后龙山，砍了一根小杂柴做赶牛鞭，就被罚杀家里一头大肥猪宴请全村人作为赔罪。

2008年，为了保护后龙山的树木不再被肆意砍伐，村民们甚至提议成立杨氏族委会，后来因为担心与村委会冲突才改为现在兼顾大园古苗寨复古建设与保护的大园文物保护小组。

二、大园的村规民约

宗族观念即使在今天依然在大园人的生活中起到重要的管理和约束作用。大园村正式通过了村规民约，并于2015年元月1日开始施行：

为了推进本村民主法制建设，维护社会稳定，树立良好的民风村风，创造安居乐业的社会环境，促进经济发展，建设文明卫生新农村，经全体村民讨论通过，制定本村规民约和卫生公约。

村规民约：

1. 提倡依法办事，反对违法乱纪。

2. 提倡安全生产，反对我行我素。

3. 提倡勤俭持家，反对铺张浪费。

4. 提倡尊老爱幼，反对虐待遗弃。

5. 提倡夫妻互爱，反对男尊女卑。

6. 提倡勤劳致富，反对游手好闲。

7. 提倡邻里互助，反对斤斤计较。

8. 提倡清洁卫生，反对污浊肮脏。

9. 提倡移风易俗，反对封建迷信。

10. 提倡爱国爱村，反对谣言惑众。

卫生公约：

1. 不准乱堆柴垛，做到摆放整齐。

2. 不准乱堆粪土，做到路面干净。

3. 不准乱倒垃圾，做到清理有序。

4. 不准乱泼污水，做到污水进渠。

5. 不准畜禽乱跑，做到分类圈养。

6. 不准乱写乱画，做到屋外整洁。

7. 不准乱砍滥伐，做到四旁植树。

8. 不准焚烧杂物，做到循环利用。

9. 不准乱占乱放，做到道路通畅。

10. 不准消极怠慢，做到人人有责。

三、宗族观念的传承

除了制定规则内部自我约束之外，宗族观念也会用来谋取公共福利。在大园杨氏宗族内部，大宗族下又分为三个小宗族，杨光裕的直系后代杨光选有四个儿子，其中除了老四杨昌禧迁往外地外，老大杨昌质、老二杨昌禹、老三杨昌协都留在了大园村，他们的后代分别形成了现在大园村八个组中的五六七组、三四组、一组二组。大园村通水泥路的时候，政府只把路修建到村门口，现在到户的水泥路是杨昌质、杨昌禹、杨昌协三兄弟各自的后人分别集资修建的。迄今为止，大园人里，凡同一个祖公的后人之间都会比邻而居，相互照应。这种清晰的支派概念，正好从侧面反映出了大园杨氏对宗族观念的严格继承性。现在大园古苗寨的老大门后还有象征杨昌质、杨昌禹、杨昌协三兄弟同心的"三公同心路"。

明朝前期，大园村的发展达到了鼎盛时期。据绥宁地方史记载，"崇祯九

●三公同心路

年，大园户五百，口四千"，这在古代称得上是一个很大规模的村落了。由于人多地少，大园人开始频繁外迁。大园村老寨门附近曾经建有杨氏宗祠，而要出寨到宗祠必然要经过"十一级石阶梯"。"十一级石阶梯"其实并不止十一级，之所以这样称呼，是因为铺成阶梯的很多青石板上有天然的白色"十一"状纹路，尤以第一块石板明显。这之后，据说凡要确定其他地方的杨氏是不是从大园村迁出去的同宗族的人，只要问他知不知道十一石阶的含义，以及通达全村的铜鼓石路即可。这两点成为了大园杨氏最有代表性的宗族符号，而外迁的大园杨氏为了铭记住祖先，也会将这些符号代代相传。

　　大园村杨氏宗族公祭活动也得到了外迁大园杨氏的支持。据大园村主任杨小聪以及主持大园杨氏宗族公祭的杨焕金介绍，在向外迁的大园杨氏集资的过程中，十一台阶和铜鼓石路等文化符号成为了集资建设的最有力的号召。在不同的时期，大园杨氏总是以不同的方式不断强化自己的宗族观念，以增强自身的实力。十一台阶等大园特有典故的世代相传正是外迁大园杨氏与大园本部文化认同的主要符号，增强这种认同既是感情需要也是在民族成分复杂的湘西南地区加强本族凝聚力的重要措施。

四、祭祖

除了严格宗族支派以外，大园人也会公祭共同祖先。村里有公祭杨再思的大庆，也有清明和中元等节日向自己的直系先人扫墓烧纸钱的祭祀活动，在烧给自己的直系先人的纸钱里，会有夹带写有先人名字的"仙人单"，这其中杨昌质、杨昌禹、杨昌协三个支派的后裔各不相同。

目前，维系大园杨氏宗族最大的仪式是每年农历六月初六和十月二十六日公祭靖州杨氏祖先飞山圣公杨再思。其中，十月二十六日的公祭活动在大园杨氏的宗族活动中最为隆重。

祭祀杨再思的活动从农历十月二十五日晚上开始，在此之前大园杨氏每户都会收到主办方的请柬，如果有谁收到请柬却无故缺席，一般第二年就不会再给该户发请柬。如果有哪一户没收到请柬，就会与祭祀的主办方人员起争执，因为没有收到请柬，意味着会被族人认为要么是对祖先有大不敬行为，要么是个人品行有严重缺陷。因此，参加公祭是一件重要的事情。

大园杨氏延续千年的族内凝聚力，无疑会使想迁入大园村的外姓人承受巨大的精神压力，由于担心会被孤立，他们在做出是否要迁入大园村的决定之前，一定会考虑再三，顾虑重重。在争夺生存资源的年代，宗族观念如此捍卫了大园杨氏人的利益。

随着时代的变化，大园人对外来移民也变得更加友好。前文说过，20世纪60年代，有8户外来的水库移民落户大园村，并未遭到大园人的排挤。不过，虽然这些移民有时候也会在杨氏宗族聚餐时参与到张罗布置中，但是他们会强调自己只是去帮忙的，自觉地将自己的身份与杨姓后人区分开来。

在大园村，拜鬼神被称为"庆"，十月二十六日被称为"大庆"。参加大庆的各户都要带5斤米和5斤小菜，这是宗族观念中明显的古风习俗，公祭持续三天三夜，全族人要聚在一起吃饭。根据主持2008年大庆的杨焕金介绍，那一年的大庆，一餐吃掉了400斤猪肉。庞大的经费开支来源于参加大庆的杨氏捐款。所有捐款者均被称为会首，捐款最多的人被称为"头名会首"，可以负责祭祖时的占卜卦辞的发放。大园村人将成为头名会首视为荣耀，捐款相当踊跃。

2008年的大庆中，从大园迁出的大园杨氏受邀后，很多都回到了大园村参加公祭活动。2008年一共有大园、四甲、南庙、凤凰、江口塘、桥渡、柳塘、文家8个村1000多大园杨氏族众欢聚一堂，场面十分壮观。

五、募资

也是在 2008 年，大园村申报历史文化名村成功，开始有计划、有规模地对苗寨进行保护和复原建设，在宗族观念的号召下，许多大园村外迁人纷纷出资建设故乡大园。

现如今大园古苗寨门前立有"光前裕后"功德碑，立于 2012 年 4 月，记刻了为重修鼓楼和牌楼捐资的数百人姓名。开头一段如下：

大园古寨，山清水秀，古窨成群，灰墙青瓦，沧桑古朴，巷道纵横，龙盘蛇绕。整个村寨，坐南朝北，倚山而建，傍水而筑，前有石燕飞，后有青龙舞，苍松翠竹，四季常青，山川相缪，生机盎然，田成玉盘，弯如明月，玉水环村，古拱奇景，天成大园。戊子奥运，中华十年，大园盛运，历史名村，干群踊跃，积极捐资，二十三贤，竭尽全力，重修古楼，新修牌楼，苗寨山庄，锦上添花。以示后人，特立此碑。

• 重修鼓楼与牌楼捐资碑

捐资单位包括大园村委会和各生产组，如上半下、黄家冲、凉亭里、石板桥四组、石板桥五组、肖家坪等，还有原来同属大园乡的邻村南庙和四甲村民，在外工作人员也有数十人捐资，在广西三江从事工艺工作的数人也一同捐资，此外，"出阁闺秀姑丈"也专列一栏，并且是一个重要的捐资群体，另有少数社会人士捐资者。捐资额度为30～1800元不等，其中捐资额在前列的有杨锦华（1800元）、杨国强（1500元）、杨小聪（1500元）、杨荣生（1228元）等人。

大园村是一个贫困村，据各方面统计数据，年人均收入应该在600～2800元间，最常见的说法是2015年人均收入1200元左右。无论采信哪一种，大园村人都不算一个富裕的群体，但是在捐资翻修鼓楼和牌楼时，捐款却相当积极。有钱的多捐，没钱的也纷纷解囊，哪怕数十元也是村民心意的体现。特别穷困的即使没有捐款，也表现出对重修工程高度关注和支持。

重修工程是修复过去损毁或破旧的鼓楼和牌楼，通过对苗寨标志性建筑的翻新，来重新焕发大园村的光辉和热情。在捐资活动中，大园人激发了对家园的热爱，村民们虽然穷困但没有麻木，村民们怀念过去的荣耀，心中依然有着美好的憧憬。大园人之风骨可见一斑。

第六章

大园的文化教育

绥宁县历来重视教育，大园古苗寨也是如此。前文说过，大园古苗寨村民将东汉时期的名臣杨震视为远祖，认为杨震在东汉安帝时代曾当过20多年的教书先生，他教书的地方称为三鳣堂。村里有一些古窨子屋的主人仿照杨震，也在正门上方书写"三鳣堂"，表示继承老祖宗重视文化教育、重视培养人才的传统。

● 三鳣堂

第一节　村落的基本教育模式

一、传统教育

古时，大园古苗寨曾采取很多方式加强童子教育，其主流是创办私塾，办学宗旨是培养贤才以供朝廷之用，上报君恩，下立人品。

北宋时，宋神宗诏令潭州(今长沙)长史朴成担任徽诚二州教授，教化百姓，绥宁之地兴办教育由此始。元皇庆二年(1313)，绥宁苗族人杨再成捐资创建儒林书院，目的是"申孝弟，明教化，以淑人心"，这就是中国历史上的第一所苗族书院。据记载，儒林书院环境清幽，历经300余年，为苗乡培养了一大批优秀的人才，为促进移风易俗和民族融合作出了重大贡献。

绥宁治学之风既开，成果蔚然。按《绥宁县志》记载，洪武二十四年（1391），上二里（今联丰和乐安铺一带）人杨正恒赴京应试，中进士，系有史可查的绥宁县第一名进士。至万历十七年（1579），绥宁全县中进士者4人。

清康熙二十年（1681）左右，大园古苗寨祖先宗祠建成。这个宗祠并非是简单供奉先祖的地方，而是一座教育和娱乐设施完备，集私塾和戏院于一身的教育娱乐场所，建筑面积约1500平方米。宗祠内设有教室3间，每天都有先生在这里教书，被称为大园村的启蒙私塾，但不幸的是杨家宗祠毁于"文革"时期。

清朝末年的时候，大园村有两位私塾教师。一位名叫杨进春，另一位名叫杨文义，两位都是本村人。当时私塾教育所教授的内容主要是《幼学琼林》《千字文》《千家诗》《三字经》，以及百家姓和四书五经等。本村私塾的办学规模不大，学生人数一直维持在二十几个，最少时有15个。

到了民国时期，由于受到西方现代教育体制和理念的影响，大园村开始出现了与现代学校类似的初级小学，办学规模也有所扩大。当时的学生人数在50人以上。本村的初级小学有两位教师，一位来自外村，名叫李茂达；另一位来自本村，名叫杨汉文。当时的大园民国初级小学只设有一至四年级，学生从初小毕业后就去邻村珠玉村小学完成学业。在初级小学主要学习国文、算术、图画、体操等课程，教学内容与现代教育有所不同。

二、现代教育

新中国成立后，关峡乡的教育事业发展较快，人民文化水平有了显著提高。据2000年第五次全国人口普查，在关峡苗族乡的中青年中已经消灭了文盲。大园古苗寨的情况和乡里一样，除了个别老人识字不多以外，绝大多数人都能实现自主阅读，这对提高村民们的个人素质，以及增加村民们学习新科技的能力十分有利。

改革开放以来，绥宁县委、县政府一直努力改善少数民族乡中小学的设施条件。通过创建和扩大寄宿制学校、发展保育制学校，较好地解决了少数民族地区子女入学难的问题。2005年，全县有县办民族完全中学1所，少数民族乡初中3所，九年一贯制少数民族寄宿制学校14所，少数民族乡的村级小学52所，少数民族学生入学率达到100%。由于想追求更好的教学质量，大园村的很多学生都会在县里的中学求学。

根据《绥宁县2015年国民经济和社会发展统计公报》，2015年，绥宁全县有职业中学学校1所，普通中学学校10所(其中民办学校3所)，普通中小学校86所，幼儿园138所。中等职业教育招生518人，在校生1095人，毕业生158人。普通中学高中招生1823人，在校生4773人，毕业生1443人。普通中学初中招生3607人，在校生10544人，毕业生3138人。普通小学招生4864人，在校生27123人，毕业生3848人，幼儿园在园10132人，幼儿园离园4847人。学龄儿童入学率100%，小学毕业生升学率99.1%，初中毕业生升学率87.9%。2015年高考本科二批以上上线人数345人，其中重点本科66人。

当前，关峡苗族全乡有普通中学2所，其中关峡中学已列入省定点建设的民族寄宿制中学，学校教学和生活设施已逐步齐全。另有中心小学1所，村办小学15所(其中珠玉小学历史悠久，明、清时期远近闻名，多为各地大地主子弟就读)，全部通过省、市双基达标。2016年，关峡乡又准备兴建一所绥宁县关峡乡中心幼儿园，目前已经招标动工。

据地方志以及中央民族大学师生的调研统计，建国以来，大园村在中专以上学校毕业的将近200人，其中本科生50人以上，硕士研究生4人，博士研究生2人。杨姓族人的工作地点遍及京都、省府、市县，其职业有公务员、教师、医师、记者、技术员等，其中做老师的最多，有中国军事科学院师级研究员1人，高中特级教师1人，享受科局级干部工资待遇的10人以上，具有中级以上职称的教师10人以上。该统计并指出，大园村是全县出人才比例最高的村，村里平均每年都要出2~3名大学生。

现在，大园古苗寨的教育情况良好。这里民风淳朴，隆礼重义。他们遵循祖训——"敦孝悌、勤耕读、务勤俭、睦宗族、息争愤"，"百年好事无非积善，一生受用莫过读书""一等人忠臣孝子，两件事耕田读书"。

大园村民哪怕是缺吃少穿、砸锅卖铁，也要拼命培养孩子读书。与苗寨隔省道S319公路相望有一排小楼，2016年，考察组在这里访问了老人杨锦中。杨锦中是大园村中重视教育的典范，在村中是人人羡慕的对象。老人家有三儿一女均成材，大园村中无人能及。其他如村里的杨晟明家，一家就出了3个大学生。

第二节　大园的学校概况

大园古苗寨目前只有一所小学，即大园小学，是本村和四甲村联合开办的，教授学前班和一、二年级的课程，生源主要是本村和四甲村以及周围邻村的孩子。目前大园村小孩的入学率100%，绝大多数就读本村或本乡的学校。

● 大园小学

大园小学创办于新中国成立初期，至今已有50多年的历史，期间经历了六年制、五年制等数个办学阶段，同时校址也由大园村祠堂迁至现在的大园小学校址。大园小学在1987年迁至现在的校址时有四个班级，到1991年秋又增办一个学前班。2001年时，由于关峡乡联校实行三三制，即村立小学开办一至三年级，关峡乡中心小学开办四至六年级，所以大园小学就只有一至三年级。2005年，因关峡乡中心小学教师岗位增加，相应扩大招生规模，而此时大园小学已经直属于关峡乡中心小学，因此就将三年级也移并至中心小学。这样一来，目前大园小学就只有学前班和一、二年级。但是就办学条件而言，大园小学在关峡乡还是较好的。如今大园小学的性质属于村自建，政府租用但没有租金。

大园小学总面积为2572.75平方米，共有教室3间、办公室1间、食堂2间、教具保管室1间，学校办公室门上悬挂着绥宁县教育委员会颁发的"合格村小"牌匾。小学部教室前面的黑板上面正中间贴着毛泽东的画像，两边分别贴着声母和韵母表，使用的是全木制刷漆课桌椅，每个小孩都安排一个同桌。幼儿部则使用六套新购置的彩色硬塑料长桌椅，让孩子们分成六组围绕在桌子旁学习玩耍，教室正前面有竖立式黑板，侧前方有一台大彩色电视机，墙壁上贴着声母、韵母表，天花板上悬挂着千纸鹤等手工作品，教室里设有饮水机，贴着卡通形象。孩子们的教室虽然比较陈旧，但是光线还不错，教室地板为水泥地。吃饭时，孩子们排队打饭菜，吃完后一起聚在学校门前的空地上洗刷不锈钢餐具。

学校走廊的墙壁上贴着大园小学的教学时间表，学生的上课时间春季和冬季有所不同。春季从8：30～9：10的早读时间开始，午休时间为11：55～13：25，冬季从9：00～9：45的早读时间开始，午休时间为12：35～13：25。这种安排主要是冬季早上推迟半个小时上学，但是午休也相应地缩短了半个小时，每节课之间休息15分钟，无论春冬季，孩子们都是15：15～15：55上完第六节课即放学。主要的教学课程是语文、数学，另外还有品德课、美术课、体育课、音乐课，星期四和星期五的下午第二节课安排为自习课。

• 大园小学的课堂

谈到国家"两免一补"政策在大园小学的具体落实情况，校长李茂跃介绍说，现在大园小学的学生每学期都免收学费，也免收语文、数学等必修课的课本费，而且每年会得到县教委一定金额的补助。在下发的补助中，教委先扣除一部分用于扩建校舍及组织学生活动使用，剩余的部分有一多半用于购买学生的选修课本，再有一部分用于教师办公费用如购买教具、日常校舍的维修以及作为奖学金用于奖励学习成绩较好的学生，剩余的就全部发给学生。

作为一项福利，大园小学还专门为离家较远的学生开设了 2 间食堂，不过，在学校吃午餐的学生必须缴纳午餐费。大园小学的学前班教师的工资是与招收学生人数挂钩的，招收的学生越多，学前班老师的工资越高。而小学教师由于都是来自于公办学校，因此工资比较固定。在大园村，具有小教高级职称的教师每月能拿到 1300 多元的工资，小教一级教师每月的工资是 1100 多元。学生的体育课活动比如体操、拔河、跳绳、足球等都是在学校门前的空地上进行，所用的体育器材都是由县教委下发的，2005 年以前每个学生每学期都要缴纳器材费 2 元，2005 年之后就不用再交了。

考察组 2015 年至大园古苗寨走访时，村民们介绍，现在全村有 200 多小孩，三年级以上（含三年级）的多在绥宁县关峡苗族中心小学。加上幼儿园，大园小学如今有 100 多个小孩，8 个老师，其中小学部老师 5 个。幼儿园的孩子们每年需要交费 1300 元，小学的孩子们则每年需要缴纳 1400 元，扣除午餐费和杂费后会把多余部分退回。孩子们如果想读一、二中等比较好的中学，需要通过考试竞争名额，没有考上就在公办关峡中学完成义务教育。一些条件比较好的家庭，则把孩子送往了县城里读小学。

关峡苗族乡中心小学位于关峡东北方向，两面环山，环境优美，省道 S221 公路傍依而过，交通便利。从前大园村的孩子去关峡苗族乡中心小学上学，要绕不少路，但是 2016 年新修了一条 S221 省道的支路，大大缩短了孩子们上学的路程，实为令人交口称赞的惠民之举。

根据关峡苗族乡中心小学的校本教材，上面记载，关峡苗族乡中心小学创办于 1983 年 9 月，原校址在梅口小学，1987 年下期迁入关峡龙头坪（现址），这里两面环山，地势开阔，环境优美，S221 省道从校门前经过，交通十分便利。校内环境优美、恬静，办学设施齐全、先进。学校有一支专业结构合理、教学经验丰富、奋发有为的教师队伍。该校现有师生 700 余人，校园面积 12000 平方米，建筑面积 4258 平方米。除了正常的小学几个年级之外，该校还设有 7 年级、8

年级和 9 年级，也就是说实际上有初中部。在党委政府的关怀下，学校发展迅速，校园面貌焕然一新，教育教学质量得到了明显的提升，连续三年考上县实验中学的学生人数是全县乡镇学校最多的。

2011 年，绥宁县关峡苗族乡中心小学为兴建综合楼在国内公开招标，工程总建筑面积约 1300 平方米，建设资金为国有资金，项目出资比例达 100%。到 2013 年时，综合楼竣工，全校师生喜气洋洋地搬进了新教学楼。

• 关峡中心小学

新教学楼有了，但是制约该校发展的瓶颈还有一个，就是师生食堂太小，操作间和保管室只有几十平方米，没有餐厅，学生都在教室就餐。针对客观现状，该校向有关部门申请报批拟建 2000 平方米标准化食堂，改善办学条件。绥宁新闻网等媒体曾经报道，2013 年 12 月 10 日，副县长唐艳、戴先平率领县教育局、县国土资源局、县规划局、县电力公司、关峡苗族乡人民政府等单位负责人来到关峡苗族乡中心小学现场办公，专题研究该校拟建标准化食堂的用地问题。副县长唐艳、戴先平带领有关人员勘察了现场，决定在该校新教学楼的右边，原属县园艺场现已被县国土资源局储备中心储备的一宗地，由县人民政府无偿划拨给该校拟建标准化食堂。要求该校按照程序立项报批，报批费用参照 2014 年度新标准执行，行政收费能免则免，事业收费能减则减。关峡苗族乡人民政府和关峡村负责做好拆迁工作，保障施工环境。

考察组 2015 年前往考察时，发现该校的教学条件在当地的确值得称道。学校有一栋四层高的崭新的教学楼，教学楼前有一大块操坪，有旗杆和红旗，孩子们可以在操坪上玩耍、锻炼、上体育课。

关峡苗族乡中心小学的教师介绍说，近几年来，学校始终坚持素质教育，坚持新课程改革，采取走出去，请进来的方式积极借鉴学习兄弟学校的先进管理模式和科学的教学方法，取得可喜的成绩，在全县中小学教学质量监测以及各项竞赛活动中成绩突出。

另外有一所文峰小学在关峡苗族乡茶江村，距离大园村不远。绥宁县关峡乡文峰小学创办于 2012 年，校园占地 10 亩，坐落在关峡乡茶江村青山绿水之间，是一所从幼儿园至六年级教育局颁证的全日制民办学校，目前是全县办学条件最好、环境最优美的几所学校之一。该校设有一至六年级，学校以"志存高远，追求卓越"为校训；以"文明朴实、团结守纪"为校风；以"勤学刻苦，求实奋进"为学风。学校不惜重金聘请了一批学历高(大学毕业)、工作责任感强，有爱心的年轻教师来校任教。从 2013 年下学期开始，文峰小学实行全封闭式管理，并全面运用 PPT 多媒体教学，教学质量大大提高。2015 年文峰小学首届 9 个小六毕业生，六人被绥宁二中录取。

据文峰小学 2015 年下期招生公告：该校将进一步扩大办学规模，在 2015 年下学期招收幼儿小班一个，人员在 26 人以内，年龄在 3～5 岁的幼儿报名时必须带户口本和幼儿健康接种证明；招收一年级一个班，人员控制在 40 人以内，报名时必须带户口本，先到先报名，超过 40 人不再录取；2～6 年级招收少量优等生，每班 6 人，凡来插班的学生必须参加各自对应年级的考试，择优录取，为了控制小班人数，凡被录取的学生每人须交预录费 200 元，开学时抵交学费。目前，也有少数大园村孩子在文峰小学就读。

第三节　教育上的消费

20 世纪 90 年代以来，大园村的教育事业得到很大的发展。在基础教育方面，基本普及了九年制义务教育，政府对农村教育的投入也有了明显增加。曾经，大园村的教育状态存在着如下问题，一是基础设施仍然比较薄弱，地方财政困难，教育投入少，办学条件差；二是由于农村教师工资水平较低，导致没有优秀人才肯加入队伍，进而导致农村学校师资总体素质不高，队伍不稳，影响了教学能力的发挥；三是农村中小学布局不尽合理，导致孩子们上学要走很长的路，隐患多，危险大。近年来，通过一系列的努力，上述问题基本解决，如今大园村的小孩求学，在交通上比过去要便利很多，学校的教学水平也在不断提高。但是又出现了的新的问题，主要体现在迄今为止，村民们在教育费用上的负担越来越沉重。

下面是绥宁县《关于 2015 年秋季中小学教育收费管理有关事项的通知》（市发改价费〔2015〕372 号）的内容节选：

我县义务教育阶段，除向自愿在校就餐的学生收取伙食费（含饭菜加热服务费或大米加工服务费），按规定代收作业本费和教辅材料费外，不得另收其他任何费用。

伙食费实行指导价，严格按"保本不赢利"和学生自愿就餐原则，以及市物价局、市教育局《关于邵阳市中小学校学生伙食费管理办法》（邵价〔2013〕75 号）和县物价局、县教育局《关于绥宁县中小学校学生伙食费指导价格及有关事项的通知》（绥价教〔2013〕01 号）文件规定执行。具体伙食费标准为：乡（镇）义务教育学校 1～6 年级不超过 4 元/餐，7～9 年级不超过 4.5 元/餐；县城义务教育学校 1～6 年级不超过 4.5 元/餐，7～9 年级不超过 4.8 元/餐。不具备统一配餐条件的可向学生收取饭菜加热或大米加工服务费用不超过 50 元/生·期。学校食堂不得对外承包，应按规定建立伙食台账，分月定期公布伙食费收支情况。

课堂作业本可由学校按统一格式、数量、金额的原则无偿代学生统一购买。初中生每生每期不超过 10 元、小学高年级每生每期不超过 7 元、小学低年级每生每期不超过 5 元。

教辅材料费，学校根据县教育局按省颁目录选定的教辅材料和省发改委、省新闻出版局核定的价格，在坚持学生自愿的前提下，按照"一科一辅"的原则，为学生无偿提供统一代购服务。

取消义务教育阶段午休住宿费和社会实践活动收费项目。取消义务教育阶段午休住宿费后，不得强制学生在中午离开学校。

普通高中可按规定收取学费、书籍课本费（限经省教育厅颁布的高中用书目录和经省发改委核定价格的课本)、作业本费(按市发改、财政、教育部门核定的价格)和教辅材料费,还可向自愿接受相关服务的学生收取住宿费、伙食费、校服费、就餐卡补办费和校外活动费、新生入学体检费。除此之外,不得另收其他费用。

普通高中学费标准分省级示范性高中和其他高中两个档次,省级示范性高中学费标准为每生每期1000元,其他高中为每生每期800元。

普通高中伙食费采取"保本不赢利"和学生自愿就餐原则。每餐不得超过5元。学校食堂不得对外承包,应按规定建立伙食台账,分月定期公布伙食费收支情况。对自愿在校就餐的学生,首次办卡免费,遗失或损坏补办就餐卡可收取10元成本费用。

住宿费:普通宿舍住宿费70元/生·期,公寓制宿舍按物价部门相关文件执行。校服费经主管部门按成本核定价格后,学校经批准可按实代收校服成本费用。学校组织学生开展校外活动,属学生个人消费且须由学校统一支付的,可按次向学生据实收取,事后应及时公布,不得按月或按学期预收。学校组织新生入学体检,可按每人次10元收取新生入学体检费。

参考以上内容,再根据调研组的实地走访,获得以下的调查数据,说明了在大园村,一个普通的农民家庭要供养两个读书的孩子有多么困难。

一、小学费用

根据调查,大园古苗寨的小学只有幼儿园到小学二年级,三年级到小学毕业则需要到距离大园村1公里处的关峡中心小学或者别的小学读书。虽然现在实行九年制义务教育,儿童读书的学费和课本费都免了,但是孩子们的辅导资料费、午饭费仍需自己支付。

大园小学的幼儿班每年要收取1300元的费用,小学班则每年要收取1400元的费用。关峡中心小学每半个学期收一次伙食费,2008年时为170元/学期,2009年上半年涨到180元/学期,到2016年则涨到700元/学期。另外还有辅导材料、作业本费等10~40元/学期,虽然学校说是可买可不买,遵循自愿原则,但家长们不敢耽误孩子们的学业,基本都会出钱购买。不管是1300元,还是1400元,作为孩子一年的求学开支,还包含伙食费在内,其实并不多,但考虑到大园村年人均收入只有2500元左右,而且有两个孩子,这个数字就太大了。

二、初高中消费

大园古苗寨很多孩子的初中和高中时光都是在县政府所在地长铺镇的学校里度过的。教育消费主要集中于书本费和食宿费。初中书本费每学期100元左右，初三由于购买教辅较多，可达200元/学期，按不同的初中，食宿费约700～1000元/学期；高中花费更多，除了缴纳1000元/学期的学费以外，书本费每学期200～300元，按不同的高中，食宿费约800～1500元/学期。因此，大园村读初中和高中的孩子每年的教育支出分别为至少1800元和4000元。加上其他名目杂费的支出，如教辅费、作业本费、考试辅导资料、暑假作业、同步练习册、教材配套CD、书籍课本费、图册、校服费……据此，供养一个高中寄宿的孩子，一年的费用可达六七千元。

2008年时，村里的杨文玺告诉前来调研的中央民族大学师生，全家每年支出费用最多的就是孩子们的教育费用，两个上高中的孩子，一年的学费开支高达25000元，这对一个贫困家庭来说是一个沉重的负担。2008年时，杨文玺的二女儿正在读高中，每学期的学费都要1500元左右，一年下来要3000元。为了省钱，她总是带许多干粮到学校，以便节省伙食费。虽然如此，每个月的生活费也至少得三四百元，加上购买各种复习资料的费用，每个月的支出达到400～600元。这样算下来，杨文玺的二女儿每年上学的费用差不多要1万元。杨文玺的小儿子在县里读高中，费用就更高了，尤其每年除了学费之外，还要另外缴纳每学期300元的补课费，一年上学的费用差不多要1.5万元。杨文玺的大女儿正是为了减轻家庭负担，为了供养弟妹读书，虽然读书的时候成绩优异，还是不得不放弃了学业，高中毕业后就选择了外出打工挣钱。沉重的教育负担，使得杨文玺一家不得不借债度日。尽管如此，杨文玺依然坚定一定要送2个孩子上大学，因为孩子是一个家里最大的希望。

三、大学消费

根据所学专业的不同，大学每年的学费3500～12000元不等，每年的住宿费500～1200元不等，每月的生活费在一线大城市平均约700元，每年约7000元，其他城市在500元左右，每年需5000元。除此之外，还要支出教材费、班费，以及其他各种各样的杂费，总计大学一年的消费支出9000～25000元。2008年时，村里的杨欢艺告诉中央民族大学的师生，他的儿子读大学学美术，供儿子读完四年大学共花去 11 万元。

　　以上数据一一看去，再联系大园村民人均每年只有两三千元收入的现实，不得不令人感叹，相对于大园村民们的人均收入而言，孩子们的教育费用的确就如同一座压在肩膀上的沉甸甸的大山。而教育又对一个家庭至关重要，不可或缺。过去，人们常常说因病返贫，而在大园村，一些村民还因教育致贫。有的孩子因此放弃读高中，初中毕业就外出打工了，也有的家庭因此债台高筑，咬紧牙关坚持供两个孩子读书。好在面对这样的情况，有关部门已经制定了详细的扶贫计划，其中特别包括了减免贫困学生学费的计划，相信在全面实现之后，能够提高村民们的收入，拓宽致富渠道，有效减轻村民们在教育支出上的负担。

第七章

大园的风俗

数百年来，绥宁县境的各民族大杂居小聚居，长期共同相处，文化相互影响，既形成许多共有风俗，也保留了各民族的一些独特习俗，就如《苗族简史》里所说，西南地区少数民族社会中的确存在一些具有普遍共性的物质或精神的文化要素。不但如此，在中国其他很多地区，各民族之间也是广泛存在大量共同的文化要素的，这既有利于民族之间的团结，也符合民族融合的大趋势。

然而，现今各民族的学者在对自己民族的文化进行概括与表述时，往往以民族为单位将这些地域性的文化现象或文化器物进行非此即彼的主观分割和重组。换言之，在过于强调以民族为单位的表述体系下，你中有我，我中有你的现实被转述成了彼此泾渭分明之想象，民族间的边界不断被固化，差异亦因之被扩大化。

在调研中，我们注意到，大园村的许多习俗与汉族的传统习俗非常相似，这正是苗族与汉族之间互通往来、彼此影响的缘故。各民族相同或相似的自然环境中，长期互相交往，相互影响，在文化上也形成了诸多相似的共同特征，这一点值得注意。

第一节　大园的生活习俗

一、家庭结构

根据调查了解，大园村里的男性绝大多数都是苗族，嫁进来的妇女90%以上也是苗族，因为少数民族一直允许生育二孩，每户大多都是4人，即父母和两个孩子。

苗族通常都实行小家庭制，儿子结婚生育后即自立门户，家庭成员一般不超过三代。有些人家要在所有兄弟都结婚之后才开始分居。大园村的家庭结构大多数也是父母与子女共同居住，老年人自己单独住。养老模式一般是老人由儿女赡养，五保户则送往四甲村的乡办养老院。

新中国成立前，在生苗地区，家庭的家长制没有完全形成，夫权不太重，有的是男子当家，有的是女子为主。一般是生产由男人作主，家务及经济管理往往由妇女当家。家里的重大事情，如决定子女婚姻、安葬老人以及买卖田地等大都是夫妻商量决定，甚至还要征求成年子女意见。一般是一夫一妻制，个别的有一夫多妻，皆因无子嗣而纳妾，一般是前妻当家，妾处从属地位。

在熟苗地区，家庭的家长制已经形成，夫权思想比较重，但没有绝对的从属地位。劳动人民家庭中具有劳动能力的所有成员都参加劳动，成年男子是主要劳动力，担任家庭内外的一切重活，妇女从事家务劳动和纺纱织布、绣花、缝制衣服等生产活动。儿童和老人也参加一些力所能及的劳动。家庭劳动成果按需分配，共同享受，分配时尽量合理合情，大家满意。

新中国成立后，在党和国家政策的宣传之下，平等思想深入人心，大园村里也不例外。如今，大园村里的家庭没有尊卑贵贱之分，平等民主思想起着主导作用。

二、家庭财产的分配

新中国成立前，大园村家庭财产的分配，一般都是由父母作主，大体是按儿子人数平分，父母再留一份养老田。对未婚姑娘，有条件的还酌情留一份姑娘田。少数家庭分家的时候，如有尚未成年的幼弟，还要多分一点财产，以作将来成家时的开支。父母一般随幼子居住，由幼子养老送终，养老田归幼子继承。如果父母各跟一个儿子生活，则养老田分别由赡养者继承。父母死后的安葬费和未婚姑娘的出嫁费用，如由同住的儿子承担，则养老田和姑娘田通常都由他继承。

过去大园村的家庭财产只儿子才有继承权，无子的由妻子继承，妻死后由丈夫的同胞弟兄平分。老而无子者，可收亲侄作后嗣，家族中若没有适当人选时，也可收养外姓，并改从养父姓氏，养子有财产继承权。无子有女者，考虑到老来需人照顾，可以招婿入赘，赘婿有财产继承权。

若婚后夫妻不和或久无子嗣，会出现离婚现象。若男方先提出离婚，女方不同意，经过调解无效而离婚者，结婚时一切开支均不要女方赔偿，送给女方的物品也不能拿回，而女方带来的物品则允许女方带走，男方还须赔偿女方在婚礼中造成的损失。若女方先提山离婚，其处理与上述相反。

只有男女双方自愿同意离婚的，才可能物归原主，各负其责，一切损耗各自承担，当年口粮按人口均分。因此，男女双方一般都不敢轻易提出离婚。但是，若因对方的错误，如对方婚后与人通奸，喜新厌旧，为匪为盗，不务正业，而提出与其离婚者，则不在此限。

男子丧妻，可以再娶；女子丧夫，可以再嫁。年轻媳妇丧夫，待丈夫安葬后，即回娘家，出嫁时带来的一切东西可以带回娘家，但丈夫的家业不能享受。若婚后已有子女，家庭财产较多，而女方决意再嫁，可带回由娘家带来的东西，子女留给男方父母或兄弟抚养。

此外，苗家有"守吾户"的习俗，即女方丧夫，若丈夫的兄弟有意收养，经女方同意后，可与丈夫的兄弟结婚，叫做"转亲"。原来的财产，由前夫的儿子继承。

旧时的婚姻习俗多带有男尊女卑色彩，新中国成立后，由于各级政府宣传到位，在婚姻家庭的各方面，大园村都以《中华人民共和国婚姻法》为准，知法守法的思想已经深入人心。

三、家法家规

苗族社会的家庭虽然相对汉族民主，没有过分的家长威权思想，但仍然有严格的家庭规矩。

一般来说，对小孩的要求大致有，要尊老爱幼，孝顺父母，发奋劳动，勤俭节约，不准怕苦偷懒，浪费钱财，如果有求学的男孩，还必须努力学习，日后好光宗耀祖。具体来说，男孩长大之后要放牛砍柴，学犁学耙，女孩长大后要割猪草做家务，学针线活。其中，最强调的就是一个"孝"字，大园村有佛歌，词曰："田地中孝孝为先，一个孝字全家安，南无阿弥陀佛；为人须当孝父母，孝敬父母如敬天，南无阿弥陀佛"。

对男女青年的大致要求是，可以跳花跳月，自由恋爱，但也得听从父母的意见。已婚夫妇不能与人通奸。若妻子与人通奸，丈夫的兄弟亲友都要干预，若被当场捉住，将奸夫奸妇捆在一起，随意鞭打，令其作牛叫犬吠，然后在二人身上系一个石磨或一块条石，抛入河塘溺死，或丢进天坑；若奸夫方面派人求情，多以巨额钱财赔礼赎罪，方能罢休。若丈夫与已婚妇女通奸，被女方丈夫的兄弟亲友捉住，同样受到制裁。

严禁偷盗扒窃。有偷盗行为者，不管是族内族外，都会处以重打责罚。初次偷盗，砍去一指；再次偷盗，可将一臂捣碎；若是惯盗，则可断其脚后跟，使其不能行走，无法偷盗。据历史考证，苗家这些刑罚自三苗时期就已制定，称"五虐之刑"，新中国成立前在生苗地区还可见一斑，而在现代则已废除，一切按法律办。

新中国成立后，随着社会进步，现代法规渐入人心，这些比较残暴的家法家规当然也就不能被继续遵循。但是大园村人对待子女的教育依然很重视，在孩子们很小的时候，就会通过各种寓言、故事教导孩子，让他们明白做人的道理。

四、特色服饰

史载，清道光年间，湘西苗族妇女主要着以青红相间的锦布为裙，再在裙上钉锡铃或绣绒花，项戴银圈，手上戴银镯，耳贯银环三四圈不等，衣服斜领直下，以锡片或绣花为饰。头饰则以网巾约发，贯以银簪四五支。未婚姑娘，额发中分，结单辫垂于脑后。湘西苗族妇女易裙为裤，始于清道光以后，普及于清末。

清雍正年间改土归流后，许多地区的苗族男子按满人形式剃发，穿大襟大袖短衣或长衫。所谓剃发，即把头发周围剃去，只留头顶上有碗口大的发圈，编为辫子或绾髻，外包头巾。黔东北、湘西、黔东南等地，老年男人还穿一种形同马褂的无领大袖对襟短衣。

大园村的男性苗族服饰短小精干，女性苗族服饰则十分华丽。通常，男子穿对襟青色短衣，衣袖长而小；下身穿青色裤，裤管短而大。女子日常装为青色大襟右衽上衣，宽脚裤，袖口和裤脚口加绣花边。男女服饰袖子上都有两条花边，裤腿上有三条花边，据说代表着苗族历史上的五次迁徙，裤腿上的三条花边，则代表五次中有三次迁徙付出了血的代价。按《苗族简史》，苗族妇女的百褶裙上往往有三大条平行的花边，据说上条代表黄河，中条代表长江，下条表示西南山区，以此顺序来刻印自己祖先的迁徙历程。

● 苗族服饰

苗族喜戴银制装饰品，男女皆然，以青年妇女为最。特别是新娘的婚礼盛装，银饰非常丰盛繁杂，有银冠、项圈、项链、银角、银簪、胸排、银扣、银耳环、银戒指等。婴儿出生后，亲友会赠送银菩萨、银帽花、银项圈、银锁、银手镯、银脚镯，甚至还有银碗、银筷子、银挖耳、银针筒……

女子一般头扎发髻，横插银梳，喜戴银质耳环、项圈、手镯；进入中年后，头上加缠丝帕或毛巾。节日盛装时，苗族妇女头戴银冠银簪，颈戴银圈银链，耳戴银耳环，胸戴银排，腕戴银镯，显得雍容华贵。据说佩戴银饰一方面可以避风湿，另一方面还可以避邪。

一整套银饰品价格不菲。今天大园村人如有需要，往往会购买铝制品来代替银制品。

五、特色饮食

大园古苗寨人平时的主食有大米、包谷、麦子、高粱、荞子和薯类等。寨民们一般日食两餐，在农忙季节才加食午餐。主食以大米为主，包谷、红薯、高粱、粟米等杂粮为辅。遇上荒年，粮食不够吃，还需上山挖蕨根加工成蕨粑充饥。村里的副食有猪、牛、羊、鸡、鹅、鱼虾和各种蔬菜。在旺季，吃不完的鲜菜加工成干菜，以备淡季时食用，如干腌菜、干豆角等。村民日常喜食用坛子泡制的酸菜，如酸腌菜、酸萝卜，喜熏制腊鱼、腊肉，还喜欢上山采食野生植物。油茶、米粉肉、灌辣子、腊肉为大园人的特色饮食。

乌饭是大园村过"四八"姑娘节时特有的主食。它是用山上的枫树、乌泡、南天竺、夏粑藤的嫩叶捣烂榨取黑汁后，与糯米一起煮制而成，因饭的颜色墨黑，故名黑饭。也有人家先把糯米放在黑汁中浸透，然后捞出沥干倒进甑中蒸制，熟后的糯饭呈乌黑色，故名乌饭。无论是黑饭还是乌饭，都具芬芳气味，醇正口感，可以在宴席前单吃，也可入席后与美味佳肴共食。姑娘回娘家时还要带一些作为礼品送给娘家人品尝。

打油茶也是大园苗寨的民族习俗。据介绍说，由于古代大园村境内山高林密，沟壑纵横，瘴气迷漫，蝇虫肆虐，疫病蔓延，族人的生存受到极大挑战，先民们在长期的生产生活中逐渐摸索到了茶叶具有祛除寒瘴、伤湿疫病的独特功效。又由于大园村地处崇山峻岭，可种植粮食的地方少，产量低，为解决温饱和御抵疫病，聪明的先民们在饮用的茶水中加以玉米、红薯、花生等杂粮，以及板栗、百合等野果，再加入油盐、姜、蒜等辅料充饥御病，逐步发展演变为苗寨先

● 乌饭

民喜爱的油茶。清光绪年间曾有文载："苗人以冻米杂盐豉煮之，谓之油茶。"还有"籽粒水果满盘陈，风味油茶更可人。绝亿头纲新焙出，处处苗家雨前春"的诗句。打油茶时，一般先用茶油炸炒晒干的糯米饭、花生米和黄豆，再将茶叶炒焦，冲水煮几分钟，加适量的盐和煮熟的玉米、饭豆、红薯、糍粑，再放入葱花，即成香味扑鼻的油。大园人吃油茶有规矩，一般要吃三碗。

打糍粑。每年腊八节过后，大园村苗民们就开始打糍粑。将已被清水泡胀的糯米放到木制饭甑里蒸熟，将糯米饭每次约 20 斤放入木槽或石槽内，两个年轻力壮的小伙用木棰快速舂打至烂，使糍粑打得能抽成丝，然后将打好的糍粑滚放到涂有熟菜油的大木板上，由妇女们快速揉成一个个大小适度的糍粑团，均匀排列好，上面再加一块大木板，将糍粑全部压成扁圆形，冷却后就成了像月饼一样的圆形糍粑，象征着丰收、喜庆和团圆。打糍粑的整个过程讲究一个"快"字，这样制成的糍粑才质地细腻柔韧、洁白晶莹。有的人家在糍粑内加入经过加工处理的植物叶，增强其特殊味道。除了逢年过节要打糍粑，祭祖、修建房屋、进新屋、男婚女嫁都要用糍粑，如果是喜事用的糍粑，还要将糍粑染上红色，增加喜庆的气氛。由于糍粑地位重要，因此大园人除了种植一般的水稻之外，通常都还会特意留出一片地来种植糯米稻，以备来年之需。

● 打糍粑

　　米粉肉是大园人喜庆佳节必备的佳肴。先把猪肉切成一两左右的三角形肉块，拌上炒米粉、五香粉、食盐、味精等调味品，装在小竹笼里，再放到甑里蒸熟即可食用。酒席上，一席放一竹笼米粉肉。

　　腌鱼。将鱼洗净剖腹，除去内脏，用盆渍盐，晾干后，以木桶腌制2～3天。底层用糯米饭或炒糯米作糟，每铺一层鱼，加一层糟，然后盖一层笋壳叶或棕片，再加木盖封严，数月后即可食用。

　　腌肉。把鲜肉砍成3～4斤的长块，渍盐2～3天后，稍晾干，再用木桶腌制。

　　腊鱼腊肉。先把鲜鱼、鲜肉抹上盐，放在盆中浸2～3天，然后放在火塘上方悬挂，用烟火熏干，食时味香，可存放数月不变质。

酸鱼、酸肉。先把鲜鱼、鲜肉抹上盐，放在坛中用酸水浸泡。原系各少数民族防止鱼肉变质腐烂的原加工方法，后演变为少数民族喜食酸性鱼肉的饮食习惯。

灌辣子和暴辣子。将青辣椒煮软后，灌上紫苏馅，晒干。食用时，用油炸或炒。也有青辣椒煮软后不灌馅而剪开成人字形，然后晒干腌咸，食用时用油炸或炒，称为"暴辣子"。

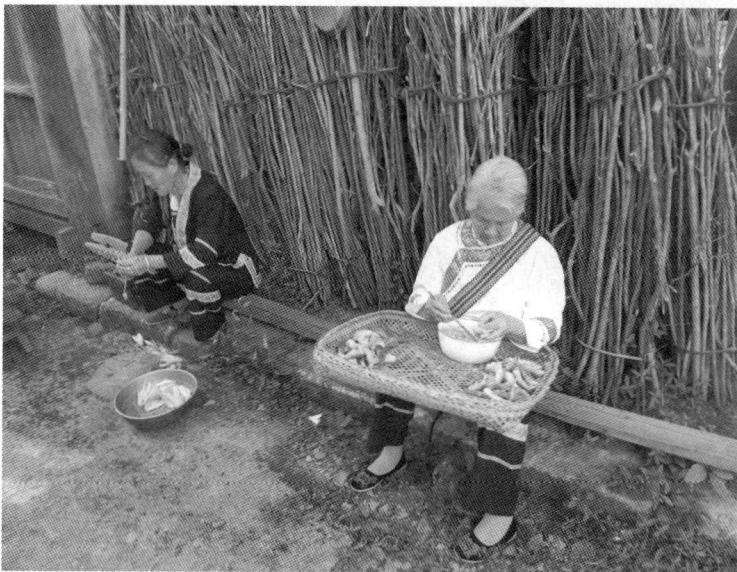

● 灌辣子

白头物，也叫"黄蒿""白头婆"，系野生食品，叶上有白色绒毛。采集后，洗净舂烂，煮熟，与糯米饭一起打成糍粑。

蕨苗、蕨根，野生食品。蕨苗取嫩茎，切段炒菜。蕨根含丰富的淀粉，舂烂后洗出淀粉水，沉淀后刮下淀粉浆，盛与铁罐中，用文火熬成蕨粑，待用。

豆子茶。把干黄豆放入冷水中浸泡。黄豆充分膨胀后，按1斤膨胀豆、1斤白糖的比例放入锅中，先用武火煮开，后用文火煮烂熬干，晾后待用。客来泡茶时，舀一匙糖豆放到杯中，淋入开水即成。

万花茶是绥宁苗侗待客佳品。万花茶制作工艺也是绥宁县和周边县苗侗人独有的食品工艺，现在大园苗寨还传承这一食品工艺。

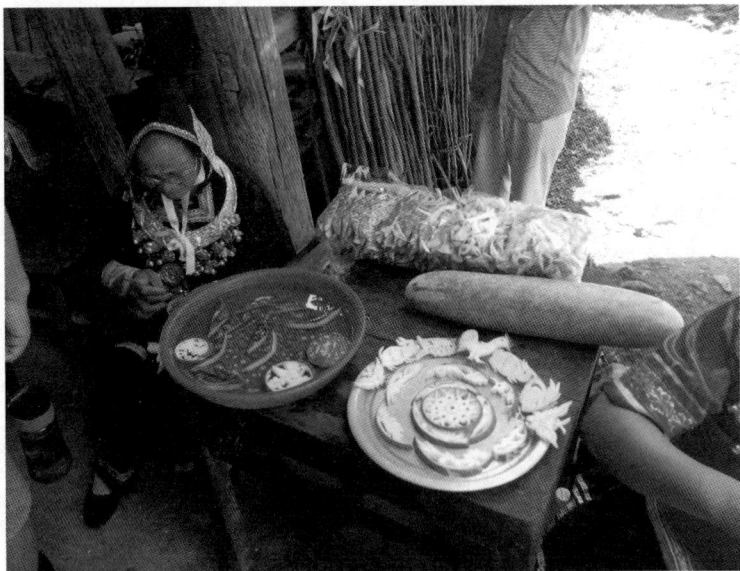

●万花茶

以上的很多特色饮食，可能会让生活在南方特别是西南方的人看了觉得很眼熟。没错，其中很多习俗的确是生活在西南部的汉、苗、瑶、侗等族共同的饮食习俗。譬如，腊鱼、腊肉、腌鱼、腌肉和酸鱼、酸肉，在整个云贵川地区都很受欢迎。再说到打油茶，其实不止大园古苗寨，在我们祖国广大的西南部，很多地方都一直有吃油茶的习俗，只是具体的配料和制作方法彼此之间有所出入。另外，鱼腥草更是西南部地区人民常用的食物。结合有关资料不难看出，生活在这些地带的各族人民，在漫长的岁月里世代相处，民族习俗早已是"你中有我，我中有你"。

《大清一统志》里记载，靖州一带"风俗嗜好居处略与巴渝同""风土不恶民俗亦淳""士崇节义民务耕凿"。调研组认为，这一记载是符合事实的。

第二节　大园的节日与节气习俗

大园古苗寨所过的节日也很多，其中最隆重最重要的当属春节和"四八"姑娘节。此外，农历十月二十六日飞山庙祭祖，七月半中元节（佛教盂兰盆节）祭鬼，以及三月清明扫墓等节日，也很受到村民们的重视。

一、春节

大园古苗寨的春节是一系列节日的总称，包括腊八节、送灶神节、除夕、新春节、元宵节等，是一年中最重要的节日。

从腊八节(农历腊月初八)开始，家家户户杀猪、杀鸡、杀鸭、酿酒、炸豆腐、打糯米糍粑，准备丰盛的菜肴和糖果，彻底打扫环境卫生，尤其注重清扫厨房的炉灶灰(又名百日霜)，还要洗衣被。腊月二十三日为送灶神日，备斋粑和供果敬灶神，有的请巫师谢灶神，祝告灶神回天府多奏善事，祈求天降吉祥，然后于三十日接灶神回家。

除夕，贴门神和对联，贴神龛牌，敬奉祖先，然后，全家老少围坐，合家吃团圆饭(又称年庚饭)，酒菜十分丰盛，特别是鸡、鱼、青带(即海带)必不可少，寓意吉庆有余、全家清泰。

饭后围坐烤火守岁，长辈给小孩压岁钱。新岁旧岁交接之时，家家户户抢先开门放炮，即按四季放4个或按12个月放12个大爆竹，如果第几个不响，则认为该季或该月将不吉利，到时需谨慎避灾。然后开门迎春，口念开门大吉，动步生财，朝太阳升起的方向出行；归来时，带生柴(寓意生财)一根(或一把)回家。

大年初一，清晨放开门炮，要说吉利的话，如："开门大吉，四季平安。"然后一边唱着《开门歌》一边打开天屋门(正屋正堂屋门)，之后要燃放大炮、小炮，大炮放12个或16个表示四季发财，月月顺。如果第几个大炮不响，就暗示着第几个月不够顺。开门歌的内容是："大年初一开大门，门里门外都是神；院中栽着摇钱树堂屋搁着聚宝盆。"之后，四邻好友相互拜年，然后再赴亲戚家拜年。拜年的顺序为初一崽(儿子)，初二郎(女婿)，初三初四外甥郎。

三十夜至正月初三，作为庆祝活动要在村内舞龙灯祭龙神。正月初三后又到外村去舞龙灯，正月十五，闹元宵、送龙灯。过完元宵节，这个年才算过完了。

二、"四八"姑娘节

关于"四八"姑娘节，很多大园村人坚信，这是只有本村才过的节日。持这种观点的村民们表示，以前，除了大园村(以及邻近的四甲、南庙等村)的杨姓苗族之外，别的村寨的人原来根本就不过这个节日，只是在 2009 年之后，在县旅游局的号召之下，附近地区的人才开始都过这个节。

关于这一点，我们要实事求是地看待。清代乾隆版的《绥宁县志》中有"杨姓四月八日造乌饭，俗传为杨文广遗事"的记录。《绥宁民族志》认为，清代和民国时期，该节日流行于以黄桑坪为中心的绥宁县南部地区和周边县的苗族杨姓人家。新中国成立后，过节人口由原来的杨姓苗族扩展到部分其他姓氏的苗族。在苗族聚居的南部地区，除了用黑饭祭祖之外，还要举行盛大的纪念活动；在苗汉杂居的北部地区，仅用红豆糯饭祭祖，且活动声势比较小。

1996 年，绥宁县政府发文，明令恢复一年一度的苗族"四八"姑娘节，对该节的发源地上堡进行生态保护和文化保护。从 1996 年起，县政府多次大力宣传绥宁县极具女性文化内涵的苗族"四八"姑娘节。在县乡两级政府的努力之下，已经中断 30 年的苗族"四八"姑娘节于 1996 年正式恢复，除了县政府每五年举办一次全县型的大型姑娘节以外，民间各地每年举行一次姑娘节已经成为习惯。

按《绥宁民族志》等相关资料，"四八"姑娘节起源于纪念杨金花（一说名为杨八妹或杨黎娘）这位女英雄。相传北宋时期，名将杨文广奉旨平蛮，兵败后被朝廷奸臣陷害，囚于狱中，亲人探监送去食品全被狱卒和其他囚犯抢食一空。他的妹妹杨金花忽生一计，用药草香花把白米饭做成乌米饭，这样狱卒囚犯怕饭有毒不再抢食。杨文广得以饱餐，体力逐渐恢复，终于在农历四月初八这天晚上，兄妹里应外合越狱逃走。传说流传至今，演变成了苗族代代相传的传统节日。绥宁原县史志办主任袁公湘还特意题诗一首，内容为："岁岁苗节四月八，姑娘回寨探娘家。油光黑饭香霄汉，遥奠英豪古女花。"

按《绥宁县志》，四月八日又叫"黑饭节""乌饭节""姑娘节"，是全县杨姓苗族的节日，庆祝方法南北各异，是日，县境南部的杨姓群众用黑色糯饭祭祖，黑饭系乌饭树叶、乌泡叶、枫树叶捣烂所泡黑水，浸煮糯米所成。

《绥宁民族志》在"非物质文化遗产保护"一节中说，绥宁县苗族"四八"姑娘节实质上是绥宁县的苗族妇女节，"姑娘"是绥宁县苗族人民对女性（无论婚否）的爱称。2006 年 5 月 5 日（农历四月初八），绥宁县在该节的发源地黄桑坪苗族乡举办了隆重的"四八"姑娘节活动。

按《苗族通史》，新中国成立后，国家民族事务委员会确认"四月八"为我国苗族的共同的传统节日。据湘、黔边地区的传说，"四月八"最初为"跳花"节，即男女青年们进行社交娱乐和对歌求偶的节日。后来在历史发展过程中，"四月八"又加入了不少新的内容,如在湘、黔边苗族地区几乎家喻户晓的《亚宜率众战官兵》的传说。相传,很久以前,凤凰和松桃交界处,每逢"四月八"跳花时,官家看到跳花场上的苗族姑娘美貌,就常常派兵丁来"选美进贡"。有一位英俊的苗族后生名叫亚宜,在一年"四月八"组织了一批苗族青年与官兵展开斗争,遭到了镇压,被迫向贵阳方向转移。第二年四月初八,正当贵阳地区苗族群众欢庆节日时,官兵又前来屠杀,亚宜和贵阳地区的苗族英雄亚努一起奋勇抵抗,最后双双战死。从此,"四月八"就成为了纪念英雄亚宜和亚努的节日。

而在城步、绥宁、龙胜、靖州等地,流传的就是杨文广妹妹救兄长的传说。城步苗族的"四月八"称为乌饭节,传说是从前为纪念祖先而兴的。乌饭是用一种木叶煮水染成,有的姓氏则是以黑壳米作乌饭。

《邵阳民俗采撷》(邵阳乡土丛书之二,尹敬中主编,长江文艺出版社2013年12月出版)一书中记载,新宁瑶族每年四月初八过"乌饭节"以纪念祖先。传说瑶族姑娘木莲每天给在高山开荒的母亲送饭,为了怕与别人的饭弄错,她就在煮饭的时候掺进一种乌草、乌叶,使饭变成了紫黑色,吃起来很香,这个发明流传至今。该书还介绍说,农历四月初八,城步苗、侗、瑶三族都过"乌饭节",其传说各有不同,但都是为了纪念祖宗。杨姓苗族祭祀传说中的祖先杨文广、杨八姐,吃的是用木叶染成的乌饭。丹口一带的蓝姓苗族祭祀其祖宗蓝玉,吃的是黑糯米煮成的乌饭,传说这黑米是蓝玉的鲜血染成。

《苗族简史》记载:农历四月初八,是贵阳、黄平、松桃、湘西等地苗族都过的节日。贵阳的"四月八",是一种纪念节日。贵阳原是苗族住地,苗语叫格罗格桑,后来被都务侵占去了,在争夺格罗格桑的战争中,苗族的一位青年英雄叫祝狄弄的死了,传说他死的地方就是现在贵阳喷水池一带,死的时间是古历四月初八。千百年来,贵阳四郊及邻县的苗族青年男女,都在每年的这一天齐集于今贵阳喷水池附近,凭吊这位为民族利益而死去的英雄。

湘西苗族"四月八"节日的起源与贵阳的相似。传说古代有一位苗族首领叫亚宜,在某年联络各寨头人起事,反抗封建统治者的压迫,于次年四月初八不幸牺牲,苗族人民为了追悼这位英雄,每年都在这天举行纪念活动。民国年间,因地方不靖,节日活动遂渐渐停止,但这个节日,还是久久铭记在人们的心中,新中国成立后,到1984年又重新恢复。

黄平苗族的"四月八"是在城东的飞云洞举行。据文献记载,飞云洞建于明朝正德初年,最初由苗族潘姓开拓。每年四月八日这天,附近几十里内的苗族,不分男女老少，都到这里游乐一天，表示纪念。

由所有这些资料来看，农历四月初八过节，在西南苗族一带古已有之。在包括大园村的一些地方，"四月八"还是传说中的"牛王节"，更说明了这个节日来源的复杂性。探究其本质，万变不离其宗的是与祭祖有关。绥宁一带的"四八"节虽然看起来是姑娘节，但也有祭祖和祭女祖的内容，或与旧石器时代母系氏族公社的遗风有关系。

因此，"四八"节最初应该就是一个祭祀祖先的节日，在漫长的历史岁月中，该节日被各地人们分别赋予了新的内涵，从而演变成不同的传说。迄今，已经无法考证该节日究竟发源何处，但它对西南地区群众的影响是显而易见的。由于参与的民众太多，清代的宝庆府城绥理瑶军民府于嘉庆二十二年（1817）曾经一度下令禁止，但并未奏效。直到 20 世纪，受到外来文化和现代文明的强烈冲击，该节日才日趋衰微濒临消亡。但无论世事变幻，传统习俗如何没落，在大园古苗寨，对该节日的记忆始终不曾彻底抹去，这也是为什么大园村的杨姓族众坚信，只有他们还一直记得"四八"节的缘故。

2006 年 8 月，绥宁苗族"四八"姑娘节成功申报为湖南省非物质文化遗产重点保护项目。2007 年 4 月，绥宁县人民政府又将该节向国务院非物质文化遗产保护中心申报国家级非物质文化遗产。经专家委员会研究，2008 年 1 月，该节已列入国家非物质文化遗产名录，并正式公布。

由于杨小聪等人的努力，2009 年"四八"姑娘节由绥宁县委、县人民政府主办，地点就选在了大园古苗寨。在大园村，"四八"姑娘节也叫乌饭节，这是大园古苗寨除春节外一年一度最隆重的节日。大园村人相信，该节始于宋代，是为了纪念杨家将女英雄杨金花而设的一个节日。

每年的农历四月初八，寨民们把山上砍回的做乌饭的树叶捣烂用水泡出叶汁，然后用这水浸泡糯米蒸制而成乌饭。这种乌饭有一种特殊的香味。节日期间吃乌饭，跳苗舞，吹木叶，唱山歌，演傩戏，四面八方游人如潮涌，热闹非凡。趁着政府大力扶持旅游业的春风，"四八"姑娘节终于在绥宁广泛地恢复，这是旅游业拯救、发展本地民族文化的一个非常成功的例子。

● 大园"四八"姑娘节的篝火晚会

三、元宵节

正月十五为元宵节，又称过小年，家家户户吃元宵（汤圆）。入夜，村里的全部龙灯狮子从四面八方会聚进行春节的最后一夜的狂欢。街市里、场坪上，万灯齐亮，人山人海，龙灯翻滚，狮子狂舞，锣鼓喧天，鞭炮震耳，达到了龙灯会的最高潮。进入子夜，龙狮活动结束，龙灯投入火中焚烧，表示把龙送回天上。

苗寨过小年那天的晚餐与除夕晚餐基本相同，特别丰盛，全家必须团圆，吃团圆餐，小年晚餐为开工宴，为新的一年带来好运，过了小年出了正月十五，各行各业的人开始开工做事。

四、端午节

大园古苗寨过端午节的时间是农历五月初五，与汉族相同，但其过节的方式有区别，过节时要接回姑丈姑母和妻子娘家的亲人。除了吃尖粽粑，还有连豆心糍粑、植物叶糍粑、豆粉糍粑，菜油炸糍粑等，可见糍粑的重要性。另外，还有竹笼蒸米粉肉。庆祝方面，主要是开展骑高跷、捉鸭子、唱山歌等活动。

五 "三月三"山歌节

农历三月初三，是大园古苗寨苗民的重要节日。这一天也叫"上巳节"，人们到清水边用陈年艾叶、香草、荠菜熏洗或沐浴，以祈求幸福，祓除不祥，所以这种活动也叫祓禊，年轻男女谈情、对山歌。

具体内容有：

（1）祓禊。用荠菜沐浴祓除病气，修洁净身。女人们通常把荠菜花戴在头上驱蚊辟邪。

（2）浮蛋祈子。新婚妇女到井边挑水，要把煮熟的鸡蛋剖成两半投入井水中，然后根据鸡蛋仰俯情况来预测子嗣情况。

（3）阳春踏青。这一日是迎祭生育神、沐浴祓禊和男女青年欢会的日子，节俗放纵，青年男女可谈情说爱，踏青嬉戏，对唱山歌。

"清明歌会"又称"赶清明"，一般在三月初三举行，是湘西苗族的大型歌会。传说从前苗民约定把清明这天作为赶场日期，既可互通有无，也可进行娱乐，年代久了，便成了歌会节日。

六、中元节

俗称"鬼节""接老客节"，即农历七月十五日（俗谓"七月半"）祭祀亡灵。每年的农历七月十二日（有的七月十四日）家家户户接已故的先人回家过中元节。

大园古苗寨的寨民从七月初十就开始准备，首先要把家里打扫干净，堂屋摆好桌椅凳，每个座位上放一张冥钞。之后，户主率儿孙带雨伞斗笠赴村口迎接祖先亡灵，燃放鞭炮接回家中就坐，再依次给祖先亡灵打水洗脸、敬茶、敬烟、敬酒（连敬三杯）、盛饭，饭后再倒茶、装烟、打水洗脸，如此一日三餐敬奉。到十四日黄昏，全家老少带着雨伞，提着装有糍粑、豆腐和粮果的篮子，燃放鞭炮，引导祖先亡灵至村口，焚化装有冥钱的包封，送亡灵归阴。包封上书写收件人和寄件人姓名以及金额。

据传说，十四日送了已故祖先，十五日阴司便开了鬼门关，一些孤魂野鬼都出来抢野食，所以说"七月半，野鬼出来打歹钻"。苗家七月十五日禁止亲人出远门，不许走夜路，出了七月十五日，各行各业的活动就可以恢复正常。

七、清明节

苗寨民众特别重视清明节给历代祖宗挂青扫墓。每逢清明节,大园村人杀猪宰鸡,到祖宗的坟头上祭奠,烧化纸钱,而清明节的冥钱是不必包封的,只要把祖宗的姓名和有关内容写在手掌大的土烧纸上,夹在冥钱上到坟头举行完祭奠仪式后烧化,鸣放鞭炮。挂完青后,族人要举行会餐,并按人丁多少分享挂青肉。

八、尝新节

又称"吃新节""半年节",一般在农历七月中旬新谷登场时择日举行。这一天主妇们要用新米煮饭,用当年当月第一次新产的蔬菜做菜,全家老少一起来到田间,祭祀祖先,然后全家聚餐,预祝五谷丰登。除此之外,家中的牛和狗也不可怠慢,尝新节当天要割几株青禾给牛吃,在开饭以前,还要先盛一碗新米饭给狗吃。

九、打惊蛰

大园古苗寨自古就有打惊蛰的习俗。每年惊蛰这天,每家的户主就会带领一家大小,小孩敲打鼎罐盖或金属脸盆,先走进谷仓,边敲打边吆喝高唱:"打金蛰,打银蛰,虫虫狗狗打出去,金银财宝打进来。"正屋楼上楼下每个房间必须全打到,仓楼的每间房,每间猪栏、牛栏也要无一遗漏。全家人边敲边唱,走到每间房子都不停地敲打簸箕和金属器具,不停地齐声吆喝。打惊蛰,表示惊蛰节已到,大地回春,万物苏醒;在房前屋后撒上石灰,表示驱除百虫,全家安康。

第三节　婚嫁习俗

一、求亲

旧时,苗族的婚姻缔结,主要有自主、父母包办、自由选择三种形式。和汉族一样,苗族婚姻在姓氏上也有限制。这指的是苗姓,同姓不婚,只有不同的苗姓才可通婚。

历史上,苗族的婚姻曾经十分自由自主。随着社会的发展,封建化程度渐渐加深,婚姻缔结就必须经媒说合,一般要讲门当户对,聘礼也逐渐加大了。

虽然如此，但是苗疆地区青年男女的婚姻自主权还是比较大，年轻人往往通过社交和谈情说爱来确定姻缘。社交活动一般在节日和赶场进行，有跳月求偶、草标幽会、对歌联姻等形式。广为人知的主要是对歌联姻，对歌不拘形式，不受场地限制，有的在鼓楼、风雨桥和凉亭里进行，有的在山上或路途中进行，甚至还有在走亲访友时异地他乡的房前屋后进行的。男女双方通过对歌互相了解和互表倾慕之情。

新中国成立后，上述求婚方式消失。男女青年利用工作、学习、劳动、赶集和其他集体活动机会，互相认识了解，建立感情，双方情投意合后才确定终身大事，再由男方告知家长央媒到女家说合。

男方请媒人来家，无论女方父母同意与否，都会热情招待，因为提亲的越多，越显得女方高贵。媒人第一次进女方家说亲，临走时，女方父母若留话下次再来，酒肉招待，大门不关，小门不闭，便是可以继续说下去，否则就是不同意。

二、订婚

旧时大园村的订婚仪式十分隆重，礼物也很讲究，有"若要发，不离八"之说。男方一般要备办一个十八斤八两重的猪头，八十八斤八两猪肉，八十八斤八两白米，八十八元八角八分喜钱，另外，还有八斤米酒，八斤喜糖，八身衣服及首饰等。这些东西用八个大抬盒装好，贴上大红纸，请担保抬送。担保一般由男方的叔伯兄弟担任。沿途吹着唢呐，到女方村边时，要放鞭炮报信。村中的男女老少都跑出来看热闹，如果女方对礼物满意，就会设《卡盘歌》。

【卡盘歌】

设卡：十八哥哥哪里人？汗爬水流到寒门，进屋无人来接伞，堂屋无凳门边蹲。

回卡：堂屋无凳坐门坎，门楼花厅好歇凉，龙头瓦屋藏春燕，窗子雕花藏凤凰。

设卡：十八哥哥好聪明，打个哑谜猜一轮：我是堂中红漆凳，量你不是坐凳人。

回卡：十八妹妹我的人，你打哑谜我知情，你是堂中红漆凳，我是相公坐凳人。

盘歌毕，认亲队伍唱《开路歌》。

【开路歌】

算得好日，择得好时，带着礼品来认亲，唱首谢歌来放行。

于是，女方家鸣放铁炮，父母叔伯兄弟出迎，接过礼品担，将客人迎进家门。女方家亲朋房祖及左邻右舍都会来，与男方宾客欢聚一堂喝订婚酒。酒宴开始，要唱《入席歌》。

【入席歌】

主家唱：红漆桌子四角平，四角上面安古人……

贵客请坐首席上，粗茶淡饭待客宾，言语粗鲁少礼行，还望贵客多谅情。

客家唱：红漆桌子四方方，摆在华堂正中央，感谢主家厚情意，恭贺主家百世昌。

唱罢，分宾主坐定，酒宴开始，大家互相敬酒，开怀畅饮。酒足饭饱后，女方父母请先生将女方生辰与男方对合推算，如果属相不相克，便在男方送来的鸾书中填上女方的生辰八字。

订婚仪式后，女方家给未婚女婿新衣服、新鞋、绣花鞋垫、八个大红米花，还有已填好男女双方生辰属相的鸾书，另赏给男方担保每人一份喜钱。内弟内妹喊姐夫，侄男侄女喊姑父时，男方要给开口礼。同样，岳父母、叔伯父母也要给未婚女婿开口礼。

现在，上述风俗已经没落，但在大园村，订婚宴仍然很流行。订婚时，男方要下聘礼。

三、结婚

结婚前，男方要送给女方娘家一笔彩礼，叫过礼。男子送过礼时，还要将装扮女方的金银首饰一并送去。女方家收到彩礼后，立即为女儿置办嫁妆，请银匠上门为女儿打制银质项圈、手镯、披肩、耳环，以便姑娘出嫁时光彩照人。

娶亲头一天，男方派出由媒人、唢呐匠和担保等组成的迎亲队伍，抬着花轿，抬着酒、肉、米、糖果、面条和为新娘置办的衣服、鞋袜、首饰、礼钱等前往女家迎亲。迎亲队伍到达女家门前时，唢呐、鞭炮、铁炮齐鸣，惊天动地。女家则把大门关上，举行关亲仪式，男方的按亲客或随来的礼生念颂"开门启"请求女家开门，男家在外，女家在内，一问一答。

【开门启】

外（男方）：乾坤为捭阖之户，坎离为左右之扉，恭请姻家先生南轩大启，东阁宏开。

　　内（女方）：五更金鸡鸣，忽听外呼门。车马齐来到，不知是何人？

　　外：喜炮放来，鼓乐吹来，来迎玉女下瑶阶。

　　内：带有何礼？带有何仪？

　　外：瑞气迎祥，九十春光始连理。梅花启瑞，百年姻娅十同心。闺中淑女，下配庸儿，敬具不腆之仪，聊效越人之献。

　　内：是何先生修的启，四文句子对得工？

　　外：不当先生修的启，四文句子对不工。伏望姻家台台东阁宏开，俾等外堂入室鸡鸣待旦，亲家大人，恩开一面，大开东阁，好合百年。

　　问答完毕，迎亲代表将红包从门缝塞入，行"开门礼"，以示秦晋之好和娶亲诚意。于是女家放炮开门，请客唱拦门酒后，入席盛情款待。

　　出闺是女儿离别父母兄弟的一种仪式，大多在哭声中进行。

　　【嫁歌】

　　唢呐师：十七姑娘绣蚊帐，十八就要做新娘。做新娘，离亲娘，去跟丈夫理家常。明日离娘去夫家，亲朋相送喜洋洋。贺喜新娘，鸳鸯成双，黄道吉日，大吉大昌。

　　迎客歌：灯火熊熊蜡烛明，今日高亲到寒门。亲友陪伴过一夜，怠慢贵客请谅情。

　　女方母亲：红丝绒，锁鞋头，家家养女挑猪头。小小女子离娘家，哪得叫娘心不愁。

　　媒人：南山金竹青又青，妹子长大要嫁人。金竹移栽千竿发，妹子嫁人发子孙。

　　陪嫁女客：娘家做女十八年，时刻不离娘蛇鞭，在家陪娘终有归，明日离娘半重天。

　　陪嫁女客：娘家做女十八春，常在屋中守闺门。闺门守到今日满，离了爹娘嫁别人。

　　新娘：爹娘养我十八春，朝朝暮暮随娘身。清早随娘打猪草，夜晚随娘缝衣裳。昨日听说要出门，心也碎来魂也惊。为何将女嫁出去？我娘未必铁了心。

　　姐妹唱：三月搓麻共张凳，四月桃花共线针。东南西北各一方，不知何日才相会？

　　新娘回：妹妹门前一棵竹，姐姐走过要进屋。罐里无茶喝碗水，锅里无饭喝碗粥。

姐妹回：种田要种弯弯田，一弯弯到妹房前。一早一晚去看水，先看妹妹后看田。

长辈：在家做女贵如金，嫁到婆家改性情。一来要顺公婆意，二来要顺丈夫心。

长辈：在家做女贵如金，嫁到他家他家人。兄弟姐妹要和气，和睦相好一条心。

唱到这里，媒人开始催促了。

媒人：锦鸡声声叫得忙，催起姑娘快梳妆。快快梳妆拜祖家，辞别祖家辞爹娘。

于是媒人用格筛托着出嫁衣裳、银饰、花鞋等，让姑娘穿戴完毕，来到堂屋，先拜别祖宗，再拜别爹娘，后拜别叔伯兄嫂弟妹。

新娘：堂屋中间一炉香，先拜爹爹后拜娘。先拜爹爹养大我，后拜我娘睡湿床。

爹娘在一旁哭泣着，把簸格筛放在一只装满谷子的斗上，让女儿站上去，由亲兄弟(没有亲兄弟的由堂弟代)背出家门送上花轿。

新娘被背出家门时，新娘的家族人要把特备的两只用红纸缠着的干篙火把合在一起点燃，随行于后。当行至大门口时，举火把者将一支火把交给娘家，另一支火把交给接亲人在前面照路，一直照到新郎家(也可用灯笼代替火把)，这就是"分火"，表示分家立户繁衍生息。迎亲队伍中，还有一人拿着一桶筷子随行，边走边往路边丢筷子，意即新娘快生贵子。当新娘被迎进男方村寨时，男方家也拿着火把来迎接，并将女方的火把合在一起向男方家中走去，这叫合火，表示新立门户兴旺发达。

接新娘的花轿快到家门时，新郎家门口已烧起一堆大火，寓意新郎家像火一样旺盛。但新娘进屋时，新郎全家人须躲开，避免与新娘照面，以免日后吵嘴，同时也防止属相相冲。新郎家特意请来一位福寿双全的老年妇女在花轿到达后，走上前从轿子里接出新娘，然后右手拿着红伞开路辟邪，左手提着淅桶把新娘引进堂屋门口，新娘从摆在堂屋门口的一只簸格上踏入，然后走进洞房。这里的伞、筛、镜，既是团圆的象征，又表示成亲后家庭幸福美满，同时有除邪避鬼之意。淅桶则表示六畜兴旺。新娘进洞房后，规规矩矩坐在椅子上，表示千年不动万年不移，同新郎白头到老。

给新郎穿戴衣装的人必须是寨子里夫妻和睦、儿女双全、双福双寿的中年人。穿衣戴帽时，要放鞭炮，祷告祖宗，念穿衣词。

【穿衣词】

日出东方喜洋洋，来帮新郎穿衣裳，左手穿好英雄汉，右手穿好状元郎，一身荣华放豪光，贺喜新郎，天长地久，儿孙满堂。

【新郎的戴帽词】

好日好时刻，新郎戴新帽，脱下蓝衣换紫袍，无忧无虑富贵到。贺喜新郎，奏乐放炮！

之后拜天地。堂屋摆着供桌，桌上摆着猪头、米花等供品，焚着香，点着喜烛，吹吹打打，鼓乐喧天，时辰一到，新郎新娘被引入堂屋，先拜天地，再拜高堂，夫妻对拜，然后伴娘扶新娘进洞房。

按大园村风俗，新娘是不能拜男方亲戚的，因此，留下新郎一人在喜堂上拜六亲九眷和各位来宾。这时，旁边一人负责喊礼，按名单请人。被请的人站在喜堂上接受新郎拜礼后，将礼金系到新郎佩戴的红绸带上，金额多少不定，一般以舅父和姐夫的礼金最多。拜堂仪式结束后，新郎新娘同饮合欢酒。

婚宴散后，乐手送新郎新娘入洞房，在热闹的唢呐锣鼓声中，寨子里来闹洞房的青年男女蜂拥而至。来者都要放一串鞭炮，讲几句吉利话，唱闹洞房歌。按照苗家习俗，来闹洞房的客人在新婚夫妇完成来客所要求的所有节目以后，出洞房时必须讲好话，不然就甘心接受戴坐鼎圈的处罚。

【闹洞房歌】

一步走来二步行，三步踏金四踏银。五六七步双喜到，送子娘娘已来临。八九十步进洞房，洞房里面人挤人。今夜洞房凤凰鸣，早生贵子跳龙门。

结婚三日后，女方娘家打发人来接女儿回家，俗称"三朝回门"。回门时，新郎陪同前往，须带着酒肉、糖果等礼品，去拜望岳父母，一般住两天或四天，表示成双成对。回到男方家后，正常的夫妻生活从此开始。

过去苗家婚后，新娘有住夫家或暂住娘家两种情况。如今，大园村民一般都是先盖房或买房再结婚，婚后小俩口单独住。同汉族一样，大园村一直实行儿子养老。在父母亲身体硬朗时，二老自己生活，子女负责给钱、给物，并不时地看望父母。如果父母身体不好了，则一般是由儿子负责专门照顾老人。不过，随着时代的变化，男女平等的观念深入人心，也有人家开始依赖女儿养老。

第四节　丧葬习俗

古代苗族丧葬，主要有悬棺葬、岩棺葬和土葬三种。在大园村，由于深受汉族文化的影响，土葬仍然常见。后龙山上可以看到无数大大小小的坟墓，死者家庭经济条件好的，其坟墓往往比较高大，一般的就可能只见墓碑，有些则是双人墓。

● 后龙山上的墓

根据相关资料，具体说来，大园村的丧葬风俗大致分为以下一些程序。

一、守终

大园的老人在弥留之际，子女须在身边恭守，表示孝道，并用白纸把神龛上的祖先牌位蒙上，以免秽气玷污祖先。然后，在堂屋中间摆一把椅子，椅前放古斗，斗中插一杆秤，点上油灯，装好香，由亲人把临终老人抬到椅子上端坐，双脚踏在古斗上，全家晚辈静对老人跪着，烧化纸钱，等待老人落气，俗称"烧落气纸"。

二、请水浴尸

老人落气后，晚辈高声哭泣。家属要马上请"阴阳先生"（近年主要由村民杨焕月担当）到家中，由"阴阳先生"主持整个祭祀过程。之后，孝子穿上孝衣在师公带领下，带上香烛纸钱、水桶、水勺，走到井边或河边，先焚香烧纸，然后，跪地舀水。按老人阳寿一岁舀一勺，提至家中，放入桃树叶或菖蒲，煮水浴尸。浴毕，为死者穿上寿衣（又称老衣），将死者摆上柳床，脸覆冥钞，身盖殓被，脚前点灯（俗称点脚头灯），供亲友邻里悼念。嗣后，孝子登门请家族邻里前来帮助治丧。然后头带烂斗笠，手拿孝棍，前往亲戚家报丧。苗族把老人去世看作很重要的大事，家族邻里都会来帮助料理，并分头通知各处至亲前来吊唁。

三、入棺分针

择定吉时，亲属各持殓被一角，将死者抬入棺中，摆放端正。头部用死者生前衣物塞正，俗称"分针"，意为让老人亡灵保佑各房子孙兴旺发达。兄弟非常注重分针，避免老人头部偏向大部（左边）或小部（右边）而重点荫佑某房子孙。此时，舅爷要赠送吉利话，如黄金落窖，房房发达，千年兴旺，万载兴隆。入棺后，儿孙各剪一片衣角放入棺内，死者口含少许银子或银器，身上盖几层殓被，适量放入死者生前喜爱之物，意为在阴间享用。

四、入殓

一般在老人去世前，家里已经备下了寿衣，死后即用以装殓。小殓完毕，即进行大殓入棺，一般不密闭棺盖，以便亲友来临随时瞻仰。大殓时，黔东南的一些地方，儿子、女婿须各送一幅垫尸帛，家中还以数钱纯银同殓，表示给死者在阴间使用。大殓完毕，即陈柩于堂屋中，等待安葬。黔西北、黔东南等地区还要备牛或猪请巫师主祭，表示交给死者，而后宰杀。

五、设灵堂

在堂屋正中设置灵台，供奉死者的灵牌和遗像，灵台后面摆放死者棺材。然后择吉日请师公做法事为死者开路。所谓开路，就是请师公给死者开拓一条通往祖先居住地的道路，以免死者的灵魂在途中沦为野鬼游魂，或受到野鬼的纠缠和欺凌，并让师公遣神兵护送，顺利通过龙潭鬼域，早登仙界。

六、吊孝

家庭亲族、乡邻好友来吊孝(俗称吃豆腐)，要送香纸、鞭炮、黄豆、大米等物，至亲戚属都要带米、酒来吊唁，女婿还要加带牲口前来吊唁。也有送祭幛布的，现在逐渐改为送踏花被。祭幛或踏花被上面写上亡人的称呼姓名，中间写上赞颂死者的四字成语，如"流芳千古"等，下面写悼念者的姓名。还有送花圈吊孝的，花圈按血缘亲属关系摆放在灵堂正面或两边。

祭奠分家祭与客祭两种。家祭是孝家自己向死者祭奠，祭文一般从创业、持家、教子、待人等方面对死者进行评价，寄托哀思。祭奠时，孝子头戴麻冠，身穿孝衣，腰系麻绳，脚穿草鞋，手执哭丧棒(父死用竹棍，母死用桐木，取其不忘根本之意)，叩首，上香，举哀，献祭品，读祭文。客祭则是舅家及其他亲族向死者祭奠，祭文多为赞颂死者品德流芳百世之词，表示深切哀悼之意，由设祭人进行，孝子陪祭。

七、守灵、唱葬歌

老人死后，一般停枢3天，也有5天或7天的。家属亲友穿孝衣轮流守灵。早晚点灯焚香，夜晚唱葬歌(也称散鲜花歌)，内容主要是赞人生道路，唱忠孝古人，追念死者生前行善积德、辛勤耕作、勤俭持家的美德，表达子孙蒙受抚育之恩，未竟报答等痛悔之情。其音调低沉悲切，深夜闻之倍觉伤感。其中经常唱的葬歌有《十送老人》。

【十送老人】

一送老人好伤心，好似堂前一盏灯。老人辞去不能转，灯熄何能吹得明……

十送老人好伤心，好似园中土坎崩。土坎崩了能修好，老人倒下不能立。

八、出殡

"阴阳先生"要根据去世的老人的五行和选定的坟址确定棺木的朝向，然后选择下葬的日子。如果近期没有合适的吉日，则不能下葬，棺木只能一直在家里放着。实在不能在家停放时，就会将老人的棺木抬到坟边。棺木的一头着地，而另一头悬空，这样就不认为已经下葬了，如果棺材的两头都着了地，则暗示着老人已经被下葬了。

据大园人介绍，大园古苗寨的葬俗有独特之处，古有八月不葬的习俗。此外，如果死者的年庚与某些年份相克的话，尸体须存家中，用石灰堆埋着放在屋里摆放着，经年不葬。等到好年时再下葬。

等到吉日到来的时候，就可以出殡了。先将灵柩从堂屋里移至大门外空坪里，架在两根长凳上。出殡后，治丧人员开始做送葬前的准备工作。首先，对灵柩用慈母竹片(又叫陶竹)进行捆扎，因该竹母子成堆，四季常青，寓其兴旺发达之意。然后用稻草织成的粗绳子捆扎抬杠。灵柩上面扎棺罩，系用竹木条及细铁丝按照棺木大小长短扎成的长方形架子，糊上白纸，左右两壁画八仙，粘上白色纸花，罩顶中部扎立一只展翅欲飞的仙鹤，取其驾鹤升仙之意。灵柩的前头(死者的脚部)贴有死者的灵位。

九、送葬

停丧时间长短，因人因地而不一。一般都先要请风水先生看山向择坟地，确定坟墓的朝向，然后请人挖墓穴(俗称打井)。一切准备就绪后，按照择定的吉时，请道士做法事发丧(即灵棺起行)。

一般是青年死后即葬，或停丧时间较短；老人死后停丧时间长，一般3日，也有5~7日的。发引时，多以一只公鸡为死者带路，或由家族中年龄最大的晚辈执火在前引路或丢纸钱。孝子要包孝帕、穿孝衣，执杖走在灵柩之前。打锣鼓、吹唢呐、放鞭炮、抬祭幛的人在前面开路，女婿撒纸钱，孝男孝女手持哭丧棒在灵前拜路。孝子须堵丧(亦称堵柩)，即面对灵柩一边退行一边用手堵灵柩，恳请抬柩人走慢点，让生父(母)尸体在世上多留存一段时间，表示恋恋不舍亲人离去。亲人在后面送葬。到达安葬的地方后，将棺木架在墓穴上，不准落地，再择吉时入土安葬。

出丧之前，还要请巫师开路，交待亡魂去处。这是一项很隆重的仪式，不可缺少。亡魂送去何方？一是升天，二是沿着祖先迁来的路线回到祖先发祥的地方去。

十、落坑立坟

落坑必须在选择好的时辰进行。首先要杀雄鸡祭墓穴，鸣放鞭炮后将灵柩放入，由地仙(阴阳先生)架上罗盘(指南针)按择定方位拨正棺木位置，然后封土。这是埋葬死者的最后一道程序，也是葬礼的最后一个仪式。在出殡下葬时，"阴阳先生"要全程监督添土的人将棺木按照既定的方位放好，埋葬老人。埋葬过程中还需请神，颂唱歌颂逝世者的歌谣，俗称"封龙"。

入土时，"阴阳先生"要扮演调遣神兵神将、驱赶游魂野鬼的角色，还要唱《亡灵曲》。

【亡灵曲】

一宵夜歌送新亡，辞别亡灵在中堂。难分难舍心憔悴，一路走好到天堂。告慰亡灵得知音，水流东海终归根。人生已留清白在，忠良为人世高歌。

孝家及亲戚在悲哭声中将死者掩埋，完成丧葬大礼。之后，孝家必须顺原路返回并捡几根柴进屋，表示进财。殉葬物多放在棺外。一般是埋葬时即掩土成坟，也有的要等三朝后才去垒土为墓。

十一、祭奠

孝家设灵牌于堂上，孝子朝夕祭奠。发葬后第三日，孝子备酒饭至坟前，七七四十九日内每天点灯焚香。一年内，每日用餐时，家人在首席摆热饭一碗，筷子一双，清茶一杯，祭奠老人亡灵。嗣后，每年清明，晚辈要去扫墓(俗称挂青)，并以清明之前一日为寒食节，要修整坟墓。

这之后，旧时大园村还有守孝的习俗，父死服丧三年，母死服丧四年。新中国成立后，机关单位办丧事采用开追悼会形式。从"文化大革命"开始，大园村也有给老人开追悼会的。

第五节　其他风俗

一、四知堂灯笼

今大园古苗寨的杨氏子孙们，常悬挂写有"四知堂"的灯笼(图见第四章)，还有"清白家风""关西人家"的牌匾或者灯笼。四知即"天知、地知、你知、我知"，说的是杨震拒礼的美谈，"清白家风"也由此而来；"关西人家"，则是因为杨震老家陕西潼关，地处关西。后人有诗赞曰："儒宗道德世间稀，暮夜遗金畏四知。不朽声名传史册，于今千古仰关西。"

按《后汉书》记载，"杨震字伯起，弘农华阴人也。八世祖喜，高祖时有功，封赤泉侯。高祖敞，昭帝时为丞相，封安平侯。父宝，习《欧阳尚书》。哀、平之世，隐居教授"。

杨震是东汉时期名臣，曾经官至太尉。关于他，《后汉书》里记载了一段美谈："大将军邓骘闻其贤而辟之，举茂才，四迁荆州刺史、东莱太守。当之郡，道经昌邑，故所举荆州茂才王密为昌邑令，谒见，至夜怀金十斤以遗震。震曰：'故人知君，君不知故人，何也？'密曰：'暮夜无知者。'震曰：'天知，神知，我知，子知。何谓无知！'密愧而出。后转涿郡太守。性公廉，不受私谒。子孙常蔬食步行，故旧长者或欲令为开产业，震不肯，曰：'使后世称为清白吏子孙，以此遗之，不亦厚乎！'"

《杨氏宗谱》上，将杨宝列为第一世始祖，载："公系东汉章帝时人，居陕西同州府华阴县……生孙杨震。"将杨震的父亲列为第二世始祖，载："杨仁……虽阙其名，而世次必录，因附辨之以明世次之不可紊云尔"；将杨震列为第三世祖，载："杨震，世称关西夫子，公字伯起，安帝时人，生时形貌异常，七岁好学，及长博通古今，名扬海内，诸儒称曰：关西夫子杨伯起。"其实，《后汉书》里有"父宝"一说，不知何故族谱将杨宝列为杨震的祖父。

许多版本的《杨氏族谱》都记载，自杨震被免，弘农华阴杨氏势衰，其分支举家南迁。至三国孙吴时期，其中一支留居荆山南20里处，男耕女织，世代繁衍生息，后来大园古苗寨的嫡祖杨再思（飞山太公）就是杨震的后裔，而至今大园人依然悬挂"四知堂""清白家风"等灯笼，即是明证。

有些学者认为杨震与杨再思之间的关系子乌虚有，譬如谭其骧在其《近代湖南人中之蛮族血统》中，就明确指出："城步杨氏称系出关西杨震伯起之后，屡传至再思，徙靖州之飞山。伯起与再思渺不相及，其出于假托，尤显然可见。"

然而抛开考据上的东西，"四知堂"的灯笼代表一种美好的精神，寓意深远，有此风俗，实为大园之幸。按大园人的说法，从此，杨震的后裔就以四知堂为杨姓堂号，以四知敲警钟告诫后人为人做官要清正廉洁，要以四知为准则。现在，每年春节和每月的农历初一、十五，大园古苗寨的村民们都会在灯笼内点上红烛或菜油灯，也有少数人家在灯笼内安上电灯，热热闹闹，喜气洋洋，表明不忘祖训。

二、巫傩文化

中国傩文化包括傩的观念、傩的文化根基、傩舞、傩戏、傩神、傩面、傩画、傩坛(堂)以及有关的驱鬼、祭祀等活动。大园苗寨的巫傩文化主要表现在傩仪、傩戏、傩舞中，一般在大年初一到正月十六日祭祖期间表演，有祭祀稻神、田神、水神、鸟神、祖神等多种含义。

巫傩文化在大园村又称庆菩萨、娱神，祭祀祖宗。每逢岁末，五谷归仓，苗寨都要组织一二十场祭祖活动。主办者有的以宗族为主，有的以宗族分支为主，而最多的是以个体家庭为主。祭祖、娱神就是祭祀自己的先祖(或先祖的恩人)和他们认为应该祭祀的神灵，祈求来年家族(家庭)人丁平安、五谷丰登、六畜兴旺、事业如愿等。

祭祖时，主办者择吉日杀猪宰羊广邀亲朋好友，村寨友邻都前来参加，场面比庆寿结婚还要隆重热闹。届时，道场挂上五彩纸的道联，放置用花纹纸、竹篾扎成的华山殿。师公要祭奠天神、地神、信士们的祖宗，不得漏缺。这种庆祭活动，族人和出嫁的女儿都要回家参与。

傩戏的表演者称"师公"(也称"老司")，表演时多戴面具，俗称师公脸壳戏，演技简易原始，以锣鼓伴奏，人声附和，称之"和合腔"，极具巫风的祭祀膜拜文化特色。凡大型祭祖活动，往往会请五六个师公一起诵经、念佛、酬神及唱傩戏，歌颂祖先创业的经历和艰辛，劝诫后人珍惜来之不易的安定生活，并且有相当部分节目要村寨的人参与互动表演。完整的傩戏有32个大节目，64个小节目，演出时间最长为72个小时，也就是三天三晚不间断。在实际演出中，节目的取舍和时长的安排由主办方决定，但最短时间不得少于36个小时，也就是一天两晚。

传统的巫傩绝技涵盖的范围很广，有技术类(巫技)和法术类(巫术)，巫术主要是指"念咒语、画符、拗诀"，据说一切巫教法术都是先师祖"肉口亲传"的，所谓"法不传六耳，术不诵外人"。技术类是巫师经过长期训练、具备超常功能的某些特点，才能达到神奇惊人的效果，主要有上刀山、下火海、踩火犁、摸油锅、滚刺床、起掌、卜课、打时、下千斤、放阴剪、搭阴视、纸团变蜂子、下凌、造九牛、飞身走浪、万桌自转、壁上挂机、筛子端水、一线提物、酿酒不流、蒸饭不熟、饭菜变酸、中柱流墨、问菩萨、发马脚、指路碑、止小儿夜哭等。技术类是在巫傩教授徒传度中的一项必不可少的项目。

如今在大园村，傩戏的形式主要有山歌对唱、合唱、独唱等，还有为祖先歌功颂德的纯戏曲。在祭奠时，师公们也要施展各种法术，表演"上刀山""下火海""跳油锅"等各种绝技。"上刀山"也叫"上刀梯"。由掌坛师手执牛角，口念咒语，赤脚爬上由12把、24把或36把利刀组成的刀杆上。"含红耙齿"，是将铁耙齿烧红，巫师将它含在嘴上表演。"下火海"是将若干砖块立起，排列成一沟槽，槽内烧木炭，将砖块烧红，巫师赤脚于烧红的砖块上行走、表演。这些表演是演给鬼神看的，也是演给信徒和观众看的。前者在于告诉各路鬼神妖魔，师公法力无边，展示傩坛威风，后者在于告诉徒弟和观众从事巫傩职业的艰辛。

上面说的是傩戏，另外还有傩舞，又叫"大傩""跳傩"，俗称"鬼戏"或"跳鬼脸"。它渊源于上古氏族社会中的图腾信仰，带着浓郁的原始文化信仰色彩，是广泛流传的一种被认为具有驱鬼逐疫、祭祀功能的民间舞蹈。

在大园村，傩舞有师公傩舞和民间傩舞两种。师公傩舞属原始宗教舞蹈，表演者"师公"头戴狰狞的面具，驱鬼逐疫，摆手跺脚，且舞且呼，发出"傩、傩"的呼喊声。主要内容分为开山门、三男戏女、大祈福三部分。动作刚劲有力，充满神秘色彩。舞蹈表现苗民驱鬼敬神，逐疫祛邪，祈求五谷丰登四季平安的美好愿望。民间傩舞则由男女青年集体表演，属于民间舞蹈。男女表演者都戴着由青杠、白杨等木料做成的面目狰狞的傩具（俗称"遮官壳"）。身着兽皮，下身围着树叶（或用树叶状短裙代替），打着赤脚，在锣鼓点子中手舞足蹈，左盘右旋，变化出各种姿态和队形。具体来说，会表演耙田、戴斗笠、捞鱼儿、打秋千、垛猪菜、打籽粑、推磨等劳动场景。有时候，舞者也会装扮成传说中的"方相氏"，一手持戈、一手持盾，边舞边呼喊，奔向各个角落，跳跃舞打，搜寻不祥之物，以驱除疫鬼，祈求一年平安。

三、舞龙灯

为了使新年过得热闹、愉快，大园古苗寨的寨民们热心扎龙灯，舞龙灯。苗民们认为舞龙灯能祈福发财、风调雨顺、国泰民安、除病消灾。

舞龙灯是许多民族都热爱的一种群众性的娱乐活动，大园古苗寨的龙灯与其他地方的布龙不同，它的特点是由灯组成长龙。龙头、龙身和龙尾均用竹篾扎制骨架，糊上白影纸，打上牛胶，纸上彩绘龙鳞或贴彩剪龙鳞，里面点上蜡烛，通体透亮。舞动时一般有公、母两条吊龙和一条滚龙。吊龙身长十多节至数十节，每小节长约50厘米，径围约70厘米，每节吊5只灯笼，小节之间用扎丝或红马索和花环连接起来，再与提杆连起来，前接龙头，后接龙尾，全龙身可以长达20米。

传说滚龙是唐朝丞相魏征斩断的恶龙。正月初二至十五日，以牌灯（写村寨名称的灯）和锣鼓为先导，彩灯（鱼灯、猴灯、花灯等）居中，最后是龙灯。在锣鼓鞭炮声中，龙灯左盘右旋，走村串户，恭贺新禧，有一套严格的程序和礼仪，分为接灯、串户、落马、请酒、谢酒、安龙神等。舞龙头和龙尾的人一定要是好手，龙身则由舞龙灯者各举一提挂，跟着龙头龙尾舞动。晚上观灯，灯光透过龙衣闪烁，连成长串，高低起伏，犹似活龙起舞，甚为壮观。舞龙灯时，还必须有引龙的红宝灯、绿宝灯、牌灯、凉伞、花灯、狮子灯、蚌壳灯等。

农历十二月二十八日出灯，在本寨内要灯三晚，农历正月初二开始行走各村寨，进县城，然后出乡。

龙灯去哪个村拜年，要预先下红帖通知对方。该村接到通知后，各家各户准备香案鞭炮。龙灯来到村口，村里接待人员借助对方的龙头和红宝灯，引导龙灯串户恭贺新年。户主摆香案，烧冥钱，鸣鞭炮迎接龙神，向龙头叩首作揖，然后给龙头披红挂彩。如有婴儿，便抱着婴儿在龙头下钻三圈，以求龙神保佑平安。如户主住所是当年乔迁的新屋，龙灯还要围绕堂屋里的香案转三圈表示庆贺。户主给灯手敬茶敬烟，然后放鞭炮，礼送龙灯出门。

龙灯串户拜年后，到停灯坪休息，称为"落马"。龙灯落马时，停灯坪的主人要迎接，敬烟倒茶。舞灯方唱《落马歌》，对深更半夜来打扰表示歉意。

【落马歌】

锣也停来鼓也停，停锣停鼓说原因。今夜出门南风大，顺风吹到贵府门。顺风来到贵府地，如同跳进小南京。三十里路马来接，四十里路轿来迎。进寨又有锣鼓接，寨门迎接我愚人。家家备有香案接，户户香纸接龙神。牙盘供果敬龙王，披红挂彩上龙身。进屋又有鞭炮接，炮火连天接进门。堂前又有烟茶等，通红炭火暖全身。又有老者来陪待，男女老少好热情。唯有我等少礼节，肚内无文欠聪明。初一拜年我少礼，四时八节我欠情。只因家贫穷事多，空口不来问一声。不问旧年得财宝，不问新年来贵宾。不问老者高福寿，不问少者得功名。又欠情来又少礼，头戴脸子难见人。还请高亲多原谅，不与我等分卑尊。粗言唱到这里止，几句粗话表寸心。

接龙主人回唱《落马歌》，对自己招待不周表示歉意，并请求龙王保佑全家兴旺发达。

【答落马歌】

表寸心来难为情，愚人惭愧好几分。读书少来知礼少，怠慢高亲莫在心。有劳高亲没嫌弃，山高路远不怕累。山冲岔沟作贱容，陡岩陡坎路难行。坐了一夜冷板凳，使得高亲受寒冷。怠慢老者我有罪，怠慢少者不忍心。怠慢贵客犹小可，怠慢龙王罪不轻。只有高亲操心大，引来老龙闹新春。江边杨柳等上苏，贵府好多聪明人。个个都是好扎手，扎起龙王现真身。只靠龙王多保佑，保佑高亲打灯人。保佑风调和雨顺，保佑五谷得丰登。保佑老者坐千岁，保佑家兴国太平。保佑嫂嫂生贵子，人丁兴发满府门。保佑姑娘多伶俐，挑花绣朵自聪明。保佑儿童免灾祸，长命富贵易成人。保佑生意多兴发，一本万利进金银。万句粗言来相敬，五谷丰登满府门。五方中央戊己土，戊辰己巳土龙神。土龙坐在神宫内，皇帝龙神管乾坤。黄龙为我作了主，一品当朝主东君。五方龙神安五位，我把家先安一轮。天地君亲当中坐，灶王府君两边行。观音大士并排坐，三言两语表寸心。

唱完《答落马歌》，主人邀请灯手入席喝酒。旧时，每席肉、萝卜、面条米粉各两碗，还有16个糍粑、一壶酒。如今宴席丰盛，饭菜可以放开肚皮吃，酒可以尽兴地喝。但舞龙灯的人不能贪杯，吃完酒饭后开始唱谢酒歌，主家也要唱答谢歌。如双方有兴趣的话，你一曲他一曲多次轮回，一唱就是几个时辰。最后在客方要求下才得以"安龙神"。

传说龙灯进屋后，主家的地脉龙神自动让位给客家龙神安坐。龙灯离开主家宅场前，舞龙方必须为主人重新安好龙神。安龙神时，除焚香烧纸放鞭炮外，还要唱《安龙神歌》。

【安龙神歌】

接你歌来接你声，接你贵言领你情。高亲之教似流水，滔滔不绝好迷人。本想堂前多领教，只为时间快天明。凡人行路怕天黑，龙王出门怕天明。敬请高亲多原谅，我把龙神安一轮。天地神灵都安到，我请龙王快起身。打锣之人锣在手，抬灯之人要齐心。来是龙头先进屋，去是龙尾先出门。左行三转龙赠宝，右行三转赐金银。小叫三声龙不动，大喊三声龙起身。

一边唱一边按照东、南、西、北四个方向分别为主家安好木龙神、火龙神、金龙神、水龙神，然后请赵公元帅、兴隆土地、进宝郎君、大门土地、屋檐童子、纠察灵官、牛栏土地、猪栏土地、鸡栏土地、楼门土地各就各位，帮助主人兴旺发达，最后，让龙神收走瘟疫，才大叫三声"龙起身"。唱到此处，众人齐喊："老传小，哟啊哒！"锣鼓齐鸣，鞭炮齐放，主家舞龙头送出寨子，作揖告别。

四、舞草龙

大园古苗寨不仅有新春舞龙灯的习俗，还有舞草龙的独特风俗。游客去大园村，可以在九甲稻田看到舞草龙。

按照大园人的说法，"群龙草为先"，草龙才是群龙之首。大园人舞草龙的历史源远流长。舞草龙不仅仅是为了娱乐，更重要的是为了驱虫护稻，祈求风调雨顺、国泰民安、除病消灾、四时清泰、五谷丰登。古代无农药除水稻病虫害，而相信草龙能收虫除害。舞草龙是大园古苗寨内一项群众性的祈龙神活动，不论男女老少，用稻草扎龙，用木棍牵引，田间地头，房前屋后，呼叫狂舞，驱鬼除虫。

草龙与龙灯有很大区别，扎草龙的材料主要是稻草，另外还有竹片与床拔，草龙只有两条，一公一母。而龙灯有三条，两条提龙，一条滚龙，还有牌灯、花灯、狮子灯、蚌壳灯、凉伞等。舞草龙的时间是在禾苗生长旺盛的季节，一般是在白天舞草龙，地点多选在田野之间，凡有稻田的地方，草龙都要去收虫。一年四季都可以舞，参加的人数不多，要求不高，较简单。而舞龙灯时间在晚上，限在春节期间，参与的人多、要求高、很复杂。

草龙又名"草把龙"。公龙、母龙全由稻草扎成，每条草龙有31或者33小节，包括龙头、龙身、龙尾在内，全长13～15米，有的9提，有的11提。除龙头单独一提外，每4小节一提，提与提之间用红布条或红头绳捆扎起来。每提用长木棍或竹竿支撑，牢牢把住龙身，便于舞龙手灵活舞动。由于草龙很长，所以公龙由9名或11名男青年或身体强壮的男人抬举舞弄，母龙由9个姑娘或11名身强体健的妇女抬举舞弄。

舞草龙的季节通常选在农历五六月间，正逢晴雨不定，百虫伤禾，农民延请傩师或神汉设坛诵经，锣鼓齐鸣。草龙在田间飞舞，祈求龙神保佑，不受虫灾，五谷丰登。草龙所到之处，锣鼓齐鸣，但不燃放鞭炮和焰火。参与舞草龙的人必须披上稻草衣，围上稻草裙，脚穿草鞋，另外还有一个人举红宝灯，然后在稻田之间往返舞弄除虫收瘟，双龙起舞十分壮观。

舞草龙的来历有很多种。据传，大园村舞草龙的来历是源自一群顽皮的儿

● 舞草龙

童。原来春节前夕，寨子里的大人们为了舞好龙灯（吊龙），扎了草龙用来练习舞龙灯技术，大人们练习结束后，将草龙放在鼓楼里。寨子里一群儿童偷偷地将草龙拿出来，又从家里偷来鞭炮、锣鼓、香纸，到寨子前的田野里乱舞。这时恰逢龙王岁末出巡路过此地，见一群小孩满头大汗地舞龙，他们手上的草龙活灵活现，如真龙一般。龙王心想，这个寨子的小孩都如此诚心诚意敬龙，大人们敬龙肯定更加虔诚，于是在寨门上写下了五个大字"群龙草为先"，并在暗中庇佑这个寨子和这群孩子。这样，大园古苗寨年年风调雨顺、五谷丰登、六畜兴旺，这群孩子读书的个个中了功名，做生意的个个发了财。舞草龙也就作为一个习俗流传下来，而过年时，小孩"偷"鞭炮，是被大人默许的。如此，舞草龙也成了寨子里的一种传统习俗。

2015 年，考察组到大园村的苗王屋时，访问了昔日苗王的儿媳李田翠奶奶，详问舞龙事宜。李田翠奶奶说：大园村舞龙素有草龙、纸龙、布龙三种，草龙舞于虫起之时节，以驱虫为目的；纸龙舞于正月，常分 12 段，由 12 人共舞，舞毕烧之，纪念屠龙之先辈，可驱邪；布龙则舞于过年等喜庆节日，常与狮同舞。这么看来的话，大园村的舞龙风俗还不止舞龙灯和舞草龙。

五、耍狮子

大园人也热爱舞狮子。传说狮子是土地爷饲养的吉祥之物，每年正月，土地爷要赶狮子出来闹新春，以镇恶驱邪。狮子由两个青年男子扮演，一个武士打扮的青年逗狮子，再由一个人扮土地爷在后面赶狮子。狮子扮演者扬着狮头，披着狮皮，模仿狮子动作，在锣鼓鞭炮声中跳跃打滚，围观者呐喊助威。狮子一般跟着龙灯走，有时也单独进行，根据土地爷的赞语表演各种动作供众人欣赏。

【赞狮词】

狮子精，狮子精，狮子听我说分明，

左边舞个龙现爪，右边舞个虎翻身。

狮子精，狮子精，狮子听我说分明，

万宝狮子舞得好，舞个童子拜观音。

狮子精，狮子精，狮子听我说分明，

万宝狮子舞得好，舞个鲤鱼跃龙门。

狮子精，狮子精，狮子听我说分明，

万宝狮子舞得好，舞个喜鹊过田行。

土地爷每赞一段，狮子便在锣鼓点子和鞭炮声中舞出这段唱词的表演动作。舞到高潮处，狮子开始登狮山（由数十张四方桌叠成），登至顶部，表演"穿四门""犀牛望月"等高难度动作，然后飞跃而下，就地一滚，继而狂舞，观众热烈鼓掌喝彩。

六、闹年锣

说到打闹年锣，据大园村人介绍，起源于清代乾隆年间。乾隆五年（1740），湘桂边界绥宁、城步、义宁等县爆发粟贤宇领导的大规模少数民族起义，当年被数万清军残酷镇压。此后，少数民族继续坚持各种形式的反抗斗争，迫使朝廷对少数民族实行让步政策。乾隆十年（1745），朝廷免征绥宁、城步苗米537石7斗，乾隆三十五年（1770）增加到578石5斗。苗民们为了庆祝胜利，敲锣打鼓游村串寨通宵达旦，由此衍生出一种新的文化娱乐形式——每年春节打闹年锣。其锣鼓点子独特，既节奏强烈，又铿锵悦耳，还隐含着"冬不隆冬锵，皇帝免我五百七十八石粮"的自豪感。据一些资料称，这种习俗城步县已无，但绥宁县各地一直流传至今，大园村也在其列。

● 闹年锣

通常在腊八节后，苗乡侗寨便响起了热烈的闹年锣声，参加演奏的人员一般为 5 人，道具为两副钹、一只班锣、一只大锣、一面鼓。到上劲的时候，演奏人员增加到几十人甚至 100 多人，十几套乃至几十套大小锣鼓一齐敲打，气势磅礴，声震原野，有时连赛三天三夜。在大园村，打闹年锣是在后龙山进行。2007 年 5 月，绥宁县已经将打闹年锣申报为邵阳市第一批非物质文化遗产名录。

七、看风水

旧时的大园村人非常讲究风水，即使现在，村民们对风水仍然十分相信。村里有一位风水先生，又称为"阴阳先生"，他就是杨焕月。由于"阴阳先生"以看地、祭祀等为主，因此又被称为"地理先生"。作为"地理先生"，杨焕月在村里具有特殊的地位，备受村民尊重。他也只有在特定的情况下才会展示出他的才能，日常生活中也和普通的村民一样。

杨焕月的"阴阳知识"，主要运用在葬礼上，或者用于看房。在大园村人的习俗中，如果有人家需要盖房，通常情况下都会请"地理先生"即杨焕月去看选择的地理位置。而杨焕月则会挑选一个与家主生辰八字相合的吉日，带上家主准备好的祭品，到将要盖房的地方进行勘测。首先，由杨焕月主持祭祀，祭祀完成之后用罗盘勘测出该地块的各个方位，然后将方位所确定的五行与主人的五行相匹配，看是否相合。如果相合，则这块地皮选择得就比较好，如果不相合，则要重新选择，以免将来对所建房屋的主人不利。选定地皮之后就需选择吉日动土建房，剩下的工作就主要是由建筑队来完成了。在整个房屋建筑的过程中，还有 3 个日子需要请杨焕月确定，分别为动土平基日、起工发墨日和上房梁日。

八、禁忌

据杨荣生以及村民们介绍，在大园村民当中，祖祖辈辈还流传着许多禁忌。禁忌的由来，是因为旧时代的人对许多自然现象和社会现象不理解，因而从鬼神迷信观念或世俗伦常理念出发，对人们的行为进行某种规范和制约，以达到趋利避害、消灾避祸的目的，也有一些礼节上的禁忌，反映了特定时代中群体的某种思想观念。随着时代演变、科技兴旺，一些妨害文明进步和生产生活的禁忌已经被大园村人摈弃或者忘记，但也有很多禁忌由于寓含着祈祷幸福安宁的美好愿望，被认为是吉庆的，而被大园村人保存了下来。参考《全国历史文化名村大园》一书，这些禁忌主要如下：

（一）修正屋木房的禁忌

修房子是一件大事，要择吉看日子，发墨要选择左边的正柱（左为大），发墨时不能讲不吉利的话，小孩不能哭。砍梁木叫做"偷梁木"，不告诉所砍梁木树的主人，要故意让他骂，骂得越凶越发、越好。梁木一定要选择一个树苑上长有两棵以上的树，树杆笔直，大小适中。扛回梁木到新屋场地要放鞭炮，这根梁木不能让任何人跨过，否则就很不吉利。上梁时要给杠师傅披红布上礼币，师傅要讲许多吉利话，从栋梁上向家主夫妇丢下梁米、硬币、红糍粑等，主人家一定要用箩筐接住，如果掉到地上就很不吉利。还要向所有在场的人丢撒红糍粑、硬币、纸包糖。

（二）数字禁忌

和很多地方的人一样，大园村人认为吉利的数字有：六、八、九，因为"六六大顺""若要发，不离八"。村民们认为不吉利数字主要是：四、五，理由是四和"死"谐音，五和"无"谐音。在大园村，拜佛的时候，二为古数，有"初三、十二、二十三，神仙一肩担（保佑）"的说法。红包的数字忌讳整数，最好带有零头"六、八、九"，特忌250。但在出行的时候，情况却恰好相反，最忌三、六、九日，因为民间有"三、六、九，打空手"的说法。此外，苗民避忌的出行日子还有：正月十三日、二月十一日、三月初九、四月初七、五月初五、六月初三、七月初一、七月二十九日、八月二十七日、九月二十五日、十月二十三日、十一月二十一日、十二月十九日。

（三）过年的禁忌

俗话说，"小孩望过年，大人望插田"，但小孩过年也不轻松，事先大人要教他们记住许多禁忌。

一是不许说不吉利的话。凡"穷""输""痛""病""杀""光""死""鬼""破""坏"等不吉利字眼都不能说。苗语"睡觉"叫"阿四四"和"死"谐音，也不能讲"睡觉"，因为"觉"与"窖"谐音也不吉，所以新年期间小孩玩累了去睡觉叫"上床""上高坪""盖金子""盖银子"，安心做个发财梦。

二是不能让小孩哭闹。因为哭很没彩头、多坏事，兆示凶祸、疾病，所以过年时，小孩淘气不听话，也不要打骂他，免得孩子哭闹而不吉利。

三是过年杀猪、鸡、鸭等一切动物，下刀要狠，一刀杀死，如果杀掉的猪或其他动物放到地上又站着活了起来，则兆示大不吉。

四是过年时不能掉筷子或打烂碗、酒杯等器具。不慎打坏时，要说"岁岁（碎碎）平安"的吉利话，用红纸包上碎片，正月十五后丢入河中，口吟："掉破瓷，银钱一大堆。"如果筷子掉在地上，拾起筷子时说："掉下竹条，拾金条，金条成双年年增，增双筷子添张口，人发千丁，粮发万担。"

五是过年时，忌掏别人的衣裤袋，更不能让别人掏自己的口袋，兆示自己的钱都会被别人掏走。特别是正月初一被掏口袋，导致一年被人掏空的危险。

六是正月十六日前不能扫地、倒垃圾，会把财富扫地出门，不吉利。燃放的鞭炮纸屑不能扫，正月十五后扫除焚烧，称为"送穷鬼，穷去富来"。

七是除夕至正月十五，米缸、水缸都不能空着，要装满，米为粮，水为财，只有这样才会粮丰、财旺。

八是女婿和外孙全家不能大年初一给岳家拜年。已嫁的女儿若在正月初一归家，会使娘家变穷，所以要到初二才能回娘家，外孙、外孙女由娘家赠送拜年美食和红包。

九是正月初一、初二这两天不能吃药，否则终年吃药，不吉祥。

十是年三十除夕之日不能失手将油倒泼在地上、桌面上，不吉利，第二年运气不好，会倒大霉。

十一是家里所有钱米账，必须在过年前还清。过年期间，别人上门讨债很不吉利。

十二是正月十五前的主食，初一、初二的饭菜必须在除夕晚备齐，必须是红烧菜，不能有炒菜，因为"炒"和"吵"谐音，不吉利。三十日不能吃糍粑，吃糍粑来年崩田埂，除夕晚上的鱼最好不吃，表示"年年有余"。

十三是初一、初二要待老人起床洗漱后再给他们拜年，如果长辈还在睡觉，千万不要去拜早年，这样不吉利。

十四是正月初一、初二忌洗衣服，因为水神的生日是初一、初二。

十五是正月初一清晨，放开门炮，第一个大炮一定放响，否则不吉，连放 12 个大炮，个个响，表示一年四季每月平安吉利。

十六是拜年讲究"七不出、八不归，初九、初十往家飞"。

(四)关于文字的禁忌

旧时在大园村，凡是写有文字的废纸、印刷有文字的废书绝不能当解便纸，也不能与垃圾堆放在一起。所有苗民无论读书人还是文盲都十分敬畏文字，废书纸必须将它们挑到杨氏祠堂北边的识字塔跪拜焚烧。大人反复告诫小孩，糟蹋文字必将遭到瞎眼睛的报应。现在，这一禁忌已经消失了。

(五)踩生禁忌

凡人家里妇女生了小孩，在三天内，无论什么要事也不能到他家里去，如果不知而到其家，为"踩生"，大为不吉。

(六)不能得罪太阳、月亮

男女老少不能对着太阳、月亮大小便，否则将遭到不祥报应；小孩不能用手指指月亮，否则月亮要割小孩的耳朵。

(七)忌闻乌鸦叫

大园村人认为，乌鸦乃不祥之物，听到乌鸦叫很晦气，乌鸦叫必有灾祸，特别是如果乌鸦飞到屋顶上叫，主必不祥，系鬼怪作祟的预兆，应该迅速祭鬼神，否则将有灾祸临头。

(八)忌吹口哨

大园村人忌在家里和日落黄昏之后吹口哨，相传这样会招来伤亡野鬼，为殃作祸，不仅对当事者不利，而且还会殃及全家，所以大人总是会禁止小孩这么做。

以上是比较常见的禁忌，除此之外，还有很多只有老年人才能说得清的禁忌。譬如，龙、凤、麟、龟为古代四灵，千万不要污秽这些灵物宝贝。初一忌空手入谷仓。外出办事，忌说"去了"，忌撞上双手抱在胸前的人，有空手而归之意。外出打猎忌撞上空手、提空篮子、挑空箩筐的人。老人造"千年屋"（棺材）时，忌小孩跪拜啼哭。忌在路上拾他人财物，尤其是绳索布带之类，犯"长命手巾短命带"之忌。办喜事忌煮生米饭。小孩忌吃鸡爪鸡舌。忌一年内一家举办两次嫁娶婚事，是"喜冲喜"之忌。忌直系长辈逝世的一年内办婚事，是"凶冲喜"之忌。另外，也有礼节上的一些禁忌，比如别人施烟，接烟的人要接靠内的一支。

由于大园村苗民禁忌复杂繁多，防不胜防，特别是过新年万一犯了禁忌怎么办，岂不是连年都过不好了？不要紧，人们还有个"百无禁忌"的心理安慰法。

新年期间，可用红纸写好"太岁在上百无禁忌""福星、吉星在上百无禁忌"粘贴在天屋里（正堂屋）的神龛旁；厨房则贴上"灶王府君在上百无禁忌"；猪栏、牛栏间，用红纸写上"姜太公在此，百无禁忌"，贴在木板墙上或砖墙上，有的人家还在门板上盖上主人的石灰手印。

禁忌反映一个地方的民俗风情，大园村的禁忌中有很多跟其他地方的是一样的，反映了各民族长期互相往来文化上的融合。过去，大园村也有一些反映男尊女卑方面的禁忌，现在这些禁忌随着时代进步，村里人已经不大坚持了。

九、唱山歌

大园人爱唱山歌，男女老少都能哼上几句，人们喜欢用山歌来表达自己的思想感情。每年三月初三是大园苗寨的山歌节。

山歌的歌词讲究声韵和对仗，常用借代、比喻、夸张、双关用典的手法寓情于景，借景抒情。在情歌的表现形式上，以十字和十二字句兴起，形成套数。山歌也可分作散歌（一个人单唱）、盘歌（二人唱，一问一答）、对唱（二人对唱或多人对唱）等形式。

现摘录一些大园苗寨常见的山歌如下：

【情歌】

想唱山歌难开声，木匠难起花古亭。瓦匠难烧琉璃瓦，铁匠难打绣花针。

头上喜鹊鸣洋洋，不妨遇着有情郎。今日和你来相会，心底喜欢玩玩长。

油菜开花黄又黄，连哥要连有情郎。要做江边长流水，莫做桂花一时香。

哥的门前一苑花，情妹随时都想抓。鲜花艳丽有人爱，连根带叶挖回家。

哥的塘中开荷花，日头出来晒得它。情郎买把清凉伞，上遮日头下遮花。

郎有情来妹有意，有情有义来相连。情郎俊俏情妹美，情妹等郎忘穿眼。

【散歌】

山歌好唱口难开，石榴好吃树难栽。白饭好吃田难种，鲜鱼好吃网难撒。

大园是个好地方，山清水秀绿茵茵。各位大园此路行，鹤发童颜转年轻。

大园牌楼起得宽，村民群众心欢畅。感谢政府对咱好，欢迎各位来参观。

唱山歌来唱山歌，唱得鲤鱼跳上坡。唱得乌云朵朵开，唱得首长笑呵呵。

莫忘恩来莫忘思，莫忘首长一片心。有朝首长转回程，祝您健康添寿龄。

【对歌】

男：看见太阳落了坡，看见阿妹动了脚。看见锦鸡要飞走，再不开枪（腔）要打脱。

女：石榴开花慢慢红，冰糖下水慢慢浓。只要哥不嫌妹丑，妹妹不嫌阿哥穷。

男：我妹生得乖又乖，眉毛弯弯画出来。哥哥爱妹不怕苦，妹妹爱哥不怕穷。

女：十八哥哥有真心，你有真心妹结情。结情情似东洋海，东洋海水万丈深。

男：十八妹来我的怀，妹扯猪菜郎剁柴。妹扯猪菜田里有，郎剁干柴山里来。

女：十八哥来我的怀，剁柴何苦进山来。妹的屋里多得是，有用柴刀捡得来。

合：十八哥（妹）来我的怀，妹扯猪菜郎剁柴。只要跟妹（哥）在一起，热的心里好凉快。

如今迎客时表演的唱山歌，一般会在大园村的凉亭里进行，同时也有万花茶展示。

十、吹牛角

在大园古苗寨，不会吹牛角的、不懂唱山歌的、不会喝酒的，算不上是真正的苗家人。苗寨的风俗，将老死的牛的角留下来，精心制成能吹响的牛角，让寨中的小孩从小时起，学吹牛角或拜师学艺，从而养成苗家人勤劳、勇敢、粗犷、豪放的性格，形成了他们独具特色的民族风情。他们不论在苗族传统的"庆祖仙"（又称"庆菩萨"）时，还是在其他重大节日里，都操持牛角吹出一曲曲豪迈的牛角声。

吹牛角时，号手站在高处显眼的地方，吹出的牛角声既深远又嘹亮，几十里远的地方都能清晰听见。吹牛角时，还有一些特别的唱词，那些传统民间艺人吹出来的牛角，有深情、有粗犷、有豪气、有魅力。如在巫傩法事中，他们吹出的是带领神兵神将进退的号角，和过去作战时进兵退兵时的号角一样；在守护寨子时，他们吹出不同的唱词，就有不同的警示含义，如："官兵来了！""土匪来了！""老虎进寨了！"……在婚庆和迎客时，他们吹牛角的唱词便是："贵客。您来了，大家欢喜。""欢迎您来做客。"

十一、逗春牛

每年正月，大园村有"逗春牛"的风俗。"逗春牛"一般由两个人拱载着牛头牛尾的道具由前面开路，后面跟着顶牛鞭的牧童、要饭的乞丐小丑、肩犁扛锄的农民、担粪桶的农妇、提篮采桑的村姑、手拿算盘的商人、拄拐棍的阔老等角色。逗牛队每到一处，尽情舞蹈，互相插科打诨。特别是其中的乞丐小丑满脸墨黑，滑稽非常。大园村的"逗春牛"，一般在老寨门前或者后龙山举行。

• 逗春牛

十二、体育风俗

注重锻炼身体的大园人，在体育方面也有一些良好的风俗。

（一）斗高脚马

高脚马是大园古苗寨盛行的一项传统的民间体育活动，多少年来一直为青少年儿童所喜好。"高脚马"是现在的名称，以前叫做"狗脚马"，因其脚与狗脚相似而得名，也是苗族人敬狗传统习俗的具体表现，意思是青少年儿童骑了"狗脚马"就能像狗一样健康活泼、聪明伶俐。它与我国北方的踩高跷有其近似之处，但不是"踩高跷"。斗高脚马时，青少年们两脚分别踏在两个"狗脚马"的脚蹬上，一步一步地前进、后退。"斗高脚马"是为了培养寨子里青少年儿童的勇敢、强悍、灵巧而设立的一种争斗游戏，有一对一的争斗，也有一对多人的争斗，先落马者为输。

● 高脚马

(二)爬藤比赛

爬藤比赛是苗家山寨最为古老的传统体育项目，具体是什么年代开始，因无史书记载，无法考证。爬藤和爬山、爬树、攀岩等一样，是居住在大山深处的苗族群众为了生活、生产和生存而必须具备的一项基本技能，苗家人不论男女，从小时起就必须学会这些技能。爬藤因不受场地的限制，且观赏性、锻炼技能的实用性和趣味性强，逐步演变成苗寨节庆活动中深受欢迎的比赛项目。爬藤比赛过去实行一对一的淘汰赛，以先爬到藤顶者为胜，现在的比赛已变成以速度定输赢。爬藤比赛也是苗家青年男女展示自己健壮、力量和敏捷的舞台，最终获胜者往往成为异性仰慕追求的对象。

● 爬藤

(三)挤油

"挤油"又叫"挤油尖"，是苗乡群众中流行久远的一项比智慧、赛力气、增友谊的体育活动。"挤油"活动的形式是青年男女双方为了一条长约3米、宽40

厘米的木板凳"占有权"而发生的激烈"争夺战"。比赛开始前，男女双方人数相等，然后背靠背或肩并肩依次坐在板凳上互相挤逐，直到有一方被挤出凳端，另一方占领整条板凳为胜一局。在开展"挤油"活动时，男女伙伴们常有意地将一对正在初恋的青年男女安置在正中间处充当"油尖"，其余的人迅速在两端坐好后一齐向中间的"油尖"施加压力。也有时故意将一对正在闹矛盾的夫妻"强行"安置在板凳中间当"油尖"，迫使他（她）们通过参加"挤油尖"活动重归于好。"挤油"并不是真正意义上争强好胜的比赛，而是青年男女嬉戏的游戏，往往是妙趣横生。现在游客逢节去大园古苗寨，一般会在鼓楼附近看到"挤油"活动。

● 挤油

(四)打地老鼠

"地老鼠"即为陀螺，"地老鼠"是绥宁"客家"（即汉族）土话称谓，苗语称之为"喷嘞"（音）。中国是陀螺的老家。从我国山西夏县新石器时代的遗址中，就发掘了石制的陀螺。可见，陀螺在我国最少有四五千年的历史。苗族是中国最古老的民族之一，"地老鼠"也是大园村人最古老的传统玩具。苗乡"地老鼠"为木制作，成倒圆锥形，玩法是弯身从身侧把陀螺往前抛，当陀螺离手后，绕在手上的绳尾，迅速地向后一抽，陀螺就会沿着地面，水平地旋转前进，然后用棕树叶子做成的鞭扫子不断地抽打，使其旋转不停。大园村打"地老鼠"，一般在村民章其屋门前的空地进行。

● 打地老鼠

十三、迎客习俗

在大园村，比较有特色的迎客风俗，一为苗家"拦门酒"，二为"放鸟铳"。

苗家人的拦门酒是一种隆重的礼节，用来迎接尊贵的客人。每当有尊贵的客人进寨子，都要在寨门口摆上一碗碗酒，请尊贵的客人们每人都喝上一碗两碗或一口两口。这种礼节经过若干年的演化已成为苗家人待客的一种礼仪风俗。这种风俗起始于何年已经无从考察，不过苗家的老人们说，祖祖辈辈都是这样，已经有好多年了。

拦门酒，表达着苗家人的心意，像酒一样浓烈，像山泉一样清纯。对于拦门酒，客人们喝得越多，苗家人心里越是高兴，喝得多代表着看得起苗家人，敬重苗家人。常见的拦门酒通常有两种，一种是包谷酒，是苗家人用自己种的包谷所酿造，另一种酒是糯米酒，苗家人叫"甜酒"。除此，还有粳米烧酒、高粱酒、红薯酒等。

拦门酒是苗家人待客的一道舰丽的风景线。大园古苗寨的拦门酒一般在牌楼举行，场面宏大，放鸟铳，吹唢呐、木叶，唱着苗歌，给客人上吉祥如意红，一排排服饰艳丽漂亮的姑娘端着一碗碗清纯的包谷酒、糯米酒，笑盈盈地亲手端至你的唇边，请你喝酒。

大园村敬拦门酒时所唱的歌通常有《拦门酒》和《迎客歌》：

【拦门酒】

敬您酒来敬您酒，祝您健康又长寿，耶罗罗耶。敬您一杯如意酒，一年四季样样有，耶罗罗耶。敬您酒来敬您酒，请把酒杯端起来，耶罗罗耶。敬您一杯长寿酒，子孙满堂万万代，耶罗罗耶。敬您酒来敬您酒，请把酒杯端起来，耶罗罗耶。敬您一杯开心酒，荣华富贵年年有，耶罗罗耶。

● 苗家迎客歌

除了拦门酒，还有放鸟铳迎客。放铳是大园村的传统习俗，一是图个热闹、气派，二是有驱邪压魔的祈望。铳，一种旧式火器，是民间铁匠锻造出来的，由专门的炮手燃放。在苗寨铳有两种：一种为地铳（也称土铳），寨子民间红白事，客人来一般要放地铳，表示客人来了有个"响动"，这叫做叫"迎客铳"，寨子里的红白事开宴席也要放地铳，叫"开席铳"，寨子里男婚女嫁也兴放地铳，叫做

"婚嫁铳""丧葬铳"。这种地铳除丧葬事开席时独放一次一响外,一般都是一次三连响,可放多次。另一种为鸟铳,也就是打猎用的土猎枪。放鸟铳迎客仪式只有重大的祭祀和节庆活动中迎接高贵客人才能使用,非常讲究规矩,为大园村中最高规格的迎客礼仪。现在逢节日去大园村参观的话,可能会在拱桥边上遇到放鸟铳。

● 手持鸟铳的村民

十四、其他风俗

日常生活中,大园村里还有一些别的祈求福康的风俗。例如捞魂,如果小孩摔了跤,从高处摔到低处,掉进水井、水塘、烂泥田里,受了惊吓,村民们就必须煮一个鸡蛋,用半碗开锅饭,带上香烛、冥钱到小孩摔跤的地方捞魂。回家时要不断地喊小孩的名字:"你回来了……"每喊一声,小孩就应一声"回来了",直到家里,关上堂屋门,将鸡蛋吃完,小孩的魂魄也就回到了身上。

假如小孩不明原因的精神恍惚，体力衰弱，也不知何原因、何地点受了惊吓，就得请傩师为孩子烧胎、赎魂。孩子要吃赎魂的鸡蛋，用赎魂的米煮饭吃，用多色线围在脖子上、手上、脚上，规矩为男左女右。这样，孩子就能够恢复健康，平安无事。

如果孩子病灾比较严重，村民们就认为必须"打灯"，于是花钱请师公打灯、放犁头火，驱邪消灾，好保佑小孩健康成长，长命富贵、易养成人。

上述风俗，原本在中国南部的农村地区很常见。新中国成立后，由于大力革除封建迷信，加上科技文明日益昌盛，这些民间习俗也逐渐消泯，但在大园村有时还能见到。

第八章
大园的民族艺术

在漫长的历史发展过程中，大园村人形成了自己灿烂的艺术文化，现在仅就其中最典型、最主要的部分进行阐释。

第一节　苗绣

一、大园村苗绣的特点

大园村的刺绣作品总体特点是色彩鲜艳、构图明朗、朴实大方。例如围腰，以白色为底色，上面绣有蝴蝶、蜈蚣龙，造型飞舞张扬。绣品通常以蜈蚣龙为主纹样，下面3层另有蝴蝶、小蜈蚣龙等图案，这是苗族绣品中的传统典型纹样。除了色彩要丰富之外，大园村的刺绣也十分强调色彩的搭配，常用的颜色有大红、水红、紫红、深蓝、浅蓝、深绿、浅绿、橙黄、深黄等。在配色上，喜欢颜色强烈、鲜艳夺目，强调色彩的对比中有和谐，素雅中有色彩，华而不俗、素而不简。同是一样的图案，色彩各有不同，就形成不同的效果，一幅幅绣品，就如同一张张绚丽多彩的水彩画，千姿百态。

绣什么样的花，绣多少层，通常都有讲究。例如绣姑娘们穿的裙，要突出少女的青春朝气，一般用红、白、黄、蓝、栗、褐、青7种颜色的丝线绣成5层花；绣中年妇女穿的裙，要典雅庄重，需红、白、黄3种颜色的丝线绣制成3层花；绣老年妇女用的裙，用老年妇女专用的花纹图案，需红、白、黄3种颜色的线绣制成一层花。除此之外，妇女服饰用的花纹样式的搭配也各不相同，中老年妇女一般用四种花纹样式的花在肩、颈、胸前、袖口4个部位上绣制而成。姑娘们的盛装就要讲究得多，肩、胸前、袖口3个部位各需3种花纹样式的花，而背部则需用20多种花纹样式的花绣制而成。由于苗绣样式多、配色丰富、做工精细，所以绣出的精品往往令人眼前一亮，尤其是苗族结婚礼服的刺绣更为讲究。

现在我们可以从很多绣品图案中看到苗族的远古神话传说，如创世的蝴蝶妈妈；看到自然憧憬，如人与山水、生物、房屋、田园、五谷和谐相处；看到图腾崇拜，如龙凤、水牛、飞鸟、枫树、牛角等。大园古苗寨传统的苗族刺绣艺术反映了村民对美好生活的向往和对幸福生活的追求，记录了各阶段苗族历史文化的发展历程，再现了民族风情和民间习俗，寄寓了苗民们的精神向往，就像一部无字的史书，含义丰富，意味深长。

二、大园村的插绣

苗绣有很多针法，在大园村，最值得一提的就是差点失传的插绣。苗族插绣的用材讲究，过去用的是苗山自纺自染的五色丝线和麻布。好的插绣作品用的原材料也要最好，需要挑选最光滑、质量最佳的绸缎。在绣之前，首先要在布料上描图，要注意"两反"，即必须在布料的反面画反图，然后才能开始绣。

插绣最大的特点是不用回针，也就是说不会"穿过布面，再从另一面穿回来"。绣图案时依靠手腕的腕力运针，从左到右，将丝线直插入麻布，再将绣针抽出，一插一抽，用力要均匀，针刺的深浅要到位，每针之间的间距要均匀整齐。具体到针法，主要有平针法、抽针法、并针法、混针法、叠针法等。绣娘们手中的针斜斜地在布面上扎，好似频繁点水的蜻蜓，绣线就成双股形留在布的正面，形成反面绣线平整、正面图案线头凸起的立体造型图案，并通过不同的色调突出层次感。在插绣过程中，要不断调整材料的颜色，也就是为图形配上适合的颜色。譬如绣一只鸟，鸟喙、鸟头、鸟颈、鸟胸、鸟翅、鸟爪、鸟眼、鸟尾有几种颜色，就要使用多少种颜色的材料，绣出一层又一层，宛若层层波浪绵密起伏、排列紧凑。比较复杂的图案，可能需要上百种色线，一幅大型的作品，往往要花上几个月，扎下十几万针。

整个图案坯子绣好后就是"剪"，即用剪刀将正面凸起的波浪般的线段依图案修剪好，只留下线头，这个过程需要非常细致的功夫，是最考验技术，也是最难的一步。根据需要，有的地方要剪深些，有的地方要剪精细些，要在布料的正面用剪刀来回不断修整，如此才能栩栩如生，惟妙惟肖。全部剪完后，要用干净的棉毛巾轻轻拭擦，以免剪脱的短绣线影响美观。据介绍，这样绣好的图案没有线头，永不会抽线，并且绣线越洗越紧凑，不容易损坏。

过去苗家妇女因为条件有限，无法选购上等的布料，但即使绣布旧了，甚至烂了，而插绣图案却依旧鲜艳如新。总的来说，插绣作品该凸的地方凸，该凹的地方凹，一点都马虎不得。这样全部完成后的作品极富立体美感，具有很强的艺术感染力。

强烈的立体感给插绣带来不寻常的美感，借助色彩的运用、图案的搭配，和不规则几何纹样的搭配，达到视觉上的多维空间，使得作品具有造型奇特、想象丰富的特点。但也正是因为这种立体感，增加了插绣运用在日常服装上的难度。插绣传承人阳俐春也说过，她的奶奶主要是在鞋子上插绣。

●大园的插绣

三、插绣的传承

改革开放之后，许多传统手工业没落，曾经一度，大园古苗寨的插绣工艺几乎失传。直到阳俐春和她的作品的出现，标志着成熟的苗家插绣艺术重见天日，也结束了苗家插绣缺乏代表性传承人的历史。大园村里的杨小聪等人意识到了插绣的价值，特意请来了阳俐春带徒授艺，以便将插绣这一古老的民间艺术发扬光大。

阳俐春，一些媒体报道为"杨俐春"，《大园古苗寨调查》里误为"杨利春"，显然因谐音误将阳俐春当作土生土长的大园杨姓人。经考察组采访，确认为"阳俐春"。也有媒体报道阳俐春1940年出生于大园古苗寨，或说阳俐春并不是大园人，而是嫁到外地的大园人的女儿。据《邵阳晚报》2013年8月的公开报道，阳俐春的祖母是唐家坊镇唐市村人，母亲是李熙桥镇人，阳俐春本人于1941年出生在绥宁县唐家坊镇下湾村。可见绥宁北片代代传承着苗家文化，而如今插绣的传承基地就设在关峡苗族乡。

据《大园古苗寨调查》一书的记载，阳俐春的祖母会苗族传统的插绣手艺，在她很小的时候就教她插绣，但是当时阳俐春的兴趣不在女红上，不愿意学习插绣，等到她 20 岁了，有一次去邵阳市里，发现商店里所陈列的插绣作品粗制滥造，但却能堂而皇之地放在橱窗里出售，顿时萌生了想要学好插绣的念头。不过，当时阳俐春的祖母已经去世，失去了长辈的指导，她只有靠自己摸索，虽然失败很多次，但是她不气馁，一直坚持了下去。阳俐春聪明，肯干，能吃苦，为了能学好插绣并把这门技术发扬光大，她自费去四川取经学艺。经过多年的摸索和钻研，最后终于练就了炉火纯青的技术。自 1987 年退休后，阳俐春就全心全意地投入到发展插绣这门艺术中。功夫不负有心人，2010 年，阳俐春被认定为"苗族插绣市级非物质文化遗产项目代表性传承人"，并着手申报省级传承人。她的代表作《花开富贵》《富贵相伴》《荷风飘香》等被湖南省非物质文化遗产保护中心收藏。

按照《邵阳晚报》的公开报道，阳俐春刚满 7 岁就开始跟着祖母和母亲学习插绣，15 岁时已经成为远近闻名的"绣花姑娘"。然而，"文革"期间，由于家庭成分不好，不幸被抄家，祖母、母亲和她本人的数百件插绣作品全部被付之一炬，从此，阳俐春不再绣花。"文革"结束后，1977 年，阳俐春萌生出了重新拿起绣花针的念头，她远赴邵阳、长沙、上海购买丝线。1991 年从单位退休后，阳俐春进入了创作高峰期。1998 年她创作的大型插绣作品《花开富贵》，被收藏家一度开到 23 万元的天价。此后，她多次参加邵阳市的文化艺术节和湖南省的非物质文化遗产展示活动。2013 年 5 月，阳俐春代表湖南省出席了湘鄂皖赣四省的非物质文化遗产联展，后来又出席了"第二届湘桂原生态风节"。

又据邵阳新闻网 2013 年 7 月的报道，阳俐春的祖母袁胜妹（《大园古苗寨调查》记为"杨盛妹"）是插绣能手，阳俐春小时候曾和祖母学过插绣。祖母和母亲不希望插绣失传，极力要求她学习并传承插绣，但上班后将她几乎已将这一技艺荒废。20 世纪 70 年代，祖母袁胜妹去世。那时，苗族插绣一度面临失传的危险境地。1987 年，从城步供销部门退休的阳俐春开始潜心研究插绣。她说："最困难的事是当时缺针缺线。"为此，她曾去过邵阳市区、武汉等地买加工材料。功夫不负有心人，早前受过插绣熏陶，加之退休后数十年潜心研究，阳俐春在插绣制针及技艺上有很深的造诣。

2016 年，《潇湘晨报》也报道了阳俐春的事件。阳俐春回忆说，幼年，她的奶奶用细竹管和鸟的骨头做插绣的绣针，在鞋子上绣制山水草木、花鸟鱼虫等图案，给她留下了很深的印象。"文革"结束后，因见到市面上插绣作品质量不佳，阳俐春燃起了学习插绣的愿望，但她面临的最大的困难就是缺乏一根好的绣花针。一个偶然的机会，她在走村串户的货郎地摊上发现了一根铁皮卷制的针，听货郎说，这种制作粗糙的手工品出自邻县小作坊。1995 年，第四次世界妇女大会在北京召开，阳俐春带着一幅自己的作品去找到县妇联，希望能把它"送到北京去"，然而没有得到认可。2004 年，当地举行地方特色文化活动，有省领导出席，县里想让阳俐春去县城表演插绣，但当时阳俐春手里的铁皮绣花针因常年磨损，已经难堪大用，闲暇之余用作消遣还成，拿去表演技艺，她怕"绣不好，丢人"。就这样，阳俐春只好眼睁睁地看着机会错失。2005 年，阳俐春决定自己设法制针。她想到了输液用的针管也是中空的，于是把一根针在火上烧红，固定住，用刻蜡版纸的笔在针尖附近钻眼，又把漆包铜线的表皮扒下来一小截，套在钻好孔的输液针上。阳俐春躲在房里，不声不响地搞试验，居然成功了，一枚插绣针就这样成了，而且还挺好用。就是这根看似平平无奇的针，使得时隔多年后，阳俐春又拾起了插绣这门手艺。

2007 年，绥宁县城街头举办十字绣展。阳俐春看了后，认为作品不过如此，于是她带着自己最得意的作品《富贵相伴》来到主管文化的副县长丰新妹的办公室。这一次，副县长慧眼识珠，推荐她去参加 2008 年的"四八"姑娘节。就是在这届"四八"姑娘节上，阳俐春被县非物质文化遗产中心的工作人员发现了。她和插绣这门艺术，从此一步步被外界所认识。当时，县里会此手艺者，仅有包括阳俐春在内的两个老人。绥宁县非物质文化遗产保护中心办公室主任游庆平说，如果阳俐春不是个有想法、爱折腾的老太太，这门古老而独特的手艺，在本地估计就要消失了。

2011 年，阳俐春被邵阳市一级认定为这项文化遗产的传承人。2013 年，她出席了湘鄂皖赣四省非物质文化遗产联展。当时，湖南仅抽调了 10 名非物质文化遗产传承人参加这一活动。

上述报道，说明了插绣这门艺术能够被重拾起来，实属来之不易，而今后最大的问题，就是如何将插绣继续传承下去，发扬光大。2009 年大园村举办"四八"姑娘节活动时，绥宁县旅游局的同志请阳俐春回娘家选徒开培训班，借申报苗族文化遗产的契机来宣传苗族传统的刺绣工艺。这次办培训班，县旅游局仅给了 300 元的车补，除此之外没有一分钱的工资，但为了光大插绣艺术，阳俐春欣然前往。

如今，市面上依然买不到插绣所需的针。阳俐春和她的徒弟们所用的插绣针，得靠自己买来普通针，然后请铁匠在针头扎两个小孔，用塑料小管套在针尾上而制成。最开始的插绣针全靠阳俐春一人手工制造。据相关报道，阳俐春培养了嫡传弟子15人（一说30人），复兴苗族插绣工艺的希望就寄托在这些人的身上。她们中间有些人，正在阳俐春的基础上试图将插绣进一步发展，譬如将其与现代设计结合，使得插绣图案变得更丰富，更受欢迎，以便更大范围内适应市场需要。

时代的巨变，使得插绣这门艺术重新得以大放光芒。2010年9月，苗族插绣被邵阳市人民政府列入第二批非物质文化遗产保护项目名录，2012年5月又被湖南省人民政府列入第三批非物质文化遗产保护项目名录。

第二节 翻心木锁

一、传统的木锁制作业

大园村的翻心木锁是一种民间传统木工技艺，是一种很有特色的木制密码锁，流传于绥宁一带的苗族聚居区，充分显示了苗民木工精湛的建筑技巧，有着丰富的文化内涵。2009年12月，湖南政法频道到古苗寨就木锁进行专题采访，拍成"X档案"在该电视台播出，引起较大轰动。

据《全国历史文化名村大园》一书，古人做木锁的是为了"治容诲淫，慢藏诲盗"，其意思是为了教导、劝说、阻挡打扮得很妖媚的人不要闯进屋去，防止苟且之人做淫色通奸之事；保护收藏好屋内金银财宝等珍贵的东西，防止心术不正的人闯进屋去干偷盗之事。旧时，大园古苗寨内几乎家家户户都有木门，门上都上了古木锁。木锁工艺在大园村传承了1500多年，而且制作也更加复杂，由一心木锁发展到二心木锁、三心木锁。

传闻木锁非知道开锁步骤绝对打不开。插绣传人周元桃曾对考察组说，她家里就有一把木锁，因为当初年轻时未仔细听长辈讲解开锁方法，数十年来无论如何尝试都无法开启。

杨焕翰是大园村里古木锁的传承人。据杨焕翰说，苗寨木工的祖师爷是鲁班，自从有了木房，就有了木门、木锁。翻心木锁的结构是由锁壳和锁闩两部分组成，在锁壳内部凿上三条槽，装上三个锁卡子，在锁闩上也凿上三条槽，用竹片削成有三个齿的钥匙。开门时用竹钥匙插进锁闩，挑起三个锁卡子，抽出门闩，门就打开了。反之，锁门时，插入钥匙，让三个锁卡子卡入锁闩的三个孔

● 村民杨进习家的木锁

槽，门就锁上打不开了。有一首有趣的木锁诗："鲁班老人锁楼台，梁上君子勿进来，门内机关藏千种，屋内铜板无半块。"

制作翻心木锁的材料主要是杉木和各种硬杂木，如梨木、楸木、檀木等。翻心木锁的外形有，半圆形、长方形、椭圆形等，有单壳锁和双壳锁。在翻心木锁的制作过程中，先要制作好锁壳，锁壳制成两个半圆形或者两个长方形、椭圆形，锁壳内部要凿上 3 条约 4 厘米长、1 厘米宽深的木槽，然后装上三个能卡入槽内的锁卡子。然后要制作锁闩，在锁闩上也要凿上与锁壳对应的，长短、大小相等的三条槽。最后还要用楠竹片削成有三个齿的竹钥匙。

现在村民们主要使用现代的弹子锁和防盗锁，木锁已经只作为艺术品而存在。村内制作翻心木锁的传承人主要有杨焕纶、杨焕忠、杨铃三位老师傅，他们都是能工巧匠。至 2016 年，三位老师傅中，杨焕纶和杨铃仍然在坚持，其中杨焕纶还有两个儿子已经继承了他的木工手艺。

二、木锁与爱情

关于翻心木锁，在大园村有非常多动人的情歌，这里附录一部分：

【木锁情歌】

男唱：

木锁锁门一条线，去年想妹到今年。去年想妹也还好，今年想妹难种田，刀割心肝过一年。

妹锁楼房织绫罗，哥在门前唱山歌。山歌唱得人心乱，织错几尺花绫罗，木锁能锁哪一个？

打开木锁慢慢悠，爱妹不急慢慢逗。有朝一日逗到手，生不丢来死不丢，除非阎王把命勾。

女唱：

可恨木锁锁闺房，手拉窗梭望情郎。昨日望郎挨顿打，今日望郎一身伤，舍得皮肉舍不得郎。

天上星月亮晶晶，哥是月亮我是星。月亮落了我也落，月亮升来我也升，除非木锁无锁芯。

木锁不开，黑了天，情哥把我丢一边。我的蜜糖他说苦，人家黄连他说甜，心也变来脸也翻。

郎在高山放早牛，妹在房中梳早头。郎在山上招招手，妹启木锁点点头，知心的话儿如水流。

第三节　建筑

一、大园的窨子屋

"窨"为多音字，音同"印"、同"熏"，此处音同"印"。《说文》："窨，地室也。"即地下室、地窖。窨子屋是为湘黔赣地区的特色传统建筑，至今有1000多年历史。湖南省的窨子屋主要分布在湘南、湘西、湘西南、湘西北等地区，周边黔东南地区也有分布。窨子屋总体结构是外面高墙环绕，可防火防盗；里面木质房舍，冬暖夏凉，舒适宜居。四面墙体方方正正围成了"印"的形状，因此湘黔赣边地称之为"窨子屋"，又称"一颗印"。

人园占苗寨里，古朴的窨子屋建筑遍布成群。据《大园风物志》(2013)记载，其中至今保存比较完好的古窨子屋正屋34座(经考证实为32座，另2座同属大园但不在苗寨内)335间，仓楼41座552间，建筑占地面积78000多平方米。古旧木房正屋145座1446间，仓楼166座1254间，建筑占地面积约10万平方米。经文物部门和专家考证，大园村的古窨子屋年代最长的有800多年，大多数房龄都在300年以上。其中元代建筑1座，明代建筑3座，其他均为清朝时期所建。正是："屋宇绵亘，鳞次栉比，错落有致，浑然一体，青砖黛瓦，沧桑古朴，五步一楼，十步一窖，檐头高啄，螯头雄奇。"

●窖子屋

　　大园村的窖子屋多为四合院，修有槽门。有些窖子屋连成一气，互相呼应，院和院相较有相似之处，但又各有特色不尽相同。窖子屋单栋占地不大，砖墙围砌，天井狭小，结构紧凑，强调外不露木内不露砖的建造风格。墙上偶开木窗，雕刻作派细腻。外墙基础通常采用人工砌筑，就地开采山体里的铜鼓石垒砌。苗寨里尚存较古老的窖子屋的外墙，多讲究突出正屋两侧的马头墙造型，墙端有对联或上彩漆的雕刻花纹。院墙一般稍低，露出院内瓦屋面，有利于通风和光照。院内设明间堂屋，左右次间为卧房，木板地面也有一定的防潮性。用青石条砌好屋檐水沟，在院子里互相钩连。每到雨季，院内四周的雨水汇流到天井，形成四水归堂的格局。台阶四周空余之地还可以用鹅卵石或铜鼓石等砌出各种图案或花纹。

二、窖子屋的现状及维护措施

　　大园古苗寨窖子屋的具体结构、现状及维护措施，可以从房屋基础、梁柱、墙体和门窗、楼梯及屋顶等部件来讲述。

苗寨内盖房子时，选址通常先考虑交通，但总须以不妨碍行人过往为先决条件。由于古时无需考虑车辆通行，苗寨内道路普遍狭小，对村民起屋造成的压力并不大。尽管如此，随着苗寨内人口增加，一些村民已经迁出苗寨，在村口或更远处建房。

据《大园风物志》，窨子屋的基础是在选好地址和朝向后，先在地上画出基本格局，然后挖成条形的沟状，再将事先凿好的大石块放入沟中，加以黄泥土夯实、整平，放置一段时日，待其自然晒干后，便成了牢固的房屋基础。整个基础都埋入土中，不影响外观。其坚实程度，虽无法与现代建筑常见的砖石或混凝土相较，但若考虑承重对象的差异，则相当可靠。因为窨子屋通常层高只有两层，罕见三层，且墙体材质的重量也较轻；而现代建筑常见六层以上，甚至高达数十层。

尽管如此，随着岁月的侵蚀，一些老房屋仍然会出现开裂甚至整体倾斜等情况。主要原因就是石块加泥土组合成的房屋基础在数十年乃至百年的风雨中开始慢慢变形，部分地区还要考虑整体的地势滑坡等因素。如果要对房屋基础进行维护，可以采用局部挖开进行填补的方式，在不影响其整体性的前提下，也可适当考虑辅以现代建筑材料。

撑起窨子屋的梁柱整体呈方形框架。如果梁不损坏，房屋就不会倒塌。在几栋已经无人居住的房屋里，可以看到梁已经明显损坏。反过来讲，现在还有人居住的窨子屋，梁都没有大的问题。这是因为房屋较少漏雨水，在相对比较封闭的环境里，梁不太容易受到自然因素的破坏。梁一旦损坏，维修的难度就比较大，小修小补不足以彻底解决问题。即使将损坏的梁整个更换，要想完全恢复到原貌，技术难度也不小。

窨子屋的柱子通常为暗柱，主要的支柱常以青砖砌成，凸起的一面置于墙体内侧，从屋外很难看出来，少数留在外侧的也用装饰物遮挡。在墙壁内侧辅以木制的辅柱，以维持整个房屋框架的稳定性。由于房屋只有两层，稳定在一个连接性很强的框架内，即使局部出现小问题，如个别柱子稍有倾斜，也是在安全范围之内的，不会造成整体倒塌。但如果支柱发生了比较严重的损坏或倾斜，问题就不可小视。因为支柱的沉降可能会把连在一起的墙壁撕裂，甚至带断横梁。事实上，由于年代久远又缺乏必要的维护，大园村的许多窨子屋都出现了此类问题。然而令人惊异的是，保存年代最为久远，建于元代迄今已经800多年的一栋房屋，却保存得较为完好。可见建造工艺等因素也会影响窖子屋的寿命。应对支柱倾斜或沉降的方法有三种，一是挖开青砖柱下的泥土，用坚实的建筑材料将之堵稳以防止继续倾斜或沉降；二是增加辅柱，减轻支柱的承重；三是从横梁处开始垫高，达到类似增加一条支柱的效果。

青砖墙体是窖子屋的重要承重物。由于年代久远，古苗寨的窖子屋墙壁都有各种各样的问题，倾斜、开裂甚至倒塌，修复难度很大，因为窖子屋的墙体原是用明清时期的青砖砌成，而现在已经很少有人烧制青砖，即便特地为修复而制成青砖，要按原貌修复也存在一些技术性的难题。墙体的开裂或倾斜有多种原因，如果是单纯的墙面裂开还好，若是由于房屋地基下沉导致梁柱断裂，进而带动墙壁坍塌，那就几乎不可能完全修复。通常只能采取一些保护性的措施，减缓情况恶化的速度。譬如在不影响整体外观的情况下加强防雨措施，保护粘结青砖的石灰浆不至于因雨水冲刷而流失。

窖子屋的门窗都是木质的，表面不做任何加工。在百年风吹雨打之下，门窗多有破损，色泽也大都呈灰褐色，窗花雕饰也因此更显古旧而凝重。少人居住的房屋或是不经常开合的门窗，结满大大小小的蜘蛛网。如要做修复，虽然技术难度不大，但要使用色泽统一的木材，并非易事。事实上，村中许多新修复的房屋门窗，虽然已经注重与原始部分的风格统一，其色泽差异仍是比较明显的。大概需要经过数年或更长时间的风雨冲刷，才能再现当初的历史感与厚重感。

窖子屋常为两层，因此楼梯的存在是极其重要的。木质楼梯在窖子屋里普遍使用，因其制作简单，价格又低，兼具工艺美感，很容易为普通人家所接受。与窖子屋的其余部件不同，楼梯的损毁普遍不算严重，主要原因是楼梯在屋内，较少受风雨的影响，使用寿命自然较长。加之纯木制，即使损坏，维修起来也不难，寻常木匠都能应付。

与很多其他房屋一样，大园村的窖子屋的屋顶也是人字形，下用许多短而粗的木头搭盖成稳定性强的框架，框架上有椽和檩，檩条上以厚实的青瓦覆盖。若是有身份地位的人家，则屋顶主梁两侧会用石灰制成各种各样的造型，院墙也越发垒高，以示家族的兴旺发达。寨里有一座清朝中期的窖子屋，屋顶的鳌头独具特色，双鳌高翘，狮子开口，麒麟抬头，并附有一副对联："祥云楼栋宇，佳气满门澜。"曾有专家称赞此屋是清朝时期古建筑的珍贵活化石、活标本。

屋顶作为直接承受风吹雨打的部分，很容易受到损坏。大园村的古建筑屋

• 窨子屋的鳌头

顶，有明显损毁痕迹的接近半数。修复屋顶是比较复杂的工作，加上工作具备一定的危险性，问题不严重的话，居民可能暂时放弃维修。所以，屋顶因年久失修而漏雨的情况比较常见，并给屋内其他部件带来影响。

大园村民杨进美、杨焕佑、杨焕明等居住的窨子屋大院是现今保存得比较完好的窨子屋院落之一。杨进美居住的窨子屋建于明成祖癸卯年（1423），距今596年，杨焕佑、杨焕明居住的窨子屋建于明世宗嘉靖二年（1523），距今496年。此院最大的特点是栩栩如生的门饰和窗花，门窗一律采用镂空、浮雕工艺，饰之以花鸟和吉祥动物，如喜鹊、龙、凤、鹿、虎、梅花、兰草等，象征福、禄、寿、喜。

• 福禄寿喜

三、大园的建筑特色

大园古苗寨的建筑，具有如下鲜明特点：

(一)建筑极为切合环境，发展轨道有迹可循

梁思成在《中国建筑史》中说："建筑之始，产生于实际需要，受制于自然无力，非着意创制形式，更无所谓派别。其结构之系统，及形式之派别，乃其材料环境所形成。"大园古苗寨建筑的演变历程，充分体现了这一论断的正确性。

大园村先民们生活在偏远山区，此地的缺点是坎坷不平、潮气袭人，野兽凶猛，优点是山高林密，木材随处可取。起初，先民们过着巢居的生活，以应对高温潮湿天气和蛇虫猛兽之害，之后逐渐建造起了干栏式的建筑。随着技艺的进步，村民们能够在山坡上因地制宜地打造地基，于是演变出了半干栏式的建筑，即吊脚楼。明清时期，大园村的发展进入鼎盛时期，经济条件的改善加上向先进地区的学习，使得村民们能够建造起砖木混合结构的窨子屋，大量使用青砖黛瓦，由此形成了今天我们看到的古建筑群落。

(二)建筑巧妙，结构合理，功能性极强

大园村的建筑物，一般是正屋的承重部分使用的青砖多，无须承重部分则仍然大量使用木材，两侧厢房或偏厦使用的青砖少，或采用纯木吊脚楼结构。外墙则全部使用青砖黛瓦，使之具有隔火作用，这种材料运用上的分配极为经济合理。

除了窨子屋之外，大园村广泛存在吊脚楼。山区的平地很少，具有"天平地不平"特点的吊脚楼，刚好适应了这一环境。建吊脚楼可以顺坡就势，无须深挖地基，稍微平整一下场地便可。先把斜坡挖成上下两层，建房时，将前排落地房柱树立在下层地基上，最外层不落地房柱与上层外伸出地基的楼板持平，形成悬空吊脚，上下地基之间的空间就成为吊脚楼的底层。平地容纳不了的部分房屋，就这样向前方延伸到了空中。建筑在溪河边的吊脚楼，则将吊脚楼悬伸在溪河之上，下面以数丈高的木柱作为支撑。这种轻盈的非对称结构"占天不占地"，上大而下小，不仅造型美观，还经济适用，省工省料又省地，与大自然浑然融为一体。

吊脚楼的结构功能按照三段式划分，空间主次分明，实用性非常强，即底层圈养牲畜、搁置杂物，中层住人，三楼用于储藏粮食。这种布局分配，把居住功能进行了高度的提炼，极为切合实际需要。

三段式中，底层圈养家畜，方便随时放牧和喂养，而且牲畜夜间若遇惊吓会高叫，也能惊醒住在中层的主人。笨重的农具、杂物堆放在底层，方便随时取用，不用搬上搬下。中层高悬地面，既通风干燥，又能防毒蛇、猛兽，如遇下雨，也无积水满溢之忧。三楼最高，远离湿气，最适合储藏粮食、种子。这种"虚、实、虚"的结构划分，是山区最理想的建筑形式。

（三）建筑布局灵活多变，设计精妙，包容性强

历史上，大园村古建筑群落是随着族群人口不断增多而形成的。当一个家族人太多住不下的时候，兄弟分门立户，往往就在原有房屋的基础上向外继续扩展，铜鼓石路也继续向外铺展，形成新的院落。院子之间既有封火墙相隔，又有条条道路相连，互相呼应，铜鼓石路犹如大园杨氏宗族的血脉绵亘不绝，如是几百年间，才发展成庞大建筑群落。

这种构局之下，每座窨子屋都能相对独立，即使失火也不会殃及其他院落，而各家各户之间又彼此互相拱卫，一家有事，一呼百应，如有盗贼进入，则插翅难逃，如此设计科学实在令人不能不赞叹。

这样的窨子屋群落，本来是十分拥挤的，但由于小庭院和天井的存在，点缀着绿树盆花，加上鳌头高翘，栏雕精美，窗棂花雕刻手法细腻，内涵丰富多彩，所有这些细节令中介空间丰富活泼，使得建筑群落显得宽敞而幽深，古色古香，不给人逼仄的感觉。

大园村的窨子屋空间富有弹性，分隔灵活，又具有一定的交融性，吊脚楼也不例外。如前述，吊脚楼的二层是人的起居活动空间，分为堂屋、卧室、客房。为了扩展这一层的空间，吊脚的一面大多设有走廊向外延伸，围以栏杆，也就是所谓的"美人靠"（又称"吴王靠"）。"美人靠"制作精细，栏杆向外弯曲，下方固定在一条长木板上供人靠坐，由此形成一个木制阳台。妇女们闲暇时凭栏远眺，在此针织女红，形成一幅优美的图画。"美人靠"的设计，提高了居家质量，令房屋显得更加宽敞明亮。如果不够居住，吊脚楼两旁还随时可以搭建偏厦，也可以在三层装隔出独立空间形成新的卧室。

（四）体现了高超的木工技巧

由于山区木材丰富，建造窨子屋时，除了屋顶全部盖黛瓦，外墙全部使用青砖之外，大园人在建筑上尽量使用木材。吊脚楼更是如此，迄今村寨里新起的吊脚楼仍然有纯木结构。无论吊脚楼还是窨子屋，房屋都采用穿斗式结构，每排房柱 5~7 根，不用铁钉，全靠木榫、木栓互相穿插或者叠搭嵌合，组成牢固的结构。历经数百年的风吹雨打，仍有许多窨子屋尚能住人，正说明大园村木匠技艺的高超。

大园人在搭吊脚楼的时候，不是一层一层地往上修，而是先一次性把整个房屋的骨架搭建好。一个完整的屋架包括柱子、主梁、圈梁、屋顶檩条，还有屋脊上的架瓦条。骨架搭建好后，要先上瓦，这样可以有效保护木材不被雨水腐蚀，也方便之后继续施工。整体框架完成后，就可以逐步一层层地安上墙板、楼梯、楼板，直至门窗了。在全部施工过程中，板材和板材之间依靠凸槽和凹槽彼此紧密连接，有时候会使用竹钉予以加固。整个吊脚楼建完，可以真正做到不用一块砖头。

除了吊脚楼，大园村还有一些别的建筑也是全木结构。譬如鼓楼，旧鼓楼建于明代，高约 10 米，雕梁画栋，古朴凝重，内部结构以木榫、木栓紧密扣合，非常结实牢固。鼓楼呈三节楼阁结构，最高的一节存放铜鼓，可以用长梯由内部爬上三节楼阁。

如今，大园村尚存的古建筑群落，每一座都非常珍贵，失之不可再得。这些古建筑记载着岁月的沧桑，见证着工匠们精湛的技艺，蕴含着当地的建筑文化，值得我们大力保护。

第九章

大园的信仰与神话

第一节　自然崇拜

中国各民族的自然崇拜是延续时间最长、覆盖面最广的宗教信仰之一。自然崇拜，就是把天体、自然物和自然力视作具有生命、意志和伟大能力或灵性的对象而加以崇拜，是一种最原始的、自发的宗教形式，在全世界各民族都广泛存在。大自然一方面供给人类赖以生存的一切物质资料和条件，另一方面有时又会给人类带来巨大的灾难，自然崇拜就是这一矛盾冲突的产物。人类原始部落群体因生活环境不同而具有不同的自然崇拜对象，一般来说，都会崇拜对本群体及其生存地区影响最大或危害最大的对象，且具有近山者拜山、靠水者敬水等地域及气候特色，反映出人们祈求风调雨顺、人畜平安、丰产富足的实际需要。

在大园村，比较重要的自然崇拜主要有如下几种。

一、天崇拜

在中国古代民间，天崇拜的影响力是最大也是最广泛的，大园村人也不例外。古人普遍认为天是至高无上的，能主宰世间一切，所以人们敬畏天，崇拜天。任何一种场合，对天的崇敬总是排在最前面，皇帝是"天子"，要"以德配天"，官员是"青天大老爷"，如果做了不道德的事情会"天怒人怨"。

天崇拜往往也包括对日、月、云、雾、雷、电、风、雨等自然现象的崇拜，认为所有天上的这些现象都归"天"统管，天雷是"天"降下来的，下雨自然也是"天"所赐予。天无边无际，广阔得不可思议，充满了神秘性，而且与人间的生产生活有着莫大的关系。万物生长要靠天，这种"靠天"的境况就自然使人们不能不产生天崇拜，中外概莫能外。由天崇拜衍生出了天帝崇拜，但有时候，天帝的概念和"天"又是分开的，人们可以不信奉某位具体的天帝，对天却是万万不敢大不敬的。

旧时，在大园村，家家户户的堂屋正面都设有祭坛，供奉着"天地君亲师"的牌位。其中，把"天"排在"地""君""亲""师"之前。村里举行重大祭祀活动要先祭天，久旱不雨要祭天，祈求天降甘霖，村民们凡祈祷求福，或赌咒发誓，言必称"天"，因为"天"具有最大的权威。村民举行婚礼要先拜天，称做"天作之合"。如遭到不幸，则认为是得罪了"天"而受到惩罚，要焚香烧纸，祈求老天爷宽恕；人们发生争执，为表示自身的尊严，要对天起誓，认为"天"最公道，会公正裁决。

封建帝制被打倒后，皇帝不再是人们尊崇的对象，于是大园村人把"君"换成了"国"。直到现在，村民们的家里仍然多有"天地国亲师"牌位，可见时代虽然变迁，但是天崇拜依然深入人们的骨髓。

二、地崇拜

"天"是看得见摸不着的，过于虚幻飘渺，虽然村民们在心底对"天"不敢有丝毫不敬，把"天"视为至高无上的存在，但也还需要比较近的、方便随时祈求庇佑的对象，而土地神刚好符合这一需求。

要说过去对大园人影响最大的神，可能就得数土地神。旧时的大园人十分敬畏土地神，认为土地神是"保一方清泰，佑四季平安"的保护神，能赐予五谷丰登，管理本村人口大事，将之视为菩萨一般的存在。虽然土地神是最小的神，但是在村民们看来，他管的才是实实在在的关系老百姓切身利益的事情，正所谓"县官不如现管"，毕竟土地神是离村民们最近的神，最怠慢不得。

在现今大园村人堂屋的神龛上，将"地"排在仅次于"天"的位置。在神龛下部，往往设有"兴隆土地"神位，过年的时候要用红纸写下小对联，内容经常是"土能生万物，地可产黄金"，"余地有亨泰，土能生万物，庆盛多吉祥，地可发千祥"，"土产无价宝，地生有道财"。

旧时，大园村人认为，得罪了土地神的话，就会穷、病缠身，甚至连鸡鸭都养不活，猪瘟、牛瘟一齐来。为此，大园人在村内村外都建有土地庙。除了族人共同祭祀的土地庙之外，还有私家土地屋，为木制或用几块石板、砖头搭成，极为简陋，多设于村旁路口处，也有的大园人在自家门口用青砖垒砌小土地屋，好方便供奉。所有这些大庙小屋，分别祭祀"门宅通灵土地""牛栏土地""猪栏土地""桥头土地""坳上土地""田间土地""四山土地"等，五花八门。解放前，大园古苗寨有七八个土地寺庙，现在保留下来的只有后龙山的两个土地寺庙了。村民们传说后龙山的土地神很灵验，能够求喜得喜，求财得财，求子得子，求福得福。

大园村人还有"土地公公""土地婆婆"之说，认为公公十分公道，婆婆一片慈母心。春耕时，要先祭土地神，做法是在山上、水田中挂纸钱、烧香、摆小圆糍粑，祈求土地神保佑农事顺利。秋收后，也要谢土地神。丰年举办土地会，杀猪、烧香、鸣炮，祭土地神。传说，过去村民们凡家中生了男孩，必捉上大红公

● 后龙山下的土地庙

鸡，备上猪肉、喜糖、水果、香、烛、冥钱等祭品到土地庙前报喜，并虔诚祭祀，燃放鞭炮，有的还会献上"有求必应"匾牌，祈求土地神保佑新生儿无病无灾，长命富贵，易养成人。

除了生小孩须杀公鸡向土地神报喜，建房动工也要先敬土地神，新房落成要谢土地神。土王日不得动土。春节要庆土地神，庆土地神有这样一段唱词："人生在世要公平，要敬土王六戊人；遇着土王不挑粪，秽坏四山土地神；遇着六戊莫舂碓，舂得地神不安宁；吃黄土地报神恩，人人不忘土地神。"

这段唱词，刚好解释了大园村人对土地神如此礼敬的根本原因在于农业社会对于土地的极度依赖。

三、古树崇拜

森林是远古人类文明的摇篮，没有树木，人类就无法生存。树木不仅给人类的祖先以庇护，而且还供给赖以生存的食物，以及制造工具最基本的材料和生火做饭最原始的薪柴，由此产生古树崇拜也是一件很正常的事。

《山海经·大荒南经》说："有宋山者，有赤蛇，名曰育蛇。有木生山上，名曰枫木。枫木，蚩尤所弃其桎梏，是为枫木。"桎梏者，刑具也，锁脚的部分叫桎，锁手的部分叫梏。《云籍七签》卷一百《轩辕本纪》说："黄帝杀蚩尤于黎山之丘，掷戒于大荒之中，宋山之上，后化为枫木之林。"

苗族最崇拜古枫树，认为枫树是其祖先蚩尤的化身。传说蚩尤被黄帝打败阵亡后，血洒大地，化成参天枫树，每年秋天，枫树叶子定会鲜红如血，迎风飘落大地。因此，过去大园村人盖房子时，中柱一定要用枫木。

苗族的枫树创世崇拜中说，远古的时候，枫树心生妹榜妹留，即蝴蝶妈妈，枫树枝生出吉宇鸟，枫树根生出了铜鼓。蝴蝶生下 12 个蛋，孵育出了苗族的先祖姜央（即姜尤），以及龙、虎、象、蛇、水牛、蜈蚣等 12 兄弟。现在，我们在大园村妇女们所穿的苗族服饰上，还经常看到枫树的花纹。

据说，从前苗族人建寨选址，要栽枫树试验，树活则人住，树死则人走。祖宗鼓要用枫木制，保公树、护寨树也最好选用枫树，并以护寨枫树的三块树皮代表祖宗的灵魂。祭祖活动的牵牛杆、杀牛桩都要用枫木制，架桥求子的话，所用的木材也首选枫木，没有枫木才用杉、竹。

除了枫树之外，大园村人对其他年代悠久、生命力强的古树也心存敬畏，这是出自万物有灵的朴素思想，是原始宗教延续至今的一种体现。大园村人认为，敬畏古树，村寨也就能像古树那样枝叶繁茂，人丁兴旺、五谷丰登。

由于地形的原因，苗族建筑多为干栏式。《旧唐书》说："土气多瘴病，山有毒草及沙蛋腹蛇，人并楼居，登梯而上，是为干栏。"干栏式建筑的建筑材料主要是木材，旧时的大园村人在采伐用作中柱、梁木的大树时，都要举行一定的仪式。在砍伐这些大树之前，村民们要备好香、烛、纸钱、酒食之类的祭祀品，祭祀过程中要虔诚，要轻声与之交流："这棵树真好，长得粗又直，主人看中你，请你去立屋。"一个"请"字，表达了村民们对树木的尊重。

大园人的祖辈们在后龙山上栽了千棵古松，树龄大多在 300 年以上，古松高大挺拔，一年四季郁郁葱葱，生机勃勃。人们认为后龙山的青松是他们的保护神，乱砍树木是对山神的冒犯，因此族里规定，山上的树木不能乱砍滥伐。古代保护后龙山的惩罚制度很严厉，但由于种种原因，新中国成立后这一传统逐渐消失，直到近年，人们又逐渐建立起保护森林的措施。

迄今大园村人仍然保持着对古树的尊敬，历经千百年的古树被称为社公树，严禁砍伐，每年四时八节要烧香献祭。在大园村，如果小孩有些病灾，不好带，就要给小孩寄名、安挡箭碑、架镇夜啼哭的小木桥。寄名一般寄到古松、柏树、古枫树上或大石头上，用一张菱形的红纸写上如下内容："寄名某某神灵保佑，信士某某，百病消除，四时清泰，长命富贵，易养成人。"寄名时要用大红公鸡、红糍粑、猪肉、糖果、香烛、冥钱等祭品，要燃放鞭炮，在回家的路上要认碰到的第一个人为干爹干娘，红糍粑要分给别人家的小孩吃，有时也直接认古树为亲爷亲娘(干爹干妈)，祈求能保佑孩子长命富贵，平安如意。村里的婴儿如果夜啼不止，村民就在古树上贴"天皇皇，地皇皇，我家有个夜哭郎，过路君子念一遍，一夜睡到大天亮"的红帖。大年三十时，村里的老人要给古树喂年庚饭，将团圆饭与纸钱贴在敲破皮的树干上。

上述这些习俗不但在大园村流传下来，而且在中国云、贵、川、湘、渝等地也屡见不鲜，说明了古树崇拜的普遍性。不过，随着科技进步，人们认识到焚香祭祀其实反而是对古树的一种伤害，现在村里祭拜古树的已经大大减少。

四、龙崇拜

龙崇拜在古代中国民间极为广泛，《山海经·海内东经》："雷泽中有雷神，龙身而人关，鼓其腹，在吴西。"多种史籍均载雷神为龙身人头，而雷神与降雨密不可分，因此这类记载说明了把龙视为主宰雨水之神的传统由来已久。

由于人们相信龙能致雨，从古至今，祭龙求雨的习俗非常普遍。在以农为本的大园村，龙的地位不言而喻。村民们相信龙是吉祥和力量的象征，相信龙王管着让天下风调雨顺的大事。在大园村里，谁家生了小孩，前去看望的亲戚、邻居、朋友就会恭维为"添龙子"。若是建房葬坟，就要请风水先生择龙脉。建造房屋时，房屋梁柱上也要饰之以龙以求吉庆。春节时，以村为单位的祭龙、招龙，单家独户办的接龙、舞龙灯、安龙神仪式都很盛行。村民们以此祈求来年丰收、人畜兴旺。碰上天晴久旱，村民们就抬龙求雨；发生病虫害，就要抬龙灯驱虫。在重大喜庆节日，村民们便舞龙灯、舞草龙助兴。

五、狗崇拜

狗崇拜在不少民族之中都存在，由来已久，范围也比较广。《搜神记》有："高辛氏，有老妇人，居于王宫，得耳疾，历时，医为挑治，出顶虫，大如茧。妇人去，后置以瓠篱，覆之以盘，俄尔顶虫乃化为犬。其文五色。因名盘瓠，遂畜之。"北魏郦道元《水经注·沅水》："盘瓠死，因自相夫妻，织绩木皮，染以草实，好五色衣，裁制皆有尾。其母白帝，赐以名山，其后滋蔓，车曰蛮夷。武陵郡夷即盘瓠之种落也。"

盘瓠神话不仅在《风俗通义》《搜神记》《后汉书·南蛮西南夷列传》等诸多古籍中有完整的记载，而且至今在中国南方的少数民族中广泛流传，且作为始祖或重要的图腾崇拜。旧时大园村人对狗的厚爱可能也与此有关。《礼论》记载：狗属于"至阳之畜"，人们相信狗对于阴邪有震慑化解作用。在中国很多地区，迄今都有用狗牙辟邪的传统，人们会用红绳穿狗牙给新生儿戴在脖子上或者手腕上。

《苗族通史》中称，湘、黔、川边田姓苗族忌食鸡犬。传说，古代有田姓苗民纳亥、纳后俩兄弟，被官府诬告，官府决定某夜闻鸡犬声时就来捉拿他们。出乎意料，此夜鸡不鸣，犬不吠，直到天亮，兄弟二人因此得以幸免。为谢鸡犬之恩，兄弟协商，从此纳亥的后代忌食鸡，纳后的子孙禁食犬，习俗相袭至今。该书又记载，湘西和黔东北地区的时（施）姓苗族忌食犬，原因一说是犬有火中救主之恩，另一说是古代旱灾缺水时，是狗带领大家找到了水源。

在大园村，关于狗崇拜的来由有好几个版本，比较有名的是三个。一是说传说远古时期，苗家不会种稻，是神犬历经千山万水，从番国偷来了稻种，因此，人们对狗非常感激。第二个版本的内容是，很久以前，苗族人们吃的是树叶、野果，后来吩咐狗到天上去取五寸长的稻秆、五尺长的谷穗的粮种。狗忙于赶路，不小心在路上跌了一跤，把人们吩咐的话弄颠倒了，结果取来的粮种却是五尺长的稻秆、五寸长的谷穗，由此现在的谷穗长五寸，稻秆却长五尺。因为狗为人们取来良种，所以自古以来人们对狗比较崇拜。第三个版本的内容是，传说苗族先祖居地一年发漫天大水，把地里的谷子冲得颗粒不留，连种子都没有了，是神犬盘瓠游过大河从番国的田里用身上的毛沾来了谷种，使苗族得以繁衍生息，因此苗寨人对狗很尊重。

这些在各个苗寨里流行的"狗取粮种"的故事，虽然版本不同，但是都反应了当初苗民们获得稻种的艰难。彝族人也传说远古时洪水滔天，幸亏狗的身上还沾着几粒粮食种子，世上的五谷粮种才没有绝种。瑶族人民则传说先民在迁徙中船被风浪打翻，粮食全部落入海中，多亏在狗的尾巴中找到了谷种。在藏族民间，也有类似的关于狗取来青稞穗子的故事版本。所有这些传说中，狗都与文明的传承息息相关。

古代，各兄弟民族之间虽然长期共处，却也有过经济文化交流不畅的时候，各部落之间彼此垄断粮食种子，导致先民们想要获得种子很不容易。为了纪念这段历史，演化出了不同的故事。另外一方面，狗的嗅觉灵敏，勇猛异常，在生产力很不发达的年代里，是人们生产和生活中的得力助手。在看家护院、忠心护主上，狗的功绩十分显著，有无狗不安家之说。加上苗民们信奉万物有灵，"狗崇拜"就这样一代代流传了下来。

旧时，大园村人一般不杀狗，不吃狗肉，狗死后要入土埋葬，吃饭时无论家里多穷，都要给狗先舀上一口，每年尝新节的第二碗饭也必定喂狗（第一碗要祭天地祖先）。村民们给小孩取乳名常带"狗"字尾，外婆给小外孙打三朝庆周岁，定送狗儿帽。小孩生日称为"狗过桥""狗长尾巴"，人如果聪明智慧，就叫"灵性狗"（褒义词）。猎人分配兽肉时，猎狗必须占一份。如果无主之狗来到家里，主人视为吉祥，一般会给予优待。大园苗寨还有祭狗崖雕（毁于"文革"时期），苗寨周边的五座山丘是五狗护寨，把祖坟山说成是狗神山。

• 小孩与狗

不过，虽然过去的苗民对狗有深厚的感情，近年来，大园村人养狗的数目却已大为减少。2015年考察组至大园村时，曾问部分村民为什么不养狗，朴实的村民们回答："不能养，万一咬到行人不得了。"如今，一些大园村民仍然敬狗，不杀狗，孩子们所戴的狗儿帽也不是用的真狗皮。但是村民中也有少数吃狗肉的，并不以为是禁忌。

狗崇拜的没落，究其原因可能有三个方面。一是建国后教育普及，随着文化水平的提高，许多村民受到唯物主义观的影响，对过去属于"封建迷信"的一套已经不再以为然；二是改革开放后交通日益便利，各民族来往频繁，彼此影响，加上受到现代文明的强烈冲击，某些带地域和民族特色的风俗进一步消泯；三是与狗的实际用处变少有关，旧时苗寨经常遭到侵犯和骚扰，匪徒横行，养狗带有保卫家园的意味，如今，治安上的这层意义已经不复存在。近几十年来，大园村的治安状态长期稳定，小偷小摸的现象也很少了，村民们当然就更没必要普遍养狗了。

六、牛崇拜

牛是农家之宝，对农耕的重要性也是无需赘言。苗族人对牛的崇拜亦是由来已久，在苗族服饰里随处可见到牛的图案，大园村民们的家里，也经常摆放着祭祖的牛角。每年的春耕从牛下田开犁始至这年的农历五月底，苗寨里禁食新鲜牛肉。旧时如果有老人去世了，有条件的人家就会杀一头牛予以隆重的祭奠；平时村里举行的大型祭祖活动，也要杀牛来祭祀祖先。飞山庙祭祖时，村民时常占卦问吉凶，所用之物也是牛角。

杀牛祭祀在苗疆自古流行，史载宋代五溪地区每次祭祖，杀牛多至百十头。明代时，杀牛祭祖之风仍盛，每年都要举行，到了清代，杀牛祭祖犹盛，湘西有些人家还以祭祖杀牛多来炫耀富有。为此，嘉庆、道光年间官府曾经明令禁止，但屡禁不绝。正因为村民们相信牛能辟邪，所以牛才在祭祀中具有如此重要的地位。在杀牛之前，往往要烧香焚纸，以示尊重。

大园村人把四月初八定为"牛王节"，据说这一天是牛的生日，俗话说，"四月八，牛歇轭"，耕牛不仅免役，而且喂给鸡蛋、糍粑、米酒，主人家则吃糯米饭，表示人牛同庆，有时候还要杀鸡鸭、备酒饭到牛栏前祭牛神。每年尝新节，主人从稻田里割几苑谷粒已熟的禾苗给耕牛品尝。

关于对牛的崇拜也有着很多传说，常见的故事版本是牛护主、救主。譬如说很久以前有一对苗族夫妇，生了一个乖巧聪明的男孩。农历四月初八这一天，小男孩去山上放牛，遇见了一只老虎，老虎把小男孩一口就吃了。水牯牛看见小主人被老虎吃了，于是怒不可遏，拼命追赶那只老虎，用牛角把老虎的肚子划开，救下了已经奄奄一息的小主人。水牛因和老虎搏斗受伤过重，随之倒下就死了。为了报答水牛的恩德，从此村民们就在每年农历四月初八举行盛大的节日集会，牛王节日于是一直延续到现在。

大园人把牛当作人类最亲密的和最忠实的伙伴，牛是村民们心目中的吉祥物。人们把牛角形状的银饰戴在头上，寓含着祈求平安如意之意。在雕塑、刺绣、剪纸等苗族的手工艺品中，经常会出现牛，特别是水牛角的形象更加常见。

对旧时的大园村人来说，农业生产是他们生存的根本，如果没有牛，连最基本的吃饭都要成问题，所以牛的地位无可替代。牛不仅仅被当作是家庭的重要劳作工具，往往也被看成是一个家庭的重要成员，村里人有"牛是半个家"的说法。村人在修建房子的时候，要先把牛住的地方设计好，牛住的房子不叫牛棚、牛圈，而叫牛屋。如果人牛分居，那么牛住的地方和人住的地方都平等地称为山寨。修房子时，不管是正屋还是仓楼，两边的鳌头大多是牛角形，寓意家庭吉祥安康、人丁兴旺、辟邪、防止火灾等。

过去每年春耕，主人和牛来到田里，主人会用竹筒装上满满一筒米酒，先喂大部分到牛嘴里，接着喂上糍粑，然后才将竹筒面对牛举过头顶，向牛敬酒，并将竹筒里剩余的酒一饮而尽，这个称为"开犁酒"，意思是祝愿自己和牛伙伴春耕劳作顺利。当整个春耕结束，插完最后一把水稻秧的那天，主人要把牛牵到河里洗一个清水澡，然后主人和牛同饮一竹筒酒，这次不是喂糍粑而是喂煮熟的稻谷。这次牛人同饮被称之为"洗脚酒"，意思是主人酬谢牛在春耕中的辛劳。每当水稻熟了，有水牛的人家在开镰收割前，要先到田里割一捆稻谷，脱粒煮熟后让水牛饱食一餐，这叫"水牛尝新"。而黄牛是不能享受这个待遇的，因为人们认为水牛更具有灵性。

由于耕牛非常重要，如果发生了牛打架的事情，绥宁各苗寨则有一个约定俗成的规则，即"倒死一半"，意思是两家的牛打架，无论哪家的牛，只要当场身亡，另一家活着牛的主人就要赔偿死亡牛主人家一半的损失。

"祭牛"是大园村里巫傩文化的一部分。每年秋收之后，由主事人家选定好日子，通知到寨子里的家家户户。清晨起来，村民们把牛屋打扫干净，家家户户牵牛下河，把牛洗干净，喂牛米酒和精料，然后带着当年收获的新米（每户一到两公斤），到指定祭牛场所，放在祭台上作祭品。祭祀仪式由专门请来的师公主持，祭牛时村民神情虔诚，与祭祀祖先一样，崇敬至极。祭祀开始和结束时段，锣鼓喧天，鞭炮齐鸣，仪式结束后，村民们载歌载舞，欢欣雀跃，庆贺今年的丰收，也祈求来年再来一个好收成。

除了上述之外，旧时的大园人还认为一些巨形或奇形的自然物是一种灵性的体现，因而对其顶礼膜拜，酒肉祭供。比较典型的崇拜对象有巨石（怪石）、岩洞、山林等，在此就不一一赘述了。

第二节　祖先崇拜

和汉族人一样，旧时大园村人普遍崇拜祖先，认为灵魂不灭，祖先们虽然逝世了，但是在天有灵。如果经常进行一系列的祭祀活动，子孙就会得到祖先的庇佑，本支派的家族就更加兴旺发达。

如前文所述，大园村人认为他们共同的嫡祖是"飞山圣公"杨再思及杨氏大园一脉先祖杨光裕，另外，大园村内部其实还分为三个支派，嫡系祖先分别为杨昌质、杨昌禹、杨昌协三兄弟。

解放前，每年逢杨再思的生辰六月初六和忌日十月二十六日，各地杨姓群众都会到飞山庙来举行大型庙会活动。过去各地有宗祠组织的时候，每年清明节，分散在外地的各房还会委派数名代表，特意赶到飞山庙。在祭拜完共同的祖先后，大园村人还会再分别祭祀各自单独的嫡系祖先。

飞山庙祭祖时，村民们通常排队入场，先在香炉烧纸钱，来到杨再思神像前三拜，然后进香，再拜，接着来到神像前三跪九叩，反过来面向庙门再三跪九叩，起身面向神像再拜，三鞠躬后通常就到了占卦问吉凶的时间。村民们使用剖成双瓣的牛角占卦，口中吟出愿望后掷出，根据牛角落地的正反决定吉凶。在此期间，每来一波人即在门口燃放鞭炮。祭祀完成后，村民们往往也不急于离开，因为祭祖时会遇到一些熟人，于是相当于一个小聚会。村民们会一起拉家常，一段时间后才走出庙门。

旧时大园村的家家户户，堂屋里都会摆设神龛，供奉祖先牌位。据大园村人介绍，过去写家先牌很有讲究，要写"天地君亲师位"六字天地牌。写的时候，堂屋正中摆放一张八仙桌，一把太师椅，要按照"天要盖地且不开脚、地不分家、君不开口、亲不闭目、师不掉脚、位要坐正"的规矩挥毫，写到位字的最后一横时，写字的人站起来，这时主人付酬金，先生才落座，端端正正写完最后一横，否则先生乱画一笔，就会使神位不安。

如前述，现在大园人家里的牌位换成了"天地国亲师"，也就是说，要敬天地，敬国家，敬祖先和长辈，敬师长。这五个字都是竖写在正中央，常为红底黑字，牌位前供以香火。很多家庭的牌位上方还有"绳其祖武"四字，另外，"天地

• 飞山庙祭祖的老人

国亲师"牌位两侧往往还有一副字体略小的对联，如"祖德永扶家业盛，宗功常佑子孙贤"，"金炉不断千年火，玉盏常明万岁灯"等，每家每户的对联可能不同。有的对联外侧还有对联，如"门外青山水流秀，户内人旺财源兴"等。这些，都反映了大园村人对祖先的崇拜。

家神信仰在大园村中也十分流行，即在家中设立家神像。这种家神像是一个抽象物，以木板为座，竹筒为骨架，用千层布缠包，然后用红布作外衣。这种家神像祭祀的是自己家的女性先祖，又称显灵祖婆。家神像一定要放在堂屋的神龛上。设立了家神的人家要三年一小祭，五年一大祭，也就是庆菩萨、娱神。

大园村民不管是敬奉天神、土地神、龙神，还是祖宗神，都以"庆菩萨"的方式来祭庆，即请五六个师公(傩师)来诵经、跳傩舞、唱傩戏，时间一般是三天三夜。在大园村石板桥，杨姓苗民庆菩萨庆的是三位祖公祖婆，即杨晟荣、杨进科、杨正品，庆祭的时间不定期，一般在秋冬祭庆，参加人员是三位祖公的全部

• 天地国亲师

子孙，约800人，每次客人约30席。无论是大庆还是小庆，村民们都要将姑丈、姑母接回娘家参与祭庆活动。祭庆道场上要挂上五彩纸的道联，用花纹纸、竹篾扎华山殿，师公要将天神、土地神、龙神、信士们的已故历代祖公祖婆进行祭奠，不得漏缺，并给仙人们封包——烧化冥钱。

逢年过节，大园村人必定焚香祭祖。家人如果生病，或者遭不测，都要祭祖先以求保佑。白天吃饭时，大园村人要先给祖先摆上饭菜酒茶，请祖先与全家共餐。过去流行杀牲祭祖，大园村也不例外，平时节俭的村民们在祭祖时总是毫不吝啬，慷慨献上他们最宝贵的牲畜。史载因湘西一带杀牛太多，一度还遭到朝廷的取缔。到民国二十年（1931）左右，由于受到新思想的影响，加上中华民族外忧内患，苗疆也是民不聊生，物质极度不丰富，就很少有人杀牲祭祖了。

祖先崇拜是我国各民族广泛存在的信仰。新中国成立后，党和政府大力提倡破除迷信，要求树立社会主义新风尚，凡事要讲科学，提倡唯物主义世界观。村委各方面的宣传工作很到位，大园村人渐渐不再去飞山庙祭祀。据老人说，一度连"纸钱"和"香火"都没地方买，家家户户对祭祀讳莫如深。到了"文革除四旧"时，大园村的飞山庙更是不幸被毁。时日久了，这方面的风俗习惯也就一步步没落。

20世纪末，随着旅游业的兴起，杨姓族人集资在原址重新修建飞山庙，并且恢复了祭祀活动。现在，每逢杨再思的诞辰或忌日，作为旅游项目之一，绥宁县都会隆重举行飞山庙的祭祀活动。在牵头人的组织带领下，各地杨姓族人蜂拥而至，人山人海，热闹非凡。大园村人也会去焚香化纸，以缅怀祖先的恩德。

当然，去参加这种祭祀，据大园村人自己说，除了是去"看热闹""好玩"之外，主要也是为了支持旅游业振兴。

时代的发展不以任何人的意志力为转移，今天在大园村中，仍然摆着家先牌和苗族神龛牌位，但是不可能再找到过去生产力和科教文明不发达时那种绝对虔诚的信仰了。2015年考察组去大园村考察时，发现有的村民在杨光裕墓上搭竹竿晾晒衣服。《中国传统村落档案·大园村》里也提到，近年来，杨光裕墓的"周边场地被民居逐渐侵蚀"，其中有一座房屋已经紧挨着杨光裕墓了。到了2016年，考察组再去至时，已经没有人在杨光裕墓上晾晒衣服了，显然文物保护小组也意识到了这种做法不妥当，禁止了此类行为。

据一些村民们说，如今每逢过年、清明节，或者孩子有重大考试，或者家里有重大决策的时候，很多村民仍然会给祖先点上几支香，再摆上一些糖果以示祭奠。这和其他很多地方的做法是一样的。不得不说，我国南方地区各民族之间在文化、风俗上，的确存在着很多共通性。

第三节　佛道与鬼神崇拜

和汉族地区一样，过去的大园村人除崇拜祖先外，还普遍崇拜各路神明，信鬼祭鬼，并礼敬菩萨。在苗族社会中，男尊女卑的观念很浓厚。如果有谁结婚后，总是生女儿，未得男丁，就会用各种方法显示虔诚，祈求各路神明恩赐一个儿子。

鬼神崇拜在旧时的大园村非常盛行，鬼被认为是被遗弃或受委屈的灵魂和工具变成的，常给人类带来灾难、病痛、瘟疫或其他不幸，比如所谓"水鬼""火烧鬼""吊死鬼""野人精""老虎鬼"等，被称为"恶鬼"。而有灵性的自然现象常被认为是"善鬼"，具有一定的神性，如"山神""谷魂""风神""雷神""雨神""太阳神""月神"等。大园人的祭祀之法，对善鬼有送有迎，祭祀比较真诚，对恶鬼则不必讲究诚信了，无论贿赂、哄骗，总要将它们驱赶远离。

旧时的大园人认为，除了祖先以外的游魂野鬼多是恶鬼，爱与人作对，只有祈禳才可免受其害，所以每当人、畜生病，就要延巫占卜，杀牲供祭，但求免灾，破费在所不惜，遇到大鬼的话可不能吝啬，得以牛、猪来祭，中等或者小鬼一般用鸡、鸭祭就可以了。当时大园人迷信的鬼神很多，由于民族交流频繁的缘故，其中也杂有许多汉族迷信的鬼神。正所谓"苗俗信鬼"，这是科学文化不发达的结果。

过去，佛教在大园人中也有一定的影响。不过，囿于当时的条件，村民们一般对佛教理论并无多大理解，只是认为菩萨神通广大，必须一起信奉，尤其是观音菩萨和文殊菩萨。

大园村里有一座水口庵，方位在大园村西边，以前的大园村人经常到这里来虔诚叩拜，许愿还愿。"文革"时，水口庵被毁，后来藉由发展旅游业的契机，和鼓楼一起得以筹资修复。现在，水口庵已经修复多年，庵内供奉着如来佛祖、文殊菩萨、观音菩萨、普贤菩萨、阿弥陀佛、唐僧等佛像，还有十八罗汉。

• 水口庵的佛像

但是水口庵祭祀的对象并不是单一派系的，除了佛教之外，还有以玉皇大帝为代表的道教人物；此外还有关公等门神。这反映了当地民间的宗教信仰原本就是多元的。

大园人信奉的除了上述神明之外，还有土地菩萨、灶王菩萨、火堂菩萨、屋檐菩萨、牛圈猪圈菩萨、家神、水井神等。土地菩萨即土地神的信仰，前文已经叙述，其实除了土地神，灶王菩萨在大园村人心目中也很重要。很多村民们在写着"天地国亲师"的牌位上旁还会用小字写上一些配享祭祀的对象，而"东厨灶王府君神位"几个字总是少不了的，往往这几个字还要比"救世观音""先师孔子"等字要大。人们相信，灶王菩萨是"九天东厨司命灶王府君"，负责管理各

● 水口庵的门神关公

家饮食烟火，监督人间善恶，是一个家庭的保护神。每年腊月二十四日，灶王爷要升天向玉皇大帝禀报，除夕之夜再返回人间。玉帝就会根据灶王的小报告，奖善惩恶，这决定了一家来年的吉凶祸福。如是，每到农历腊月二十三日，村民们要祭送灶王菩萨上天，要奉上大雄鸡、上等酒水、胶蜜糖等，目的使灶神酒醉昏昏、口中甜蜜，不在玉皇大帝面前讲家人的坏话。

民国后期，随着文化教育的提高，大园人迷信鬼神已有疏淡的趋势，有些人已不信或不大信了，有病求医的逐渐增多。但求神祭鬼的仍占优势，其中又以既求神又求医实行神药两解的最为普遍。中华人民共和国成立后，特别是在20世纪60年代后，在党和政府的大力宣传下，唯物主义世界观逐渐占据人们的头脑，随着见识增广，大园村求神拜佛的宗教活动大大减少了。

第四节　大园的神话传说

大园村至今流传着很多神话与传说，内容和形式都很丰富，体现了苗寨古老而深远的文学艺术。大多数的村民们也都对这些传说故事耳熟能详。这些故事有的幽默诙谐，有的歌颂赞扬英雄事迹，有的对后人起告诫作用，也有情节曲折动人的。大致可以分为以下几类：

1. 讲述本地历史上的人和事，使后人能记住前人的事迹或美德，知道自己的家族来历、典故，以及一些地理名称的来历，同时也能获得一些道德上的教育，或解释本地某些习俗的形成。

如《沉香坡传奇》《两只天鹅永相伴》，讲述的就是跟地名有关的故事。《兄弟避祸迁贵州》，讲述了杨再震、苏桂玉生有9个儿子，风水先生告诫九兄弟，家中将有9条人命官司，于是其中两位兄弟带上钱物举家迁往贵州，成功避过了后来的大难临头，这个故事反映了杨姓族人祖先们的迁徙史。又如《玉带河的传说》，讲述的是大园人的开山始祖杨光裕在朝为官的事，用这个故事来说明官场的凶险，并从风水的角度来解释大园村的人才问题。还有《笔走龙蛇显才华，云山筑寺捐金银》，讲的是曾在南京任过户部侍郎的杨进显的故事，告诫后人不要以衣帽取人。另外，《魏征斩龙王苗寨耍龙灯》，说明的是大园人舞龙耍灯习俗的由来，《天园成大园的传说》，则反映了历史在群体想象中的折射。

【玉带河的传说】

大园村的古河道原来是从沙坪里长有枫树等杂树群的地方沿现省道 S319 成玉带状流入现村小前面的河道。

宋朝年间，大园人的开山始祖杨光裕在朝为官。据传光裕公心慈好善，处事正直，志刚能强，民情爱戴，他的三个儿子也个个虎背熊腰，眉清目秀，五官端正，风骨不凡。

当时的皇帝见了他们父子暗中赞叹称奇，另一方面内心非常妒恨，联想到历史上的隋朝开国皇帝杨坚长有异相取代北周而当了皇帝，宋皇暗藏杀机想杀掉杨光裕，但裕公人缘好，深得官民之心，一时又找不到杀他的把柄和借口。于是，皇帝采取许多措施限制裕公的权力，使他根本得不到重用和升迁。皇帝同时还很迷信，突发奇想，决定彻底破坏裕公家乡的风水。

皇帝瞒过裕公，将他家的一位办事人员召进皇宫，令其将裕公家乡大园的地理情况绘一张详细地图交给皇上，裕公家的办事人员不知皇帝意图，也不向裕公通报，就将详细的地图交给了皇帝。宋皇召来了当时最著名的风水先生，问清了大园最大的风水特点是什么，关键点在什么地方。风水先生当时也不明白皇帝的意图，给予了如实的指点。皇帝于是提起朱笔将原河道涂掉，令军民另开一条小河，就是现在的所谓玉带河，比原河小得多，水流量也很不充足，这样大园的整体风水格局遭到了严重破坏。从宋至今千余年来，小人才数量较多，再也没有出过中央级高级人才。

光裕公后来明白了皇帝的险恶用心，预感到迟早会有杀身之祸，愤懑地辞官离朝，带领家眷回到大园，卸甲归田。

2. 讲述贤人贤事，说明善有善报，蕴含劝人向善的思想，其中，孝顺是这类故事最为称赞的美德，反映了古代"百善孝为先"的道德观。如《穷长工和米粉肉的故事》《雷婆仙女》，就是这类故事的代表。

【雷婆仙女】

现在的人们也搞不清是哪朝哪代，在老大园村的苗寨内传说着一位雷婆仙女。她芳名周玉英，南庙村周家寨人，嫁邓家碾杨家为童养媳。

她公爹公婆年老多病，公婆双目失明，她每天煮饭时都要熬碗很浓的饭汤水给公婆喝，凡有好食品都要先给老人吃，公婆在她的精心服理照顾下，养得又白又胖，她自己则又黄又瘦。老人的衣服、被褥都归她洗浆，一切家务事全由她承担，常常是起五更，睡半夜，任劳任怨。周玉英与左邻右舍总是和睦相处，哪家有红白喜事、难事，她都主动去帮忙，乐于助人。

有一天，周玉英炒菜，因年轻考虑欠周，破开一个冬瓜，将冬瓜子撒在屋檐沟内，这时天空中乌云滚滚，雷声隆隆，一声炸雷，雷公将周玉英打死。公婆听到炸雷声摸着走出屋来喊儿媳妇，听不到一点回声，觉得不祥，这时周玉英的丈夫也跑来了，一看妻子倒在地上，全身烧焦，成了一个黑炭，他捶胸大哭，公婆也痛不欲生地嚎哭起来。邻居们听到雷声和哭声都跑来看，见周玉英死得如此之惨，大声喊冤："这么良心好，孝顺老人的人，没有做错任何事，怎么反被雷公击死？雷公就这么不长眼？"

雷公在天上听到凡间一片凄惨的哭声和喊冤叫屈声，他按下云头来到凡间，化作一个凡人打听是怎么回事，原来那倒在屋檐沟里的确实是冬瓜子，不是米饭。这时雷公化作的凡人也流下了热泪，大声高喊："冤！冤！这位贤媳死得冤！我一定到天庭奏请玉皇大帝给她伸冤。"雷公现出真身，腾云驾雾升空而去，人们齐刷刷地跪在地上向空中祈祷，盼望周玉英冤屈能伸。

雷公回到天宫，首先找到电母，向电母认错，因为那天两位天神没有同时出动，先打闪电，照明情况，再进行雷击，所以将周玉英误击致死。从此，雷公电母公不离婆，巡行天宇，照察凡间，总是先放闪电，再打雷。

雷公电母一同向玉皇大帝奏明实情，玉帝下旨："人死不能复生，雷公电母将她收为义女成仙。"雷公电母只好将周玉英收为义女，将她的尸体收归天庭，从天上降下一个与周玉英长得一模一样的铜菩萨，身上刻有"雷婆仙女"的仙号，并援赐雨、赐福，济民之神。从此，老百姓经常告诫年轻人要爱惜粮食。

3. 讲述坏人坏事，说明天理昭昭，报应不爽，以恶有恶报来警示世人。如《三个姑爷》《施巫术设淫圈》，其中特别是贬斥不孝子和淫邪之徒的多，反映了古代大园村人朴实的道德观。也有谴责坏后母的，听完《豆子鸟的哀鸣》的故事，很容易让人想起"灰姑娘"，反映了各国、各民族之间民间故事的某种共通性。

【豆子鸟的哀鸣】

在大园古苗寨后龙山靠南边的瓦窑头、柴家冲、学堂冲、昔基坨等地，到了种黄豆的季节，每天傍晚有一种豆子鸟总是不停地哀鸣"刀刀熟瓜，阿基夯瓜……"这句苗语的意思是豆子熟了，被妈妈害了。

相传，很久以前，大园古苗寨的一位苗民，他娶妻生子，当儿子3岁时，妻子暴病而亡。后来续娶一妻，喜添一子，前妻的儿子比后妻的儿子大5岁，后娘只关心自己的儿子，对前妻儿子不痛不惜，有时还加以虐待。兄弟俩一年一年长大，后妻想让自己的儿子独占家产，想方设法想害死前妻的儿子，有一天，她终于想出了一条毒计。

那个时代，后龙山后面那些山里，山深林密，时有老虎出没，伤人吃畜，有时老虎进村叼猪，伤狗。

到了种黄豆的季节，她把一部分黄豆种子煮熟交给前妻的儿子，自己的儿子给了生的黄豆种子，她再三交待："现在你们两兄弟到后龙山柴家冲去种黄豆，谁的黄豆种子长出了芽苗，谁就先回家来。"

兄弟俩带了各自的黄豆种子，还带了被褥、几天的食物、柴刀、雨具、火种等到了目的地，地边正好有两棵女贞树，他兄弟俩砍来柴棍、藤条在树上扎了一个棚子，铺上稻草，晚上就睡在树上的棚子里。

白天，就要种黄豆了，哥哥先拿出自己煮熟的黄豆种，又大颗又饱胀，弟弟见了，觉得自己的豆种不如哥的好，一定要求和哥哥换种子，哥哥从来都是让着弟弟的，也就只好依着弟弟换了豆种。

正好下了一场喜雨，过几天，哥哥种的黄豆已大部分冒出了芽苗，弟弟种的黄豆还不见一棵芽苗，他们谁也不知道其中的奥妙，哥哥按后娘的叮嘱回家了，后娘一见就破口大骂："你这个短命鬼，你弟弟没回来，你先回来了。"

"因为我种的黄豆长出芽苗。"哥哥理直气壮的说。

"你讲鬼话。"后娘气急败坏地说。哥哥如实地说了和弟弟换豆种的情况，后娘一听，知道坏事，大喊丈夫带上柴刀、斧头一起上山去找儿子，可是跑到山里一看，只见豆子地边一滩鲜血，再找过去，只见东一只手掌，西一只脚掌，南一把头发，北一块头皮。见此惨景，夫妻哭得死去活来，丈夫连声惨叫："害人终害己，害人终害己……"

传说弟弟死后变成了豆子鸟，所以每年种黄豆的季节，每天黄昏，后龙山边传来一种豆子鸟的哀鸣，"叨叨熟瓜，阿基夯瓜……"

4.讲述历史上的奇人趣事，曲折反映历史上的矛盾斗争，蕴含反帝思想。如《银家湾的传说》《白羊的故事》《小皇帝彪子的故事》等。

【小皇帝彪子的故事】

小皇帝在明末清初出生于八甲，也就是现在的大园古庙寨第四组，名叫彪子。据说彪子长有帝王之相，皓齿银牙，金口玉言，机敏灵活。当时人们无不惊奇地认为一定是大园出了一个皇帝崽儿，他长大了一定能当皇帝。

可是不幸的是，彪子的奶奶在灶上洗碗时总是喜欢用大把的筷子敲灶，灶王府君感到十分烦恼。时间久了，灶王府君到了无法忍受的程度，于是上天向玉皇大帝告御状："老太婆的孙子还没有坐金銮殿，没有当上皇帝，就经常用金条敲打我们灶神的脑袋，我们实在是受不了啦，请求玉皇大帝下旨取消其真龙天子的资格。"灶王府君于当年的农历12月23日上天告了彪子家的御状，玉皇大帝准旨。

到了第二年春天，八岁的彪子和奶奶一起睡，突然感到身上又痒又痛，痛痒得十分厉害，他咬紧牙关，保住金口银牙，说话还是像皇帝一样算数，但全身像蛇蜕皮一样换了一层皮，变成了凡人之身。从此，彪子虽然比常人聪明，说话灵验，但当不了真龙天子。

彪子长大成人之后，遇上八甲修凉亭，大家推举他致贺词，他张口就说："八甲凉亭起得宽，天天好抬丧（意为天天抬死人，表示人死得多，人丁兴旺）。"这时有人气愤地站起来反对说："您怎么讲些这么不吉利的话呢？我们是要您多讲些吉利的话，因为您讲的话很灵验。"这时彪子只好改口说："八甲凉亭起得宽，人们都不愿抬丧。千年抬一个，万年抬一双。"后来八甲凉亭的人都很后悔，都责怪那个站起来反对彪子致祝词的人。因为按彪子原来的祝词，八甲凉亭内的人就会发展得又快又多，按后来的祝词人口发展得又慢又少。

关于彪子的故事还有很多，每当大园人提起彪子，他们既为彪子的聪明才智感到自豪，又为彪子未能成为真命天子感到遗憾惋惜。

5. 幽默类，能令听者会心一笑。如《买哎哟》的故事。这个故事流传甚广，考察组成员小时候生活在邵阳地区时就听过，之后在湖南省别的乡村也曾经听人说过，当地人也认为这是本地特色故事。可见各民族各地域之间互相交流，文化上的确有很多共同性，非某个民族所能垄断。

【买哎哟】

从前，大园村有一人得了健忘症，卯记辰忘，就连刚吃过饭，过一阵忘了，又去吃饭。

一天，有位木工师傅将钱交给他去商铺买刨刀片，那人像背台词边走边喊买刨刀片……过田坝口时摔了一跤，喊一声"哎哟"，爬起来竟记不得买"刨刀片"了，一路喊着买"哎哟"。

到了商铺向老板大叫着："我要买哎哟"，老板说："去找药铺吧。"健忘者急得眼睛直翻白，做了一个双手报刨的动作。老板不明白，他闯进店内，指着刨刀片，交钱。老板才恍然大悟，卖给了他刨刀片，在场的人都捧腹大笑。

6. 歌颂历史上的英雄和仁人志士，如杨进福与洪江码头的传说。据族谱记载：杨进福，贡生，廉公长子，生于咸丰九年（1859）三月十四日申时，勤俭持家，贸易兴隆，为去洪江卖木去世，搬回安葬丛山里。

【杨进福与洪江码头的传说】

相传在光绪皇帝的时代，绥宁县盛产木材，大量的杉木须途经巫水河道运往洪江市出售，可是绥宁县在洪江根本没有木筏停靠的码头，经常受人欺侮。大园村民杨进福经过反复思考，想出了一个绝妙的办法。他请来石匠刻了一块石碑，碑上刻着洪江某码头在很久以前就被绥宁买下的内容。然后把刻好的石碑用特殊的药水泡过，再在石碑上涂抹桐油后沉入洪江某码头的河底。过了很长一段时间，杨进福写了诉状向官府起诉，要求返回该码头的所有权。

洪江官府接受了起诉状，在审案时，审判官要求原告与被告双方拿出可靠的证据。杨进福理直气壮地说：我们绥宁很久以前曾在这里的码头立有石碑，如今石碑不见了，可能是被洪水冲入了河底，如果我们能捞到此碑就是铁证如山的证据。审案官员只好派人打捞石碑。捞上一块石碑后，发现碑上的内容果然证明该码头是绥宁的码头，并且从碑体可以看出其年代久远。杨进福赢了官司，为绥宁争得了一个码头。从此，绥宁人终于有了自己的码头，可以放木筏到洪江出售木材，再也不必受人欺侮。

7. 叙述前人不足、告诫后人吸取教训，引以为鉴。如文殊菩萨改变大园村风水的传说。这个传说警示大园村后人要出人才必须修身养性，要机智善良，要大智、大善、大能才能成大器，要立德、立功、立言才能成真英雄。还有《人发千丁粮发万担》的故事，说的也是做人的道理。

【人发千丁粮发万担】

大园村人高祖公杨光选有四个儿子。四子杨昌禧的女儿嫁在关峡陆洞，生子李芝桐，他成年后是一位著名的风水先生。

有一年，李芝桐母亲病逝，正月去给外公昌禧拜年，外公年老眼睛昏花，看不清他帽子上的白带子，就打了他一巴掌，气愤地说："你娘刚去世，还能扶起来吃饭，你就不戴孝了。"李感到很委屈，自己成年有身份、有声誉，当着那么多客人挨了外公的打骂，心里很不好受，当时大园村修宗祠的地址和吉日吉时都没有用心对待，托词有要事要办，拂袖而去。

昌禧公逝世，落葬虾公形，墓穴挖了一丈多深，穴中有一块青石板，芝桐令将石板掀开，内有许多活虾子，又令将虾捧出，只剩两三只在内，棺木落葬后，李芝桐封赐吉言："在内不生不死，在外人发千丁，粮发万石，越远越发，万代兴发。"禧公的两个儿子，一个留大园，一个迁往四川，在四川的那个儿子人丁兴旺，财源广茂。

8. 与大园古苗寨习俗礼仪有关的神话传说，如《茅姑与银杏树的故事》。

【茅姑与银杏树的故事】

相传大园古苗寨在古代有兄妹俩，父母早逝，兄妹俩相依为命。妹妹长得很水灵，如出水莲苞，聪明善良，心灵手巧，是一位刺绣巧妹。她向自己的姨妈和当时的苗绣能手虚心学习，一学即会，变出许多新花样，很快超过了当时的所有苗绣能手。她唯独没有见过银杏花，所以她特别想见到银杏花开，绣出神奇美丽的银杏花。

银杏花生于花柄的顶端，在四月间的晚上开花，开花时花叶同放，雄雌异株，雄花有短柄，集成柔荑花絮。即使在现代社会不懂这方面常识的人也无法看到银杏开花的胜景。然而数百年前的这位苗妹思维开窍想要观察银杏开花，以绣出神奇美丽的银杏花。正好她家的厕所旁边种有一棵银杏树，农历四月份这段时间，苗妹每天晚上半夜起床，偷偷地蹲在厕所旁观看银杏开花，她边看边把银杏开花的情景画在纸上。

她的哥哥多次发现她半夜起床站厕所旁呆很长时间，以为妹妹行为不检，做出伤风败俗的事，也不问青红皂白，就狠心将妹妹杀死于厕所旁。

后来天亮时她哥哥发现妹妹身旁和闺房中的许多银杏花图案，才明白自己误杀了妹妹。哥哥跪在地上仰天嚎哭，天空中飘飘悠悠降下一块黄布，上书："赦为茅姑——厕神。"

从此，这位苗绣神妹成了茅姑。苗寨民众用竹篾编制成一种圆形的箕，每年的农历十二月三十日晚(除夕夜)或正月十五日晚，妇女和姑娘们用这种圆箕迎接茅姑，并开展扶乩的仪式。妇女和姑娘们特别虔信，占卜问事，问吉凶、问祸福。年轻的姑娘们接茅姑，敬茅姑，祈求茅姑保佑她们能成为苗绣能手。

9. 反映婚姻家庭，规劝年轻人要勤劳和节俭，将传统美德保持下去。这类故事也不少，如《戒云的情歌》《灯花》等。故事中多把爱情、劳动和节俭结合起来，把劳动作为实现幸福生活的主要条件，劝诫后人要勤勤恳恳地过日子，把简单的道理蕴藏在优美动人的故事中，发人深省。

【灯花】

有一位勤劳的苗族后生都林，把一株百合花移栽到窗前，晚上，百合花唱着优美的歌突然消失，照着他劳动的灯芯却开出了一朵大红花，有位美丽的姑娘从灯下走了出来，和都林成了亲。夫妻俩男耕女织，生活过得很美满。后来，都林自满了，既懒又馋，挥霍无度，妻子灯花劝他无效。不久，灯芯又开出第二朵大红花，花里飞出一只五彩孔雀，驮着灯花远飞了。

都林把家当消耗精光，当他最后把唯一的席子也想卷去出卖时，看见灯花绣制的象征幸福的花帕，流下了悔恨的眼泪，从此又开始勤劳起来。后来，在一个中秋之夜，灯芯又开出第三朵大红花，妻子回来了。从此，两人相亲相爱，日子过得比花还香。

10. 神怪或菩萨故事，情节夸张，充满幻想，具有一定的曲折性和传奇性。如《农夫与伽蓝菩萨斗智》《傩师神功斩蛙妖》《山涧侯王显卡圣武冈州降甘霖》。

【傩师神功斩蛙妖】

古代，大园有三位法力神奇的傩师(又叫师公)，带了三位徒弟前往武冈州去做法事。过水溪山时，有一条水桶大的黑蛇横在大路上，前不见头，后不见尾。这是山涧侯王现身试他们的道法，他们施展法力，山涧侯王只好让路。

他们继续步行经过枫木界，走到城步县山口村的地方，走了一天，他们感到十分疲劳。天黑了下来，突然前面亮出灯光，他们走近前面一看，有座民房，这座房子很怪，正面不宽，房的纵深很长，就像摆着一幅大棺木，屋门大开不见人影，喊叫也听不到人声。他们一行六人口渴肚饥，也顾不了那么多，只想到屋里找到房主求个住宿的地方，吃点东西，喝点水以解燃眉之急。

他们往屋里走，连续进了 12 道门，每道门都敞开着，亮着油灯，但每道门都阴森森的，不见人影。进了 12 道门后，有一个大厅，突然有一位老妇人怪叫一声："哈哈，今天晚上有人送上门来，我们可以饱餐一顿了。"许多模样古怪，面貌狰狞可怕的巫婆跳了出来，她们张牙舞爪向六位师公扑来。师公们很快意识到自己遇上了邪魔，他们施展法术，用禅棍、禅刀将妖邪一个个杀死。突然房也没有了，他们打着火把一照，地上死了一大堆青皮蛙，这种青皮蛙，苗民叫"邪鬼婆"，修炼千年成妖祸害人间。

他们举着火把行走在山间小道上，来到了一个村庄，将此事告诉了老百姓，当地老百姓半信半疑，他们举着火把前往查看，果然是实，他们都说："我们附近几个村庄时不时有人失踪，特别是童男童女失踪多。原来这些失踪的人都是被这些蛙妖吃掉了，幸亏你们这些师公道法高，斩杀蛙妖，我们真是千恩万谢。"于是，村民们用酒肉款待他们，留宿村庄。第二天，他们前往武冈去做法事。

11. 妖魔鬼怪、凶兽类，具一定的恐吓性，如《花猫精》《"变婆"吃弟弟》。"变婆"的故事在邵阳当地也流传甚广，这类故事反映了古代山区野兽出没的凶险，和格林童话里的《小红帽》有异曲同工之处，可见民族文化之间的共通性。

【"变婆"吃弟弟】

在大园古苗寨内，大人们总爱给孩子们讲"变婆"吃人的故事，孩子们总是听得津津有味，连眼睛都不眨一下。

传说，在很久以前，有一户人家，家中只有姐弟俩，弟弟 8 岁那年，爸妈相继去逝，12 岁的姐姐承担了全部家庭重任，他们知道自己还有一个唯一的亲人外婆，可是，还从未见过外婆，姐弟俩决定带上两只鸡和糖果一起去外婆家看外婆。

姐弟俩过了后龙山，走了好几里路，来到山坡上，那里还有一座小土地屋，他们抬头一看，有一个老太婆站在那里，并向他们俩打招呼："两个小鬼，你们到哪里去？"

"我们到外婆家去看外婆"，姐弟俩齐答。

那老太婆说："我就是你们的外婆。"

姐姐说："我妈妈在世时告诉我外婆头上缠着黑头巾。"

老婆婆顺手摘了几片野麻叶披在头上，说："你们看，我就是你们的外婆。"

姐弟俩从未见过外婆，就信以为真，跟着她往前走，翻过两个山坡，走进一条山冲。山坡上有一座旧茅屋，左右都不见人家和房子，一个人影都没有。

"变婆"把他们带进茅屋里，茅屋内的一头是厨房，另一头是睡觉的地方，中间用杉木皮隔断，厨房内摆了一张桌子，一个水缸，里面装满了水，还有一个三尺多高的大木桶盖着盖子，正中间还有一个烧柴的火炉，旁边放着松脂片、干柴、铁夹、柴刀等，火炉的上方吊着一个炕东西的木架子，苗人叫"火炕架。"

外婆没有煮米饭，而是用野果招待他们，晚上二人睡一床，弟弟和"外婆"睡一头，姐姐睡一头。

深更半夜姐姐听到"外婆"在吃东西，嚼得毕毕剥剥响，姐姐问外婆"你在吃什么？""我在吃爆豆。"外婆给我吃几颗，姐姐要求说。"我仅剩一颗了"外婆阴阳怪气的回答。姐姐急切的要求说："就给我吃半颗。"外婆狡猾地说："这最后的半颗已吞到肚子里了。"

姐姐用脚伸到原来弟弟睡的地方，感觉到湿淋淋的，还有一团软绵绵的东西，她用手擦了一点脚上沾的东西闻了闻，觉得有股血腥味。姐姐意识到弟弟已被"外婆"吃了。

"外婆"吃了弟弟后就睡着了，姐姐乘机起床，用松片点上火，发现地上盘着一条毒蛇，便用铁夹将毒蛇夹进水缸里，盖上盖子。她又把大铁锅架到火炉上，盛满水放上干柴将水烧开，装进大木桶盖上盖子，她又在火炉里煨了几枚鸡蛋。

过了一阵"外婆"起床来找姐姐，姐姐舀了一勺水爬到火炕上，"外婆"点火，姐姐淋水把火浇灭，"外婆"以为是老鼠撒尿，她自言自语地说："老鼠大哥你不要撒尿，我找到胖妹分给你两只脚。"她想把火炉里的火烧燃，刚一扒，突然那几枚鸡蛋爆烈，火炉里的热灰喷进了她的眼睛，眼睛睁不开。她伸手去水缸里勺水洗眼睛被毒蛇咬了一口，痛得昏迷过去。

这时，姐姐用尽吃奶的力气把"外婆"弄进水桶里，盖上盖子，压上大石头，过了一阵，她打开盖子，把烧红的铁夹、铁刀插进"外婆"的嘴里。天亮后，姐姐定睛一看，原来"外婆"是一只长着很长獠牙，似狼非狼的怪物，这茅屋的主人就是被怪物吃掉的，她时而变成美女迷惑男人，吃男人，时而变成"外婆"吃小孩，所以人们叫她"变婆"。

千百年来，大园古苗寨的人们在自己的劳动生活中，口口相传，流传下来许多动人的故事传说，它们或幽默风趣，或充满浪漫主义色彩，或富有教育意义，表现了劳动人民的聪明和智慧，表达了苗族人民对美好未来的向往。

民间故事来源于真实，是不同时代中人们思想与生活的折射与反映。收集、整理和记录原汁原味的传统民间故事，也是国家非物质文化遗产保护工作中重要的一部分。

第十章

大园背后的故事

我们对大园村各个方面的状貌已经有了比较全面的了解，于是在全书的最后，可以尝试进行总结，并发掘更多的一些东西。

如序章里所言，大园村是一个美丽而富有历史文化底蕴的村落，是一个民族风情浓郁的村落，但正如其他很多传统村落一样，面临着传统文化流失的危机。大园村正经历着重重困境，其中最明显的表征是经济上的困难，由此导致文化保护过程中的种种问题。

在城市化的浪潮中，农村的年轻人往往外出打工，乡村"空壳化"是全国普遍存在的问题，大园村自然也不例外。没有年轻人的村落是没有未来的。如何吸引更多外出的年轻人返乡创业，如何留住现有的年轻人并激励他们响应扶贫政策，是地方政府和村委会要努力思考的问题。

村民们的精神生活也是引人担忧的。现代化的浪潮冲淡了大园苗族朴素的原始宗教信仰，过去的礼俗也不断简化、变色，乃至被遗忘。参加祭神、祭祖等活动的村民日益减少，且多以老人为主。如何更好地保护和传承大园苗家的传统民族精神风貌，也是我们要探索的问题。

大园村可以说有着较好的旅游资源，在各种努力与机缘之下已经在外面打响了一定的名气。按常理说，文化旅游扶贫的道路应该会走得比较顺利。然而实际发展过程却步履维艰，困难重重，个中缘由并不单纯。

考察组从 2015 年 7 月开始，先后 4 次到访大园村，为期将近两个月，走访的足迹几乎遍布大园村每一个角落，拍摄照片数以千计，采访对象包括老人、年轻人、小孩，包括市级干部、县级干部、乡级干部、村干部和一般村民。因此，对湖南省邵阳市关峡苗族乡大园村的情况可以说有了一定的了解。

我们以为，大园村如今面临的种种困难，可以粗略地总结为两点：一是经济上的困难，二是理念上的贫乏，这两点形成的原因又都不单纯，可以分为外因与内因。

首先大园村经济底子薄弱，是一个不折不扣的贫困村。资金匮乏，一切美好的规划都难以实现。大园村扶贫队在 2015—2017 年扶贫规划中，预计两年内消除所有绝对贫困户，然而在多数人看来这显然是个不可能完成的任务。扶贫规划确实在推进，但是速度缓慢远远低于预期，目前还停留在基础建设的阶段。据考察组多方走访，大多数村民都认为村委会不作为，认为村委会这些年几乎没做什么建设性的事，有的村民掰着手指数了两件，便再也想不出来了。而有些列入扶贫规划并已经实现的工程，考察组原本以为是村委会努力的成果，经了解却是由经济条件较好的家庭私人出资。如大园村的亮化工程写入 2016 年的扶贫规划里，如今 2016 年已经过去一大半，现有的少量路灯却是村民杨焕煌私人出资所建；又如凉亭里旁即将修成的停车坪，原以为是村委会或乡政府的利民工程，经了解却是村民杨运东个人出资在建。

对于村委会的"不作为"，村民们有的颇为不满，有的鄙视村干部无能，有的则表示理解。总而言之，扶贫规划的推进可以说慢得让广大村民都失去了耐心。村干部说，刚开始做旅游开发时，大家的热情都很高，村民们的配合度也还好，但是转眼几年过去了，苗寨的境况没有什么明显的变化，大家都疲惫了，怨言多起来了。造成这一切的重要原因之一，仍然是资金匮乏。杨小聪曾经数次请人办事，事情完成后村委会预期中能到位的资金却没有到位，导致对方无法如期收到报酬。这样的情况出现不止一次后，杨小聪的个人信誉甚至整个村委会的信誉都出现了危机，之后的路就越走越窄。

种种迹象表明，现在关峡乡乃至绥宁县首要扶持的旅游景区应该并不是大园古苗寨，而是花园阁风景区，因此资源会更多向花园阁倾斜。大园村民普遍对此颇有微词。村委会没钱，旅游扶贫工作随之陷入僵局，村民意见很大。但必须指出的是，扶贫资金受限并不是大园村旅游开发工作缓慢的全部原因，甚至未必是最主要的原因。大园村自身存在的一些问题，或者说是大部分情况类似的村落都可能存在的一些问题，更是值得我们深入挖掘的。

首先，村委会和村党支部内部并不十分团结。

据考察组长期观察，大园村委会和村党支部内部确实是有矛盾的。一位村干部在接受采访时，谈及与另一位村委会成员的潜在矛盾，激动之下有"把事情闹大"之意，在劝慰之下才逐渐平静下来。还有一位村委会成员接受采访，回答"工作中碰到的最困难的问题是什么"时，毫不犹豫地表示是"党员内部不团结"。"自己都不团结，拿什么去说服村民？"他以扶贫工作中的一次小拆迁为例，表达了自己的不满。由此可见，大园村的领导班子内部是存在矛盾的，而且矛盾不小，虽然这种矛盾尚未公开化和表面化。

第二，普通村民内部不团结，部分村民素质不高。

一位在村里有一定影响力的村民在接受采访时称，大园村现在的 8 个生产小组中，第一至第三生产小组村民的民风相对更加淳朴，第四组往后则比较"杂"。在考察组追问什么叫"杂"时，他举两个例子。

例一：村民集资在山上泉水处修建了自来水，后来两根进水管断了一根，导致自来水经常供应不足,于是住在上游的村民(属第四至第八生产小组)为了蓄水满足自己的需求,经常关闭水闸。下游的村民要用自来水,就必须老远赶过去开水闸,然后等到回家水闸又被关闭了。"进水管断了,村委会说没钱不管,于是我叫了几个人打算去修,有人劝我,'何苦呢,又不是你一个人的事,大家都不管,你干嘛自己出钱出力去修?'我听了就不去了。你说是不是这个道理?"

例二:村里现有十余家农家乐,一段时日下来,发展程度参差不齐。因为有些开办农家乐的家庭有门路,可以从外面引来旅游团,另一些没门路的则可能生意日益冷清。长此以往,生意不佳者可能心存不满,甚至使坏。譬如有一次某旅游团来到第一至三组的村民开办的农家乐,其他组便有人关故意关闭村里的电闸,给游客造成了很坏的体验。

当然,我们并不赞同他依据这些或更多的例子将不同地域的村民简单地定性为"杂"和"淳朴"两大类别。不过,这些例子确实说明了少数村民在涉及个人利益时,表现出来的素质不高。就例一来说,如果能齐心协力修复断了的进水管,上下游都方便,且邻里关系融洽,岂不更好?就例二而言,破坏游客的体验,实际上是在砸大园古苗寨的牌子,只会让自家的生意更差,属于损人不利己的行为。但一些村民却目光短浅,难以齐心。

第三,村民与村干部之间有矛盾,村民普遍不信任村干部。

考察组访问期间,苗寨有一次举行活动,所有参与活动的村民都可以领取一些报酬。由于村干部在通知村民时,一时疏忽漏掉了某家,结果该村民在苗寨门口大骂村干部,声称要"讨个公道"。可以看出村干部在村民心中的威望并不高。据走访,很多村民相信曾经的村委会存在严重腐败,因此即使换了一拨人,今天的村干部也已经很难完全获取村民的信任。尤其在扶贫工作多年未见成效后,老百姓有理由怀疑一切。对于村民和村干部的矛盾,一位村干部对考察组说:"我不怪他们,我说真的,不怪他们。要是我们做好了,村民就不会这样子,村民们本来是很淳朴的。我们只做成这样子,骂我们是应该的。"

此外,不需要多加考察,老百姓肉眼所及之处的一些现象就足以让他们相信当地仍然存在官员腐败问题。比如苗寨门口修建的停车坪,据说斥资40万元,但就建成后的质量而言,恐怕不如10万元的工程。停车坪位于S319省道旁,面向田埂没有任何护栏,路面只是简单的水泥大致铺平。建成后不到半年,路面就出现裂缝和下陷。一年后,停车坪已经大面积塌陷,并向田埂方向下沉呈斜坡状,大部分车位已经无法安全停车。一些停在此处的车辆,除了选择相对较好的车位，还必须以大石块垫住前后车轮以求安全。一位村民说："我看着他们修，我说要把下面垫实、压紧后再封水泥，因为田埂下面的土是松的。可是他们根本不理，我也就懒得说了。"应该说，无论这块停车坪的修建过程中是否存在腐败问题，仅就工程呈现出的纯粹的技术性问题，这一建设工程已经彻底失败。于是这块位于苗寨大门前的烂车坪不但不能方便游客停车，还成了异常刺眼的存在。不用说，此事将进一步加深村民对领导干部的不信任。

综上所述，大园村目前存在的问题主要是资金匮乏和内部的矛盾，既有外因也有内因，既有现实因素也有历史因素。由于牵涉到村民的实际利益，甚至可能牵涉到更广的利益，这些矛盾极为难解。但我们不能因为难解而不作为。一方面要大力加强村内宣传教育工作，提升村民的整体素质水平；更重要的还是拿出行动和诚意，主动为村民服务，即使因为某些原因不能取得很大成功，也是有价值的。事实上，人民群众的眼睛是雪亮的，虽然有很多村民对村委会不满，但在不满之余，也有不少人对部分村干部表示理解，认为"也尽力了"。的确，我们至少要做到尽力而为，无愧于心。

附录　大园访谈录（节选）

一、访苗寨外村民杨锦中

年轻人都出去了吗？

都在外面做事。

小孩子呢？

小孩啊，小孩就跟他爸妈在县城里。年轻人都打算出去。

可以请教您的尊姓大名吗？

我姓杨啊，一般我们这个村子都姓杨啊。你考察到那边（苗寨），那边就有的是人，人多得多，是吧，是这样子的。

我对你们这边也感兴趣。

我们这里有什么看的，就这么几栋房子……

因为你们也都是这个村庄的一部分。

那是呢，是呢。不过我们这里，上面搞旅游开发，只重视那边，我们这边根本不重视。

不过那边的旅游开发，现在也没有搞得很好。

没有搞很好，他也搞了一点，我们这边他根本不在乎吧，就是在他们的范围之内开发的。

搬到这边来的，大部分都是翻修后的水泥楼房，你们家还保持这种木质结构的？

我们这里，就我们家这两栋房子是最先搬过来的，也有一二十年了，是20世纪80年代搬来的，他们这里就是最近几年才搬来的嘛，才在这里修的。

他们也是一样的原因吗，从里面搬出来的？

对，现在也富裕了吗，有钱了吗，住那个木房子呢，也不想住了，就要修高楼大厦嘛。

是这样，那您有考虑过翻修吗？

我啊，那我不需要了，儿女们都在外面，在外面买了房子。我们两个老人家在家里，还需要翻修什么，不想了。

那您有时候会去儿女家住吗？

想去就去，不想去，在家里好好养……你拍木房子，那边都是木房子啊，那边就是不准修新房子，要保持这个本来面目。

这些和您是一家人吗？

是兄弟四家人，都迁到一起了。你们到过那边吗？

到过，除了考察建筑以外，考察是怎么生活的。

是怎么生活？这个东西，生活还不就是吃饭、穿衣、睡觉，这个样子。

这里还保持着原生态的东西，很多城市里的人还向往农村的生活。

感到农村的生活特别？农村人少一点，空气也新鲜一些。

对对，这是最直观的。还有到处是绿色，城市里到处是人，另外还有就是心态上的安静。

心态，那是，是这样的。现在农村里有些人是很穷的，很穷，很富的也有。他农村里是这么个世界嘛，他也没有很大的向往，有饭吃，有衣穿，就可以了。

在没有争执的环境下，幸福感可能比城市的还高一些。

争执，没什么争执，那是，我们这里也算是边远山区了。现在城里还有好远好远的地方，现在这个交通发达了，到城里去也容易。到县城，那高速公路一下就去了。我们这里到邵阳一两个小时就到，到长沙三四个小时（实际要5小时左右），是吧？

您有时候会去吗？

也去过吧，我有四个孩子，三个女儿，一个儿子。有一个孩子在邵阳，有一个孩子在北京，到过北京。有一个小孩在县里面吧，所以说都在外面。

您很了不起啊，把孩子培养得很有出息。

那就是拖嘛，拖啊拖。整个我们大园村，孩子的档次层次也只有我们家，四个孩子有三个上了大学，其他可能也找不出第二个，像我们这样子。

您原来是做什么的呢？

我就是种田啊，种田。不过原先在邵阳市农校，很短，上了一年，那个时候是 年制的，读了 年农校。现在儿女们，有硕士，也有大学，一个人学生，本科生，专科的也有，在北京的那个就是当老师，我女婿就是当军官，就是大学生、硕士生，还有个女（指女儿），邵阳这个，也是个硕士生，公务员。三个孩子们都在外面，就两个老人在家里，我要去，他们也很想要我去，但我不想，我在这农村里过惯了，不想到那城里面去过。农村里什么都好，都方便，你说呢，空气也新鲜点。

您现在可以享点清福。

享福啊，现在。不过，当农民出身的，他有些享福又过不惯，还是要做点事，一点事都不做，浑身不舒服嘛，还是要做一点，轻轻松松地做一点。

所以您种了庄稼，还养了些家禽

种些田啊，种了些旱田、水田，都种一点。

您家没有养狗吗？

没有，狗也没有，鸡也没有。

因为我看很多人养。

对，有些人就养狗，养牛，鸡也有。我原先也有些小鸡，死了好多，死得只剩几只了……鸡养不起，我们这里，这个鸡没人养啊，你想想啊，人家养个半年还养不大，一般还要……又死了，养到这个半斤、斤把重它又死了，这个瘟疫强得很。

老人家您平时都在家里？

对，就在家里，没事就在家里，玩一下。

会到处和邻居走动一下吗？

走动啊，我也很少，很少和这些邻居（走动），就这边几家，自己几家人，那边（苗寨）就很少过去。

那您平时有什么娱乐生活没？

是啊，很遗憾，我们这里就没什么娱乐的东西。一般的娱乐就是打牌，打麻将。这些东西我也不喜欢，也不爱好，也不想这些东西。打就要打钱，你没干过，你打，你就输钱给别个，我就，就干脆不打。那其他的娱乐场所也没有。

那您平时怎么打发时间呢？

（笑）打发时间，就是有事做就做一做事，有农活就做农活，没农活就在家里看电视，休息。

看得出来，您现在过得挺幸福。

是啊，现在啊，算是很知足的，是吧。儿女们个个都有自己的事业，自己的工作。自己这么大年纪了，那就是，也没有雄心了，但愿他们的工作能够顺利就好了。

什么都经历过了，您算是苦尽甘来了。

是啊，原先就比较苦啊。儿女们还小的时候，上学，你要做事，自己省吃俭用，在农村里是吧，一切都是为了孩子嘛，弄点钱就供孩子们上学，呵呵，就是这样子。

现在孩子都比较孝顺吧。

啊，孝顺，都是，想要你到城里去啊，去北京玩玩，到处走走。我不想去，我去过一次，在60岁那一年，去了个把月，现在不想了。

您过不惯那边的生活吗？

是啊，在城里，在农村过惯了，到城里就更加（过不惯），你没个熟人是吧，你到那去，还不就吃住在那个家，待着。

二、访插绣传人周元桃

可以请教一下您的姓名吗？

我叫周元桃，周总理的周，一元钱的元，那个桃子的桃。你是长沙过来的？我到那里玩了一下，我去年在那里6个月。

哦，您去那里做什么呢？

因为我姐姐的儿子在那个联通公司，我就在那里玩了6个月，现在我小孩，我两个小孩在长沙，一个在联通，一个在房地产，那个芙蓉区，那个房地产买房子。

小孩有出息了。您现在绣的这个是？

那不是那个呢，是我们苗家的特色。关键的这个，是我师傅（阳俐春）今年是75了，她得了省保，还没得国保，那个国保得不到。非物质遗产呢，这个是。

非物质文化遗产。小孩都不在身边吗？

没有。

您今年多大了呢？

今年四十八、四十九了。

……

插绣最大的特点是什么呢？

最大的特点是立体感强呢，两边都是，就是太难了。

难在哪里呢？

就是要剪，剪出立体感来，这个太费时间了。

您的作品卖得怎么样？

卖……还好吧，小的卖得比较好。

这幅最大的多少钱呢？

这个卖600多，有游客出6000买，我没卖，我绣了几个月的。小的有卖一两百的。

您和阳俐春老师的风格有差异吗？

啊，我师傅总是说，绣花绣花，就是要多绣"花"啊。我就老喜欢绣些别的。

三、访"以游书屋"杨文伍

"以游书屋"的创建人是以游吗？

以游书屋是杨光仙建的，以游是后来出来的人才。

你们这里应该也是比较受重视的吧？

重视呢，上面也比较重视哦，上面来钱是来了好多，来了不少哦，国家来过人，来我们这个文化村来看，来过好多钱，没有一个钱看见了，到哪里去了我就不晓得了，下面又没清账了，到哪里去了我们做农民的就不晓得了。你们来给我们做宣传，好的，要是我们这里搞好了也感谢你们呢。

您家里还有几口人？

家里？这家屋就有好多户数呢，这个房子就有两百多年呢，那个是康熙九年起的。我家里有20个人，我这里有三户，我就是这户呢，那里面还有一户，是我哥哥呢，我一个哥哥，我们三弟兄，现在我这一户就是有3口人，有个老婆子，还有个女在外面打工。

小孩什么时候回呢？

她过年，每一年都要回来过年。小孩子差不多，我有三个女，大的二的出嫁了，第三的把她在屋里（指未嫁），她现在还在外面打工呢。

到外面走一走也好。但是这里旅游业如果起来了的话，年轻人最好还是能回来。在家里如果也可以赚钱的话就没必要出去了。

那是的，要是这样就好了，在屋里也挣钱的，也有搞得钱到呢。

四、访村民龙喜奎奶奶

老人家，请问您有几个孩子？

作孽呢，我有九个。

您有九个孩子？

6个崽（指儿子），3个妹子（指女儿）。二哥就有5个，我们一个哥哥他就有3个，他就3个妹子3个伢子（指儿子）。就只有我多点就只我穷点。我呢，没有爷没有娘，就是我奶奶带大的……穷得很哦。这里黑得很，要是做点事就是要开照明。我和哥哥两个分家，我就分在这里，他就在外地……这没什么好看的，看不见的。

这些家具是村里的木匠做的吗？

村里的木匠师傅、亲戚做的……这边看得见啊？把门打开，我们家就煮这个饭烧这个火呢。这个修起房子就黑，黑的……原先，苗族，要我打起苗族衣裳（指缝纫苗族服装），现在就不要。我呢，屋里没有钱了，就讲你打起衣裳……这是亲戚邵阳的一个师傅做的，现在没人要这个的。

五、访杨荣生老师

我是没有一点"关系"，全靠自己奋斗的。我父亲是农民，没有任何权力。我们大园里有些大学生是保送的，他父亲当时有一点权力。我父亲是个农民，没有一点"权力"，我母亲是个文盲，所以就靠自己学，刻苦学，后面我就自己改变自己的命运。都是学出来的（指命运通过学习来改变）。如今的小孩子也通过学习改变了命运，每天向高等人才发展，过去被一些客观条件限制了，没有办法。后来各个方面有条件，我教的学生有3个研究生，100多个大学生，虽然不是我一个人教出来的，现在教育是小学、初中、高中啊，教又不是只教哪一门。我只一个人，我就通过自学，毛主席的实践论、矛盾论啊，这些我就反复学。所以在目前来看，我还算是把握了自己的命运。就是学哲学，马列主义哲学，所以人的命运靠相信迷信，那是不可以的。几十年走过，我自己家的子弟，同胞弟弟，我的侄儿子，都考上大学。现在我不相信命运，要树立信心。

我喜欢看电视，科学发达有坏处也有好处。我平时练书法（展示书法作品），这是草书，这是楷书。毛主席的书法让我美慕，后来我想我能不能学？他是天才，我能不能学，我自行摸索，通过学习，证明是可以学得到的，但是他的改变社会，改变社会现状，那就不是能学得到的。所以我以前很美慕毛主席的字，我讲我们自己能不能够学，所以我的字达到了和他很像的样子，但是没得他写的那个气派。我在全县教师书法比赛得到二等奖，拿到北京，拿到韶山展示。我只能说莫虚度年华，尽量学，能不能达到高水平，喜欢学书法，莫虚度年华。高尔基讲，哦，奥斯特洛夫斯基讲，"当他回首往事的时候，不以虚度年华而后悔，不以生活庸俗而羞愧"。

这都是学生寄给我的信。3个研究生，有个在湘雅三医院当医生，当教授。所以我是没有办法，通过自学来取得一些小成就。自学书法，后面学写作。这里的申报材料，都是我写的。那个书都是我提供材料，都是我用手写的，写了100万字以上，那稿纸呢写了几斤，笔用了一袋子。

这就是大园"历史文化名村"的申请报告。中央民族大学、社科院等大园经济调查报告等有关研究成果，也是根据我这提纲写的。申报成功，是领导的功劳，但实际上报告没有哪个可以写啊，开始的时候没有哪个写得出来啊。我笔都写了这么多(展示一袋子写完的圆珠笔和水笔)，起码有100多支啊。没读大学啊，辛辛苦苦，学这样学那样，没有一样搞出来，搞到高水平。这个书法我也感兴趣，现在我的精力就全部集中起来，集中到这个学习科技，收集科学家的资料，啊，这个是我以前的(书法)作品："不到长城非好汉"……摆一下，"不到长城非好汉，鹏飞万里真豪杰"。所以我相信毛主席那个实践论。我以前根本不会书法的，通过实践，实践证明，我也能写出这样的字。虽然我只能搞一些小实践，在一个小范围里搞个小项目。

写这个，我先写初稿，初稿呢又要誊写一次，誊写呢这个打印，他打印得不好我看不清……你又要写，又要学，不学根本就写不出。中央民族大学的书内容大部分是他们加工的，但是有些基本上是我原来的。《全国历史文化名村大园》那本书大部分就是我写的……这个有些内容在出版的时候我让他们删掉了一部分。(问：为什么删?)有些内容不喜欢，好像说我怎么的，有宣传个人的味道，所以把那些内容删掉了……自己由于长期受压抑，这种受压抑的心情，失去了很多机会，这种痛苦的心情，说一下好像舒服一点。就是觉得自己好像受了某些委屈，自己的才能被埋没，无法向更大的方面、更深的方面发展。所以我学书法，教学生也不算太差，如果那时候读上大学，那取得的成就就要大些……这是一部分，还有一部分没拿出来，这是那份申报材料。(问：这本是中央民族大学编写的书吧，内容很详细。)中央民族大学的老师上次来，有一次也讲了，说他们调查是没可能写出那么多内容。

邓小平同志上台，好多人得到了解放。知识分子在那个时期，那小学学历的和中学学历的，转公办(教师)转了好多。我是20世纪60年代的高中生，13岁考取的一中。那时考一中，全乡就只考了两个，我的成绩是最好的，所以算是个"小状元"……我是1982年考的中专，1968年我就当老师，当民办老师。所以那时候，初中学历的，小学学历的……我们乡里有高中生七八个，但是没有一个得转的，高中学历的没得一个转为公办的。那"四清"的时候，小学的，"文革"的时候，初中文化的，有些出身好，社会关系好，有些有权力的，有的是村干部略，是亲戚略，那就转为公办的。有的学生文化界出身，保送到湖南大学体育学院。我呢，保送也没得保送，转公办也没得转，只我没转为公办的。全乡的高中生，六十年代的高中生，1966年、1967年、1968年三届毕业的叫老三届。老三届的高中生里面，我们乡里只有一个父亲当干部的转了公办，其他全部都没得转公办，当民办。到了20世纪80年代初，有些考中专……等邓小平上台后，才解决问题。讲起这些事，又好气又好笑，又好气。我没得读大学（指没有机会上大学），感觉到前途茫茫。

（问：您当民办教师主要是教语文？当了多少年呢？）我主要是教语文，数学也教过，物理化学也教过。我当了14年民办教师，13年多将近14年，从1968年到1982年。我1982年读中专，1984年中专毕业，就到梅口中心小学当校长。在梅口当两年就到关峡来，就到关峡中心小学，一直到退休。我是2009年4月退休。我就感到这辈子，我总是很努力，基本上没有什么空闲时间，但是没有搞出一样，感到遗憾。没读大学，所以没有向深入发展，这个学识浅薄。

我之所以不得转（公办教师）呢，可能与我伯父有关系，我伯父他当过保长，他当过国民党的保长。我父亲是贫农，老实农民。我叔父现在还在，老实得要死的，话都没有一句的（指不善言谈）。我伯父就是能干一点，当过保长。我是贫农，我爷爷被日本鬼子打死，我外婆也是被日本鬼子打死的。还有个小孩，（外婆）带着个二三岁的小孩子，饿死了，没有被打死。我母亲当时知道有那个小孩子，在山上有人听到哭，没有哪个敢去救，就饿死了，估计是饿死的。后面等我外公去收尸，两堆白骨。我爷爷到底在哪里死的都不晓得，现在只有我奶奶的坟啊。所以我打算把这些家事写出来，传给后代。现在在纪念抗日战争胜利70周年，我们家里三条人命死在日本人手里。我们村里被日本人抓去的，有几个跑回来了，我爷爷被抓了就死在外面没回来。我外婆抱着小孩跑，被日本人乱枪打死。小孩当时没死，有人听到哭声，结果后来是两堆白骨啊。小孩当时应该是三岁多，哭了很久也没有人敢去救。救回来的话，因为那个时候，也养不活啊。

我现在的总的指导思想就是实事求是，首先要解决吃饭穿衣问题。然后要把家庭这些历史写出来，要传给后代，要不忘本。我曾祖父病死的时候只有50

多岁。我爷爷只有40多岁将近50岁的时候就被日本鬼子(1945年)抓走的。当时村里被抓走6个人，名字听到讲过，有个杨青松，有个杨国立，还有杨国梁被抓走了，栋梁的梁，杨国梁，国家的国，杨国亮(音)，杨信松(音)，我的爷爷叫杨进复(音)。1945年的时候日本败兵……我的外公也是那一年被打死的，日本鬼子可能快要投降、快要败的时候，打到我们这地方。四甲村那里，打了一阵，新中国成立初期那里挖到好多子弹壳。

参考文献

[1] 冯彦明.大园古苗寨调查[M].北京：中国经济出版社，2010.

[2] 湖南省绥宁县地方志编纂委员会.绥宁县志[M].北京：方志出版社，1997.

[3] 刘柏生，刘宗平，袁公湘.绥宁民族志[M].北京：中央民族大学出版社，2008.

[4]《苗族简史》编写组.苗族简史[M].贵阳：贵州民族出版社，1985.

[5]《绥宁县概况》编写组.绥宁县概况[M].北京：民族出版社，2013.

[6] 陶永灿.大园[M]北京：中国戏剧出版社，2013.

[7] 吴宁臻，杨章柏，等.古苗疆绥宁[M].成都：四川民族出版社，1993.

后 记

2015 年 6 月，我开始承担湖南省社科基金重大项目"记住乡愁——湖南十村十记"之子课题"大园村"的研究，转眼已经过去了 1000 多个日夜。本项目能够顺利结题，成果能够得到认可并出版，需要感谢的人有很多很多。

首先，要感谢中南大学中国村落文化研究中心的胡彬彬先生和刘灿姣先生。胡彬彬先生是该重大项目的总负责人，而刘灿姣先生在很多方面给予我指导。同时也感谢在研究中心帮助过我的杨帆、吴灿、林伟等朋友。感谢本书编辑谢金伶女士的交流与指点。

要郑重感谢关峡乡政府的接待。乡政府的很多同志都十分热情，为我的田野考察旅途提供了很多方便。感谢时任大园村第一书记、邵阳市政府的肖卫平同志，给我提供了不少重要资料和信息。感谢杨小聪、杨秀松等村委会干部提供的帮助，特别是村主任杨小聪多次接受采访，为我介绍大园方方面面的情况。

特别感谢大园村的杨荣生先生，如果没有他提供主要材料而编成的"村志"《大园风物志》，后人对大园的研究几乎无从谈起。感谢所有为本书提供资料的前辈作者，这本书是站在巨人的肩膀上完成的。

特别感谢长沙矿山研究院的吴信达同志和湖南师范大学的王争光同志。吴信达同志陪同我第一次前往大园考察，奔走于田野，拍下无数精美的照片，并一起被烈日灼伤，将汗水滴入田土。王争光同志在我第四次前往大园时同行，对许多大园建筑进行了艰难而细致的测绘工作。很多图片没有他们的帮助我是不可能独力获取的。

最后要感谢我的家人，感谢他们对我长期远离家门外出考察期间的理解和支持。感谢每一位大园村民，尤其是接受过采访的村民。感谢在我完成课题的过程中为我提供过帮助的所有人。

邵阳学院　陈冠伟

2019 年　冬

图书在版编目(CIP)数据

中国传统村落实证研究. 大园村／陈冠伟著. 一长沙：中南大学出版社，2020.8

ISBN 978 - 7 - 5487 - 3911 - 1

Ⅰ.①中⋯ Ⅱ.①陈⋯ Ⅲ.①村落－研究－绥宁县 Ⅳ.①K928.5

中国版本图书馆 CIP 数据核字（2019）第 289279 号

中国传统村落实证研究——大园村

ZHONGGUO CHUANTONG CUNLUO SHIZHENG YANJIU——DAYUAN CUN

陈冠伟　著

□**责任编辑**	陈应征	
□**责任印制**	易红卫	
□**出版发行**	中南大学出版社	
	社址：长沙市麓山南路	邮编：410083
	发行科电话：0731 - 88876770	传真：0731 - 88710482
□**印　　装**	长沙市宏发印刷有限公司	

□**开　　本**	710 mm×1000 mm 1/16	□**印张** 24.5	□**字数** 423 千字	
□**版　　次**	2020 年 8 月第 1 版	□2020 年 8 月第 1 次印刷		
□**书　　号**	ISBN 978 - 7 - 5487 - 3911 - 1			
□**定　　价**	78.00 元